Nichtsteuerbare Vermögensübertragungen im Umsatzsteuerrecht

FINANZ- UND STEUERRECHT IN DEUTSCHLAND UND EUROPA

Herausgegeben von Klaus-Dieter Drüen,
Hanno Kube und Rainer Wernsmann

Band 20

PL ACADEMIC RESEARCH

Carsten Höink

Nichtsteuerbare Vermögensübertragungen im Umsatzsteuerrecht

Eine rechtssystematische Analyse der Entwicklung des Rechtsinstituts der Geschäftsveräußerung im Ganzen

PL ACADEMIC RESEARCH

Bibliografische Information der Deutschen Nationalbibliothek
Die Deutsche Nationalbibliothek verzeichnet diese Publikation in der Deutschen Nationalbibliografie; detaillierte bibliografische Daten sind im Internet über http://dnb.d-nb.de abrufbar.

Zugl.: Düsseldorf, Univ., Diss., 2012

D 61
ISSN 1863-141X
ISBN 978-3-631-63835-4

PL Academic Research ist ein Imprint der Peter Lang GmbH

www.peterlang.de

Für Yvonne

Vorwort

Kaum ein Rechtsinstitut in der Umsatzsteuer hat in den vergangenen Jahren mehr Aufmerksamkeit auf sich gezogen und eine derart stetige Fortentwicklung genommen, wie die Geschäftsveräußerung im Ganzen nach § 1 Abs. 1a UStG. Viele Transaktionen, welche in der Vergangenheit nicht als Geschäftsveräußerung im Ganzen eingeordnet wurden, können nun – angesichts der aktuellen Entwicklung – durchaus als solche nichtsteuerbar sein. Dies belegt eine These der Arbeit, dass Umstrukturierungen und Übertragungsvorgänge zwischen Unternehmern aus systematischen Gründen nicht mit Umsatzsteuer belastet sein sollten. Da der Endverbraucher und nicht der Unternehmer Steuerdestinatar ist, ist es angebracht den Tatbestand der Geschäftsveräußerung im Ganzen weit zu fassen und Gesamt- oder Teilvermögensübertragungen zwischen Unternehmern von der Besteuerung auszunehmen. Dies wiederum erfordert allerdings idealiter eine Neuformulierung anhand der unionsrechtlichen Vorgaben in Art. 19 und 29 MwstSystRL.

Bei Erstellung der Arbeit war noch nicht abzusehen, welch rasanten Verlauf die Ausweitung der Tatbestandsmerkmale durch die nationale und unionsrechtliche Rechtsprechung erhält. Diese erfreuliche Entwicklung bestätigt die gefundenen Ergebnisse und kann zugleich auf die vertretenen Thesen aufbauen.

Die Arbeit wurde von der Juristischen Fakultät der Heinrich-Heine-Universität Düsseldorf als Dissertation angenommen. Die Untersuchung wurde im Sommersemester 2012 abgeschlossen.

Nach diesen einführenden Worten bleibt mir, mich bei denjenigen zu bedanken, die maßgeblich an der Entstehung der Dissertation beigetragen haben. Dieser Dank gebührt in erster Linie Prof. Dr. Klaus-Dieter Drüen für seine freundliche und engagierte Betreuung der Arbeit. Bedanken möchte ich mich auch bei Prof. Dr. Jochen Lüdicke für die Erstellung des Zweitgutachtens.

Ferner möchte ich die Gelegenheit nutzen, mich bei Dr. Matthias Winter für die vielfältigen, kontroversen und konstruktiven Diskussionen über die Entwicklung der Geschäftsveräußerung im Ganzen zu bedanken. Ganz besonderer Dank gilt meiner Frau Yvonne Höink.

Münster, im Februar 2013 Carsten Höink

Inhaltsverzeichnis

Abkürzungsverzeichnis

a.A.	andere Ansicht
a.F.	alte Fassung
ABl.	Amtsblatt
Abs.	Absatz
AcP	Archiv für die civilistische Praxis
AG	Aktiengesellschaft
AktG	Aktiengesetz
AO	Abgabenordnung
Art.	Artikel (Singular)
BB	Betriebs-Berater
BeckRS	Beck-Rechtssammlung
BFH	Bundesfinanzhof
BFH/PR	BFH-Praxisreport
BGB	Bürgerliches Gesetzbuch
BGBl.	Bundesgesetzblatt
BStBl.	Bundessteuerblatt
BT-Drucks.	Bundestagsdrucksache
BVerfG	Bundesverfassungsgericht
BVerfGE	Entscheidungssammlung des Bundesverfassungsgerichts
bzw.	beziehungsweise
d.h.	das heißt
DB	Der Betrieb
DBA	Doppelbesteuerungsabkommen
ders.	derselbe
dies.	dieselben
DStJG	Deutsche Steuerjuristische Gesellschaft
DStR	Deutsches Steuerrecht (seit 1962/1963, zuvor Deutsche Steuer-Rundschau)
DStZ	Deutsche Steuer-Zeitung
EFG	Entscheidungen der Finanzgerichte
EGV	Vertrag zur Gründung der Europäischen Gemeinschaft
Einf.	Einführung
ErbStG	Erbschaftsteuergesetz und Schenkungsteuergesetz
Erg.Lief.	Ergänzungslieferung
EStG	Einkommensteuergesetz
EStR	Einkommensteuer-Richtlinien

EU	Europäische Union
EuGH	Gerichtshof der Europäischen Gemeinschaften
EU-UStB	EU-Umsatzsteuerberater
EUV	Vertrag über die Europäische Union, EU-Vertrag
EuZW	Europäische Zeitschrift für Wirtschaftsrecht
f.	folgende Seite
ff.	folgende Seiten
FG	Finanzgericht
FR	Finanz-Rundschau
FS	Festschrift
GbR	Gesellschaft bürgerlichen Rechts
GewStG	Gewerbesteuergesetz
ggf.	gegebenenfalls
GmbH	Gesellschaft mit beschränkter Haftung
GmbHR	GmbH-Rundschau
grds.	grundsätzlich
GrESt	Grundwerbsteuer
GrEStG	Grunderwerbsteuergesetz
GStB	Gestaltende Steuerberatung
HFR	Höchstrichterlicher Finanzrechtsprechung
h.M.	herrschende Meinung
HGB	Handelsgesetzbuch
i.S.d.	im Sinne der/ im Sinne des
i.S.v.	im Sinne von
i.V.m.	in Verbindung mit
INF	Die Information für Steuerberater und Wirtschaftsprüfer
IStR	Internationales Steuerrecht
JbFSt	Jahrbuch der Fachanwälte für Steuerrecht
Jura	Juristische Ausbildung
jurisPR-SteuerR	Juris-Praxisreport für Steuerrecht
KG	Kommanditgesellschaft
KÖSDI	Kölner Steuerdialog
KStG	Körperschaftsteuergesetz
KStR	Körperschaftsteuer-Richtlinien
LfSt	Landesamt für Steuern (in einigen Bundesländer haben die Landesämter

	für Steuern die bisherigen Oberfinanz-direktionen ersetzt)
lit.	Litera, Buchstabe
m.w.N.	mit weiteren Nachweisen
m.W.v.	mit Wirkung vom
n.v.	nicht veröffentlicht
NJW	Neue Juristische Wochenschrift
Nr.	Nummer
NWB	Neue Wirtschafts-Briefe
NZG	Neue Zeitschrift für Gesellschaftsrecht
o.ä.	oder ähnliche(s/m)
o.g.	oben genannte/oben genannten
OFD	Oberfinanzdirektion
OHG	Offene Handelsgesellschaft
RAO	Reichsabgabenordnung
RFH	Reichsfinanzhof
Rn.	Randnummer
Rs.	Rechtssache
RStBl.	Reichssteuerblatt
SEStEG	Gesetz über steuerliche Begleitmaßnahmen zur Einführung der Europäischen Gesellschaft und zur Änderung weiterer steuerrechtlicher Vorschriften
Slg.	Sammlung der Rechtsprechung des EuGH
sog.	sogenannte/sogenannter
StB	Der Steuerberater
StbJb	Steuerberater Jahrbuch
StBp	Steuerliche Betriebsprüfung
StEK	Nachschlagewerk der Erlasse und Verfügungen der Finanzverwaltung
Steuk	Steuerrecht kurzgefasst
StMBG	Steuermissbrauchsbekämpfungsgesetz
StuB	Steuern und Bilanzen
StuW	Steuern und Wirtschaft
u.a.	unter anderen/ unter anderem
Ubg	Unternehmensbesteuerung
u.v.m.	und viele(s) mehr
UmwG	Umwandlungsgesetz
UR	Umsatzsteuer-Rundschau
UStAE	Umsatzsteuer-Anwendungserlass (ersetzt mit Wirkung ab 1.10.2010 die

	Umsatzsteuer-Richtlinien 2008)
UStB	Umsatzsteuerberater
USt-Kongr.Ber.	Umsatzsteuer-Kongress-Bericht, Herausgegeben vom UmsatzsteuerForum – Vereinigung zur wissenschaftlichen Pflege des Umsatzsteuerrechts e.V.
UStR	Umsatzsteuer-Richtlinien
UVR	Umsatzsteuer- und Verkehrsteuer-Recht
VAG	Versicherungsaufsichtsgesetz
VersR	Versicherungsrecht
vgl.	Vergleiche
Vorbem.	Vorbemerkung
WpG	Die Wirtschaftsprüfung
z.B.	zum Beispiel
ZIP	Zeitschrift für Wirtschaftsrecht
ZSteu	Zeitschrift für Steuern und Recht
ZEV	Zeitschrift für Erbrecht und Vermögensnachfolge

Einleitung

A. Einführung in die Thematik

Die Geschäftsveräußerung im Ganzen i.S.d. § 1 Abs. 1a UStG wird als die Vereinfachungs- bzw. Begünstigungsvorschrift bei Vermögensübertragungen in Form von Unternehmensverkäufen/-käufen oder im Rahmen von Umstrukturierungen verstanden. Dennoch ist trotz dieses Verständnisses die Behandlung von Vermögensübertragungen im Sinne der Veräußerung und des Erwerbs von Unternehmensbeteiligungen sowie von Betrieben oder Teilbetrieben bzw. kleineren Einheiten im Unternehmen eine der meist diskutierten Fragen in der Umsatzsteuer.[1] Hiervon zeugen auch die regelmäßigen Neuformulierungen der hierzu veröffentlichten Verwaltungsanweisungen.[2] Umsatzsteuerrechtlich gewinnen Leistungen, die zwischen Gesellschaften und Gesellschaftern erbracht werden, zunehmend an Bedeutung.[3] Vielfach problematisiert wird die umsatzsteuerrechtliche Behandlung von Vermögensübertragungen bei Umstrukturierungen, beim Erwerb und der Veräußerung von Unternehmensbeteiligungen sowie von Geschäftsbetrieben oder Teilbetrieben[4] sowie Anteilsübertragungen.[5] Trotz dieser Unsicherheiten ist die ständige Reorganisation in Form der Umstrukturierung

---

1 Ebenso Winter in FS Schaumburg, 1213 (1213); Hättich/Renz, NWB 4/2011, 268 (268); siehe auch EuGH-Vorlageverfahren Rs. C-444/10, BFH, Beschluss v. 14.7.2010 – XI R 27/08, BStBl. II 2010, 1117; sowie Anmerkung Derlien, BB 2010, 2804 (2806); Salder, DStR 2011, 60 (61); Stein, ZEV 2012, 534.

2 Statt vieler: OFD Frankfurt a.M., Vfg. v. 12.8.2008 – S7100b A – 1 – St110, UR 2008, 900 und OFD Karlsruhe, Vfg. v. 3.8.2009 – USt-Kartei S7100b, Karte 1, UR 2009, 908 sowie Bay. LfSt, Vfg. v. 29.5.2009 – S7100b.1.1-2/2 St34, DB 2009, 1209; BMF-Schreiben v. 3.1.2012 – IV D 2 – S 7100-b/11/10001, BStBl. I 2012, 76; BMF-Schreiben v. 24.10.2012 – IV D 2 – S 7100 –b/11/10002, www.bundesfinanzministerium.de.

3 Wäger, UR 2008, 69 (69).

4 Korf/Schneider in FS Reiß, 213 (213/217); Winter in FS Schaumburg, 1213 (1213); Eversloh, jurisPR-SteuerR 19/2004, Anm. 1 m.w. N.

5 A.A. Körner, IStR 2009, 1 (2) mit der Aussage, dass aufgrund der Nichtsteuerbarkeit des Erwerbs, des Haltens und des Veräußerns von gesellschaftsrechtlichen Beteiligungen die umsatzsteuerrechtliche Beurteilung von Umstrukturierungen unproblematisch sei. Diese Aussage übernimmt unkritisch die Rechtsansicht der Finanzverwaltung, dass eine unternehmerisch gehaltene Beteiligung grundsätzlich steuerbar und steuerbefreit (lediglich mit der Möglichkeit der Option unter den Voraussetzungen des § 9 UStG) übertragen wird und somit der Vorsteuerabzug grds. nach § 15 Abs. 2 UStG ausgeschlossen ist (vgl. BMF-Schreiben v. 26.01.2007 – IV A 5 – S 7300 – 10/07, BStBl. I 2007, 211, Tz. 13; inzwischen Abschnitt 2.3 Abs. 2 UStAE (zuvor Abschnitt 18 Abs. 2 UStR 2008)).

erforderlich, nicht zuletzt um sich den ständig ändernden Gegebenheiten der Wirtschaft anzupassen und am Markt zu bestehen sowie die sich aus Änderungen der Steuergesetze[6], drohenden Nachteile[7] auszugleichen.[8] Die Umsatzsteuer im Rahmen von Umwandlungen und sonstigen Umstrukturierungen wird in der Literatur dennoch immer nur am Rande und dann mit dem Hinweis, dass Vieles durch das Rechtsinstitut der Geschäftsveräußerung im Ganzen vereinfacht worden sei, beleuchtet.[9]

Im Jahr 2009 hat der EuGH entschieden, dass eine Geschäftsveräußerung im Ganzen auch im Wege eines Aktienverkaufs vollzogen werden kann.[10] Die Herleitung und Eingrenzung der Voraussetzungen der Geschäftsveräußerung im Ganzen im Wege der Übertragung gesellschaftsrechtlicher Beteiligungen hat der EuGH jedoch weitgehend offen gelassen.[11] Dies hat die Diskussion erneut belebt und Fragen nach den Tatbestandsmerkmalen und Abgrenzungskriterien aufgeworfen.[12]

Gesellschaften in Konzern- und Holdingstrukturen sind Unternehmer oder Nichtunternehmer nach den allgemeinen Regelungen (§ 2 Abs. 1 UStG). Aller-

---

6 Beispielsweise BT-Drucks. 16/4841 v. 27.3.2007; BT-Drucks. 16/5491 v. 24.5.2007.

7 Hier sei beispielhaft auf Körner, IStR 2009, 1 (1 ff.) verwiesen, welcher vor allem aufgrund der damaligen Neuerungen der §§ 8b Abs. 3, Abs. 5, Abs. 7 KStG; § 4h EStG, § 8a KStG (sog. Zinsschranke), § 8 Nr. 5, § 9 Nr. 2a, Nr. 7 GewStG (Anhebung der Grenze für die Hinzurechnung von Streubesitzdividenden) Handlungsbedarf sah.

8 So auch Körner, IStR 2009, 1 (1 ff.); allgemein zustimmend Birk, Steuerrecht, Rn. 1193.

9 Horn, UR 1995, 472.

10 Der EuGH hat in der Entscheidung „AB SKF“, Urteil v. 29.10.2009, Rs. C-29/08, DStR 2009, 2311 klargestellt, dass entgegen der bisher vorherrschenden Auffassung die Übertragung von gesellschaftsrechtlichen Anteilen eine Geschäftsveräußerung im Ganzen sein kann, wenn der jeweilige Mitgliedstaat von dem Wahlrecht in den Art. 19 und 29 MwStSystRL Gebrauch gemacht und die Regelungen für die Geschäftsveräußerung im Ganzen in nationales Recht umgesetzt hat.

11 Das EuGH, Urteil v. 29.10.2009, Rs. C-29/08 [AB SKF], DStR 2009, 2311, lässt offen unter welchen Voraussetzungen die Übertragung einer Beteiligung zu einer Geschäftsveräußerung im Ganzen führt. Mit identischer Beurteilung der Rn. 38 des EuGH-Urteils auch Wäger, DStR 2009, 2292 (2293).

12 Korf, UVR 2010, 74 (75). Zudem ist nach den Urteilen des EuGH in der Rs. „Swiss Re“, Urteil v. 22.10.2009, Rs. C-242/08, UR 2009, 891 und Rs. „AB SKF“, Urteil v. 29.10.2009, Rs. C-29/08, DStR 2009, 2311 in der Literatur vertreten worden, dass die Übertragung eines Versicherungsvertragsverhältnisses/-bestands als Geschäftsveräußerung im Ganzen zu beurteilen ist (siehe dazu Heinrichshofen, EU-UStB 2009, 56 (57); Hamacher, UR 2009, 896 (897); Maier, DStR 2009, 2248 (2249); Franz, BB 2010, 536 (540f.)).

dings ist gerade in derartigen Strukturen die Umsatzsteuer häufig ein Risiko- oder Störfaktor. Insbesondere im Rahmen von Umstrukturierungen von Konzern- oder Holdingstrukturen stößt die Rechtsdogmatik der Umsatzsteuer sowie ihre praktische Anwendung häufig an Grenzen, in denen Ertragsteuerrecht und Umsatzsteuerrecht nicht mehr kompatibel sind. Die umsatzsteuerrechtliche Behandlung derartiger Vermögensübertragungen im Rahmen von Einlagen/Einbringungen und der Veräußerung von Unternehmensbeteiligungen, von Betrieben oder Teilbetrieben wird zwar vielfach diskutiert, aber nicht rechtssicher und vor allem häufig nicht im Sinne der Umsatzsteuer als Verbrauchsteuer[13] zufriedenstellend gelöst werden. Im Grunderwerbsteuergesetz ist mit Wirkung zum 1. Januar 2010 eine Steuerbefreiung für Umstrukturierungsvorgänge nach dem UmwG eingeführt worden.[14] Daneben existieren bereits viele Vorschriften, die Umstrukturierungsvorgänge erleichtern bzw. (vielfach) ohne Aufdeckung stiller Reserven ermöglichen, wie dies z.B. im UmwStG oder in den §§ 6 Abs. 5, Abs. 3 EStG oder durch Regelungen wie § 6b EStG verwirklicht ist. Das Umsatzsteuerrecht enthält keine derartigen Sonderregelungen zur Vereinfachung/Erleichterung von Umstrukturierungsmaßnahmen mit Ausnahme der Geschäftsveräußerung im Ganzen.

Dieses Rechtsinstitut bedarf allerdings der Reformierung, um mit dem europäischen Unionsrecht und seinem Telos im Einklang zu sein. Allzu häufig wird ein Unternehmenskauf/-verkauf oder eine Umstrukturierungsmaßnahme unter dem Blickwinkel des Umsatzsteuerrechts zu einer risikobehafteten Transaktion, obwohl die Umsatzsteuer im zwischenunternehmerischen Bereich nicht zur Belastung werden soll. Dabei ist zwingende Voraussetzung für die Rechtssicherheit, dass der Betroffene in der Lage ist, den Umfang und die Folgen der ihm auferlegten Pflichten genau zu erkennen.[15] Die Arbeit soll hierzu einen Beitrag leisten. Ihr Ziel ist, in der Auseinandersetzung mit der derzeitigen Gesetzesfassung und der ergangenen Rechtsprechung, die Voraussetzungen für eine nichtsteuer-

---

13 Zum Charakter der Umsatzsteuer als Verbrauchsteuer siehe Kapitel 1 A I.

14 Nach § 6a GrEStG (Steuervergünstigung im Konzern) wird unter bestimmten Voraussetzungen für einen nach § 1 Abs. 1 Nr. 3, Abs. 2a oder Abs. 3 GrEStG steuerbaren Rechtsvorgang, der aufgrund einer Umwandlung im Sinne des § 1 Abs. 1 Nr. 1 bis 3 des UmwG erfolgt, die GrESt nicht erhoben. Zu den Einzelheiten siehe Neitz/Lange, Ubg 2010, 17; Mensching/Tyarks, BB 2010, 87; Wischott/Schönweiß, DStR 2009, 2638; Rödder/Schönfeld, DStR 2010, 415.

15 In diesem Sinne zur Rechtssicherheit: EuGH, Urteil v. 22.11.2001, Rs. C-301/97 [Niederlande/Rat], Slg. 2001, I-8853, Rn. 43; EuGH, Urteil v. 21.2.2006, Rs. C-255/02 [Halifax], DStR 2006, 420, Rn. 72; EuGH, Urteil v. 29.10.2009, Rs. C-29/08 [AB SKF], DStR 2009, 2311, Rn. 77.

bare Vermögensübertragung herauszuarbeiten und zu untersuchen, ob die nationale Regelung im Einklang mit den unionsrechtlichen Vorgaben steht.

Dabei ist das Verhältnis von nationalem Umsatzsteuerrecht mit anderen Rechtsgebieten (insbesondere dem Zivil- bzw. Handelsrecht) sowie mit dem (europäischen) Unionsrecht kritisch zu hinterfragen. Tatsächlich ergeben sich immer wieder wichtige umsatzsteuerrechtliche Fragen, die bis dato nicht abschließend erörtert und – sofern doch – bisweilen nicht zutreffend gelöst sind.

B. Gang der Untersuchung

Zur Erreichung dieses Ziels untersucht diese Arbeit die Voraussetzungen des Rechtsinstituts der Geschäftsveräußerung im Ganzen nach § 1 Abs. 1a UStG unter Berücksichtigung der Vorgaben der Art. 19 und 29 der MwStSystRL. Dabei erfolgt eine Ausrichtung an der grundlegenden Belastungskonzeption der Umsatzsteuer. Die Ergebnisse werden nachfolgend anhand ausgewählter Beispiele des Leistungsaustauschs im Rahmen von Umstrukturierungen verprobt. Dabei werden die Einordnung der Umsatzsteuer als Verbrauchsteuer[16] und der Grundsatz der Neutralität[17] der Umsatzsteuer Leitfaden für die Beurteilung sein.

16 Verbrauchsteuern belasten die Einkommens- und Vermögensverwendung, indem der Erwerb von Gütern und Dienstleistungen, die der privaten Bedürfnisbefriedigung dienen besteuert wird; Birk, Steuerrecht, Rn. 90 und 1260. Man unterscheidet die Umsatzsteuer als allgemeine Verbrauchsteuer, die Besteuerung spezieller Güter durch besondere Verbrauchsteuern (Mineralölsteuer, Steuern auf Alkohol, Tabakwaren, Kaffee, Strom u.v.m.).

17 Der Neutralitätsgrundsatz der Mehrwertsteuer (unionsrechtlicher Begriff für die nationale Umsatzsteuer) ist in der ständigen Rechtsprechung des EuGH immer wieder betont worden. Der EuGH macht dieses Prinzip zur Maxime bei der Auslegung der unionsrechtlichen Regelungen über die Mehrwertsteuer (sog. 6. EG-RL (77/388/EWG), ABl. EG 1977 Nr. L 145, 1; jetzt Mehrwertsteuersystem-Richtlinie (MwStSystRL) (2006/112/EG) ABl. EU v. 11.12.2006 Nr. L 347, 1). Da der Neutralitätsgrundsatz die Belastung des Verbrauchers und nicht des Unternehmers (unionsrechtlich: Steuerpflichtigen) bezwecke verbiete es sich, dass gleichartige und deshalb miteinander in Wettbewerb stehende Waren oder Dienstleistungen (Berufe) unterschiedlich behandelt werden (EuGH, Urteil v. 03.5.2001, Rs. C-481/98 [Kommission./.Frankreich], UR 2001, 352; EuGH, Urteil v. 4.10.2001, Rs. C-326/99 [Goed Wonen], UR 2001, 484; EuGH, Urteil v. 11.10.2001, Rs. C-267/99 [Adam/Urbing], UR 2001, 497; EuGH, Urteil v. 23.10.2003, Rs. C-109/02 [Kommission./.Bundesrepublik Deutschland] , UR 2004, 34); die Gewährung einer Steuerbefreiung für gleichartige Leistungen von der Rechtsform abhängig gemacht wird in der der Unternehmer seine Tätigkeit ausübt (EuGH, Urteil v. 7.9.1999, Rs. C-216/97 [Gregg], UR 1999, 419; EuGH, Urteil v. 10.9.2002, Rs. C-141/00 [Kügler], UR 2002, 513); der Unternehmer einen höheren Betrag als die tatsächlich erhaltene Gegenleistung versteuern muss (EuGH, Urteil v. 24.10.1996, Rs. C-317/94 [Elida Gibbs], UR 1997, 265; EuGH, Urteil v. 29.5.2001,

Die Geschäftsveräußerung im Ganzen wird vielfach als die Lösung sämtlicher Probleme im Rahmen von Umstrukturierungen benannt. Dabei wird leider häufig (noch) ertragsteuerrechtliches Gedankengut auf die Tatbestandsmerkmale übertragen.[18]

Nach einer Einführung in die praktischen Problembereiche in denen die Geschäftsveräußerung im Ganzen Anwendung findet (**Einleitung**), folgen grundsätzliche Überlegungen zur Belastungskonzeption und zu Auslegungsmaximen (**erstes Kapitel**), deren Beachtung für die Beurteilung der Entwicklungsmöglichkeiten und Grenzen der Geschäftsveräußerung im Ganzen Bedeutung erlangen.

Um die Entwicklungsmöglichkeiten auszuloten, gilt es zunächst die Tatbestandsvoraussetzungen der Geschäftsveräußerung im Ganzen des § 1 Abs. 1a UStG zu untersuchen (**zweites Kapitel**). Dabei werden zum Verständnis des derzeitigen Wortlauts die Entstehungsgeschichte und die Ausprägung des Rechtsinstituts durch die aktuelle Rechtsprechung dargestellt. Kritisch zu untersuchen ist, ob die derzeitige am Unionsrecht orientierte Auslegung noch vom Wortlaut gedeckt ist, oder, ob die Notwendigkeit einer Neuformulierung der Geschäftsveräußerung besteht. Durch eine Neuformulierung des § 1 Abs. 1a UStG wird eine der rechtssystematischen Umsetzung der unionsrechtlichen Vorgaben besser dienende legislative Grundlage vorgeschlagen.

Die dabei gefundenen Ergebnisse gilt es nachfolgend anhand von ausgewählten Transaktionen im Rahmen von Sacheinlagen und Umstrukturierungen zu überprüfen (**drittes Kapitel**). Hierzu ist es notwendig, sich mit den umsatzsteuerrechtlichen Fragen bei Sacheinlagen, Verschmelzungen und Spaltungen auseinanderzusetzen. Bis zum Ergehen der sog. Holdingrechtsprechung des EuGH,[19]

Rs. C-86/99 [Freemanns], UR 2001, 349). Gleichzeitig gebietet der Neutralitätsgrundsatz, dass der Unternehmer durch den Vorsteuerabzug vollständig von Umsatzsteuer auf Eingangsleistungen für seine wirtschaftlichen und selbst der Umsatzsteuer unterliegenden Tätigkeiten entlastet wird, unabhängig von ihrem Zweck und Ergebnis (Gewinn/Verlust); EuGH, Urteil v. 8.6.2000, Rs. C-98/98 [Midland Bank], UR 2000, 342; EuGH, Urteil v. 22.2.2001, Rs. C-408/98 [Abbey National], UR 2001, 164; EuGH, Urteil v. 27.9.2001, Rs. C-16/00 [Cibo Participations], UR 2001, 500.

18 Wie nachfolgend unter Kapitel 2 B IV. 1 a) noch näher erläutert wird, haben sowohl die Rechtsprechung als auch die herrschende Meinung in der Literatur einen Bezug auf ertragsteuerrechtliche Regelungen für die Beurteilung des Umsatzsteuerrechts, als Umsetzung des harmonisierten Mehrwertsteuerrechts der Gemeinschaft, frühzeitig abgelehnt.

19 EuGH, Urteil v. 14.11.2000, Rs. C-142/99 [Floridienne/Berginvest], Slg. 2000, I-09567; EuGH, Urteil v. 27.09.2001, Rs. C-16/00 [Cibo Participations], Slg 2001, I-06663; EuGH, Urteil v. 29.4.2004, Rs. C-77/01 [EDM], Slg 2004, I-04295.

welche von der Nichtsteuerbarkeit der Ausgabe von Gesellschaftsanteilen ausgeht, nahm die damals h.M. grundsätzlich einen Tausch bzw. tauschähnlichen Vorgang an, sofern Sacheinlagen im Gegenzug zur Gewährung von Gesellschaftsanteilen/-rechten erbracht wurden. Nach Veröffentlichung dieser Rechtsprechung diskutiert die Literatur eine Klärung der umsatzsteuerrechtlichen Behandlung derartiger Transaktionen.

Die Thesen (**viertes Kapitel**) sollen in Analyse der Rechtsprechung und der unionsrechtlichen Vorgaben zu einer rechtssystematisch zutreffenden umsatzsteuerrechtlichen Beurteilung führen.

Kapitel 1 Grundlagen

A. Belastungskonzeption der Umsatzsteuer

I. Endverbrauch(er) als Träger der Umsatzsteuer

Die Umsatzsteuer[20] ist konzipiert als Allphasen-Netto-Umsatzsteuer[21] mit Vorsteuerabzug. Sie gilt ganz allgemein für die Lieferungen von Gegenständen und für Dienstleistungen. Sie ist proportional zum Preis dieser Gegenstände und Dienstleistungen, wird auf jeder Stufe der Erzeugung erhoben und bezieht sich

---

20 Das nationale Gesetz verwendet den Begriff „Umsatzsteuer". Die unionsrechtlichen Vorgaben und insbesondere die MwStSystRL (Richtlinie 2006/112/EG) hingegen spricht von der Mehrwertsteuer und bezeichnet damit die Allphasen-Netto-Umsatzsteuer mit Vorsteuerabzug. Trotz des im allgemeinen Sprachgebrauch und im Recht der Europäischen Union verwendeten Begriffs der „Mehrwertsteuer" soll in der Arbeit durchweg von „Umsatzsteuer" gesprochen werden, da diese Bezeichnung im nationalen Recht verwendet wird. Auch wenn es zu begrüßen wäre, wenn der nationale Gesetzgeber die Bezeichnung „Mehrwertsteuer" übernehmen würde (ebenso Lohse, UR 2005, 655 (656)), so hat das nationale Umsatzsteuerrecht eine längere Entwicklungsgeschichte als das harmonisierte Mehrwertsteuerrecht und somit noch einige Eigenarten. Zur Geschichte der Umsatzsteuer siehe Klenk in Sölch/Ringleb, UStG, vor § 1 Rn. 1 ff. An einigen Stellen wird aufgrund des Bezugs zur MwStSystRL der Begriff „Mehrwertsteuer" neben dem der „Umsatzsteuer" verwendet, um den unionsrechtlichen Bezug zu verdeutlichen.

21 Zur Allphasen-Netto-Umsatzsteuer siehe Stadie, Umsatzsteuerrecht, Rn. 1.8; ders. in Rau/Dürrwächter, UStG, Einf. Rn.38 ff. Die nationale Umsatzsteuer entstand aus der Finanznot des 1. Weltkrieges. Sie wurde durch das Gesetz über einen Warenumsatzstempel v. 26.6.1916 (RGBl. 1916, 639) eingeführt, welches eine Abgabe von 0,1% für alle Lieferungen eines gewerblichen Betriebes vorsah. Das Umsatzsteuergesetz v. 26.7.1918 erweiterte die Steuerpflicht auf alle Lieferungen und Leistungen und erhöhte den Steuersatz auf 0,5% (Gesetz v. 26.7.1918, RGBl. 1918, 779). Durch das Umsatzsteuergesetz v. 1919 (Gesetz v. 24.12.1919, RGBl. 1919, 2157) trat mit Wirkung zum 1.1.1920 ein Steuersatz von 1,5% in Kraft, welcher im Verlauf der Folgejahre stetig angehoben wurde. Zugleich wurde eine ergänzende Umsatzsteuer auf Luxusartikel in Höhe von 15% erhoben. Auf jeder Umsatzstufe wurde die Umsatzsteuer erhoben. Einen Vorsteuerabzug gab es nicht. Dieser Kumulationseffekt dieser sog. Allphasen-Brutto-Umsatzsteuer führte auch zu deren Scheitern, da letztendlich das BVerfG die Steuer als gleichheitswidrig beanstandete (BVerfG, Urteil v. 20.12.1966 – 1 BvR 320/57 und 1 BvR 70/63, BVerfGE 21,12, NJW 1967, 147). Zum 1.1.1968 trat dann das Umsatzsteuergesetz 1967 in Kraft (Gesetz v. 29.5.1967, BGBl. I 1967, 545). Seitdem gilt das Allphasen-Nettosystem, eine Umsatzsteuer auf jeder Umsatzstufe mit (entlastenden) Vorsteuerabzug. Zu den Details der Entwicklung und Einordnung siehe Kirchhof, DStR 2008, 1 (1-8).

auf den Mehrwert der Gegenstände und Dienstleistungen, d.h. die bei einem Geschäft fällige Steuer wird unter Abzug der Steuer berechnet, die bei dem vorherigen Geschäft schon entrichtet worden ist (Vorsteuerabzug).[22] Träger der Umsatzsteuer soll – nach dem Willen des Gesetzgebers – nicht der Unternehmer, sondern der Endverbraucher sein, der Einkommen und Vermögen für verbrauchbare Güter aufwendet.[23] Dem Unternehmer ist, als „zwangsverpflichtetem Gehilfen des Staates", nur auferlegt, die Steuer für Rechnung der Steuerverwaltung einzuziehen und sodann an diese abzuführen.[24] Zutreffend wird von einer den (privaten) Endverbraucher belastenden Einkommensverwendungssteuer gesprochen,[25] welche das Leistungsfähigkeitsprinzip durch die Verwendung des Einkommens und Vermögens (Konsum) im Wege einer Konsumleistungsfähigkeit erfasst.[26] Dem steht nicht entgegen, dass Anknüpfungspunkt für die Besteuerung grundsätzlich die ausgeführten entgeltlichen Lieferungen und sonstigen Leistungen des Unternehmers sind (§ 1 Abs. 1 Nr. 1 UStG) und auch dieser Steuerschuldner nach § 13a Abs. 1 Nr. 1 UStG ist[27], denn er bleibt bei alledem lediglich Steuergehilfe/-einsammler des Staates.[28] Das Anknüpfen an die Leistung ist nur technisches Vehikel, um den (möglichen) Verbrauch von Gütern und Dienstleistungen nach Maßgabe des dafür aufgewendeten Vermögens zu

---

22 EuGH, Urteil v. 26.6.1997, Rs. C-370/95 [Careda SA u.a.], UR 1997, 357; EuGH, Urteil v. 3.10.2006, Rs. C-475/03 [Banca popolare di Cremona], UR 2007, 545; siehe zum Wesen der Umsatzsteuer auch Klenk in Sölch/Ringleb, UStG, vor § 1 Rn. 9 mit Verweis auf obige EuGH-Urteile.

23 Stadie in Rau/Dürrwächter, UStG, § 2 Rn. 20; Reiß in Tipke/Lang, Steuerrecht, § 14 Rn. 1 m.w.N.; ders. in FS Schaumburg, 1165 (1168); Nieskens in FS Reiß, 45 (46); Tipke in FS Reiß, 9 (12), (14); anders dagegen noch BFH, Urteil v. 9.3.1989 – V B 48/88; BStBl. II 1989, 580; BVerfG, Urteil v. 5.3.1974 – 1 BvR 712/68, BVerfGE 36, 321; Söhn, StuW 1975, 1 (17); Tehler, UVR 1992, 231 (233); Tipke, Steuerrechtsordnung, Bd. II. S. 895; ders., StuW 1992, 103 (107); Nieskens, UR 2004, 441 (446); Stadie, Umsatzsteuerrecht, Rn. 1.14; Schön, UR 1993, 291 (293).

24 EuGH, Urteil v. 24.10.1996, Rs. C-317/94 [Elida Gibbs], BStBl. II 2004, 324; Anm. Weiß, UR 1997, 268; EuGH, Urteil v. 6.10.2005, Rs. C-291/03 [My Travel], UR 2005, 685; Anm. Henkel, UR 2005, 692; EuGH, Urteil v. 5.3.2009, Rs. C-302/07 [J D Wetherspoon], UR 2009, 279, Rn. 61; BFH, Urteil v. 29.1.2009 – V R 64/07, UR 2009, 388: „vereinnahmte Umsatzsteuer [...] zur Weiterleitung an das Finanzamt bestimmt"; Stadie, UR 2009, 745 (746).

25 Reiß in FS Schaumburg, 1165 (1169); ders., DStJG 13 (1990), 3 ff. m.w.N.

26 Schaumburg in FS Reiß, 25 (32). Zum verfassungsrechtlichen Gebot, dass auch indirekte Steuern durch das Leistungsfähigkeitsprinzip legitimiert sein müssen siehe Lang in Tipke/Lang, Steuerrecht, § 4 Rn. 85; ähnlich Kirchhof, StuW 2006, 3 (13).

27 Ebenso Nieskens in FS Reiß, 45 (46).

28 Stadie, UStG, § 2 Rn. 1; Reiß in Tipke/Lang, Steuerrecht, § 14 Rn. 88.

besteuern.[29] Der Endverbraucher soll letztlich Steuerdestinatar sein.[30] Auch der EuGH versteht die Umsatzsteuer als eine den Endverbraucher belastende Steuer mit der Folge, dass Neutralität auf Unternehmerebene gewährleistet sein muss.[31]

Nach ständiger Rechtsprechung des EuGH soll durch die Regelung über den Vorsteuerabzug der Unternehmer vollständig von der im Rahmen seiner wirtschaftlichen Tätigkeit geschuldeten und entrichteten Mehrwertsteuer/Umsatzsteuer entlastet werden.[32] Das gemeinsame Mehrwertsteuersystem gewährleistet somit die Neutralität hinsichtlich der steuerlichen Belastung aller wirtschaftlichen Tätigkeiten unabhängig von ihrem Zweck oder ihrem Ergebnis.[33]

Dieses fundamentale Prinzip und die ausdrückliche Einordnung durch die MwStSystRL als Verbrauchsteuer[34] dienen als Grundlage für die nachfolgende

---

29 Hummel, Bauten auf fremden Grund und Boden im Umsatzsteuerrecht, 42.

30 Ebenso Nieskens in FS Reiß, 45 (46); Tipke in FS Reiß, 9 (12); Hummel, Bauten auf fremden Grund und Boden im Umsatzsteuerrecht, 42 und 43.

31 EuGH, Urteil v. 15.10.2002, Rs. C-427/98 [Kommission/Deutschland], EuGHE 2002, I-8315; EuGH, Urteil v. 26.6.1997, Rs. C-370/95, C-371/95, C-372/95 [Careda], EuGHE 1997, I-3721; EuGH, Urteil v. 27.9.2007, Rs. C-409/04 [Teleos u.a.], UR 2007, 774; EuGH, Urteil v. 27.9.2007, Rs. C-184/05 [Twoh International], UR 2007, 782; EuGH, Urteil v. 27.9.2007, Rs. C-146/05 [Albert Collée], UR 2007, 813 mit Anm. Maunz.

32 EuGH, Urteil v. 22.2.1991, Rs. C-408/98 [Abbey National], DStRE 2001, 318, Rn. 24; EuGH v. 6.7.2006, Rs. C-439/04 [Kittel und Recolta Recycling], DStR 2006, 1274, Rn. 48.

33 Statt vieler: EuGH, Urteil v. 6.7.2006, Rs. C-439/04 [Kittel und Recolta Recycling], DStR 2006, 1274, Rn. 48; EuGH, Urteil v. 29.10.2009, Rs. C-29/08 [AB SKF], DStR 2009, 2311, Rn. 67 m.w.N.

34 Zugegeben, die Einordnung als Verbrauchsteuer oder Verkehrsteuer ist immer noch nicht ganz unumstritten (so auch Jacob, Umsatzsteuer, § 1 Rn. 11). Nach herrschender Meinung ist allerdings die Umsatzsteuer als Verbrauchsteuer einzuordnen. Art. 1 Abs. 2 MwStSystRL bezeichnet sie nun auch (im Gegensatz zur 6. EG-RL, in der keine klare Aussage über den Charakter der Mehrwertsteuer getroffen wurde) als „proportionale Verbrauchsteuer". Auch wenn die Umsatzsteuer an Vorgänge des Rechtsverkehrs anknüpft und daher sicherlich auch Verkehrsteuercharakter haben kann, so wird die Unmaßgeblichkeit des nationalen Zivilrechts und daher die Abkehr von einer zivilrechtsorientierten Auslegung hin zu einer verbrauchsorientierten Betrachtung immer häufiger. Die Einordnung durch die MwStSystRL muss daher Beachtung finden. Die MwStSystRL verwendet nicht nur in Art. 2 Abs. 1 den Begriff der Verbrauchsteuer. Sie verdeutlicht dies auch indem sie in Art. 155 MwStSystRL festlegt, dass Umsätze nicht der Umsatzsteuer unterworfen werden könne, wenn diese nicht für den Endverbrauch bestimmt sind oder indem sie in Art. 143 Buchstabe h MwStSystRL festlegt,

Arbeit. Diese Einordnung entspricht auch der Auffassung des EuGH[35] sowie der aktuellen Rechtsansicht des BFH.[36] Gradmesser für eine rechtssystematische Beurteilung sind daher die Konsequenzen in der Belastung des privaten Verbrauchs.[37] Die Anknüpfung an Vorgänge des Rechtsverkehrs, die von einer Ausgestaltung als Verkehrsteuer zeugen, hat für die Auslegung nur untergeordnete Bedeutung.[38] Aus der wirtschaftlichen Wirkung eines Vorgangs erschließt sich die umsatzsteuerrechtliche Beurteilung.[39]

II. Bedeutung für Vermögensübertragungen

Maßstab für die Verwirklichung der umsatzsteuerrechtlichen Neutralität einer Vermögensübertragung ist die Frage, ob die übertragenen Wirtschaftsgüter unternehmerisch gebunden bleiben und weiterhin für wirtschaftliche Tätigkeiten genutzt werden.[40] Die Rechtsprechungsentwicklung zur Geschäftsveräußerung im Ganzen zeugt davon, dass § 1 Abs. 1a UStG nun offensichtlich in diesem Sinne interpretiert wird, indem die Verwendung(sabsicht) des übernehmenden Unternehmers mit dem übertragenen Vermögen in den Mittelpunkt der Beurteilung rückt.[41]

Der Staat darf sich zwar der Hilfe der Unternehmer für die indirekte Besteuerung bedienen. Sie dürfen aber nicht zu „Verlierern“ der indirekten Methode werden, indem die folgerichtige Überwälzung der Umsatzsteuer auf den Verbraucher nicht erfolgen kann und der Unternehmer systemwidrig mit (Sonder-)Lasten aufgrund der Umsatzbesteuerung beschwert ist.[42] Daher wird man für Transaktionen zwischen Unternehmern jegliche Belastungen aufgrund der Um-

---

dass Gebrauchs- und Verbrauchsgüter für NATO-Truppen und ziviles Begleitpersonal unter bestimmten Bedingungen steuerbefreit sind.

35 EuGH, Urteil v. 11.10.2007, Rs. C-283/06 und C-312/06 [KÖGÄZ u.a.], UR 2007, 906 Rn. 29f.; EuGH, Urteil v. 24.10.1996, Rs. C-317/94 [Elida Gibbs], UR 1997, 265 Rn. 19 ff.; EuGH, Urteil v. 13.7.1989, Rs. C-93, 94/88 [Wisselink & Co. B.V.], UR 1990, 362 Rn. 18; EuGH, Urteil v. 5.5.1982, Rs. C-15/81 [Gaston Schul Douane Expediteur B.V.], UR 1982, 242, Rn. 10.

36 Der BFH verlangt regelmäßig einen Vorteil beim Leistungsempfänger, der zu einem Verbrauch im Sinne des Mehrwertsteuerrechts führt; BFH, Urteil v. 7.7.2005 – V R 34/03, UR 2005, 663 (664); BFH, Urteil v. 6.5.2004 – V R 40/02, UR 2004, 470 (471); BFH, Urteil v. 11.4.2002 – V R 65/00, UR 2002, 367 (369); BFH, Urteil v. 24.8.2006 – V R 19/05, BFH/NV 2007, 364 (364f.).

37 So bereits Schaumburg, StuW 1973, 15 (19f.).

38 Ebenso Schaumburg in FS Reiß, 25 (33).

39 Ebenso Hummel, Bauten auf fremden Grund und Boden im Umsatzsteuerrecht, 42.

40 Winter in FS Schaumburg, 1213 (1214); Schaumburg, StuW 1973, 15f.

41 BFH, Urteil v. 30.4.2009 – V R 4/07, BStBl. II 2009, 863.

42 Tipke in FS Reiß, 9 (17).

satzsteuer vermeiden müssen. Dies schließt administrativen Aufwand und Zinsbelastungen, sowohl aufgrund von Liquiditätsverschiebungen, welche sich durch ein zeitliches Auseinanderfallen von Umsatzsteuerzahllast[43] und Vorsteuerabzug ergeben können, als auch aufgrund einer Steuerverzinsung nach § 233a AO[44], mit ein.[45] Des Weiteren muss die Regelung für den Betroffenen eindeutige Rechtsfolgen aufweisen und darf ihm nicht übermäßig das steuerliche Risiko der Fehlbeurteilung aufbürden.

Zudem sollten in Anbetracht dieses Grundsatzes Umstrukturierungen von Rechtsträgern nicht zu einer Definitivbelastung mit Umsatzsteuer führen, soweit es sich um Umstrukturierungen von Rechtsträgern handelt, die vor und nach der Umstrukturierung als Unternehmer agieren.[46] Zugleich ist aber zwingend ein unversteuerter Endverbrauch, z.B. durch Übertragungen auf Nichtunternehmer, im Rahmen der Umstrukturierungen zu vermeiden. Das Neutralitätsprinzip fordert, dass der Unternehmer nicht durch Umsatzsteuer auf seiner Produktionsstufe belastet wird. Dies wird grundsätzlich durch den systemgerechten[47] Vorsteuerabzug sichergestellt. Dieses Prinzip ist fundamental, um die Belastungsneutralität im gegenwärtigen System herzustellen.[48] Durch § 1 Abs. 1a UStG wird im

---

43 Im Rahmen des derzeit geltenden Systems der (grundsätzlichen) Sollversteuerung entsteht die Steuer regelmäßig mit Ablauf des Kalendermonats der Ausführung der Leistung (§ 13 Abs. 1 Nr. 1 Buchstabe a UStG), wohingegen der Vorsteuerabzug grundsätzlich erst bei Vorliegen einer ordnungsgemäßen Rechnung (§ 15 Abs. 1 Satz 1 Nr. 1 UStG) möglich ist. Zur Kritik am Prinzip der Sollversteuerung und dem Soll-Prinzip beim Vorsteuerabzug siehe Stadie, UStG, § 20 Rn. 4; ders. in Rau/Dürrwächter, UStG, § 17 Rn. 191 ff.

44 Auch wenn das Ziel der Verzinsung nach § 233a AO lediglich die Abschöpfung zu Unrecht einbehaltener Liquidität ist, so führt die Zinsnachzahlung regelmäßig zu finanziellen Schäden, da der Liquiditätsvorteil derart nicht vorhanden war.

45 Nur am Rande sei auf die Problematik hingewiesen, dass die Sollversteuerung nach § 13a UStG im Gegensatz zur Istversteuerung mit der Konzeption als indirekte Verbrauchsteuer nicht vereinbar ist. Siehe dazu Stadie in Rau/Dürrwächter, UStG, § 17 Rn. 192.

46 Reiß in FS Schaumburg, 1165 (1168).

47 Der Vorsteuerabzug setzt systemgerecht voraus, dass der leistende Unternehmer mit den bezogenen Eingangsleistungen selbst nicht den Vorsteuerabzug ausschließende Ausgangsumsätze tätigt. Hinzukommen einige Rückausnahmen aus Gleichstellungsgründen in Bezug auf Umsätze mit Drittlandsbezug.

48 Die Belastungsneutralität ließe sich auch dadurch sicherstellen, dass Erwerbsvorgänge von Unternehmer für das Unternehmen bereits nicht als steuerbar behandelt werden; siehe Vorschlag zur Umgestaltung der Umsatzsteuer von Kirchhof, Umsatzsteuer Gesetzbuch. Nach diesem Vorschlag unterlägen nur noch die im Inland an Verbraucher erbrachten Umsätze (Leistungen gegen Entgelt) sowie Entnahmen von Leistungen und die Einfuhr der Umsatzsteuer.

geltenden Recht sowohl für entgeltliche als auch für unentgeltliche Umsätze in den Sonderfällen der Geschäftsveräußerung im Ganzen die Belastungsneutralität durch die Nichtsteuerbarkeit gewährleistet. Dabei muss sichergestellt sein, dass es nicht zu einer gleichheitswidrigen Entlastung von einer Umsatzbesteuerung des Endverbrauchs kommt.[49]

Erforderlich ist daher, dass der Rechtsträger, der Vermögen übernimmt, welches beim Übertragenden ganz oder zum Teil zum Vorsteuerabzug berechtigt hat, selbiges für sein Unternehmen übernimmt, so dass kein (unversteuerter) Endverbrauch stattfindet. Auch sind nachfolgende Veränderungen der Vorsteuerabzugsverhältnisse zu beobachten und ggf. einer Vorsteuerkorrektur zuzuführen.[50] Theoretisch ist diese Belastungs- und Entlastungskonzeption sowohl durch eine Besteuerung der Transaktionen im Rahmen einer Umstrukturierung mit Vorsteuerabzug beim Übernehmenden als auch mit einer weitgehenden Nichtsteuerbarkeit der Umstrukturierungsvorgänge zu verwirklichen.[51] Für den Praktiker ergeben sich allerdings erhebliche Zweifelsfragen und Unterschiede in der Umsetzung,[52] die, wie nachfolgende Arbeit beweisen wird, durch eine rechtssystemkonforme Ausprägung der Geschäftsveräußerung im Ganzen weitestgehend zu beseitigen sind. Dem Umsatzsteuerrecht ist es nicht fremd, dass derartige Vereinfachungs- und Erleichterungszwecke der Norm für die Auslegung herangezogen werden, wie dies häufig im Bereich der Steuerbefreiungsvorschriften erfolgt.[53]

---

49 Reiß in FS Schaumburg, 1165 (1169).

50 Das Umsatzsteuergesetz hat dies im Rahmen der Vorsteuerberichtigungsvorschriften nach § 15a UStG umgesetzt. Ändern sich innerhalb des Berichtigungszeitraums (10 Jahre bei Grundstücken, ansonsten 5 Jahre) die Verwendungsverhältnisse (vorsteuerabzugsberechtigende Verwendung/ vorsteuerabzugsschädliche Verwendung (z.B. bestimmte steuerfreie Umsätze oder Entnahme in den Privatbereich)) so ist nach § 15a UStG eine (anteilige) Vorsteuerkorrektur vorzunehmen.

51 Reiß in FS Schaumburg, 1165 (1169).

52 So betont Winter in FS Schaumburg, 1213 (1219), dass wohl nur der Praktiker nachempfinden kann, welche Probleme z.B. mit der Rechtstheorie der Steuerbarkeit der Einbringung eines Einzelunternehmens gegen Gewährung von Gesellschaftsrechten verbunden sind.

53 Im Bereich der Steuerbefreiungen sei nur beispielhaft auf die Steuerbefreiung nach § 4 Nr. 8 UStG für Bank- und Finanzdienstleistungen verwiesen. Der Grund für diese Steuerbefreiung liegt neben der Vermeidung einer Erhöhung der Kosten des Verbraucherkredits, eindeutig in der Schwierigkeit bei der Bestimmung von Bemessungsgrundlagen und der Höhe der abzugsfähigen Vorsteuern; EuGH, Urteil v. 19.4.2007. Rs. C-455/04 [Velvet&Steel], UR 2007, 379, Rn. 24; Wäger in Sölch/Ringleb, UStG, § 4 Nr. 8 Rn. 14.

Des Weiteren ist bei sämtlichen Überlegungen zur Umsatzsteuer zu beachten, dass sie als den Endverbrauch belastende Einkommensverwendungssteuer keine Unterschiede in der Besteuerung aufgrund der Rechtsform des leistenden Unternehmers akzeptieren kann. Die Umsatzsteuer ist strikt rechtsformneutral.[54] Dies gilt sowohl hinsichtlich des leistenden Unternehmers als auch im Hinblick auf das Objekt des Umsatzes (z.B. die Rechtsform des übertragenen Unternehmensvermögens). Sofern aufgrund der Rechtsformunterschiede Wettbewerbsverzerrungen auftreten, weil der leistende Unternehmer die Umsatzsteuer z.B. nicht auf den Verbraucher abwälzen kann, ist die Belastungskonzeption der Umsatzsteuer verfehlt und das Ergebnis bedarf der Korrektur.

Überdies dürfen wirtschaftlich zum selben Erfolg führende Vorgänge umsatzsteuerrechtlich nicht unterschiedlich behandelt werden. Tritt wirtschaftlich derselbe Umstrukturierungserfolg ein, so sind die Umstrukturierungsmaßnahmen, ungeachtet der unterschiedlichen Rechtstechniken für die Durchführung, für das Umsatzsteuerrecht übereinstimmend zu behandeln.[55]

B. Auslegungsmaximen

Um das Rechtsinstitut der Geschäftsveräußerung im Ganzen zu beurteilen, ist es maßgeblich, sich darüber Klarheit zu verschaffen, welchen Einfluss die verschiedenen Rechtsordnungen auf das Umsatzsteuerrecht nehmen.

I. Umsatzsteuerrecht und nationale Rechtsordnung

Die nationale Rechtsordnung, insbesondere die zivilrechtliche Rechtstechnik darf nicht alleinige Richtschnur für die Beurteilung sein. Die Steuertatbestände knüpfen regelmäßig an wirtschaftliche Vorgänge, Zustände und Veranstaltungen an.[56] So geschieht es, dass die Steuertatbestände zwar oft Begriffe aus dem BGB, dem HGB und anderen Gesetzen verwenden, deren Regelungszweck aber nicht übernehmen.[57] Es ist daher im Einzelfall anhand der Regelungszwecke zu überprüfen, wie der dem Zivilrecht oder anderem Rechtsgebiet entlehnte Begriff

---

54 EuGH, Urteil v. 7.9.1999, Rs. C-216/97 [Gregg], EuGHE 1999, I-4947; EuGH, Urteil v. 6.11.2003, Rs. C-45/01 [Dornier Stiftung], EuGHE 2003, I-12911; BFH, Urteil (Nachfolgeentscheidung) v. 1.4.2004 – V R 54/98, BStBl. II 2004, 681; aber auch BVerfG, Urteil v. 10.11.1999 – BvR 2861/93, BStBl. II 2000, 160; Reiß in Tipke/Lang, Steuerrecht, § 14 Rn. 88 und 90.

55 So auch Reiß in FS Schaumburg, 1165 (1170).

56 BVerfG, Urteil v. 10.10.1961 – 2 BvL 1/59, BVerfGE 13, 153 (164); BFH, Urteil v. 22.11.1962 – II 19/59, BStBl. III 1963, 64, Rn. 18; Drüen in Tipke/Kruse, AO/FGO, § 4 AO Rn. 324 ff. m.w.N.

57 Drüen in Tipke/Kruse, AO/FGO, § 4 AO, Rn. 324.

im Steuerrecht zu verstehen ist.[58] Auch wenn die Besteuerung an die wirtschaftlichen Vorgänge, Zustände und Veranstaltungen anknüpft, beschreibt es diese mit Begriffen des Zivilrechts.[59] Das Zivilrecht der Mitgliedstaaten gibt den Rahmen für zivilrechtliche Vereinbarungen vor. Maßgeblich ist aber die tatsächliche Umsetzung im Wirtschaftsleben.[60] Diese tatsächliche Betrachtungsweise ermöglicht erst komplexe umsatzsteuerrechtliche Rechtsgebilde, wie Reihengeschäfte[61] und Dienstleistungskommissionen[62] umsatzsteuerrechtlich umzusetzen. Eine zivilrechtliche Analyse der Vorgänge ist daher zunächst notwendig. Die abschließende Beurteilung ist aber nach den Grundsätzen des Umsatzsteuerrechts vorzunehmen.

Weitgehende Einigkeit besteht auch dahingehend, dass ertragsteuerrechtliche Grundsätze nicht auf das Umsatzsteuerrecht übertragen werden können[63] und wenn, dann ausschließlich im Wege einer wirtschaftlichen Betrachtung hinzugezogen werden sollten.

Die wirtschaftliche Betrachtungsweise rechtfertigt es nicht, den Sachverhalt rein wirtschaftlich und ohne Rücksicht auf den gesetzlichen Tatbestand zu qualifizieren.[64] Durch sie kann der gesetzliche Tatbestand oder ein Tatbestandsmerkmal nicht ersetzt werden.[65] Die zivilrechtliche Gestaltung des Sachverhaltes liefert

---

58 Weber-Grellet, StuW 1993, 195 (203); ders. StuW 1999, 312ff; Kirchhof in FS Meyding, 1994, 3 (18).

59 Wagner, StuW 1992, 2 (13); Drüen in Tipke/Kruse, AO/FGO, § 4 AO, Rn. 326.

60 Nieskens, UR 2004, 441 (444) m.w.N.

61 Im Reihengeschäft nach § 3 Abs. 6 Satz 5 UStG schließen mehrere Unternehmer über denselben Gegenstand Umsatzgeschäfte ab und dieser Gegenstand gelangt bei der Beförderung oder Versendung unmittelbar vom ersten Unternehmer an den letzten Abnehmer. Hierbei liegen mehrere Lieferungen vor, wobei nur eine Lieferung eine bewegte Lieferung ist (§ 3 Abs. 6 Satz 5 UStG); vgl. auch EuGH, Urteil v. 16.12.2010, Rs. C-430/09, BeckRS 2010, 91445.

62 Bei einer Dienstleistungskommission wird ein Unternehmer in die Erbringung einer sonstigen Leistung eingeschaltet und handelt dabei im eigenen Namen, jedoch für fremde Rechnung (§ 3 Abs. 11 UStG). Es handelt sich um ein Geschäftsbesorgungsverhältnis. Umsatzsteuerrechtlich wird anstelle des Geschäftsbesorgungsverhältnisses die gleiche Leistung, wie die empfangene/erbrachte Dienstleistung fingiert (§ 3 Abs. 11 UStG).

63 Statt vieler: Jakob, Umsatzsteuer, Rn. 914.

64 BVerfG, Kammerbeschluss v. 27.12.1991 – 2 BvR 72/90, BStBl. II 1992, 212 (214); BFH, Urteil v. 31.8.1993 – VII R 69/91, BStBl. II 1995, 846 (849).

65 BFH, Urteil v. 13.12.1961 – VI 133/60 U, BStBl. 1962, 127; BFH, Urteil v. 3.12.1969 – II 162/65, BStBl. II 1970, 279 (283); BFH, Urteil v. 26.2.1970 – I R 42/68, BStBl. II 1970, 419 (421).

allerdings den Rahmen für die steuerrechtliche Qualifikation.[66] Die Annahme, auf das Zivilrecht der Mitgliedstaaten könne es nicht ankommen, da das Umsatzsteuerrecht vereinheitlicht sei[67], ist daher differenziert zu betrachten. Das Umsatzsteuerrecht der EU knüpft an wirtschaftliche Tatbestände, vorliegend an Lieferungen oder Dienstleistungen gegen Entgelt an. Dabei sind diese wirtschaftlichen Tatbestände unions(rechts)autonom und unionseinheitlich unabhängig vom Recht der Mitgliedstaaten auszulegen und anzuwenden. Der jeweilige wirtschaftliche Tatbestand kann regelmäßig jedoch nur herbeigeführt werden, indem die Parteien Handlungen vornehmen, deren wirtschaftliche Folgen sich aus der Anwendung der nationalen Rechtsordnung ergeben. Insoweit besteht eine Koinzidenz[68] zwischen wirtschaftlichen Ergebnissen und zivilrechtlicher Grundlage.[69] Anhand der nationalen Rechtsordnungen ist zunächst zu bestimmen, welche Rechtsfolgen und wirtschaftlichen Auswirkungen ein Handeln hervorruft. Es steht eine wirtschaftlich-funktionale Betrachtung der mittels des Zivilrechts geschaffenen Umstände im Vordergrund.[70] Sind die Umstände bestimmt, was meist unproblematisch ist, lässt sich sodann – und jetzt unions(rechts)autonom – anhand der Regelungen des UStG (häufig auch der MwStSystRL) bestimmen, ob und inwieweit deren Tatbestände erfüllt sind. Wenn Art. 14 Abs. 1 der MwStSystRL für den Lieferbegriff verlangt, dass die Befähigung übertragen wird, wie ein Eigentümer über den Gegenstand zu verfügen, so lässt sich die Frage, ob dies erfolgt ist, keineswegs völlig losgelöst von der anwendbaren nationalen Rechtsordnung betrachten.[71] So ist der Unterschied zwischen Kauf oder Miete und somit zwischen Lieferung oder sonstige Leistung regelmäßig anhand des Zivilrechts abzugrenzen. Das Zivilrecht ist aber nicht allein maßgeblich.[72] Dies verdeutlicht sich auch darin, dass eine Lieferung ausgeführt sein kann, sofern noch kein zivilrechtlicher Eigentumsübergang erfolgt ist (z.B. bei Leasingumsätzen) oder keine Lieferung ausgeführt ist, obwohl zivil-

---

66 Ebenso, allerdings bezogen auf das Ertragsteuerrecht Drüen in Tipke/Kruse, AO/FGO, § 4 AO Rn. 331.

67 EuGH, Urteil v. 6.2.2003, Rs. C-185/01 [Auto Lease Holland BV], UR 2003, 137; ebenso von Streit, UR 2008, 410 mit Verweis auf die Rechtsprechung des EuGH; kritisch Reiß, UR 2003, 428.

68 Der Begriff wird im allgemeinen Sprachgebrauch verwendet, um einen vermuteten kausalen Zusammenhang koinzidenter Ereignisse anzudeuten. Das (zufällige) Zusammentreffen zweier Ereignisse/Ergebnisse wird regelmäßig als Koinzidenz bezeichnet. In diesem Sinne verwendet diese Arbeit den Begriff Koinzidenz.

69 Buttenhauser, Die umsatzsteuerrechtliche Beurteilung von Gesellschaftsakten bei Personen- und Kapitalgesellschaften, 28f. (30).

70 Hidien, StuW 2005, 265 (275).

71 Reiß, UR 2003, 428 (438).

72 Ebenso Hidien, UR 2006, 265 (268).

rechtlich ein Eigentumsübergang erfolgte (z.B. bei der Sicherungsübereignung). Der Übergang des wirtschaftlichen Eigentums hat insoweit bestimmenden Einfluss auf die (Verschaffung der) Verfügungsmacht.[73] Der EuGH[74] betonte stets, dass die MwStSystRL[75] nicht aus der Sicht eines bestimmten Rechtssystems ausgelegt werden kann, sondern, dass ihre Begriffe autonom ausgelegt werden müssen.[76] Das nationale Recht kann angesichts des Harmonisierungsauftrags in Art. 113 EUV[77], auf dessen Grundlage die MwStSystRL erlassen wurde, nicht den Inhalt eines umsatzsteuerrechtlichen Tatbestands bestimmen.[78] Der Grundsatz der autonomen unionsrechtlichen Begrifflichkeiten ist ohne Alternative.[79]

Es bleibt als Zwischenergebnis festzuhalten, dass das nationale Recht für die zutreffende umsatzsteuerrechtliche Würdigung nicht unbeachtlich ist.[80] Maßgebend für die zutreffende Beurteilung der Vorgänge ist jedoch eine Betrachtung in Koinzidenz der zivilrechtlichen und wirtschaftlichen Einordnung.[81] Das daraus resultierende Ergebnis ist wiederum anhand des nationalen UStG unter Berücksichtigung der regelmäßig autonom auszulegenden Begriffe des Unionsrechts zu würdigen. Dies umfasst auch die generelle Ausrichtung an den Prinzipien des Unionsrechts, da das Umsatzsteuerrecht aufgrund der Harmonisierung einen dreistufigen Aufbau hat.[82] Neben dem nationalen Gesetz und dem Europäischen Sekundärrecht ist das Primärrecht mit in die Betrachtung einzubeziehen, da die MwStSystRL ihrerseits wiederum dem Europäischen Primärrecht unterliegt.

---

73 Martin in Sölch/Ringleb, UStG, § 3 Rn. 84 und 415; Klenk in Sölch/Ringleb, UStG, § 3 Rn. 608.

74 Bspw. EuGH, Urteil v. 19.4.2007, Rs. C-455/05 [Velvet&Steel], IStR 2007, 367; EuGH, Urteil v. 27.11.2003, Rs. C-497/01 [Zita Modes Sárl], BFH/NV Beilage 2004, 128; EuGH, Urteil v. 20.11.2003, Rs. C-8/01 [Taksatorringen], IStR 2004, 57; EuGH, Urteil v. 8.3.2001, Rs. C-240/99 [Skandia], IStR 2001, 281 jeweils m.w.N.

75 Derzeit RL 2006/112/EG; bis zum 1.1.2007: 77/388/EWG.

76 Ebenso Korf, DB 2003, 1705 (1706).

77 Ex-Art. 93 EGV.

78 BFH v. 11.9.2002 – V R 53/02, UR 2005, 375 (376); BFH v. 25.5.2000 – V R 48/99, UR 2000, 430 (432); Stadie in Rau/Dürrwächter, UStG, Einf. Rn. 309; Riepen/Nickel, UR 1994, 253 (256); a.A. Völkel/Karg, UR 1982, 21 (21), die eine Anlehnung des Umsatzsteuerrechts an das Zivilrecht vertreten.

79 Hidien, StuW 2005, 265 (270).

80 Ebenso Hidien, StuW 2005, 265 (268).

81 Buttenhauser, Die umsatzsteuerrechtliche Beurteilung von Gesellschaftsakten bei Personen- und Kapitalgesellschaften, 28f.

82 Achatz, DStJG 26 (2003), 279 (305); Hidien, UR 2006, 265 (267); Kellersmann, UR 2000, 505 (506f.), Hoffsümmer, Steuerbefreiungen für Inlandsumsätze, 2.

II. Umsatzsteuerrecht und Europäisches Unionsrecht

Das Unionsrecht bestimmt die umsatzsteuerrechtlichen Tatbestände, da das Umsatzsteuerrecht innerhalb der Europäischen Union weitgehend harmonisiert und durch Richtlinienvorgaben geprägt ist. Dabei sind die Regelungen zur Umsatzsteuer nach allgemeinen rechtstheoretischen Grundsätzen auszulegen. Trotz des Umstandes, dass das Steuerrecht Eingriffsrecht ist, bei welchem das Prinzip der Tatbestandsmäßigkeit große Bedeutung erlangt, ist es als Teil der Rechtsordnung nach allgemeinen Regeln auszulegen.[83] Unter Auslegung wird in der Regel die Klarstellung des Sinns einer Rechtsnorm verstanden,[84] die für erforderlich gehalten wird, weil der Wortlaut der Rechtsnorm ihren Inhalt (oft) nur unvollkommen zum Ausdruck bringt.[85]

Als Teil der Rechtsordnung sind sowohl die im europäischen Mehrwertsteuerrecht als auch die im nationalen Umsatzsteuerrecht verwendeten Rechtsbegriffe aufgrund ihrer Abstraktheit, deren Notwendigkeit sich aus der Subsumtion einer Vielzahl von Fällen unter diese Normen erklärt, auslegungsbedürftig und auslegungsfähig. Das abstrakte Spiegelbild der vielfältigen Sachverhalte ist der Tatbestand.[86] Sowohl Tatbestand als auch Rechtsfolge, die sich ergebende Verpflichtung oder Berechtigung des Adressaten, müssen im Gesetz niedergelegt sein.[87] Da Rechtsanwendung auch immer zugleich Rechtsfortbildung[88] ist,[89] ist der Rechtsprechung auch im Umsatzsteuerrecht eine erhebliche Bedeutung beizumessen. Die sich schnell wandelnden ökonomischen Umstände und das ständige Bestreben nach Neu- und Umgestaltung sind nicht nur Folge der steuerrechtlichen Normsetzung, sie sind auch durch vielfältige Notwendigkeiten der sich wandelnden Wirtschaft geprägt. Im Ergebnis bedingen und entwickeln Steuerrechtssetzung und unternehmerische Umgestaltung einander, ohne dass dies ihr Wunsch bzw. Ziel ist.

Ausschlaggebend für den ständigen Wandel ist zudem ein für den Praktiker kaum zu durchdringendes Dickicht aus richtlinienkonformer Interpretation deut-

---

83 Stadie in Rau/Dürrwächter, UStG, Einf. Rn. 290; Burkhardt, Das Stichtagsprinzip, 25; Weber-Grellet, StuW 1993, 97 (101).

84 Drüen in Tipke/Kruse, AO/FGO, § 4 AO Rn. 214.

85 BFH, Urteil v. 9.11.1971 – VI R 96/70, BStBl. II 1972, 134, Rn. 9; BFH, Urteil v. 18.2.1981 – II R 107/78, BStBl. II 1981, 331, Rn. 9 und Leitsatz.

86 Drüen in Tipke/Kruse, AO/FGO, § 4 AO Rn. 10.

87 Lang in Tipke/Lang, Steuerrecht, § 4 Rn. 150 und Rn. 158; Drüen in Tipke/Kruse, AO/FGO, § 4 AO Rn. 10.

88 Begrenzt durch die Bindung insb. der Rechtsprechung an das Gesetz und somit an den Sinn des Gesetzes.

89 Drüen in Tipke/Kruse, AO/FGO, § 4 AO Rn. 205 m.w.N.

scher Normen, dem Anwendungsvorrang EU-rechtlicher Bestimmungen (hier vor allem der MwStSystRL), der direkten Anwendung des Unionsrechts und notwendigen Vorlagefragen durch den BFH.[90] Das nationale Recht ist aufgrund des Anwendungsvorrangs des Unionsrechts unionsrechtskonform auszulegen.[91] Dies erfolgt in erster Linie durch Orientierung an den Vorgaben der MwStSystRL.[92] Daneben sind aber auch die Regelungen des europäischen Primärrechts für die Beurteilung einzubeziehen.

Der Binnenmarkt als Raum ohne Binnengrenzen, in dem der freie Verkehr von Waren, Personen, Dienstleistungen und Kapital gewährleistet sein muss (Art. 26 EUV[93]), erfordert und befiehlt einen Harmonisierungsauftrag, der eben diese Grundfreiheiten sicherstellen soll.[94] Zugleich sichern die Grundfreiheiten den freien Binnenmarkt der EU. Ein Umsatz in Deutschland muss nach den gleichen Grundsätzen beurteilt werden, wie ein solcher Umsatz in einem anderen Mitgliedstaat, wie etwa in Frankreich, Polen, Tschechien, Griechenland oder den Niederlanden und zwar insbesondere dann, wenn zu befürchten ist, dass eine Wettbewerbsverzerrung bei unterschiedlicher Auslegung eintreten könnte.[95] Dennoch ist die MwStSystRL (bzw. 6. EG-RL) zunächst an die Mitgliedstaaten mit dem Auftrag der Transformation in nationales Recht gerichtet. Daher gibt es keinen absoluten Anwendungsvorrang des Unionsrechts. Lediglich dann, wenn die nationale Umsetzung nicht richtlinienkonform oder nicht zeitgerecht erfolgt,

---

90 Ebenso Nieskens, UR 2004, 441 (441).

91 Statt vieler: BFH, Urteil v. 21.3.1996 – XI R 36/95, BStBl. II 1996, 399 (401); BFH, Urteil v. 23.10.2003 – V R 48/01, BStBl. II 2004, 196 (198); Niedersächsisches FG, Urteil v. 8.2.2001 -5 K 99/99, EFG 2001, 1327 (1329); Jarass, Grundfragen der innerstaatlichen Bedeutung des EG-Rechts, 1994, 89; Drüen in Tipke/Kruse, AO/FGO, § 4 AO Rn. 240.

92 Seit dem 1.1.2007 finden die Regelungen der Richtlinie RL 2006/112/EG, im deutschen Sprachgebrauch als MwStSystRL bezeichnet, Anwendung. Die MwStSystRL v. 28.11.2006 ersetzt die sog. 6. EG-RL (RL 77/388/EWG) zur Harmonisierung des gemeinsamen Mehrwertsteuersystems. Die Einführung hat zu keiner wesentlichen Änderung des gemeinsamen Mehrwertsteuersystems geführt; BMF-Schreiben v. 11.1.2007 – IV A 2 S 7056 – 6/07, UR 2007, 178. Die nachfolgende Bearbeitung zitiert daher die aktuell anwendbaren Art. der MwStSystRL und nur in den Fällen, in denen die Vorgängerregelung relevante Abweichungen enthält, werden die bisherigen Art. der 6. EG-RL angeführt. In den Aussagen aus der Rechtsprechung des EuGH werden die bisherigen Art. der 6. EG-RL zitiert, soweit diese Grundlage der Entscheidungen waren.

93 Ex-Art. 14 EGV.

94 Nieskens, UR 2004, 441 (441).

95 In diesem Sinne auch Nieskens, UR 2004, 441 (441).

ist ein unmittelbares Berufen auf die Richtlinien möglich.[96] Es bleibt festzuhalten, dass das Ergebnis der Auslegung nationalen Rechts den unionsrechtlichen Vorgaben nicht widersprechen darf.[97]

Die Vielzahl der Entscheidungen des EuGH in denen festgestellt wurde, dass die nationalen Regelungen des Umsatzsteuergesetzes nicht mit dem Unionsrecht konform sind, zeugen davon, dass für die zutreffende umsatzsteuerrechtliche Beurteilung dem Unionsrecht und damit dem mit der Auslegung des Unionsrechts betrauten EuGH die Position eines „Letztentscheiders" zukommt. Sinnvoll ist es daher, die unionsrechtlichen Maßstäbe für die Beurteilung anhand des nationalen Umsatzsteuergesetzes als Richtschnur zu nehmen. Die Vorgaben zur Geschäftsveräußerung im Ganzen in den Art. 19 und 29 MwStSystRL und die Rechtsprechung des EuGH[98] zu diesem Rechtsinstitut sind daher von immenser Bedeutung. Eine Geschäftsveräußerung im Ganzen muss, sofern der jeweilige Mitgliedstaat von dem Wahlrecht zur Umsetzung in das nationale Umsatzsteuer-/Mehrwertsteuerrecht Gebrauch gemacht hat, in sämtlichen Mitgliedstaaten gleiche Anwendung finden.[99]

---

96 Statt vieler: EuGH v. 19.1.1982, Rs. C-8/81 [Kreditvermittler], UR 1982, 70; BFH, Urteil v. 17.6.1998 – XI R 68/9, BFH/NV 1999, 81.

97 Steinbarth, Jura 2005, 610; Drüen in Tipke/Kruse, AO/FGO, § 4 AO Rn. 246.

98 Die Rechtsprechung ist bislang überwiegend zu Vorgängervorschriften Art. 5 Abs. 8 und Art. 6 Abs. 5 der 6. EG-RL ergangen.

99 Siehe dazu Kapitel 2 B IV. 1 b).

Kapitel 2 Das Institut der Geschäftsveräußerung im Ganzen

A. Problemfeldanalyse

Leistungen, die zwischen Gesellschaften und ihren Gesellschaftern erbracht werden, haben umsatzsteuerrechtlich an Bedeutung gewonnen.[100] Insbesondere die zutreffende umsatzsteuerrechtliche Behandlung von Vermögensübertragungen bei Umstrukturierungen, beim Erwerb und der Veräußerung von Unternehmensbeteiligungen, von Geschäftsbetrieben oder Teilbetrieben sowie Anteilsübertragungen ist derzeit in der Diskussion.[101]

Unternehmenskäufe/-verkäufe oder sonstige Übertragungen von Unternehmen oder Teilen von Unternehmen können entgeltlich, unentgeltlich oder teilentgeltlich erfolgen. Die zivilrechtlichen Formen der Übertragungen sind vielfältig. So kann ein Unternehmenskauf sowohl über den Kauf der Wirtschaftsgüter als auch über einen Anteilskauf verwirklicht werden.[102] Ertragsteuerrechtlich sind diese Vorgänge vielfach privilegiert, indem beispielsweise die entgeltliche Veräußerung eines Betriebs oder Teilbetriebs – als gewinnrealisierender Vorgang – mit einem Freibetrag nach § 16 EStG und/oder einem privilegierten Steuersatz nach § 34 Abs. 2 Nr. 1 und Abs. 1 oder Abs. 3 EStG besonders begünstigt wird. Ebenso führt eine unentgeltliche Übertragung (z.B. Schenkung, vorweggenommene Erbfolge) nicht zu einer gewinnrealisierenden Aufdeckung der stillen Reserven, wenn der Erwerber die Buchwerte seines Rechtsvorgängers fortführt (§ 6 Abs. 3 Satz 1 EStG). Gleiches gilt für die Aufnahme einer natürlichen Person in Einzelunternehmen oder die unentgeltliche Übertragung eines Teils eines Mitunternehmeranteils auf eine natürliche Person (§ 6 Abs. 3 Satz 1 Halbsatz 2 EStG). Auch bei Unternehmenskäufen und Umstrukturierungen nach dem Umwandlungssteuerrecht sind viele Transaktionen steuerlich begünstigt. Ebenso wird nach § 6a GrEStG (Steuervergünstigung im Konzern) unter bestimmten Voraussetzungen für einen nach § 1 Abs. 1 Nr. 3, Abs. 2a oder Abs. 3 GrEStG steuerbaren Rechtsvorgang, der aufgrund einer Umwandlung im Sinne des § 1 Abs. 1 Nr. 1 bis 3 des UmwG erfolgt, keine Grunderwerbsteuer erhoben.[103] Anders ist dies im Umsatzsteuerrecht. Die einzige Begünstigungs-

---

100 Wäger, UR 2008, 69 (69).

101 Korf/Schneider in FS Reiß, 213 (213); Winter in FS Schaumburg, 1213 (1213); Eversloh, jurisPR-SteuerR 19/2004, Anm. 1 m.w. N.

102 Statt vieler: Rödder in Beck´sches Handbuch der AG, § 13 Rn. 450.

103 Zu den Einzelheiten siehe Neitz/Lange, Ubg 2010, 17; Mensching/Tyarks, BB 2010, 87; Wischott/Schönweiß, DStR 2009, 2638.

/Vereinfachungsnorm für derartige Transaktionen ist die Geschäftsveräußerung im Ganzen nach § 1 Abs. 1a UStG.

Die zutreffende Einordnung einer Transaktion als Geschäftsveräußerung im Ganzen dient nicht nur der Vereinfachung auf dem Gebiet des Umsatzsteuerrechts, sie ist vielmehr zur Vermeidung von finanziellen Risiken unvermeidbar.[104] Die Rechtsprechungsentwicklung in den vergangenen Jahren hat zu deutlich mehr Unsicherheiten hinsichtlich der Fragen der Steuerbarkeit von Leistungen zwischen Gesellschaft und Gesellschaftern und einiger Umorganisierung in Unternehmensstrukturen geführt.[105] Auch die Frage des Leistungsaustauschs und der Entgeltlichkeit im Zusammenhang mit der Aufnahme eines Gesellschafters in eine Gesellschaft und mit Gesellschaftereinlagen ist noch offen.[106] Diese aktuellen Entwicklungen in Rechtsprechung und Literatur führen dazu, dass einige wichtige Fragen derzeit noch ungeklärt sind. Das Risiko einer Fehlbeurteilung wird daher als Hemmnis für die notwendige Reorganisation betrachtet, da die finanziellen Auswirkungen aufgrund des Steuersatzes schnell immens sind. Liegt beispielsweise keine Geschäftsveräußerung im Ganzen vor, kann die Übertragung zu einer Berichtigung des Vorsteuerabzugs nach § 15a UStG führen, weil der zugrundeliegende Umsatz (z.B. ein Grundstücksumsatz nach § 4 Nr. 9 Buchstabe a UStG) steuerbefreit ist. Ein vergleichbares Risiko besteht bei unentgeltlichen Transaktionen, die als unentgeltliche Wertabgaben nach § 3 Abs. 1b bzw. Abs. 9a UStG besteuert werden, ohne dass dem Erwerber/Übernehmer ein Vorsteuerabzug daraus zustünde. Auch wenn grundsätzlich Fehlbeurteilungen durch Rechnungskorrekturen behoben werden können und dann dem unternehmerischen Leistungsempfänger ein Vorsteuerabzug zusteht, führt zumindest die Verzinsung der nachgeforderten Steuer regelmäßig zur Definitivbelastung.[107]

---

104 Statt vieler: FG Düsseldorf, Urteil v. 5.2.2010 – 1 K 2823/09 U, UStB 2010, 174 zur Problematik der notwendigen Vorsteuerkorrekturen bei einer Fehlbeurteilung. Ebenso: Behrens, UVR 2010, 174 (178); Prätzler, jurisPR-SteuerR 48/2010, Anm. 5; Korn, SteuK 2011, 1 (1).

105 EuGH, Urteil v. 21.3.2002, Rs. C-174/00 [Kennemer Golf & Country Club], UR 2002, 320; BFH, Urteil v. 9.8.2007 - V R 27/04, UR 2007, 811; BFH v. 11.10.2007 – V R 69/06, UR 2008, 153; Wäger, UR 2008, 69; Martin, UR 2008, 34; Widmann, UR 2008, 77.

106 Ebenso auch Korf/Schneider in FS Reiß, 213 (217/218).

107 Auch wenn die Steuerverzinsung nach § 233a AO (sog. Normalverzinsung) erst nach einer Karenzzeit von 15 Monaten beginnt und lediglich die Abschöpfung zu Unrecht erhaltener Liquidität bzw. zu Unrecht geschonter Liquidität zum Ziel hat, so gehen die Auswirkungen für die Unternehmen über eine Liquiditätsabschöpfung hinaus, da ein derartiger Vorteil regelmäßig nicht vorhanden war.

Der EuGH hat in der Rechtssache „Pannon Gép“[108] zwar unter Hinweis auf Art. 167, 178 Buchst. a), 220 Nr. 1 und 226 MwStSystRL eine rückwirkende Berichtigung der Rechnung für den Fall, dass die materiell-rechtlichen Voraussetzungen für den Vorsteuerabzug erfüllt sind und die Rechnungsberichtigung bis zum Erlass einer Behördenentscheidung vorgenommen wird, zugelassen. Ob als Folge dieser EuGH-Entscheidung die (rückwirkende) Heilung einer fehlerhaften Rechnung möglich ist, wenn diese die an eine ordnungsgemäße Rechnung gestellten Mindestanforderungen erfüllt, ist aber umstritten.[109] Der BFH hat in seinem Beschluss vom 20.7.2012 – V B 82/11[110], die Argumentation des EuGH positiv dargestellt aber die Frage letztendlich offen lassen.

Zudem ist die Rechnungskorrektur in der Praxis mit erheblichen Schwierigkeiten, z.B. bei der zutreffenden Ermittlung der Bemessungsgrundlage verbunden. Auch muss der Leistungs-/Rechnungsempfänger noch existent sein. Fehlerhaft erteilte Rechnungen berechtigen nicht zum Vorsteuerabzug.[111] Die ausgewiesene Steuer wird allerdings nach § 14c UStG (unrichtiger Steuerausweis) geschuldet. Aktuell schließt die Finanzverwaltung zudem eine Rückwirkung des Verzichts auf eine Steuerbefreiung unter Berufung auf die Rechtsprechung des BFH aus[112], sodass bereits im Zeitpunkt der Ausführung der Leistung Rechtssicherheit über die Beurteilung des Vorgangs vorliegen muss. Eine Fehlbeurteilung ist damit mit weitreichenden steuerlichen (und finanziellen) Folgen verbunden.[113] Diese nicht abschließende Aufzählung der Umsatzsteuerrisiken verdeutlicht die Notwendigkeit einer klaren und einfach zu handhabenden Regelung des Rechtsinstituts der Geschäftsveräußerung im Ganzen, um die Belastungskonzeption der Umsatzsteuer auch zutreffend umzusetzen. Mangels Sicherheit in der Rechtsanwendung wird in der Literatur dem Erwerber wie Veräußerer geraten die Steuer-

---

108 EuGH, Urteil v. 18.7.2010 – Rs. C-168/09, „Pannon Gép“, DStR 2010, 1475 m. Anm. Wäger

109 Dafür Sterzinger, UR 2010, 700; Wäger, DStR 2010, 1478; Wagner, UVR 2010, 311; grds. ebenso Widmann, UR 2009, 249, 250; Widmann, in: Plückebaum/ Malitzky, UStG, § 14 Rdnr. 114; dagegen Niedersächsisches FG v. 25.10.2010 5 - K 425/08, DStRE 2011, 1337, Rev. eingelegt, Az. des BFH: XI R 41/10; ebenso FG Berlin-Brandenburg v. 22.2.2011 - 5 V 5004/11, EFG 2011, 1295; FG Köln v. 13.7.2011 2 - K 2695/10, juris, und FG Hamburg v. 6.12.2011 - 2 V 149/11, sowie Huschens, UVR 2010, 333; Meurer, DStR 2010, 2442, und wohl auch Nieskens, UR 2010, 693.

110 DStR 2012, 1702.

111 BFH, Beschluss v. 29.10.2010 – V B 48/10, juris-Datenbank.

112 Abschnitt 9.1. Abs. 3 UStAE (der UStAE ersetzt mit Wirkung zum 1.11.2010 die Umsatzsteuer-Richtlinien 2008) mit Verweis auf BFH, Urteil v. 10.12.2008, XI R 1/08, BStBl. II 2009, 1026; kritisch Höink, UR 2011, 851.

113 Ebenso Behrens, UVR 2010, 174 (178).

risiken im Kaufvertrag absichern.[114] Dies ist aber nur bedingt möglich, da die bisherige Praxis einer hilfsweisen Option zur Steuerpflicht (nach § 9 UStG), mangels Anerkennung einer Rückwirkung[115] selbiger im Falle der Fehleinschätzung, nur noch begrenzt vertragliche Absicherungen zulässt. Die Rechtssicherheit, d.h. die Notwendigkeit, dass Rechtsakte eindeutig sein müssen und ihre Anwendung für den Rechtsanwender vorhersehbar sein muss, ist hingegen im Umsatzsteuerrecht oberste Maxime. Der Unternehmer darf weder durch die Umsatzbesteuerung, noch durch administrativen Aufwand über Gebühr belastet werden. Daher gilt es das Rechtsinstitut der Geschäftsveräußerung im Ganzen im Hinblick auf eine rechtssichere Handhabung zu untersuchen.

B. Die Geschäftsveräußerung im Ganzen

I. Allgemeines

§ 1 Abs. 1a UStG bestimmt, dass Umsätze im Rahmen einer Geschäftsveräußerung an einen anderen Unternehmer für dessen Unternehmen nicht der Umsatzsteuer unterliegen. Nur für den Fall der Geschäftsveräußerung im Ganzen wird die Nichtsteuerbarkeit der vom unternehmerischen Veräußerer/Übertragenden ausgeführten Umsätze angeordnet. Die Anwendung des § 1 Abs. 1a UStG führt weder dazu, dass der Veräußerer/Übertragende Nichtunternehmer wird bzw. ist, noch dazu, dass er keine Lieferungen (§ 3 Abs. 1 UStG) oder sonstige Leistungen (§ 3 Abs. 9 UStG) ausführt.[116] Er tätigt Umsätze, welche lediglich nicht besteuert werden, indem man sie von der Steuerbarkeit ausnimmt.

Die Übertragung von nichtunternehmerisch gehaltenen Wirtschaftsgütern bzw. von gesellschaftsrechtlichen Beteiligungen, die von einem Nichtunternehmer gehalten werden, unterliegt bereits nicht der Umsatzsteuer, da es keine Leistung

---

114 Zu den Kaufvertragsklauseln siehe Slotty-Harms, UVR 2008, 218 (219). Regelmäßig empfiehlt sich bereits im Kaufvertrag den Fall der Steuerbarkeit zu regeln und für die Übertragung von Grundstücken soweit möglich auf die Steuerbefreiung nach § 4 Nr. 9 Buchstabe a UStG zu verzichten, um die Folgen einer Vorsteuerberichtigung nach § 15a UStG zu vermeiden. Die Option muss im notariellen Kaufvertrag erklärt werden (§ 9 Abs. 3 UStG), so dass durch eine Aufnahme im notariellen Kaufvertrag nach herrschender Ansicht eine notarielle Nachtragsurkunde im Falle der Nichtanerkennung einer Geschäftsveräußerung im Ganzen vermieden werden kann. Probleme bereitet die nach Verwaltungsauffassung zwingende Ausübung bis zur formellen Bestandskraft der zugrundeliegenden Festsetzung (Abschnitt 9.1. Abs. 3 UStAE). Allgemein zu Steuerklauseln im Unternehmenskaufvertrag siehe Hülsmann, DStR 2008, 2402.

115 Siehe Fußnote 112.

116 Reiß in Schaumburg, Unternehmenskauf, 243 (244).

eines Unternehmers ist (siehe § 1 Abs. 1 Nr. 1 UStG).[117] Sie können daher auch nicht in den Anwendungsbereich des § 1 Abs. 1a UStG fallen. Die Geschäftsveräußerung im Ganzen setzt bereits aufgrund der systematischen Stellung als Abs. 1a des § 1 UStG die grundsätzliche Steuerbarkeit des jeweiligen Vorgangs voraus. Es ist somit immer zunächst zu prüfen, ob es sich um Vorgänge im Anwendungsbereich der Umsatzsteuer oder außerhalb des Anwendungsbereichs der Umsatzsteuer handelt.

§ 1 Abs. 1a UStG setzt das Wahlrecht der Mitgliedstaaten aus Art. 19 Abs. 1 und Art. 29 MwStSystRL[118] in nationales Recht um und ist dementsprechend auszulegen[119], wie nachfolgend noch näher erläutert wird.[120]

Die nationale Regelung in § 1 Abs. 1a UStG kann allerdings bereits auf folgende Ahnentafel[121] zurückblicken: § 10 Abs. 3 UStG 1980, § 10 Abs. 4 UStG 1967, § 85 UStDB 1951, § 81 UStDB 1938, Partenkirchener Verordnung vom 1.3.1937.[122] Daher existierte eine Regelung der Geschäftsveräußerung im Ganzen bereits vor Einführung der unionsrechtlichen Vorgaben, wenngleich diese (teilweise) andere Besteuerungsfolgen vorsahen.[123] So war die entgeltliche Geschäftsveräußerung nach Maßgabe des § 85 UStDB 1951 ermäßigt besteuert und im Falle der Unternehmensnachfolge durch Abkömmlinge steuerfrei.[124] Der BFH sah § 85 UStDB 1951 als Sonderregelung an und leitete daraus für das alte Umsatzsteuerrecht ab, dass die unentgeltliche Geschäftsübertragung (auch nicht als Eigenverbrauch) zu besteuern sei.[125] Nach dem Wechsel[126] von der Allpha-

---

117 EuGH, Urteil v. 26.2.2003, Rs. C-442/01 [Kap Hag Renditefonds], IStR 2003, 601; EuGH, Urteil v. 26.5.2005, Rs. C-465/03 [Kretztechnik], Slg. 2005, I-04357.

118 Früher Art. 5 Abs. 8 und Art. 6 Abs. 5 der 6. EG-RL.

119 BFH, Urteil v. 18.9.2008 – V R 21/07, DB 2008, 2811; BFH, Urteil v. 18.1.2005 – V R 53/02, BStBl. II 2007, 730; Stöcker in Peter/Burhoff/Stöcker, UStG, § 1 Rn. 512.

120 Siehe Kapitel 2 B III.

121 Zur historischen Entwicklung der Geschäftsveräußerung im Umsatzsteuerrecht siehe Klenk, UR 1982, 114 (115); Obenhaus, Stbg 2010, 544 (544).

122 RStBl. 1937, 377. Die Partenkirchener Verordnung ist eine auf Grund der §§ 12 und 13 der Reichsabgabenordnung und des § 18 des (damaligen) UStG erlassene Verordnung des Reichsministers der Finanzen.

123 Zunächst war sogar entschieden worden, dass die Geschäftsveräußerung im Ganzen außerhalb der gewerblichen und beruflichen Tätigkeit liege (RFH, Urteil v. 16.6.1920 – II A 170/20, RFHE 3, 109; RFH, Urteil v. 7.6.1921 – II A 187/21, RFHE 6, 53). Nachfolgend wurde auf die umsatzsteuerliche Relevanz erkannt (RFH, Urteil v. 24.4.1931 – V A 410/31, RStBl. 1932, 361). Die Beurteilung hatte allerdings verschiedene umsatzsteuerliche Auswirkungen; siehe Obenhaus, Stbg 2010, 544 (544).

124 Probst in Hartmann/Metzenmacher, UStG, § 1 Rn. 5.

125 BFH, Urteil v. 9.2.1956 –V 267/55 U, BStBl. III 1956, 99 – zur historischen Entwicklung: Klenk, UR 1982, 114 (115); Brune, DStZ 1992, 135 (136f.) .

sen-Brutto-Umsatzsteuer[127] zur Allphasen-Netto-Umsatzsteuer im Jahre 1968[128] regelte das UStG die Geschäftsveräußerung im Ganzen in § 10 Abs. 4 (später in Abs. 3 umnummeriert) sowie in § 19 Abs. 3 UStG und § 20 Abs. 2 UStG. Bereits nach der Begriffsdefinition der Partenkirchener Verordnung ist dann, wenn *„ein Unternehmen oder ein in der Gliederung eines Unternehmens gesondert geführter Betrieb im ganzen"* übertragen wird, eine Geschäftsveräußerung im Ganzen gegeben.[129] Dieser Wortlaut findet sich auch noch im derzeitigen § 1 Abs. 1a UStG, welcher ab 1.1.1994 gilt, wieder.

Nach der derzeitigen Fassung liegt eine Geschäftsveräußerung im Ganzen vor, wenn ein Unternehmen oder ein in der Gliederung eines Unternehmens gesondert geführter Betrieb im Ganzen im Rahmen des Unternehmens auf einen anderen Unternehmer entgeltlich oder unentgeltlich übereignet oder in eine Gesellschaft eingebracht wird (§ 1 Abs. 1a Satz 2 UStG). § 1 Abs. 1a Satz 3 UStG bestimmt, dass der erwerbende Unternehmer an die Stelle des Veräußerers tritt (Anordnung der Einzelrechtsnachfolge[130]).

Zusätzlich ist – nach der Auslegung der unionsrechtlichen Vorgaben durch die Rechtsprechung des EuGH – die Fortführung bzw. Fortführungsabsicht des Erwerbers notwendig.[131] Nicht begünstigt ist die sofortige Abwicklung der übernommenen Geschäftstätigkeit.[132] Nach den in der Literatur vertretenen Ansichten ist der Grundfall der Geschäftsveräußerung im Ganzen die Übertragung eines Geschäftsbetriebs, der – abgesehen von der Veräußerung von nicht wesentlichen Betriebsgrundlagen – als letzter Akt der unternehmerischen Tätigkeit vorgenommen wird.[133] In der praktischen Anwendung ist dieser Grundfall aber eher die Ausnahme und die Übertragung von Teilen des Unternehmens bzw. Unternehmensvermögens der Regelfall.

---

126 Zur Entwicklung siehe Fußnote 21.

127 Die Allphasen-Brutto-Umsatzsteuer besteuert als Haupttatbestand die entgeltlichen Lieferungen und sonstigen Leistungen des Unternehmers (jedoch ohne Vorsteuerabzug). Die Steuer wurde kumulativ auf jeder Unternehmensstufe ohne Vorumsatz- oder Vorsteuerabzug erhoben; Klenk in Sölch/Ringleb, UStG, vor § 1 Rn. 1.

128 Klenk in Sölch/Ringleb, UStG, vor § 1 Rn. 1; Stadie in Rau/Dürrwächter, UStG, Einf. Rn. 45.

129 § 2 der Partenkichener Verordnung von 1. März 1937, RStBl. 1937, 377.

130 Husmann in Rau/Dürrwächter, UStG, § 1 Rn. 1087.

131 EuGH, Urteil v. 27.11.2003, Rs. C-497/01, [Zita Modes Sárl], BFH/NV Beilage 2004, 128.

132 EuGH, Urteil v. 27.11.2003, Rs. C-497/01, [Zita Modes Sárl] , BFH/NV Beilage 2004, 128.

133 Stöcker in Peter/Burhoff/Stöcker, UStG, § 1 Rn. 520.

Vor Inkrafttreten des § 1 Abs. 1a UStG zum 1.1.1994[134] war zweifelhaft, ob in der unentgeltlichen Übertragung eines gesamten Unternehmens eine Entnahme[135] der zum Unternehmen gehörenden Gegenstände (erst Entnahme in das Privatvermögen, dann Schenkung) zu sehen war[136], oder ob die Entnahme/Schenkung nur aus dem Unternehmen erfolgen konnte.[137] Zum damaligen Zeitpunkt waren Geschäftsveräußerungen im Ganzen nach den allgemeinen Vorschriften steuerbar aber unter besonderen Voraussetzungen steuerbefreit (§ 10 Abs. 3 Satz 2 UStG und § 20 Abs. 2 UStG in den Fassungen vor 1994). Insgesamt wurde vor dem 1.1.1994 die Geschäftsveräußerung im Ganzen als Schlussakt der unternehmerischen Betätigung beurteilt, welche bei Entgeltlichkeit als steuerbar nach § 1 Abs. 1 Nr. 1 Satz 1 UStG und bei Unentgeltlichkeit als Eigenverbrauch[138] (heute: unentgeltliche Wertabgabe) betrachtet wurde.[139] Dieses Ergebnis war mit der damaligen, auf der zwischenzeitlich überholten Rechtsprechung[140] des BFH fußenden, Verwaltungsansicht nicht vereinbar.[141]

---

134 BGBl. I 1993, 2310 = BStBl. II 1994, 50 – Art. 20 Nr. 1 Buchs. b StMBG. Zuvor war bereits im Jahre 1991 in § 24 Abs. 1 UStG für die land- und forstwirtschaftlichen Unternehmer, die ihre Umsätze nach Durchschnittsätzen versteuern, angeordnet worden, dass die Betriebsveräußerungen als nicht steuerbar zu behandeln und damit nicht unter § 24 UStG fallend anzusehen waren (näheres siehe Widmann in Plückebaum/Malitzky, UStG, § 1 Abs. 1a Rn. 6 und 42f.). Da die Regelung mit der Einführung des § 1 Abs. 1a UStG aufgehoben wurde und den Kernbereich dieser Arbeit nicht berührt, wird auf die Darstellung verzichtet.

135 Dies führt regelmäßig zur Besteuerung als unentgeltliche Wertabgabe nach § 3 Abs. 1b bzw.
Abs. 9a UStG (früherer Eigenverbrauch).

136 So z.B. BFH, Urteil v. 25.6.1987 – V R 92/78, BStBl. II 1987, 655; BFH, Urteil v. 18.1.1999 – V R 13/99, BFH/NV 2000, 666.

137 Schön, UR 1993, 291 (293) mit dem Hinweis, dass nach der Teleologie des Umsatzsteuerrechts bei der unentgeltlichen Übertragung keine Entnahme aus den Unternehmen vorliege, da dieses Unternehmen als Zusammenfassung von Sach- und Personalmitteln (dann beim übernehmenden Unternehmer) fortexistiere.

138 Der frühere Eigenverbrauch wurde m.W.v. 1.4.1999 durch die Regelungen der unentgeltlichen Wertabgabe abgelöst (StEntlG 1999/2000/2002).

139 Stöcker in Peter/Burhoff/Stöcker, UStG, § 1 Rn. 511; Meyer in Offerhaus/Söhn/Lange, UStG, § 1 Rn. 370.

140 Nach der damaligen Rechtsprechung des BFH verdrängte § 85 UStDB den Eigenverbrauch; siehe dazu beispielhaft: BFH, Urteil v. 9.2.1956 – V 267/55 U, BStBl. III 1956, 99; BFH, Urteil v. 12.12.1963 – V 73/61, HFR 1964, 399; siehe auch Schlienkamp, UR 1994, 93 (94).

141 Noch in den UStR 1986/1988 vertrat die Finanzverwaltung die Auffassung, dass kein Eigenverbrauch, sondern mangels Entgelt eine nicht steuerbare Lieferung vorlag, ob-

Die zu den Regelungen vor 1994 ergangene Rechtsprechung kann daher nur in Ausnahmefällen herangezogen werden.[142] Sie erging zu einer Regelung der Geschäftsveräußerung im Ganzen, die noch ohne unionsrechtliche Grundlage war und sich auf die Regelungen zur Haftung beim Betriebsübergang (damals teilweise noch § 116 RAO, jetzt § 75 AO) stützte.

II. Sinn der Einführung des § 1 Abs. 1a UStG

Da nach der oben geschilderten Rechtsprechung des BFH die unentgeltliche Geschäftsveräußerung – etwa im Wege vorweggenommener Erbfolge – als Entnahme beurteilt wurde[143] und dies die als misslich beurteilte Folge hatte, dass die derart ausgelöste Umsatzsteuer beim Übernehmer trotz der unternehmerischen Verwendung der übernommenen Wirtschaftsgüter nicht als Vorsteuer abziehbar war, wurde die Neuregelung eingeführt.[144] Im Fall der Entnahme von Unternehmensvermögen oder der Erbringung unentgeltlicher Dienstleistungen entsteht nach den Vorschriften über den Eigenverbrauch (jetzt unentgeltliche Wertabgabe nach § 3 Abs. 1b UStG bzw. § 3 Abs. 9a UStG) Umsatzsteuer. Diese ist aber mangels Leistung für das Unternehmen des Erwerbers nach § 15 Abs. 1 Satz 1 Nr. 1 Satz 1 UStG nicht als Vorsteuer abzugsfähig.[145] Ältere Literaturansichten vertraten, dass die aufgrund des Eigenverbrauchs geschuldete Umsatzsteuer in diesen Fällen als Vorsteuer abzugsfähig sei, wenn dem Erwerber hierüber eine Rechnung ausgestellt werde.[146] Dies ist angesichts des Wortlauts der

---

wohl die unentgeltliche Lieferung offensichtlich aus nicht unternehmerischen Gründen vorlag; vgl. auch BMF-Schreiben v. 19.1.1972, UR 1972, 59.

142 Die Gründe werden nachfolgend noch dargestellt. A.A. Stöcker in Peter/Burhoff/Stöcker, UStG, § 1 Rn. 512 mit dem Hinweis, dass die bisherige Rechtsprechung (unter Einschränkung einer richtlinienkonformen Auslegung) maßgeblich bleibe.

143 BFH, Urteil v. 25.5.1987 – V R 92/78, BStBl. II 1987, 655; kritisch hierzu Schön, UR 1993, 291 (291); siehe auch BFH, Urteil v. 18.11.1999 – V R 13/99, BStBl. II 2000, 153; BFH, Beschluss v. 4.4.2000 – V B 148/99, BFH/NV 2000, 1258; BFH, Beschluss v. 25.7.2001 – V B 49/01, BFH/NV 2001, 1622.

144 Meyer in Offerhaus/Söhn/Lange, UStG, § 1 Rn. 370; Reiß in Schaumburg, Unternehmenskauf, 243.

145 BFH, Urteil v. 2.10.1986 – V R 91/78, BStBl. II 1987, 44; BFH, Urteil v. 25.6.1987 – V R 92/78, BStBl. II 1987, 655; BFH, Urteil v. 21.12.1989 – V R 184/84, UR 1990, 212; BFH, Urteil v. 28.6.1990 – V R 110/87, BFH/NV 1991, 203, BFH, Urteil v. 18.11.1999 – V R 13/99, BStBl. II 2000, 253.

146 Stadie, StuW 1987, 273 (275f.); Friedl, UR 1987, 346 (347 ff.); a.A. Rüttinger, UR 1988, 143 (145).

Norm abzulehnen. § 15 UStG[147] erfordert eine Lieferung oder sonstige Leistung für das Unternehmen.

Auch blieb die Frage, ob eine teilentgeltliche Lieferung möglich ist, sowie die Frage, nach der zutreffenden Ermittlung der Bemessungsgrundlage und Rechnungserstellung bei einer teilentgeltlichen Übertragung an nahestehende Personen[148] strittig.[149] Zur Entschärfung des Problems gestattete die Finanzverwaltung bei einem (teil-)entgeltlichen Geschäft, welches zur Anwendung der Mindestbemessungsgrundlage führte, den Vorsteuerabzug aus der erhöhten Mindestbemessungsgrundlage, wenn entsprechende Rechnungen erstellt wurden.[150] Teilentgeltlichkeit nahm die Finanzverwaltung – aus pragmatischen Gründen – bereits bei der Übernahme von Verbindlichkeiten an.[151]

Durch die Einführung der Geschäftsveräußerung im Ganzen als zur Nichtsteuerbarkeit führender Tatbestand wird dieses als unbefriedigend empfundene Ergebnis[152] vermieden[153] und ein Vereinfachungseffekt erreicht, da die häufig aufwendige und an tatsächliche Grenzen in der Bewertung führende Ermittlung der Bemessungsgrundlage entfällt.[154]

Nach seiner Entstehungsgeschichte sowie der Gesetzgebungsintention dient § 1 Abs. 1a UStG also der Entlastung der Unternehmensnachfolge und -umstrukturierung.[155] Der Veräußerer/Übertragende soll durch die Regelung sei-

---

147 Ebenso wie Art. 168 ff MwStSystRL.

148 Mit der Folge der Anwendbarkeit der Mindestbemessungsgrundlage nach § 10 Abs. 5 i.V.m. Abs. 4 UStG.

149 Husmann in Rau/Dürrwächter, UStG, § 1 Rn. 1086.

150 Abschnitt 188 Abs. 2 UStR 1992; Probst in Hartmann/Metzenmacher, UStG, § 1 Abs. 1a UStG Rn. 5.

151 Abschnitt 154 Abs. 5 UStR 1992.

152 Wachweger/Schlienkamp, UR 1977, 121 (126f.); Friedl, UR 1987, 346 (347); ders., UR 1988, 209 (210); Widmann, UR 1988, 10 (11 ff.); ders. BB 1990, 249 (250); Schwarz, UR 1988, 242 (243f); Lohse, USt-KongrBer. 1988/1989, 167 (202); Stadie, Vorsteuerabzug, 127 (129); a.A. wohl Reiß, UR 1990, 243 (246).

153 Dabei wurde vom Gesetzgeber wohl in Kauf genommen, dass es nach der Einführung des § 1 Abs. 1a UStG in den Sonderfällen der Übertragung auf einen Erwerber, für den die besonderen Besteuerungsfolgen der §§ 19, 23, 23a und 24 UStG gelten, zu Besteuerungslücken kommen kann; Rondorf, DStZ 1994, 358 (359).

154 BT-Drucks. 12/5630, 84 zu Art. 20 Nr. 1 Buchst. b StMBG; siehe auch Birkenfeld, Umsatzsteuer-Handbuch, § 34, Rn. 14; Meyer in Offerhaus/Söhn/Lange, UStG, § 1 Rn. 370; Husmann in Rau/Dürrwächter, UStG, § 1 Rn. 1086; Reiß in Schaumburg, Unternehmenskauf, 243.

155 BFH, Urteil v. 6.5.2010 – V R 25/09, BFH/NV 2010, 1873; BFH, Urteil v. 30.4.2009 – V R 4/07, DStR 2009, 1804; BFH, Urteil v. 18.9.2008 – V R 21/07, DB 2008, 2811;

ner Unternehmensnachfolge „finanziell nicht zu sehr belastet" werden.[156] Auch die Rechtsprechung des EuGH sieht den Zweck dieser Regelung in der Vereinfachung der Übertragung von Unternehmen oder Unternehmensteilen.[157] Der EuGH weist darauf hin, dass die Regelung der Vereinfachung dienen und vermeiden soll, dass die Mittel des Begünstigten übermäßig steuerlich belastet werden, zumal er diese Belastung später durch den Vorsteuerabzug wiedererlangen würde.[158] Dieser Zweck ist als Indiz[159] für den Sinn der Art. 19 und 29 MwStSystRL heranzuziehen. Der Gedanke schließt die Vermeidung von administrativen Belastungen mit ein, da rein steuerlich der Ausgleich regelmäßig auch über den Vorsteuerabzug möglich wäre. Demnach ist der Sinn der Regelung darin zu sehen, Umstrukturierungen und Übertragungen von – nachfolgend näher erläuterten – Unternehmen(steilen) zu erleichtern.[160] Die Anwendung des Rechtsinstituts der Geschäftsveräußerung im Ganzen ermöglicht gerade diese Vereinfachung, weil anderenfalls die Belastung mit Umsatzsteuer nur ein Hemmnis für die Reorganisation oder Übertragung ist und die Ermittlung der Bemessungsgrundlage[161] und die zutreffende Einordnung des Umsatzes in der Praxis häufig Probleme bereiten.[162] Für die Staatsfinanzen ergibt sich bei Anwendung der Geschäftsveräußerung im Ganzen auch kein Nachteil, da die anderenfalls entstehende Umsatzsteuer als Vorsteuer regelmäßig abzugsfähig ist.[163] Verwaltungs-

Probst in Hartmann/Metzenmacher, UStG, § 1 Abs. 1a Rn. 13; Birkenfeld, Umsatzsteuer-Handbuch, § 34 Rn. 52.

156 Vorschlag der EG-Kommission zur 6. EG-RL, ABl. EG 1973 Nr. C 80, 1; BT-Drucks. 7/913 zu Art. 5 Abs. 8.

157 EuGH, Urteil v. 27.11.2003, Rs. C-497/01 [Zita Modes Sárl], BFH/NV Beilage 2004, 128.

158 EuGH, Urteil v. 27.11.2003, Rs. C-497/01 [Zita Modes Sárl], BFH/NV Beilage 2004, 128, Rn. 39. Dies gilt allerdings nicht in dieser Schlichtheit bei unentgeltlichen Übertragungsvorgängen, sofern dann die Regelungen der unentgeltlichen Wertabgabe nach § 3 Abs. 1b bzw. Abs. 9a UStG Anwendung finden.

159 Der Zweck des Gesetzes hat Indizwirkung für den Sinn des Gesetzes; Drüen in Tipke/Kruse, AO/FGO, § 4 Rn. 219.

160 Statt vieler: EuGH, Urteil v. 27.11.2003, Rs. C-497/01 [Zita Modes Sárl], BFH/NV Beilage 2004, 128, Rn. 32; BFH, Urteil v. 18.9.2008 – V R 21/07, DB 2008, 2811.

161 Dies betrifft sowohl die Anwendung der sog. Mindestbemessungsgrundlage nach § 10 Abs. 5 UStG aufgrund des Näheverhältnisses der Gesellschaften zueinander, als auch Probleme bei der Bewertung der Übertragungsgegenstände etc. für die Ermittlung der Bemessungsgrundlage nach § 10 Abs. 1 und ggf. Abs. 2 UStG.

162 Ebenso Knoll in Widmann/Mayer, Umwandlungssteuerrecht, Anh. 11, Rn. 24.

163 Mit Ausnahme eines, wenn auch zumeist nur kurzfristigen, Liquiditätszugangs. Dieser entsteht häufig, da die Umsatzsteuer mit Ablauf des Voranmeldungszeitraums der Ausführung der Leistung entsteht (§ 13 Abs. 1 Nr. 1 Buchstabe a UStG), der Vorsteueranspruch allerdings das Vorliegen einer ordnungsgemäßen Rechnung nach §§ 14,

vereinfachung und Schonung der Liquidität des Unternehmers sind ausgewiesene Ziele dieses Rechtsinstituts[164], zumal der Unternehmer nicht der Steuerdestinatar ist. Neben der Schonung der Liquidität des Unternehmers (aufgrund zu zahlender Umsatzsteuer, welche zeitlich verzögert als Vorsteuer wieder angerechnet würde), dient die Regelung auch der Rechtssicherheit, der Abwicklungsvereinfachung (sowohl beim Unternehmer als auch in der Finanzverwaltung) und der Vermeidung unerwünschter Folgen bei Unentgeltlichkeit, worin sich gleichzeitig auch die enorme praktische Bedeutung des Rechtsinstituts zeigt.[165]

III. Unionsrechtliche Vorgaben

Unionsrechtlich beruht die Regelung des § 1 Abs. 1a UStG auf den Art. 19 und 29 MwStSystRL. Sie sind fast wortgleich mit ihren Vorgängervorschriften und entsprechen auch inhaltlich den Art. 5 Abs. 8 und 6 Abs. 5 der 6. EG-RL.[166] Nach diesen Art. ist es den Mitgliedstaaten gestattet, die Übertragung eines Gesamt- oder eines Teilvermögens, gleichgültig, ob dies entgeltlich, unentgeltlich oder durch Einbringung in eine Gesellschaft erfolgt, so zu behandeln, als ob keine Lieferung von Gegenständen oder keine Dienstleistung vorliegt. Zudem wird ermöglicht, den Begünstigten der Übertragung als Rechtsnachfolger des Übertragenden anzusehen.

Da alle Sprachfassungen einheitlich auszulegen sind[167] und keine Sprachfassung einen Vorrang vor anderen Sprachfassungen beanspruchen kann,[168] verdeutlicht der Blick in die weiteren Sprachfassungen des Art. 19 MwStSystRL, dass der oben beschriebene weite Anwendungsbereich sowohl hinsichtlich des Vermögensbegriffes als auch der Übertragungsart gewollt ist. Die englische Sprachfassung des Art. 19 MwStSystRL lautet: „In the event of a transfer, whether for

---

14a UStG voraussetzt. Der leistende Unternehmer ist aber bei einer Leistung an einen anderen Unternehmer nur verpflichtet innerhalb von 6 Monaten nach Ausführung der Leistung eine Rechnung auszustellen. Als Leistungsempfänger empfiehlt es sich daher in den zivilrechtlichen Vereinbarungen eine Pflicht zur unverzüglichen Rechnungserstellung aufzunehmen.

164 EuGH, Urteil v. 27.11.2003, Rs. C-497/01 [Zita Modes Sárl], UR 2004, 19, Rn. 39. Ebenso die EU-Kommission; wiedergegeben im EuGH, Urteil v. 27.11.2003, Rs. C-497/01 [Zita Modes Sárl], BFH/NV Beilage 2004, 128, Rn. 24.

165 Jakob, Umsatzsteuer, Rn. 325.

166 In diesem Sinne auch EuGH, Urteil v. 20.10.2009, Rs. C-29/08 [AB SKF], DStR 2009, 2311, Rn. 13.

167 EuGH, Urteil v. 19.4.2007, Rs. C-455/05 [Velvet&Steel], UR 2007, 379, Rn. 16.

168 EuGH, Urteil v. 19.4.2007, Rs. C-455/05 [Velvet&Steel], UR 2007, 379, Rn. 19f.; EuGH, Urteil v. 26.6.2003, Rs. C-305/01 [MKG], UR 2003, 399, Rn. 72 ff.

consideration or not or as a contribution to a company, of a totality of assets or part thereof, Member States may consider that no supply of goods has taken place and that the person to whom the goods are transferred is to be treated as the successor to the transferor. Member States may, in cases where the recipient is not wholly liable to tax, take the measures necessary to prevent distortion of competition. They may also adopt any measures needed to prevent tax evasion or avoidance through the use of this Article."[169]

Der Wortlaut der französischen Sprachfassung ist wie folgt: "Les États membres peuvent considérer que, à l'occasion de la transmission, à titre onéreux ou à titre gratuit ou sous forme d'apport à une société, d'une universalité totale ou partielle de biens, aucune livraison de biens n'est intervenue et que le bénéficiaire continue la personne du cédant. Les États membres peuvent prendre les dispositions nécessaires pour éviter des distorsions de concurrence dans le cas où le bénéficiaire n'est pas un assujetti total. Ils peuvent aussi prendre toutes mesures utiles pour éviter que l'application de cet article rende la fraude ou l'évasion fiscales possibles.“[170]

Das Recht der Europäischen Union ist in der weiten deutschen Sprachfassung somit zutreffend niedergelegt. Da, wie vorstehend wiedergegeben, hinsichtlich der Sprachfassungen keine Abweichung gegeben ist, wird für die weitere Arbeit die deutsche Sprachfassung zugrunde gelegt.

Aus den Richtlinienvorgaben wird zum einen deutlich, dass es sich um ein Wahlrecht der Mitgliedstaaten zur Umsetzung handelt. Bei dessen Umsetzung der Begünstige als Rechtsnachfolger in die Verantwortung für die Umsatzsteuerverhaftung des Vermögens – in Form einer Verwendungsbindung[171] des übertragenen Vermögens – genommen werden kann.[172] Die Mitgliedstaaten können dabei sicherstellen, dass ein unversteuerter Letztverbrauch ausgeschlossen wird, was dem Hinweis darauf zu entnehmen ist, dass Regelungen zu treffen sind, wenn der Begünstigte „nicht voll steuerpflichtig“ (mit der Konsequenz: „nicht voll vorsteuerabzugsberechtigt“) ist. Der Wortlaut des Art. 5 Abs. 8 Satz 2 6. EG-RL weicht allerdings von dem des Art. 19 Abs. 2 Satz 1 MwStSystRL ab. „Die Mitgliedstaaten treffen gegebenenfalls die erforderlichen Maßnahmen, um Wettbewerbsverzerrungen für den Fall zu vermeiden, dass der Begünstigte nicht voll steuerpflichtig ist“, ordnete Art. 5 Abs. 8 Satz 2 der 6. EG-RL an. Art. 19 Abs. 2 MwStSystRL hingegen spricht nur von „können die erforderlichen Maß-

169 Article 19 Council Directive 2006/112/EC of 28 November 2006.

170 Article 19 Directive 2006/112/CE du Conseil du 28 novembre 2006.

171 Zur Verwendungsbindung siehe EuGH, Urteil v. 27.11.2003, Rs. C-497/01 [Zita Modes Sárl], UR 2004, 19, Rn. 42f.

172 Ebenso Klenk in Sölch/Ringleb, UStG, § 1 Rn. 483.

nahmen treffen." Daher besteht aufgrund Art. 19 Abs. 2 MwStSystRL die Möglichkeit einige Fallgestaltungen von der Nichtsteuerbarkeit auszuschließen. Art. 5 Abs. 8 S. 2 der 6. EG-RL ordnete ein Handeln an. Der Anwendungsbereich von Art. 19 Abs. 2 MwstSytRL ist grundsätzlich weiter.

Dies sind die Umstände, unter denen ein Mitgliedstaat, der von dem Wahlrecht zur Umsetzung der unionsrechtlichen Regelung Gebrauch gemacht hat, die Anwendung der Nichtsteuerbarkeit einschränken darf.[173] Nach Ansicht des EuGH ist diese Einschränkungsmöglichkeit abschließend. Eine Beschränkung der Nichtsteuerbarkeit auf bestimmte Fälle sei ansonsten nicht zulässig.[174] Macht demnach ein Mitgliedstaat von dem Wahlrecht die Übertragung eines Gesamt- oder Teilvermögens als „Nicht-Lieferung" bzw. „Nicht-Dienstleistung"[175] zu betrachten Gebrauch, so sind Einschränkungen nur möglich, wenn anderenfalls Wettbewerbsverzerrungen hervorgerufen würden, weil der Begünstigte nicht voll steuerpflichtig ist.

Die Rechtsnachfolgeanordnung ergibt sich auch aus der Intention, dass die Entlastung nach den Art. 19 und 29 MwStSystRL erfolgen soll, da der Begünstige anderenfalls (zeitlich versetzt) die Belastung durch einen Vorsteuerabzug wiedererlangen würde.[176] Diesem Umstand ist zu entnehmen, dass Art. 19 MwStSystRL die Rechtsnachfolge des Begünstigten fordert.[177]

Der deutsche Gesetzgeber erstrebte bei Einführung der Norm in § 1 Abs. 1a UStG die korrekte Umsetzung des Unionsrechts,[178] da die Regelung die Übertragung von Unternehmen oder Unternehmensteilen erleichtern soll.[179] Die Unternehmensnachfolge soll „finanziell nicht zu sehr belastet werden".[180] Diesem Ziel werde § 1 Abs. 1a UStG nach Ansicht des historischen Gesetzgebers gerecht.[181]

---

173 EuGH, Urteil v. 27.11.2003, Rs. C-497/01 [Zita Modes Sárl], UR 2004, 19, Rn. 30.

174 EuGH, Urteil v. 27.11.2003, Rs. C-497/01 [Zita Modes Sárl], UR 2004, 19, Rn. 30 und 49.

175 Nach Art. 29 MwStSystRL gilt Art. 19 MwStSystRL entsprechend für Dienstleistungen.

176 EuGH, Urteil v. 27.11.2003, Rs. C-497/01 [Zita Modes Sárl], UR 2004, 19, Rn. 39.

177 Auch der EuGH fordert mit Urteil v. 27.11.2003, Rs. C-497/01 [Zita Modes Sárl], BFH/NV Beilage 2004, 128, Rn. 46, die Fortführung(sabsicht) um Missbrauch und Besteuerungslücken zu verhindern.

178 BT-Drucks. 12/5630, 84.

179 EuGH v. 27.11.2003, Rs. C-497/01 [Zita Modes Sárl], UR 2004, 19, Rn. 32.

180 Vorschlag der EG-Kommission zur 6. EG-RL, ABl. EG 1973 Nr. C 80, 1; BT-Drucks. 7/913 zu Art. 5 Abs. 8.

181 BT-Drucks. 12/5630, 84.

Korrespondierend setzt § 1 Abs. 1a Satz 3 UStG bzw. § 15a Abs. 10 UStG Art. 19 Abs. 2 MwStSystRL[182] um, der die Rechtsnachfolge anordnet („tritt an die Stelle des Veräußerers").[183]

Da die Art. 19 und 29 MwStSystRL als Wahlrecht an die Mitgliedstaaten ausgestaltet sind, besteht grundsätzlich keine Möglichkeit sich unmittelbar auf die MwStSystRL zu berufen, wenn von dem Wahlrecht kein Gebrauch gemacht wurde.[184] Demnach ist die Geschäftsveräußerung in Mitgliedstaaten, in denen von den Befugnissen des Unionsrechts kein Gebrauch gemacht wurde, zu Recht steuerbar.[185] Gleichwohl sind, sofern der jeweilige Mitgliedstaat von der Möglichkeit der Umsetzung der unionsrechtlichen Vorgaben Gebrauch macht, diese für die Umsetzung auch bindend,[186] da die einzige Einschränkungsmöglichkeit der unionsrechtlichen Vorgaben Beschränkungen zwecks Vermeidung eines unversteuerten Letztverbrauchs sind.[187] Der BFH hat hierzu entschieden, dass wenn nationale Gesetze die Art. der Richtlinie umsetzen, sich deren Wirkung nicht darin erschöpft.[188] Die Mitgliedstaaten – und damit im Rahmen ihrer Zuständigkeit auch die Gerichte[189] – müssen auch nach Erlass dieser Maßnahmen weiterhin die vollständige Anwendung der Richtlinie tatsächlich gewährleisten.[190]

Die unionsrechtlichen Ermächtigungsgrundlagen sind Vereinfachungs- und Begünstigungsnormen.[191] Auch sind die unionsrechtlichen Vorgaben in den Art. 19 und 29 MwStSystRL[192] zwar im Sinne des harmonisierten Mehrwertsteuersystems in allen Mitgliedstaaten, die die Art. umgesetzt haben, einheitlich und da-

182 Bis zum 1.1.2007: Art. 5 Abs. 8 Satz 2 der 6. EG-RL.

183 BT-Drucks. 12/6076, 134; BFH v. 6.9.2007 – V R 41/05, BStBl. II 2008, 65 (67).

184 Hierzu BFH, Urteil v. 25.7.2001 – V B 49/01, BFH/NV 2001, 1622; so auch Knoll in Widmann/Mayer, Umwandlungssteuerrecht, Anh. 11, Rn. 23.

185 Hidien, UVR 2009, 11 (12); zur bestehenden Regelung in Österreich siehe auch Birkenfeld, Umsatzsteuer-Handbuch, § 34 Rn. 82 ff.

186 Mit ähnlicher Argumentation für den Anwendungsvorrang des Art. 11 MwStSystRL bzw. Art. 4 Abs. 4 Unterabs. 2 der 6. EG-RL siehe Birkenfeld, UR 2009, 2 (5).

187 EuGH, Urteil v. 27.11.2003, Rs. C-497/01 [Zita Modes Sárl], UR 2004, 19, Rn. 30 und 49.

188 BFH, Urteil v. 28.11.2002 – V R 3/01, UR 2001, 135.

189 Siehe z.B. EuGH, Urteil v. 26.9.1996, Rs. C-168/95 [Arcaro], EuGHE 1996, I-4705, Rn. 41.

190 BFH, Urteil v. 28.11.2002 – V R 3/01, UR 2001, 135 mit Verweis auf EuGH, Urteil v. 11.7.2002, Rs. C-62/00 [Marks & Spencer], UR 2002, 436, Rn. 27; Hundt-Eßwein, UStB 2005, 205 (206).

191 Hidien, UVR 2009, 11 (12).

192 Art. 5 Abs. 8 und 6 Abs. 5 der 6. EG-RL.

mit auch im Einklang mit dem Neutralitätsgrundsatz auszulegen. Der EuGH betont auch, dass die „Nicht-Lieferung“ nach Art. 19 der MwStSystRL[193], wie er die Geschäftsveräußerung im Ganzen nennt, ein einheitlich auszulegender autonomer unionsrechtlicher Begriff sei.[194] Es ist aber nicht die Restriktivität in der Anwendung geboten, die bei Steuerbefreiungen notwendig wäre. Der EuGH hat immer wieder betont, dass die in Art. 135 ff MwStSystRL[195] vorgesehenen Steuerbefreiungen eng auszulegen sind, da sie Ausnahmen vom Grundsatz darstellen, dass jede Leistung, die ein Steuerpflichtiger gegen Entgelt erbringt, der Mehrwertsteuer unterliegt.[196] Die Geschäftsveräußerung im Ganzen hingegen ist keine Steuerbefreiung, sondern eine Ausnahme von der Besteuerung als Vereinfachung.

§ 1 Abs. 1a UStG dient der Umsetzung der Art. 19 und 29 MwStSystRL in nationales Recht und ist daher entsprechend dieser Bestimmungen richtlinienkonform auszulegen.[197] Wo die Grenze zur richtlinienkonformen Auslegung zu überschreiten wäre, ist eine Neufassung der Norm geboten, um dem Unionsrecht zu genügen.

IV. Die Tatbestandsvoraussetzungen

Die Geschäftsveräußerung im Ganzen nach § 1 Abs. 1a UStG bzw. die Übertragung eines Gesamt- oder Teilvermögens sind keine Wahl- oder Antragsrechte des Unternehmers. Sind die nachfolgend näher dargestellten Tatbestandsvoraussetzungen erfüllt, so ist der Übertragungsvorgang nichtsteuerbar, gleichgültig, ob der Übertragende/Veräußerer oder der Erwerber/Begünstigte sich dessen bewusst ist.[198] Zu den Voraussetzungen im Einzelnen:

---

193 Der EuGH hat zu einem Altfall entschieden und daher auf Art. 5 Abs. 8 der 6. EG-RL verwiesen.

194 EuGH, Urteil v. 27.11.2003, Rs. C-497/01 [Zita Modes Sárl], BFH/NV Beilage 2004, 128, Rn. 32.

195 Die Entscheidungen des EuGH ergingen zur Vorgängervorschrift des Art. 13 der 6. EG-RL.

196 Statt vieler: EuGH, Urteil v. 11.12.2008, Rs. C-407/07 [Stichting Centraal Begeleidingsorgaan voor de Intercollegiale Toetsing], UR 2009, 52, Rn. 30; EuGH, Urteil v. 15.6.1989, Rs. C-348/87 [Stichting Uitvoering Financiële Acties], UR 1991, 28, Rn. 13; EuGH, Urteil v. 20.11.2003, Rs. C-8/01 [Taksatorringen], UR 2004, 82, Rn. 36; EuGH, Urteil v. 14.6.2007, Rs. C-434/05 [Horizon College], UR 2007, 587, Rn. 16.

197 Ebenso BFH, Urteil v. 30.4.2009 – V R 4/07, DStR 2009, 1804; BFH, Urteil v. 18.1.2005 – V R 53/02, BStBl. II 2007, 730.

198 BFH, Urteil v. 30.4.2009 – V R 4/07, BStBl. II 2009, 863; Nieskoven, GStB 2009, 379.

1. Unternehmen bzw. Unternehmensteil

Steuerliche Privilegierungen bestimmter unternehmerischer Reorganisationsmaßnahmen sind regelmäßig an die Übertragung eines hinreichend verselbständigten Unternehmensteils geknüpft. Das Ertragsteuerrecht knüpft vielfach an das Vorliegen eines Betriebs oder Teilbetriebs als Voraussetzung für die steuerneutrale oder steuerbegünstigte Behandlung der Reorganisation an.[199] Im nationalen Umsatzsteuerrecht wird ein Unternehmen oder ein in der Gliederung eines Unternehmens gesondert geführter Betrieb (Unternehmensteil) gefordert (§ 1 Abs. 1a Satz 2 UStG). Art. 19 Abs. 1 MwStSystRL spricht hingegen von der Übertragung eines Gesamt- oder Teilvermögens, ohne diese Begriffe näher zu definieren.

Bei der Auslegung des Wortlauts des § 1 Abs. 1a UStG ist zu beachten, dass dieser nicht dem Unionsrecht entnommen wurde. Die derzeitige Fassung des § 1 Abs. 1a UStG basiert – wie bereits oben dargestellt – (zuletzt) auf § 10 Abs. 3 UStG 1991, welcher auf die Übereignung eines Unternehmens oder eines in der Gliederung des Unternehmens gesondert geführten Betriebs abstellte.[200] Die damalige Einführung des § 1 Abs. 1a UStG zum 1.1.1994 sollte Art. 5 Abs. 8 der 6. EG-RL in nationales Recht umsetzen. Dabei hat der Gesetzgeber – wohl in der Annahme der Übereinstimmung des Begriffes „Teilvermögen" mit dem Begriff des „gesondert geführten Betriebs" – die Terminologie des ursprünglichen § 10 Abs. 3 UStG übernommen.[201]

Die MwStSystRL kennt nicht den Begriff des Unternehmens bzw. Unternehmensvermögens. Dort existiert nur der Begriff des „Steuerpflichtigen", dessen Handlungen im Anwendungsbereich der Umsatzsteuer sind, wenn er „als solcher handelt".[202] Nach der Legaldefinition des § 2 Abs. 1 UStG ist ein Unternehmen die gesamte gewerbliche oder berufliche Tätigkeit des Unternehmers.[203] Diese an der Tätigkeit ausgerichtete Definition soll aber nicht mit dem in § 1 Abs. 1a Satz 2 UStG verwandten Begriff des Unternehmens vergleichbar sein, da die Unternehmensveräußerung dort als der Übertragungsakt der „dem Unter-

199 Menner/Broer, BB 2003, 229 (229). Auch das Erbschaftsteuerrecht knüpft an den Begriff des Teilbetriebs an (§ 13a Abs. 5 Nr. 1 ErbStG (Wegfall des Verschonungsbetrags und Abzugsbetrags)).

200 Bülow in Vogel/Schwarz, UStG, § 1 Rn. 255.

201 Husmann in Rau/Dürrwächter, UStG, § 1 Rn. 1110; Bülow in Vogel/Schwarz, UStG, § 1 Rn. 255; Menner/Broer, BB 2003, 229 (230). Neu war allerdings, dass die Geschäftsveräußerung im Ganzen seitdem sowohl entgeltlich als auch unentgeltlich möglich ist.

202 Art. 2 Abs. 1 i.V.m. Art. 9 MwStSystRL.

203 Klenk in Sölch/Ringleb, UStG, § 1 Rn. 474.

nehmen zugeordneten Gegenstände (körperliche und nichtkörperliche Gegenstände)" auf einen Erwerber bestimmt wird.[204] Es ist daher zu untersuchen, wann ein Unternehmen oder ein Unternehmsteil i.S.d. § 1 Abs. 1a UStG übertragen wird.

a) Ursprüngliche Orientierung am Ertragsteuerrecht

Vielfach wurde und teilweise wird (noch) vertreten, dass ein Unternehmen oder ein gesondert geführter Betrieb i.S.d. § 1 Abs. 1a UStG im Ganzen übereignet wird, wenn dessen wesentlichen Betriebsgrundlagen übertragen werden.[205] Dies ist dem Umstand geschuldet, dass nach § 1 Abs. 1a Satz 2 UStG „ein Unternehmen oder ein in der Gliederung gesondert geführter Betrieb im Ganzen" übergehen muss und diese Kriterien sich mit denen des § 75 AO decken. Letztere wiederum werden am Maßstab des § 16 Abs. 1 Nr. 1 EStG ausgelegt.[206] Daher erfolgte anfänglich eine Orientierung an ertragsteuerrechtlichen Kriterien für die Anwendung der Geschäftsveräußerung im Ganzen.

Wesentliche Betriebsgrundlage ist zunächst ein Begriff des Ertragsteuerrechts. Danach sind wesentliche Betriebsgrundlagen – nach der früher herrschen Meinung in Rechtsprechung und Finanzverwaltung – Wirtschaftsgüter, die nach ihrer Funktion im Betriebsablauf ein wesentliches wirtschaftliches Gewicht besitzen („funktionale" Betrachtungsweise) und/oder die unabhängig davon über erhebliche stille Reserven verfügen („quantitative" Betrachtungsweise).[207] Der BFH hat sich im Jahre 1997 auf die quantitative Betrachtungsweise beschränkt, da wesentliche Betriebsgrundlagen eines Teilbetriebs nach § 16 EStG in der Regel auch Wirtschaftsgüter sind, die funktional gesehen für den Betrieb, Teilbetrieb oder Mitunternehmeranteil nicht erforderlich sind, in denen aber erhebliche stille Reserven gebunden sind („quantitative Betrachtung").[208] Dies wurde mit dem Zweck der §§ 16, 34 EStG, eine „zusammengeballte" Realisierung stiller Reserven, die sich im Laufe der Zeit angesammelt haben, nicht ungemildert der Besteuerung zu unterwerfen, begründet. In einer normspezifischen Auslegung sollte dies aber außerhalb des Anwendungsbereichs des § 16 EStG nicht mehr gelten, so dass insofern allein auf die funktionale Betrachtung abzustellen sei.[209] Derzeit ist allgemeine Ansicht, dass wesentliche Betriebsgrundlagen sowohl Wirtschaftsgüter sind, die nach der Art des Betriebs und ihrer Funktion für den

---

204 Stadie, UStG, § 1 Rn. 131.

205 Meyer in Offerhaus/Söhn/Lange, UStG, § 1 Rn. 373; Abschnitt 1.5. Abs. 1 UStAE (bislang Abschnitt 5 Abs. 1 UStR 2008).

206 Jakob, Umsatzsteuer, Rn. 326; Loose in Tipke/Kruse, AO/FGO, § 75 AO Rn. 7.

207 Wacker in Schmidt, EStG, § 16 Rn. 100 ff.; Gratz in HHR, § 6 Rn. 1345.

208 BFH, Urteil v. 2.10.1997 – IV R 84/96, BStBl. II 1997, 104.

209 Menner/Broer, BB 2003, 229 (231).

Betrieb für diesen wesentlich sind – unabhängig davon, ob sie stille Reserven enthalten oder nicht –, als auch Wirtschaftsgüter, die funktional gesehen für den Betrieb nicht erforderlich sind, in denen aber erhebliche stille Reserven gebunden sind (kombinierte „funktional-quantitative" Betrachtungsweise).[210]

Dies verdeutlicht bereits, dass die wesentlichen Betriebsgrundlagen für die Bestimmung, ob ein Unternehmen oder ein gesondert geführter Betrieb im Sinne des § 1 Abs. 1a Satz 2 UStG übertragen wird, keine Bedeutung haben. Der Normzweck der §§ 16, 34 EStG und der des § 1 Abs. 1a UStG sind – trotz der Tatsache, dass beide der Erleichterung der Reorganisation[211] von Unternehmensstrukturen dienen – nicht identisch. Die §§ 16, 34 EStG dienen der Vermeidung der geballten Besteuerung stiller Reserven oder der ermäßigten Besteuerung. Das Anliegen der Geschäftsveräußerung im Ganzen im Umsatzsteuerrecht dient der Vermeidung von Problemen bei der Bestimmung der Bemessungsgrundlage, der Vermeidung der Besteuerung als unentgeltliche Wertabgabe und der Schonung der Liquidität des Unternehmens (durch Nichterhebung von Umsatzsteuer, welche aufgrund des Vorsteuerabzugs ansonsten zeitlich verzögert wieder angerechnet oder erstattet würde). Dies ist nicht davon abhängig, welche Funktion die Wirtschaftsgüter im Unternehmen innehatten, und ob stille Reserven in ihnen angesammelt sind. Die Umsatzsteuer als Verbrauchsteuer verfolgt ein vom Ertragsteuerrecht abweichendes Besteuerungsziel.

Meyer will allerdings (heute noch) auf die Übertragung wesentlicher Betriebsgrundlagen abstellen. Dabei zieht er die im Rahmen des § 75 AO (Haftung des Betriebsübernehmers) und des § 16 EStG (Veräußerung des Betriebs) ergangene Rechtsprechung für die Frage, welche Wirtschaftsgüter wesentliche Betriebsgrundlagen sind, heran.[212] Er sieht allerdings bereits dort Einschränkungen, wo § 16 EStG nur die zusammengeballte Realisierung stiller Reserven tariflich zu begünstigen versucht und daher funktional unbedeutende Wirtschaftsgüter allein wegen der in ihnen enthaltenen stillen Reserven als wesentliche Betriebsgrundlage ansieht.[213]

---

210 Statt vieler: Wacker in Schmidt, EStG, § 16 Rn. 101; Gratz in HHR, § 6 Rn. 1345.

211 Während bei § 1 Abs. 1a UStG den Übergang des Unternehmens erfasst, ist bei den §§ 16, 34 EStG die Veräußerung oder Aufgabe eines Gewerbebetriebs/ Teilbetriebs oder Mitunternehmeranteile Tatbestandsvoraussetzung; vgl. Wacker, in Schmidt, EStG, § 16 Rn. 2, 6. Beides führt zu einer Umorganisation der Unternehmen.

212 Meyer in Offerhaus/Söhn/Lange, UStG, § 1 Rn. 373; a.A. Birkenfeld, Umsatzsteuer-Handbuch, § 34 Rn. 33; Menner/Broer, BB 2003, 229 (236), jeweils mit dem Hinweis, dass § 1 Abs. 1a UStG und § 75 AO nicht deckungsgleich sind und auch jeweils eigenen Auslegungsregeln folgen.

213 Meyer in Offerhaus/Söhn/Lange, UStG, § 1 Rn. 373 mit Verweis auf BFH, Urteil v. 2.10.1997 – IV R 84/96, BStBl. II 1998, 104; ebenfalls kritisch zur Heranziehung der

Teilweise wird der Terminus „wesentliche Betriebsgrundlagen" i.S.v. „wesentliche Grundlagen"[214] verwendet und dabei versucht, ihm eine rein umsatzsteuerrechtliche Bedeutung zu geben.[215] Wirtschaftsgüter, welche für das Unternehmen bedeutsam sind, werden derart bezeichnet. Leider wird für die Beurteilung, welche Wirtschaftsgüter in diesem Sinne „wesentliche Grundlagen" sind, häufig wieder auf ertragsteuerrechtliche Grundsätze für „wesentliche Betriebsgrundlagen" zurückgegriffen.[216] Dies ist, wie bereits verdeutlicht, für eine Beurteilung über die Geschäftsveräußerung im Ganzen im harmonisierten Umsatzsteuer-/Mehrwertsteuerrecht nicht zielführend.[217]

Auch ist der Teilbetriebsbegriff des Ertragsteuerrechts nicht für die Bestimmung des nach § 1 Abs. 1a UStG nichtsteuerbar übertragbaren Unternehmensteils (gesondert geführter Betrieb) heranzuziehen.[218] Nach Ansicht der Finanzverwaltung in den UStR[219] bzw. im UStAE[220] kann soweit einkommensteuerrechtlich eine Teilbetriebsveräußerung angenommen wird,[221] umsatzsteuerrechtlich von der Veräußerung eines gesondert geführten Betriebs ausgegangen werden.[222] Der Teilbetriebsbegriff wird im nationalen Recht nicht definiert.[223] Weder die §§ 6 Abs. 3 EStG, § 16 EStG noch die §§ 15 Abs. 1 Satz 1, 20 Abs. 1 Satz 1, 21 Abs. 1 Satz. 3, 23 Abs. 1 Satz 1 oder 24 Abs. 1 UmwStG enthalten eine Definition.

---

ertragsteuerrechtlichen Kriterien Reiß in Schaumburg, Unternehmenskauf, 243 (insb. 246).

214 Abschnitt 1.5. Abs. 4 UStAE (bislang Abschnitt 5 Abs. 2 UStR) bezeichnet die zu übertragenden Wirtschaftsgüter als „wesentliche Grundlagen". In der nachfolgenden Arbeit wird für die Angabe der Rechtsansicht der Finanzverwaltung auf die UStR, dem UStAE, sog. BMF-Schreiben und Verfügungen der jeweiligen Finanzverwaltungsbehörden zurückgegriffen. Die Finanzverwaltung äußert ihre Ansicht regelmäßig in dem UStAE (früher UStR) und den BMF-Schreiben bzw. Verfügungen der jeweiligen Landesbehörden. Diesen kommt allerdings reine Innenwirkung zu. Da BMF-Schreiben keine allgemeinen Weisungen sind, bedarf es neben der Veröffentlichung im Bundesteuerblatt noch der Übernahme durch die obersten Finanzbehörde des jeweiligen Landes; Drüen in Tipke/Kruse, AO/FGO, § 4 AO Rn. 80 m.w.N. Gleichwohl ist die vereinheitlichte Rechtsansicht der Finanzverwaltung darin zu erkennen.

215 So Klenk in Sölch/Ringleb, UStG, § 1 Rn. 476; Stadie, UStG, § 1 Rn. 143.

216 Klenk in Sölch/Ringleb, UStG, § 1 Rn. 476.

217 Ebenso Birkenfeld, Umsatzsteuer-Handbuch, § 34 Rn. 16.

218 Ebenso FG Nürnberg, Urteil v. 1.3.2010 – 2 K 1592/2009, juris-Datenbank.

219 Abschnitt 1.5. Abs. 6 UStAE (bislang Abschnitt 5 Abs. 3 Satz 4 UStR 2008).

220 Abschnitt 1.5. Abs. 6 Satz 4 UStAE.

221 Näheres R 16 Abs. 3 EStR 2008.

222 Abschnitt 1.5. Abs. 6 Satz 4 UStAE (bislang Abschnitt 5 Abs. 3 Satz 4 UStR 2008).

223 Schmitt in Schmitt/Hörtnagel/Stratz, UmwG/UmwStG, § 20 Rn. 80.

Hingegen ist nach Art. 2 Buchstabe i der unionsrechtlichen Fusionsrichtlinie[224] ein Teilbetrieb die Gesamtheit der in einem Unternehmensteil einer Gesellschaft vorhandenen aktiven und passiven Wirtschaftsgüter, die in organisatorischer Hinsicht einen selbständigen Betrieb, d.h. eine aus eigenen Mitteln funktionsfähige Einheit, darstellen. Ähnlich definieren die EStR den Teilbetrieb. Ein Teilbetrieb ist nach R 16 Abs. 3 Satz 1 EStR 2008 ein mit einer gewissen Selbständigkeit ausgestatteter, organisch geschlossener Teil eines Gesamtbetriebs, der für sich betrachtet alle Merkmale eines Betriebs i.S.d. EStG aufweist und für sich lebensfähig ist.

Sowohl das nationale Umsatzsteuerrecht als auch das unionsrechtliche Mehrwertsteuersystem kann die Tatbestandsvoraussetzungen der Geschäftsveräußerung im Ganzen resp. Gesamt- oder Teilvermögensübertragung nicht nach diesen nationalen ertragsteuerrechtlichen Kriterien auslegen.[225] Es gibt deutliche Unterschiede zu der vermeintlichen „Parallelvorschrift" des § 16 EStG. § 16 EStG stellt u.a. allein darauf ab, ob in der Hand des Veräußerers ein Betrieb oder Teilbetrieb vorlag und dieser als fortführbarer Organismus übertragen wird, so dass die Fortführungsabsicht des Erwerbers nicht beachtet wird.[226] Auch ist die im Einkommensteuerrecht vorhandene Gleichsetzung von Geschäftsveräußerung mit der Geschäftsaufgabe im § 16 Abs. 1 und Abs. 3 EStG hinsichtlich der Gewährung der steuerlichen Begünstigungen (Freibetrag, ermäßigter Steuersatz) im Umsatzsteuerrecht nicht vorhanden. Eine (reine) Geschäftsaufgabe ist – mangels Übertragung und Fortführungsabsicht – regelmäßig kein Fall des § 1 Abs. 1a UStG.

Unbestritten war[227], dass ertragsteuerrechtliche Fiktionen, wie zum Beispiel die in § 15 Abs. 1 Satz 3 UmwStG enthaltene Fiktion der Teilbetriebseigenschaft für Mitunternehmeranteile oder für Beteiligungen an Kapitalgesellschaften, die das gesamte Nennkapital der Gesellschaft umfassen (siehe auch § 16 Abs. 1 S. 1 Nr. 1 Satz 2 EStG) umsatzsteuerrechtlich nicht den Begriff des Teilbetriebs/Geschäftsbetriebs erfüllen.[228]

Wie bereits dargestellt, erklärt sich die Anlehnung an das Ertragsteuerrecht damit, dass die Legaldefinition der Geschäftsveräußerung im Ganzen aus der

224 RL90/434/EWG v. 23.7.1990, ABl. EG Nr. L225, 1 ff.

225 So bereits auch BFH, Urteil v. 4.7.2002 – V R 10/01, BStBl. II 2004, 662 (664).

226 Reiß in Schaumburg, Unternehmenskauf, 243 (245).

227 Zur aktuellen Entwicklung der Geschäftsveräußerung im Ganzen als Share Deal siehe Kapitel 2 IV 4 b).

228 Schmitt in Schmitt/Hörtnagl/Stratz, UmwG, UmwStG, Anh. E, Rn. 8; Knoll in Widmann/Mayer, Anh. 11, Rn. 12; Rasche in Rödder/Herlinghaus/van Lishaut, Anh. 9, Rn. 24.

früheren Vorschrift des § 10 Abs. 3 UStG 1980-1993[229] (bereits § 10 Abs. 4 UStG 1967) bzw. letztendlich aus § 85 UStDB mit der Ergänzung, dass eine Geschäftsveräußerung sowohl bei einer entgeltlichen als auch bei einer unentgeltlichen Übertragung eines Betriebs (Teilbetriebs) vorliegt, entnommen wurde.[230] Die Formulierung findet sich zudem auch im Haftungstatbestand des § 75 AO (früher § 116 RAO) wieder.[231] Zudem wollte der Gesetzgeber den Erwerber des Geschäfts als Haftungsschuldner beanspruchen.[232]

Trotz dieser Entstehungsgeschichte ist ein Rückschluss auf ertragsteuerrechtliche Kriterien für die umsatzsteuerrechtliche Beurteilung, insbesondere unter dem Gesichtspunkt eines unionsrechtlich harmonisierten Mehrwertsteuerrechts, nicht maßgebend. Relevant ist allein eine richtlinienkonforme Auslegung des UStG.[233] Die Definition des Unternehmens bzw. Unternehmensteils wird sich somit am Wortlaut, Sinn und Zweck der MwStSystRL orientieren müssen. So sind auch die in der Literatur vertretenen Ansichten von einer Anlehnung an das Ertragsteuerrecht bis auf wenige Ausnahmen abgerückt. *Husmann* weist zu Recht darauf hin, dass aufgrund der unionsrechtlichen Vorgaben nur bedingt auf die zu § 10 Abs. 3 UStG 1980-1993 und zu § 75 AO ergangene höchstrichterliche Rechtsprechung zurückgegriffen werden könne.[234] *Birkenfeld* lässt diesen Rückgriff ebenfalls nicht zu und fordert bis zu einer gesetzlichen Klarstellung (allein) eine richtlinienkonforme Auslegung.[235] Auch *Hidien*[236] sieht keine Kongruenz zwischen der Definition der Geschäftsveräußerung in der älteren Rechtsprechung des BFH[237] und der sich aus dieser Rechtsprechung entwickelten Verwaltungsauffassung[238] mit derjenigen des EuGH in der Rechtssache C-497/01 „Zita Modes Sárl"[239]. Darüber hinaus ist bereits früh nach der Einfüh-

---

229 Durch Art. 20 Nr. 10 StMBG mit Wirkung ab 1.1.1994 als gegenstandlos aufgehoben.

230 Husmann in Rau/Dürrwächter, UStG, § 1 Rn. 1108; Birkenfeld, Umsatzsteuer-Handbuch, § 34 Rn. 15.

231 Husmann in Rau/Dürrwächter, UStG, § 1 Rn. 1108.

232 BT-Drucks. 12/5630, 84; mit gleicher Aussage auch Schlienkamp, UR 1994, 93 (95); Hünnekens, NWB Fach 7, 4309 (4309).

233 So auch BFH, Urteil v. 4.7.2002 – V R 10/01, UR 2003, 16.

234 Husmann in Rau/Dürrwächter, UStG, § 1 Rn. 1108.

235 Birkenfeld, Umsatzsteuer-Handbuch, § 34 Rn. 16.

236 Hidien, UVR 2009, 11 (13).

237 BFH, Urteil v. 28.11.2002 – V R 3/01, BStBl. II 2004, 665.

238 Abschnitt 1.5. Abs. 1 Satz 1 und Satz 2 UStAE (bislang Abschnitt 5 Abs. 1 Satz 1 und Satz 2 UStR 2008).

239 EuGH, Urteil v. 27.11.2003, Rs. C-497/01 [Zita Modes Sárl], BFH/NV Beilage 2004, 128.

rung des § 1 Abs. 1a UStG in der Literatur mehrfach Kritik an den übernommenen, unklaren Begrifflichkeiten geäußert worden.[240]

Selbstverständlich kann aber ein Vorgang, der die Voraussetzungen des § 16 EStG erfüllt, auch diejenigen des § 1 Abs. 1a UStG erfüllen. Die Aussage in Abschnitt 5 Abs. 3 Satz 4 UStR 2008 nun in Abschnitt 1.5. Abs. 6 Satz 4 UStAE ist daher zutreffend, aber für die Definition des gesondert geführten Betriebs nicht relevant. Es können für die Abgrenzung bei der Umsatzbesteuerung keine Rückschlüsse aus den Voraussetzungen und der Rechtsprechung, die zu § 16 EStG ergangen ist, gezogen werden.[241] Damit steht fest, dass nach derzeitiger Ansicht in Literatur und Finanzverwaltung ein Gewerbebetrieb oder Teilbetrieb im ertragsteuerrechtlichen Sinne ein Gesamt- oder Teilvermögen, auch ein Unternehmen oder im Unternehmen gesondert geführter Betrieb i.S.d. § 1 Abs. 1a UStG sein sollen.[242] Diese ertragsteuerrechtlichen Begriffe sind aber für die Bestimmung des Unternehmens oder gesondert geführten Betriebs nach § 1 Abs. 1a Satz 2 UStG nicht heranzuziehen.[243] So bemüht sich auch die Finanzverwaltung in Abschnitt 5 Abs. 2 UStR 2008 und nun in Abschnitt 1.5. Abs. 3-5 UStAE die „wesentlichen Grundlagen" eigenständig zu bestimmen. Die Anlehnung an das Ertragsteuerrecht verrät allerdings bereits der Satz 2 des Abschnitts 5 Abs. 2 UStR 2008 (nun Abschnitt 1.5. Abs. 4 UStAE), welcher von der „wesentlichen Betriebsgrundlage" spricht.

Es bleibt nach alledem festzuhalten, dass eine Anlehnung an das Ertragsteuerrecht für die Beurteilung des im Wege der Geschäftsveräußerung nichtsteuerbar übertragbaren Vermögens (Unternehmen oder gesondert geführter Betrieb) nicht zielführend sein kann, da die dort verwendeten Kriterien aus abweichenden,

---

240 Probst, UR 1995, 131 (134); Schwarz, UR 1994, 185 (185 ff.).

241 Dazu BFH, Urteil v. 4.7.2002 – V R 10/01, BStBl. II 2004, 662 (664) und Urteil v. 28.11.2002 – V R 3/01, BStBl. II 2004, 665 jeweils mit dem Hinweis, dass eine Beurteilung nicht nach nationalen ertragsteuerrechtlichen Kriterien erfolgen kann. Siehe auch BFH, Urteil v. 23.8.2007 – V R 14/05, BStBl. II 2008, 165 mit dem Hinweis, dass allein die Begriffe des Unionsrechts maßgeblich sind.

242 Abschnitt 1.5. Abs. 6 Satz 3 UStAE (bislang Abschnitt 5 Abs. 3 Satz 3 UStR 2008); Röck, INF 2001, 298 (299). Allerdings gilt umgekehrt – aufgrund der viel weiteren Fassung – ein gesondert geführter Betrieb nach der Definition in der allgemeinen Kommentarliteratur nicht als Teilbetrieb im Sinne des Ertragsteuerrechts (ebenso Menner, UStB 2000, 114 (115)).

243 Soweit einkommensteuerlich eine Teilbetriebsveräußerung angenommen wird, kann umsatzsteuerrechtlich von der Veräußerung eines gesondert geführten Betriebs ausgegangen werden; Abschnitt 1.5. Abs. 6 UStAE (bislang Abschnitt 5 Abs. 3 UStR 2008); ebenso OFD Karlsruhe, Vfg. v. 3.8.2009, USt-Kartei S7100b, Karte 1, UR 2009, 908; Prätzler, UStB 2008, 200 (201); Menner/Broer, BB 2003, 229 (233).

nicht mit dem Ziel einer umsatzsteuerrechtlichen Vereinfachungsregelung übereinstimmenden Beweggründen entwickelt wurden.

b) Neuausrichtung an der MwStSystRL

Daher sehen die derzeit dominierenden Auffassungen in der Literatur sowie der EuGH und BFH[244] die Begriffe „Gesamt- oder Teilvermögen" aus Art. 19 Abs. 1 MwStSystRL als maßgebend an.[245] Die MwStSystRL definiert – ebenso wenig, wie die sog. 6. EG-RL – nicht, was ein Gesamt- oder Teilvermögen im Sinne der Art. 19 Abs. 1 und 29 MwStSystRL ist. Eine eindeutige abgrenzbare Definition, welche den Begriff für die Praxis handhabbar macht, existiert bisher nicht.[246] Der Rechtsprechung des EuGH ist zu entnehmen, dass die in Art. 19 Abs. 1 MwStSystRL verwendeten Begriffe des Gesamt- oder Teilvermögens autonom unionsrechtlich auszulegende Begriffe sind.[247] Dem ist die nationale finanzgerichtliche Rechtsprechung gefolgt.[248] Der BFH hat mit Urteil vom 4.7.2002[249] ebenfalls entschieden, dass § 1 Abs. 1a UStG nicht nach den Kriterien des nationalen Ertragsteuerrechts, sondern allein nach Maßgabe der Richtlinienvorgaben auszulegen ist.[250] Zu beachten ist, dass die Richtlinie den Begriff des Teilvermögens gleichwertig neben den des Gesamtvermögens stellt[251]

Fraglich ist daher, was ein Unternehmen oder ein gesondert geführter Betrieb im Sinne des § 1 Abs. 1a UStG bzw. ein Gesamt- oder Teilvermögen nach Art. 19

---

244 Der BFH hat mit Urteil v. 4.7.2002 – V R 10/01, UR 2003, 16 entschieden, dass nicht anhand des Ertragsteuerrechts, sondern anhand der Richtlinienvorgaben auszulegen ist; nachfolgend bestätigt im BFH, Urteil v. 28.11.2002 - V R 3/01, UVR 2003, 209; BFH, Beschluss v. 1.4.2004 – V B 112/03, BStBl. II 2004, 802.

245 Statt vieler: Jakob, Umsatzsteuer, Rn. 326; Tehler in Reiß/Krausel/Langer, UStG, § 1 Rn. 507.

246 FG Rheinland-Pfalz, Urteil v. 25.11.2010 – 6 K 2114/08, StE 2011, 72.

247 EuGH, Urteil v. 27.11.2003, Rs. C-497/01 [Zita Modes Sárl], BFH/NV Beilage 2004, 128, Rn. 34f.

248 Statt vieler: FG Köln, Urteil v. 1.10.2010 – 5 K 2567/06, StE 2010, 757; FG Rheinland-Pfalz, Urteil v. 25.11.2010 – 6 K 2114/08, StE 2011, 72; FG Berlin-Brandenburg, Urteil v. 14.7.2009 – 5 K 7461/05 B (rkr.), EFG 2009, 2056 (2056); BFH, Urteil v. 4.7.2002 – V R 10/01, UR 2003, 16; BFH, Urteil v. 28.11.2002 - V R 3/01, UVR 2003, 209; BFH, Beschluss v. 1.4.2004 – V B 112/03, BStBl. II 2004, 802.

249 BFH, Urteil v. 4.7.2002 – V R 10/01, UR 2003, 16; nachfolgend bestätigt in BFH, Urteil v. 28.11.2002 - V R 3/01, UVR 2003, 209; BFH, Beschluss v. 1.4.2004 – V B 112/03, BStBl. II 2004, 802.

250 Gleichwohl sind die unter Kapitel 2 IV. 1. a) dargestellten Ansichten in der Literatur immer wieder zu finden.

251 Gleichrangige Verwendung der Begriffe in der Richtlinie; Büchter-Hole, EFG 2011, 195 (196).

Abs. 1 MwStSystRL ist. Die englische Sprachfassung der Richtlinie spricht von „a totality of assets or a part thereof"[252] und die französische Sprachfassung von „d'une universalité totale ou partielle de biens".[253] Daher sind die Begriffe „Gesamt- oder Teilvermögen" in der deutschen Sprachfassung als zutreffend zu beurteilen.

Da Ertragsteuerrecht, Umwandlungssteuerrecht und Zivilrecht nicht maßgebend sind, gilt es einen eigenständigen umsatzsteuerrechtlichen Begriff für die Einheiten, welche im Rahmen einer Geschäftsveräußerung nichtsteuerbar übertragen werden können und vom Unionsrecht als Gesamt- oder Teilvermögen bezeichnet werden, zu finden.

Diese Definition muss sowohl im nationalen Umsatzsteuerrecht als auch auf Ebene des Unionsrechts Gültigkeit beanspruchen. Die Frage, ob der nationale Gesetzgeber auch hinter den Begrifflichkeiten des Art. 19 MwStSystRL zurück bleiben konnte und die Begrifflichkeiten des § 1 Abs. 1a UStG daher nicht dem des Gesamt- oder Teilvermögens entsprechen müssen, wirft der EuGH zu Recht nicht auf, sondern orientiert sich für die Auslegung an Art. 19 MwStSystRL. Der Grund dafür liegt in der unionsweiten Geltung der Richtlinienvorgaben. Den Mitgliedstaaten steht zwar nach den Art. 19 und 29 MwStSystRL ein Wahlrecht zur Umsetzung dieser Bestimmungen zu. Auch dürfen sie Vorkehrungen treffen, um Steuermissbrauch oder Wettbewerbsverzerrungen zu vermeiden. Hat sich aber ein Mitgliedstaat für die Umsetzung der Art. in nationales Recht entschieden, so muss diese jedoch den Richtlinienvorgaben und den allgemeinen Grundsätzen des Unionsrechts entsprechen.[254] Die Mitgliedstaaten können bei

252 Article 19 Council Directive 2006/112/EC of 28 November 2006.

253 Article 19 Directive 2006/112/CE du Conseil du 28 novembre 2006.

254 Siehe dazu EuGH, Urteil v. 28.6.2007, Rs. C-363/05 [JP Morgan Fleming Claverhouse Investment Trust plc], IStR 2007, 708. Hahne, DStR 2008, 910 (914) gelangt in Bezug auf die Umsetzung des Art. 11 MwStSystRL in nationales Recht zum gleichen Ergebnis im Rahmen der Übertragung der dort geäußerten Rechtsprechungsgrundsätze. In der Entscheidung hatte der EuGH darüber zu entscheiden, ob eine Gesellschaft, die nicht den Vorschriften für „offene" Investmentfonds unterliegt, gleichwohl die Steuerbefreiung für Vermögensverwaltungsleistung nach Art. 153 Abs. 1 Buchstabe g MwStSystRL in Anspruch nehmen könne. Diese Vorschrift sieht die Befreiung der Verwaltung von durch die Mitgliedstaaten als solche definierten Sondervermögen vor. Nach britischem Recht hingegen waren „geschlossene" Fonds – im Gegensatz zu „offenen" Fonds – nicht von der betreffenden Steuerbefreiung begünstigt. Der EuGH äußerte sich bezüglich der Reichweite des Mitgliedstaatenwahlrechts in Art. 153 Abs. 1 Buchstabe g MwStSystRL (vormals Art. 13 Teil B Buchst. d der 6. EG-RL) dahingehen, dass sich weder aus dem Wortlaut noch aus dem Kontext der Richtlinienvorschrift ein Ansatz für eine Unterscheidung zwischen verschiedenen Sondervermögen ergebe;

der Umsetzung einer Richtlinienvorschrift die Bedingungen für ihre Anwendung festlegen, sie dürften aber nicht ihren Inhalt verändern. Dies hat der EuGH im Zusammenhang mit Steuerbefreiungsvorschriften bestätigt. Er hatte in der Rechtssache „JP Morgan Fleming Claverhouse Investment Trust plc" zu der Frage Stellung nehmen müssen, an welchen Maßstäben, die den Mitgliedstaaten an verschiedenen Stellen der Richtlinie eingeräumten Spielräume, zu messen sind, und in diesem Zusammenhang die oben genannten Aussagen getroffen. Dabei hat er den Mitgliedstaaten nicht ein uneingeschränktes Ermessen bei der Ausfüllung der Gestaltungsspielräume eingeräumt, sondern verweist auf Grenzen, die jeder Mitgliedstaat zu respektieren hat.[255]

Die vom EuGH aufgestellten Kriterien, ob ein Mitgliedstaat sich noch im Rahmen des ihm eingeräumten Ermessens bewegt, sind: (1) der Zweck und das Ziel der Steuerbefreiungsvorschrift[256] oder sonstigen Erleichterung[257], (2) die Gleichbehandlung vergleichbarer Sachverhalte[258] und die Vermeidung von Wettbewerbsverzerrungen.[259]

EuGH v. 28.6.207, Rs. C-363/05 [JP Morgan Fleming Claverhouse Investment Trust plc], a.a.O., Rn. 28. Einer Auslegung der Richtlinienvorschrift dahingehend, dass die Verwaltung von offenen Fonds, nicht aber die Verwaltung von geschlossenen Fonds von der Mehrwertsteuer befreit wären, stünde der Grundsatz der steuerlichen Neutralität zuwider, auf dem das mit der MwStSystRL (vormals 6. EG-RL) aufgestellte gemeinsame Mehrwertsteuersystem u.a. beruhe und der es nicht zulasse, dass Wirtschaftsteilnehmer, die gleichartige Umsätze tätigen, bei der Erhebung der Mehrwertsteuer unterschiedlich behandelt werden (EuGH v. 28.6.207, Rs. C-363/05 [JP Morgan Fleming Claverhouse Investment Trust plc], a.a.O., Rn. 29. Ein Verstoß gegen das Verbot der Wettbewerbs- und Rechtsformneutralität der Mehrwertsteuer liege vor, wenn die nicht begünstigten Fonds solche sind, die im Wettbewerb mit von der Mehrwertsteuer befreiten Fonds stünden; EuGH v. 28.6.2007, Rs. C-363/05 [JP Morgan Fleming Claverhouse Investment Trust plc], a.a.O., Rn. 48. Ebenfalls in diesem Sinne für die Ausgestaltung einer Vorsteuersteueraufteilungsmethode durch die Mitgliedstaaten, EuGH v. 13.3.2008, Rs. C-437/06 [Securenta], UR 2008, 344, Rn. 34 ff.

255 EuGH, Urteil v. 28.6.2007, Rs. C-363/05 [JP Morgan Fleming Claverhouse Investment Trust plc], IStR 2007, 708, Rn. 44 ff.

256 EuGH, Urteil v. 28.6.2007, Rs. C-363/05 [JP Morgan Fleming Claverhouse Investment Trust plc], IStR 2007, 708, Rn. 45.

257 Siehe hinsichtlich der Anwendung auf „sonstige Erleichterungen" auch die Urteilsanmerkung v. Maunz, UR 2007, 733 (734).

258 EuGH, Urteil v. 28.6.2007, Rs. C-363/05 [JP Morgan Fleming Claverhouse Investment Trust plc], IStR 2007, 708, Rn. 46.

259 EuGH, Urteil v. 28.6.2007, Rs. C-363/05 [JP Morgan Fleming Claverhouse Investment Trust plc], IStR 2007, 708, Rn. 47.

Um Wettbewerbsverzerrungen zu vermeiden und eine Gleichbehandlung sämtlicher Übertragungsakte von Unternehmen und Unternehmensteilen sicherzustellen, wird daher nur eine Auslegung an den Begriffen Gesamt- oder Teilvermögen zulässig sein.[260] Die Anlehnung an nationale Begriffe wie Gewerbebetrieb oder Teilbetrieb kann bereits auf nationaler Ebene zu Ungleichbehandlungen in Bereichen führen, die nicht gewerbliche Einkünfte erzielen, wie der Vermietung und Verpachtung, der Freiberufler oder bei der unternehmerischen Betätigung der juristischen Personen des öffentlichen Rechts. Teilbetrieb i.S.d. § 16 Abs. 1 Nr. 1 EStG, ist ein „mit einer gewissen Selbständigkeit ausgestatteter, organisch geschlossener Teil des Gesamtbetriebs, der für sich allein lebensfähig ist".[261] Dies kann, aber muss nicht mit den Begrifflichkeiten bei allen Einkunftsarten und erst recht nicht mit den unionsweit geltenden Begriffen Gesamt- oder Teilvermögen identisch sein. Maßgebend bei der Abgrenzung der Geschäftsveräußerung ist vor allem die Vermeidung eines unversteuerten Endverbrauchs.[262] Erfolgt eine Umsetzung muss diese richtlinienkonform sein. Daher werden gleichartige Transaktionen auch gleich behandelt werden müssen und dies unabhängig vom Mitgliedstaat, in dem die Regelung der Art. 19 und 29 MwStSystRL umgesetzt wurde, und unabhängig davon, wie es zivilrechtlich gestaltet wird. Insoweit besteht lediglich ein Wahlrecht, ob eine Umsetzung erfolgt, nicht wieweit die Nichtsteuerbarkeit Anwendung findet.[263] Die nationale Umsetzung muss mit dem Unionsrecht im Einklang stehen und darf nicht dahinter zurückbleiben. Die

---

260 In diesem Sinne bereits BFH, Urteil v. 23.8.2007 – V R 14/05, BFH/NV 2008, 316 (318).

261 BFH, Urteil v. 18.10.1999, GrS 2/98, BStBl. II 2000, 123; Wacker in Schmidt, EStG, § 16 Rn. 43.

262 Nach Ansicht des BFH muss vor allem vermieden werden, dass ein unversteuerter Endverbrauch eintritt; BFH, Urteil v. 8.3.2001 – V R 24/98, UR 2001, 214; BFH, Urteil v. 4.7.2002 – V R 10/01, BStBl. II 2004, 662, BFH, Urteil v. 1.8.2002 – V R 17/01, BStBl. II 2004, 626; BFH, Urteil v. 28.11.2002 – V R 3/01, BStBl. II 2004, 665; BFH, Urteil v. 23.8.2007 – V R 14/05, BStBl. II 2008, 165. Das Merkmal der Fortführung bzw. Fortführungsabsicht dient diesem Ziel der Vermeidung eines unversteuerten Endverbrauchs; siehe Kapitel 2 B IV. 6.

263 Der EuGH betont im Urteil v. 27.11.2003, Rs. C-497/01 [Zita Modes Sárl], BFH/NV Beilage 2004, 128, Rn. 31, dass die Mitgliedstaaten, welche sich für die Umsetzung der Art. 19 und 29 MwStSystRL (bzw. Art. 5 Abs. 8 und 6 Abs. 5 der 6. EG-RL) entschieden haben, den Grundsatz der Nichtsteuerbarkeit auf jede Übertragung eines Gesamt- oder Teilvermögens anwenden müssen und die Anwendung somit nicht auf bestimmte Fälle solcher Übertragungen beschränken können, sofern die Umstände des Art. 19 Abs. 2 MwStSystRL (bzw. Art. 5 Abs. 8 Satz 2 der 6. EG-RL) – also Abweichungen zur Vermeidung von Missbrauch oder Wettbewerbsverzerrungen – nicht vorliegen.

Auffassung in der Literatur, welche eine engere Umsetzung im nationalen Recht zulassen will, spricht sich zugleich wiederum für eine weite unionsrechtsorientierte Auslegung aus.[264] Dies wiederum führt dazu, dass versucht wird, abweichende Gesetzesformulierungen unionsrechtskonform (zu) weit auszulegen, um den gesetzgeberischen Handlungsbedarf für eine Neuformulierung nicht anerkennen zu müssen.

Nach alledem lässt sich bereits ein Zwischenfazit dahingehend ziehen, dass die Umsetzung der unionsrechtlichen Vorgaben in das deutsche Umsatzsteuergesetz Zweifel an der Richtlinienkonformität hervorruft.[265] Zum einen ist dies bedingt durch die Übernahme von Begrifflichkeiten der Vorgängernormen, welche Bestand hatten, als eine unionsrechtliche Vorgabe durch die 6. EG-RL bzw. MwStSystRL noch nicht existierte. Zu anderen führt auch der Versuch, das nationale Umsatzsteuerrecht kongruent mit den ertragsteuerrechtlichen Grundsätzen und Termini zu gestalten, zu Verwerfungen zwischen der derzeitigen Regelung in § 1 Abs. 1a UStG und den unionsrechtlichen Vorgaben in den Art. 19 und 29 MwStSystRL. Die Verknüpfung der Geschäftsveräußerung im Ganzen mit haftungsrechtlichen Begriffen ist keinesfalls richtlinienkonform gelöst,[266] da sich der Wortlaut an dem der Haftungsnorm orientiert und nicht umgekehrt. Daher ist der BFH regelmäßig gezwungen § 1 Abs. 1a UStG (noch) richtlinienkonform auszulegen.[267]

c) *Notwendige Unternehmenseinheit*

Die Definition, des Unternehmens oder gesondert geführten Betriebs als notwendige (kleinste) Unternehmenseinheit für die Geschäftsveräußerung im Ganzen, ist derzeit in der Entwicklung. Durch Literatur und Rechtsprechung wird eine Rechts(fort)entwicklung vorangetrieben, deren Grenzen es abzustecken gilt. Hierfür stellt sich insbesondere die Frage, wie zwischen der Übertragung eines solchen Gesamt- oder Teilvermögens und der gewöhnlichen Übertragung eines oder mehrerer Vermögensgegenstände eines Unternehmens, die normalerweise ein besteuerter Umsatz wäre, unterschieden werden kann. Dem derzeitigen All-

---

264 Widmann in Plückebaum/Malitzky, UStG, § 1 Abs. 1a Rn. 22.

265 Die nationale Formulierung in § 1 Abs. 1a UStG ist nach allgemeiner Ansicht enger, als die unionsrechtlichen Vorgaben; so FG Berlin-Brandenburg, Urteil v. 14.7.2009 – 5 K 7461/05 B, EFG 2009, 2056 ; Schlosser-Zeuner in Bunjes/Geist, UStG, § 1 Rn. 100.

266 So auch Wagner in FS Widmann, 607 (609/611); Birkenfeld, Umsatzsteuer-Handbuch, § 34 Rn. 34.

267 Statt vieler: BFH, Urteil v. 18.1.2005 – V R 53/02, BStBl. II 2007, 730; BFH, Urteil v. 18.9.2008 – V R 21/07, BStBl. II 2009, 254.

phasen-Netto-Prinzip (mit Vorsteuerabzug) ist geschuldet, dass auch Umsätze zwischen Unternehmern der Umsatzbesteuerung unterliegen.

Die Maximalforderung erklärt, dass für die nichtsteuerbare Geschäftsveräußerung im Ganzen alle für das Unternehmen funktional wesentlichen Unternehmensgegenstände (Sachen und Rechte) auf den Erwerber übertragen werden oder aber dem Erwerber jedenfalls langfristig zur Nutzung überlassen werden, so dass er das Unternehmen wie bisher der Veräußerer/Übertragende fortsetzen kann.[268] Dabei wird häufig auf die Übertragung der wesentlichen Betriebsgrundlagen abgestellt. Diese Ansicht ist zu eng.[269] Für die Umsatzsteuer sind allein die Art. 19 und 29 MwStSystRL und die dort verwendeten Begriffe „Gesamtvermögen" und „Teilvermögen" maßgeblich.[270] Auch ist es nicht notwendig, dass materielle oder immaterielle Gegenstände (mit-)übertragen werden, die nicht zum Unternehmen gehören.[271]

aa) Definition des EuGH

Der EuGH hatte bereits im Jahre 2003 in der für die Geschäftsveräußerung im Ganzen grundlegenden Entscheidung in der Rechtssache C-497/01 „Zita Modes Sárl"[272] zum Ausdruck gebracht, dass, auch wenn die MwStSystRL keine Definition des Begriffes „Übertragung des Gesamtvermögens oder eines Teilvermögens" enthält, eine autonome unionsrechtliche Auslegung erforderlich ist. Die einheitliche Anwendung des Unionsrechts und der Gleichheitsgrundsatz führen dazu, dass die Begriffe einer autonomen und einheitlichen Auslegung bedürfen[273], die unter Berücksichtigung des Regelungszusammenhangs und des mit der betreffenden Regelung verfolgten Zwecks zu ermitteln sind.[274]

---

268 Reiß in Schaumburg, Unternehmenskauf, 243 (248).

269 So bereits BFH, Urteil v. 23.8.2007 – V R 14/05, BFH/NV 2008, 316 (318), Rn. 31 mit dem Hinweis, dass die Wesentlichkeit der übertragenen Betriebsgrundlagen keine eigenständigen Voraussetzungen für die Nichtsteuerbarkeit darstellen, sondern im Rahmen einer Gesamtwürdigung zu berücksichtigen sind.

270 Mit gleicher Ansicht Birkenfeld, Umsatzsteuer-Handbuch, § 34 Rn. 34.

271 EuGH, Urteil v. 27.11.2003, Rs. C-497/01 [Zita Modes Sárl], BFH/NV Beilage 2004, 128; Anm. Wäger, UR 2004, 24 (25).

272 EuGH, Urteil v. 27.11.2003, Rs. C-497/01 [Zita Modes Sárl], BFH/NV Beilage 2004, 128, Rn. 32.

273 EuGH, Urteil v. 27.11.2003, Rs. C-497/01 [Zita Modes Sárl], BFH/NV Beilage 2004, 128.

274 EuGH, Urteil v. 27.11.2003, Rs. C-497/01 [Zita Modes Sárl], BFH/NV Beilage 2004, 128, Rn. 34, mit Verweis auf EuGH, Urteil v. 18.1.1984, Rs. C-327/82 [Ekro], Slg. 1984, I-107, Rn. 11; EuGH, Urteil v. 19.9.2000, Rs. C-287/98 [Linster], Slg. 2000, I-6917, Rn. 43; EuGH, Urteil v. 9.11.2000, Rs. C-357/98 [Yiadom], Slg. 2000, I-9265,

Er definiert die *„Übertragung des Gesamtvermögens oder Teilvermögens, die entgeltlich oder unentgeltlich oder durch Einbringung in eine Gesellschaft erfolgt*", dahingehend, dass die Regelung die Übertragung eines *„Geschäftsbetriebs oder eines selbständigen Unternehmensteils erfasst, die jeweils materielle und gegebenenfalls immaterielle Bestandteile umfassen, die zusammen genommen ein Unternehmen oder einen Unternehmensteil bilden, mit dem eine selbständige wirtschaftliche Tätigkeit fortgeführt werden kann.*[275] Die bloße Übertragung von Gegenständen, wie der Verkauf eines Warenbestandes, ist aber ausgeschlossen.[276]

Nicht erforderlich ist, dass der Übernehmende bereits eine derartige Tätigkeit ausgeübt hat, noch, dass die Übertragung innerhalb derselben Branche erfolgt.[277] In der Entscheidung des EuGH in der Rechtssache „Abbey National" wurde sogar die Abtretung der Rechte aus einem 125-jährigen Pachtvertrag durch den (Zwischen-)Mieter als Übertragung eines Teilvermögens angesehen.[278]

Die Formulierung des EuGH ähnelt dem Teilbetriebsbegriff in Art. 2 lit. i der Fusionsrichtlinie,[279] nach der Wirtschaftsgüter, die in organisatorischer Hinsicht einen selbständigen Betrieb, d.h. eine aus eigenen Mitteln funktionsfähige Einheit darstellen, einen unionsrechtlichen Teilbetrieb darstellen. Eine direkte Anlehnung oder Übernahme der Definition ist aber nicht erfolgt. Ähnlich war die Äußerung des Generalanwalts beim EuGH in der Rechtssache „Abbey National" vom 13.4.2000[280] zum Vorliegen eines Teilvermögens. Er definierte das Teilvermögen als „Aktiva, die einen gesondert führbaren Unternehmensteil darstel-

Rn. 26; EuGH, Urteil v. 27.2.2003, Rs. C-373/00 [Adolf Truley], Slg. 2003, I-1931, Rn. 35.

275 EuGH, Urteil v. 27.11.2003, Rs. C-497/01 [Zita Modes Sárl], BFH/NV Beilage 2004, 128, Rn. 40 und 46.

276 EuGH, Urteil v. 27.11.2003, Rs. C-497/01 [Zita Modes Sárl], BFH/NV Beilage 2004, 128, Rn. 40.

277 EuGH, Urteil v. 27.11.2003, Rs. C-497/1 [Zita Modes Sárl], BFH/NV Beilage 2004, 128, Rn. 45.

278 EuGH, Urteil v. 22.2.2001, Rs. C-408/98 [Abbey National], UR 2001, 164, Rn. 12 und Rn. 31 ff.

279 Richtlinie 90/434/EWG des Rates v. 23. Juli 1990 über das gemeinsame Steuersystem für Fusionen, Spaltungen, Abspaltungen, die Einbringung von Unternehmensteilen und den Austausch von Anteilen, die Gesellschaften verschiedener Mitgliedstaaten betreffen, sowie für die Verlegung des Sitzes einer Europäischen Gesellschaft oder einer Europäischen Genossenschaft von einem Mitgliedstaat in einen anderen Mitgliedstaat, ABl. EG Nr. L 225, S. 1.

280 Schlussantrag des Generalanwalts Jakobs v. 13.4.2000, Rs. C-408/98, Slg. 2000, I-01361 Rn. 28.

len" und sprach sich für eine weite Auslegung aus. EuGH und Generalanwalt sehen daher, in Auslegung des Unionsrechts, in einer funktionsfähigen Einheit mit der eine selbständige Tätigkeit aus-/fortgeführt werden kann, ein Teilvermögen i.S.d. Art. 19 Abs. 1 MwStSystRL.

bb) Entwicklungen in der nationalen Rechtsprechung

Die nationale Rechtsprechung hat sich dieser Definition des EuGH angeschlossen. In der aktuellen Rechtsprechung des BFH ist das früher geforderte Merkmal der Übertragung aller wesentlichen Betriebsgrundlagen keine eigenständige Voraussetzung für die Geschäftsveräußerung im Ganzen mehr; es sei vielmehr im Rahmen einer Gesamtwürdigung zu berücksichtigen, ob das übertragene Unternehmensvermögen als hinreichendes Ganzes die Ausübung einer wirtschaftlichen Tätigkeit ermöglicht.[281]

Darunter kann auch ein einzelnes Wirtschaftsgut fallen, wenn mit diesem Außenumsätze ausgeführt werden.[282] Überwiegend anerkannt und auch von der Finanzverwaltung unbestritten ist, dass die Übertragung eines vermieteten oder verpachteten Grundstücks bzw. Immobilie eine Geschäftsveräußerung im Ganzen im Sinne des § 1 Abs. 1a UStG ist.[283] Dabei wird unterstellt, dass ein vermietetes oder verpachtetes Grundstück bzw. jede Immobilie ein innerhalb des Unternehmens gesondert geführter Betrieb ist, wobei keine besonderen Einrichtungen einer betrieblichen Organisation vorliegen müssen.[284] Dies bestätigte der BFH im Beschluss vom 1.4.2004,[285] indem er ohne weiteres vier Ladeneinheiten aus einem Immobilienvermögen von sieben Ladeneinheiten sowie ein Wohn- und Geschäftshaus, sechs Wohnungen und ein unbebautes Grundstück als vier

---

281 BFH, Urteil v. 23.8.2007 – V R 14/05, BStBl. II 2008, 165.

282 FG Nürnberg, Urteil v. 1.3.2010 – 2 K 1592/2009, juris-Datenbank; a.A. Klenk in Sölch/Ringleb, UStG, § 1 Rn. 477, der ausschließlich bei Immobilien ein einzelnes Wirtschaftsgut ausreichen lässt.

283 BFH, Urteil v. 25.6.1987 – V R 92/78, BStBl. II 1987, 655; BFH, Urteil v. 10.12.1992 – V R 90/92, BStBl. II 1993, 700; BFH, Urteil v. 1.4.2004 – V B 112/03, BStBl. II 2004, 802; BFH, Urteil v. 7.7.2005 – V R 78/03, DStRE 2005, 1277; OFD Berlin, Vfg. v. 17.5.1999 – St 437 – S 7300 – 8/96, UR 2000, 172; Fin.Beh. Hamburg, Vfg. v. 18.10.1999 – 53 – S 7100b – 3/97, UR 2000, 173; OFD Karlsruhe, Vfg. v. 28.4.2000 – S 7100b, DStR 2000, 878; OFD München Vfg. v. 1.8.2000 – S 7100b – 3/St 433, UR 2000, 174; OFD Münster, Vfg. v. 6.11.2006 – S 7100b – 132 – St44 – 32, StEK UStG 1980 § 1 Abs. 1a Nr. 19.

284 BFH, Urteil v. 24.8.1987 – V R 120/88, BStBl. II 1988, 735; BFH, Urteil v. 21.3.2001 – V R 62/01, BStBl. II 2002, 559; OFD Karlsruhe, Vfg. v. 28.4.2000 – S 7100b, DStR 2000, 878; OFD München, Vfg. v. 1.8.2000 – S 7100b – St 433, UR 2000, 174.

285 BFH, Beschluss v. 1.4.2004 – V B 112/03, BStBl. II 2004, 802 (Vorinstanz FG München, Beschluss v. 28.4.2003 – 14 V 5377/02, EFG 2003, 1344).

gesondert geführte Betriebe betrachtete. Im Rahmen der Übertragung von Immobiliengrundstücken ist somit jedes Objekt ein separat übertragbarer Unternehmensteil.[286] Dabei ist wesentlich, dass die Mietverträge vom Begünstigten übernommen wurden und die Vermietung fortgesetzt wird.[287]

Sonstige Vertragsbeziehungen, wie abgeschlossene Wartungs-, Verwaltungs- oder sonstige Dienstleistungsverträge müssen nicht übergehen.[288] Die Rechtsprechung hat stets auf die Ausgangsumsätze (regelmäßig aus Pacht- oder Mietverträgen) abgestellt. Die Übernahme der Mietverhältnisse bei einem vermieteten Grundstück ist bereits in der frühen finanzgerichtlichen Rechtsprechung als zwingend angesehen worden, da ohne Fortführung der Mietverhältnisse nicht das Unternehmen, sondern lediglich das Grundstück übertragen wird.[289] Daher ist auch entschieden worden, dass beim Verkauf einzelner Immobilien durch einen Bauträger/Projektgesellschaft keine Geschäftsveräußerung im Ganzen verwirklicht wird, auch wenn diese im Zeitpunkt der Veräußerung teilweise vermietet sind.[290] Der Erwerber/Begünstigte könne kein Unternehmen fortsetzen, da das Unternehmen des Veräußerers, ein Bauträgerunternehmen, mit der Errichtung und (Erst-)Vermietung des Objektes seinen Abschluss gefunden habe. Ähnlich entschied der BFH einen Sachverhalt, in dem eine Bauträger-GbR bereits die Mietverträge abgeschlossen hatte und diese letztlich auch vom Erwerber fortgeführt wurden.[291] Es sei kein hinreichend verfestigtes Vermietungsunternehmen übergegangen, welches durch die Erwerberin fortgeführt werden könne.[292]

---

286 BFH, Beschluss v. 1.4.2004 – V B 112/03, BStBl. II 2004, 802; BFH, Urteil v. 11.10.2007 – V R 27/05, BStBl. II 2008, 438 Rn. 48; OFD München, Vfg. v. 1.8.2000 – S 7100b – 3/St 433, UR 2000, 174; OFD Münster, Vfg. v. 6.11.2006 – S 7100b – 132 – St44 – 32, StEK UStG 1980 § 1 Abs. 1a Nr. 19.

287 BFH, Beschluss v. 1.4.2004 – V B 112/03, BStBl. II 2004, 802; Behrens/Schmitt, UVR 2008, 220 (221). Im Urteil v. 11.10.2007 – V R 57/06, BStBl. II 2008, 447 betrachtete der BFH es als nicht ausreichend, wenn der Mietvertrag (für eine Diskothek) mit dem Veräußerer vorm Übertragungszeitpunkt endete, der Erwerber allerdings bereits ab Übertragungsstichtag ein neues Mietverhältnis mit dem Objekt begründete. Eine nahtlose Fortführung des Diskothekenbetriebs sei nicht ausreichend; Grube, jurisPR-SteuerR 12/2008, Anm. 6.

288 Behrens/Schmitt, UVR 2008, 220 (221).

289 FG Münster, Urteil v. 15.10.1975 – V 2519/74 U, EFG 1976, 262; FG Nürnberg, Urteil v. 13.11.1990 – II 211/89, EFG 1991, 710; FG Köln, Urteil v. 11.9.2002 – 4 K 3396/00, EFG 2003, 125.

290 BFH, Urteil v. 24.2.2005 – V R 45/02, BStBl. II 2007, 61.

291 BFH, Urteil v. 18.9.2008 – V R 12/07, DB 2008, 2811 (2812).

292 BFH, Urteil v. 18.9.2008 – V R 12/07, DB 2008, 2811 (2812) Ziffer 2 der Gründe.

Wurde der Mietvertrag für das ganze Objekt vor Übertragung beendet und geht daher kein Mietverhältnis über, so nahm der BFH im Urteil vom 11.10.2007[293] keine Geschäftsveräußerung im Ganzen, sondern nur die Lieferung des Vermögensgegenstands (Grundstück) an, obwohl das Objekt bei Übergang der Nutzen und Lasten vom Erwerber bereits wieder vermietet war. Diese Rechtsprechung wurde zwischenzeitlich dahingehend korrigiert, dass dann wenn der Erwerber das Unternehmen durch Neuabschluss der Mietverträge im zeitlichen Zusammenhang mit der Übertragung die unternehmerische Betätigung übernimmt, eine Geschäftsveräußerung im Ganzen vorliegt.[294] In diesem Fall nimmt der BFH einen Gesamtplan an, welcher zur Fortführung der unternehmerischen Betätigung führt.[295] Dies zeugt von der ständigen Erweiterung des Anwendungsbereichs des Rechtsinstituts der Geschäftsveräußerung durch die Rechtsprechungsentwicklung.

Jedoch dann, wenn der bisherige Mieter das Objekt erwirbt und es vorher wie nachher selbst für seine unternehmerische Tätigkeit nutzt, sei keine Geschäftsveräußerung gegeben, da nicht die Vermietung übernommen worden sei.[296] Selbiges gelte für die Fortsetzung der Tätigkeit innerhalb des Organkreises, da mit dem Vermögen kein Außenumsatz getätigt/übernommen wird.[297] Der BFH stellt darauf ab, dass mit dem übernommenen Vermögen eine selbständige wirtschaftliche Tätigkeit fortgeführt werden kann und unterscheidet dies von der bloßen Übertragung von Gegenständen.[298] Auch entschied er, dass eine nicht mehr vom Besitzunternehmen an das Betriebsunternehmen vermietete Halle, nicht als Geschäftsveräußerung im Ganzen übertragen werden kann, da eine (gemeint war diese) selbständige wirtschaftliche Tätigkeit nicht fortgeführt werden könne.[299]

Gleichwohl wurde vom FG Hamburg die Übertragung eines Vermietungsunternehmens, welches sich im Aufbau befand, als Geschäftsveräußerung im Ganzen beurteilt, obwohl die Veräußerung vor Fertigstellung aufgrund von Liquiditätsschwierigkeiten erfolgte.[300] Auch der BFH stellt nun zutreffend auf die Verwendungsabsicht des Übertragenden ab und hat auch bei teilweisen Leerstand und

293 BFH, Urteil v. 11.10.2007 – V R 57/06, BStBl. II 2008, 447.
294 BFH, Urteil v. 6.5.2010 – V R 25/09, BFH/NV 2010, 1873.
295 BFH, Urteil v. 6.5.2010 – V R 25/09, BFH/NV 2010, 1873; Hättich/Renz, NWB 4/2011, 268 (271).
296 BFH, Urteil v. 24.9.2009 – V R 6/08, BStBl. II 2010, 315; BFH, Urteil v. 4.9.2008 – V R 23/06, UR 2008, 528; Nieskoven, GStB 2007, 424 (425).
297 BFH, Urteil v. 6.5.2010 – V R 26/09, BStBl. II 2010, 2597.
298 BFH, Urteil v. 4.9.2008 – V R 23/06, UR 2008, 528, Rn. 32.
299 BFH, Urteil v. 18.1.2005 – V R 53/02, BStBl. II 2007, 730.
300 FG Hamburg, Urteil v. 18.9.2002 – II 168/01, EFG 2003, 267.

teilweiser Beendigung der Mietverhältnisse auf den Übertragungsstichtag (also bei einem nur noch teilweise vermieteten Objekt) eine Geschäftsveräußerung im Ganzen für das gesamte Objekt angenommen.[301] Ähnlich entschied das FG Düsseldorf indem es urteilte, dass auch eine Geschäftsveräußerung im Ganzen vorliegt, auch wenn kein Mietverhältnis übergeht, aber die Verwendung(sabsicht) fortgeführt wird.[302] Es beurteilte die Übertragung eines sich im Umbaustadium befindlichen steuerpflichtig verpachteten bebauten Grundstücks als Geschäftsveräußerung im Ganzen, da der Erwerber hinsichtlich eines Teils der Bausubstanz einen im Wesentlichen inhaltsgleichen Pachtvertrag mit dem aktuellen Nutzer abschloss.[303] Das FG Baden-Württemberg ließ es ausreichen, wenn der bisherige Mietvertrag zwar endet, aber mit der Grundstücksveräußerung der Abschluss eines Mietvertrags in Aussicht gestellt wird, der dem Verbleib des seither auf dem Grundstück geführten Geschäftsbetriebs dient.[304] Der Übergang der ernsthaften nachweisbaren Vermietungsabsicht reicht demnach aus.[305]

Die Übertragung eines Miteigentumsanteils an einem vermieteten Grundstück ist ebenfalls eine Geschäftsveräußerung im Ganzen, wenn das Grundstück alleiniger Vermietungsgegenstand war und die Vermietung von der Verwaltergemeinschaft/ Bruchteilsgemeinschaft mit dem Objekt fortgesetzt wird.[306]

Irrelevant ist, ob der Erwerber/Begünstigte das übernommene Vermögen im Zuschnitt ändert oder modernisiert.[307] Auch steht der Annahme einer Geschäftsveräußerung im Ganzen nicht entgegen, dass der Erwerber das Unternehmen nicht mit allen Geschäftsbeziehungen übernimmt.[308] Es können zudem Wirtschaftsgü-

---

301 BFH, Urteil v. 30.4.2009 – V R 4/07, BStBl. II 2009, 863.

302 FG Düsseldorf, Urteil v. 29.4.2009 – 1 K 2778/05 U, EFG 2009, 1599, aufgehoben durch Revision BFH, Urteil v. 28.10.2010 – V R 22/09, n.v. - juris-Datenbank.

303 FG Düsseldorf, Urteil v. 29.4.2009 – 1 K 2778/05 U, EFG 2009, 1599 (durch Revision aufgehoben, BFH, Urteil v. 28.10.2010 – V R 22/09, juris-Datenbank). Dieses FG-Urteil steht nicht im Einklang mit der Entscheidung des BFH 11.10.2007 – V R 57/06, BStBl. II 2008, 447. Das FG Düsseldorf hat, obwohl ein vom Veräußerer abgeschlossener Pachtvertrag mit einem Dritten nicht vom Erwerber fortgeführt wurde, sondern der Erwerber mit der bisherigen Pächterin einen neuen Pachtvertrag abschloss und trotz des Umstandes, dass erst einige Teile des Objektes verpachtetet waren und nicht das gesamte Objekt, den Übergang des Vermietungsunternehmens und eine Geschäftsveräußerung im Ganzen festgestellt.

304 FG Baden-Württemberg, Urteil v. 12.12.2008 9 K 412/05, nun BFH, Urteil v. 6.5.2010 – V R 25/09, UVR 2010, 1187.

305 Im Ergebnis ebenso Behrens/Schmitt, UVR 2008 220 (222).

306 BFH, Urteil v. 6.9.2007 – V R 41/05, BStBl. II 2008, 65; BFH, Urteil v. 22.11.2007 – V R 5/06, BStBl. II 2008, 448.

307 BFH, Urteil v. 23.8.2007 – V R 14/05, BStBl. II 2008, 165.

308 BFH, Urteil v. 23.8.2007 – V R 14/05, BStBl. II 2008, 165.

ter zurückbehalten werden, solange sie, wenn sie für die bisher ausgeübte oder geplante Tätigkeit notwendig sind, dauerhaft dem Erwerber zur Nutzung zur Verfügung gestellt werden.[309] Der Regelung in den Art. 19 bzw. 29 MwStSystRL sei genüge getan, wenn einige Wirtschaftsgüter des Unternehmens übertragen und andere, beispielsweise das zugehörige Betriebsgrundstück, dem Erwerber durch ein langfristiges Nutzungsrecht überlassen würden, so dass die dauerhafte Fortführung der bisherigen unternehmerischen Betätigung möglich sei.[310] Eine Vermietung des Grundstücks über die Dauer von zehn Jahren mit jährlicher Verlängerung hat die Rechtsprechung (bisher[311]) als ausreichend erachtet, sofern die Tätigkeit auf dem Grundstück mit den übernommenen Wirtschaftsgütern fortgesetzt wird.[312] Nach neuer höchstrichterlicher Rechtsprechung reicht bereits die dauerhafte (aber jederzeit kündbare) Überlassung.[313]

Nach Ansicht des FG des Landes Sachsen-Anhalt liegt keine Geschäftsveräußerung vor, wenn der Erwerber lediglich den Warenbestand und Teile der Ladenausstattung übernimmt, aber nicht gleichzeitig auch in den Mietvertrag über das Ladenlokal eintritt, sondern die erworbenen Gegenstände in sein in einem anderen Ladenlokal geführtes Geschäft überführt.[314]

---

309 BFH, Urteil v. 4.7.2002 – V R 10/01, BStBl. II 2004, 662; BFH, Beschluss v. 18.8.2008 – XI B 192/07, BFH/NV 2008, 2065; FG Münster v. 30.4.2008 – 5 K 3601/04 U, EFG 2008, 1413; FG München v. 19.6.2008 – 14 K 910/07, n.v.; FG Hamburg v. 29.10.2008 – 1 K 191/08, EFG 2009, 366; FG München v. 30.9.2008 – 3 V 2289/08, DStRE 2009, 1138.

310 BFH, Urteil v. 15.10.1998 – V R 68/97, BStBl. II 1999, 41; BFH, Urteil v. 4.7.2002 – V R 10/01, BFH/NV 2002, 1684; BFH, Urteil v. 28.11.2002 – V R 3/01, BFH/NV 2003, 436. Ebenso Stöcker in Peter/Burhoff/Stöcker, UStG, § 1 Rn. 526; Pflug, INF 1996, 203 (203). Nun EuGH-Vorlageverfahren BFH v. 14.7.2010, XI R 27/08, BStBl. II 2010, 1117, Az. EuGH Rs. C-444/10 zur Frage, ob ein dauerhafter Mietvertrag ausreichend ist oder zwingend eine Übertragung des Grundstücks stattfinden muss. Ebenso in BFH/PR 12/2010, 483 mit Anm. Völlmeke, welche auf die Abgrenzungsprobleme der Geschäftsveräußerung im Ganzen zur Betriebsverpachtung hinweist.

311 Nun erweitert durch EuGH, Urteil v. 10.11.2011, Rs. C-444/10 [Schriever], DStR 2011, 2196; Grünwald, DStR 2012, 437 (439); BFH, Urteil v. 18. 1. 2012 - XI R 27/08 (FG Münster 30. 4. 2008 5 K 3601/04 U) , DStRE 2009, 516; BMF-Schreiben v. 24.10.2012 - IV D 2 – S 7100-b/11/10002, a.a.O.

312 BFH, Urteil v. 15.10.1998 – V R 68/97, BStBl. II 1999, 41; BFH, Urteil v. 4.7.2002 – V R 10/01, BFH/NV 2002, 1684; BFH, Urteil v. 28.11.2002 – V R 3/01, BFH/NV 2003, 436.

313 Siehe Fußnote 311.

314 Stöcker in Peter/Burhoff/Stöcker, UStG, § 1 Rn. 525 mit Verweis auf das Urteil des FG des Landes Sachsen-Anhalt v. 3.9.2004 – 1 K 2147/03, n.v.

Zur jüngeren Rechtsprechung des BFH gehört die Entscheidung, dass die Übertragung von Geschäftsbetrieben und von selbständigen Unternehmensteilen, die als „Zusammenfassung materieller und immaterieller Bestandteile“ ein Unternehmen oder einen Unternehmensteil bilden, mit dem eine selbständige wirtschaftliche Tätigkeit fortgeführt werden kann, für eine Geschäftsveräußerung im Ganzen ausreichend ist.[315] Maßgeblich ist dem BFH, dass die mit diesem Unternehmens(teil-)vermögen ausgeübte oder beabsichtigte unternehmerische Tätigkeit fortgesetzt wird.[316]

Der veröffentlichten Rechtsprechung ist zusammenfassend zu entnehmen, dass für die Geschäftsveräußerung im Ganzen nach § 1 Abs. 1a UStG entscheidend ist, ob das übertragene Unternehmensvermögen als hinreichendes Ganzes die Ausübung einer wirtschaftlichen Tätigkeit ermöglicht und das übernommene Vermögen auch (weiterhin) unternehmerisch genutzt wird.[317] Die Geschäftsveräußerung ist unter Berücksichtigung des Ziels, die Nichtsteuerbarkeit auf diejenigen Fälle zu begrenzen, in denen der Erwerber Unternehmer ist und das Unternehmen fortführt, um einen unversteuerten Letztverbrauch zu vermeiden[318], anzuwenden. Dabei hat sich die Rechtsprechung vom Erfordernis der Übernahme einer bisher bereits ausgeübten Tätigkeit gelöst und lässt die Übernahme der beabsichtigten Verwendung ausreichen.[319] Teilweise wurde gefordert, dass die vor und nach der Übertragung ausgeübten Tätigkeiten übereinstimmen oder sich hinreichend ähneln.[320] Zugleich ist ein Neuzuschnitt, Modernisierung und Veränderung aber für die Geschäftsveräußerung im Ganzen nicht hinderlich.[321] Die Übertragung aller wesentlichen Betriebsgrundlagen und die Möglichkeit zur Unternehmensfortführung ohne großen finanziellen Aufwand (ein Kriterium, welches sowohl die Fortführungsabsicht als auch den Umfang der zu übertragenden

---

315 BFH, Urteil v. 30.4.2009 – V R 4/07, BStBl. II 2009, 863, Rn. 25 mit Verweis auf EuGH, Urteil v. 27.11.2003, Rs. C-497/1 [Zita Modes Sárl], BFH/NV Beilage 2004, 128, Rn. 39f.

316 BFH, Urteil v. 30.4.2009 – V R 4/07, BStBl. II 2009, 863, Rn. 28. Walkenhorst, UStB 2009, 251 verweist auf die Weiterentwicklung in der Rechtsprechung, dahingehend, dass die Vermietungsabsicht ausreicht, wenn lediglich eines nicht unwesentliche Fläche vermietet ist und hinsichtlich der Restfläche nur Vermietungsabsicht besteht. Bereits ähnlich BFH, Beschluss v. 1.4.2004 – V B 112/03, BStBl. II 2004, 802; BFH, Urteil v. 7. 7.2005 – V R 78/03; BStBl. II 2005, 849.

317 Ebenso FG Nürnberg, Urteil v. 1.3.2010 – 32 K 1592/2009, juris-Datenbank.

318 BT-Drucks. 12/5630, 84; BR-Drucks. 612/93.

319 BFH, Urteil v. 30.4.2009 – V R 4/07, BStBl. II 2009, 863; FG Düsseldorf, Urteil v. 29.4.2009 – 1 K 2778/05 U, EFG 2009, 1599 aufgehoben durch BFH, Urteil v. 28.10.2010 – V R 22/09, juris-Datenbank.

320 BFH, Urteil v. 18.09.2008 – V R 21/07, BStBl. II 2009, 254.

321 BFH, Urteil v. 23.8.2007 – V R 14/05, BStBl. II 2008, 165.

Wirtschaftsgüter beeinflusste) ist nicht (mehr) gefordert.[322] Die entschiedenen Sachverhalte haben regelmäßig Immobilientransaktionen zum Sachverhalt. Dennoch sind die aus der Rechtsprechung gewonnenen Eckpfeiler auf sämtliche Vermögensübertragungen anzuwenden, da es im Umsatzsteuerrecht kein Sonderrecht für Grundstücke gibt.[323]

cc) Stellungnahme: Wirtschaftsgüter, zur nicht nur einmaligen unternehmerischen Nutzung

Die Geschäftsveräußerung im Ganzen ist hinsichtlich ihres Anwendungsbereichs nicht abschließend beurteilt. Auch die unionsrechtlichen Vorgaben sind – trotz der Entscheidungen des EuGH in den Rechtssachen „Faxworld“[324], „Zita Modes Sárl“[325] und „Abbey National“[326] – nicht ausjudiziert.[327] Der Rechtsprechung des EuGH[328] sind Negativabgrenzungen zu entnehmen. Sofern nur einzelne Wirtschaftsgüter übertragen werden und/oder die Absicht der Einstellung bzw. Abwicklung des Geschäftsbetriebs besteht, ist keine Geschäftsveräußerung im Ganzen anzunehmen.[329] Zudem ist notwendig, dass die Übertragung auf einen Unternehmer erfolgt.[330]

Dem Regelungszweck des § 1 Abs. 1a UStG entspricht es, die Übertragung der im Unternehmen gebundenen materiellen und immateriellen Vermögensgegenstände nicht der Umsatzsteuer zu unterwerfen, sofern sie unternehmerisch gebunden bleiben. Dies entspricht dem normativen Gesetzessinn, der einerseits den historischen Willen des Gesetzgebers beachtet und andererseits den objekti-

---

322 BFH, Urteil v. 28.11.2002 – V R 3/01, BStBl. II 2004, 665; BFH, Urteil v. 23.08.2007 – V R 14/05, BStBl. II 2008, 165; FG Nürnberg, Urteil v. 1.3.2010 – 2 K 1592/2009, juris-Datenbank.

323 Zur Aussage, dass es umsatzsteuerrechtlich kein Sonderrecht für Grundstücke gibt, siehe Wäger, UR 2004, 24 (26).

324 EuGH, Urteil v. 29.4.2004, Rs. C-137/02 [Faxworld Vorgründungsgesellschaft], UR 2004, 362.

325 EuGH, Urteil v. 27.11.2003, Rs. C-497/01 [Zita Modes Sárl], BFH/NV Beilage 2004, 128.

326 EuGH, Urteil v. 22.2.2001, Rs. C-408/98 [Abbey National], UR 2001, 164.

327 So mit Verweis auf Immobilientransaktionen auch Hidien, UVR 2009, 11 (12).

328 EuGH, Urteil v. 29.4.2004, Rs. C-137/02 [Faxworld Vorgründungsgesellschaft], UR 2004, 362; EuGH, Urteil v. 27.11.2003, Rs. C-497/01 [Zita Modes Sárl], BFH/NV Beilage 2004, 128; EuGH, Urteil v. 22.2.2001, Rs. C-408/98 [Abbey National], IStR 2001, 180.

329 EuGH, Urteil v. 27.11.2003, Rs. C-497/01 [Zita Modes Sárl], BFH/NV Beilage 2004, 128.

330 EuGH, Urteil v. 27.11.2003, Rs. C-497/01 [Zita Modes Sárl], BFH/NV Beilage 2004, 128.

ven Willen des Gesetzes erfasst, also durch in der Sache selbst gelegene Momente konstituiert wird.[331] Der Sinn des § 1 Abs. 1a UStG, der nach dem historischen Willen des Gesetzgebers vor allem in der Vereinfachung der Unternehmensübertragungen im Wege der vorweggenommenen Erbfolge liegen sollte, ist durch Rechtsprechung und Literatur auf jegliche Unternehmensübertragung und Umstrukturierung erweitert worden. Die oben angeführten Definitionsversuche in der Rechtsprechung sind einzelfallbezogen und teilweise zu eng. Ältere Rechtsprechung des BFH bezieht sich auch noch auf die Vorgängervorschriften des § 1 Abs. 1a UStG und ist daher außer Acht zu lassen. Aber auch darüber hinausgehende Ansichten in der Literatur[332] haben noch keine Definition herausgearbeitet, die dem Normziel, Vermögensübertragungen zwischen Unternehmern, insbesondere bei Umstrukturierungen und Unternehmensnachfolge zu erleichtern, gerecht wird.

(1) Unternehmen bzw. Gesamtvermögen

Das Gesamtvermögen wird man als die Zusammenfassung von immateriellen und materiellen Wirtschaftsgütern bezeichnen können, mit denen die unternehmerische Betätigung selbständig ausgeübt werden kann. Diese Zusammenfassung muss aufgrund der durch die Rechtsprechung des EuGH festgehaltenen Eingrenzung, dass die Übertragung eines Warenlagers nicht ausreichend ist, eine Einheit von Vermögen sein, welches in der Gesamtheit nicht nur zur einmaligen Ausführung von Umsätzen verwendet wird. Da ein Warenlager lediglich zum Abverkauf und damit zum einmaligen Umsatz verwendet wird, scheidet eine separate Einheit Warenlager als taugliche Unternehmenseinheit aus. Die Zusammenfassung muss die Ausübung einer unternehmerischen Betätigung ermöglichen, so dass dies – in Übereinstimmung mit der höchstrichterlichen Rechtsprechung[333] – auch dann verwirklicht ist, wenn nicht sämtliche Vermögensgegenstände übertragen werden, die notwendigen zurückbehaltenen Wirtschaftsgüter aber zusätzlich überlassen werden (beispielsweise im Wege der Vermietung oder Verpachtung).

Somit ist regelmäßig die gesamte, die unternehmerische Betätigung umfassende Einheit von Wirtschaftsgütern als Gesamtvermögen zu beurteilen. Wenn die

331 Zur Maßgeblichkeit des normativen Gesetzessinns siehe Drüen in Tipke/Kruse, AO/FGO, § 4 AO Rn. 231ff, insb. Rn. 234.

332 Korf/Schneider in FS Reiß, 213 (213); Winter in FS Schaumburg, 1213 (1213); Eversloh, jurisPR-SteuerR 19/2004, Anm. 1 m.w. N.

333 Nunmehr ebenso EuGH, Urteil v. 10.11.2011, Rs. C-444/10 [Schriever], DStR 2011, 2196; Grünwald, DStR 2012, 437 (439); BFH, Urteil v. 18. 1. 2012 - XI R 27/08 (FG Münster 30. 4. 2008 5 K 3601/04 U) , DStRE 2009, 516; BMF-Schreiben v. 24.10.2012 - IV D 2 – S 7100-b/11/10002, a.a.O.

notwendige Unternehmenseinheit erfordert, dass ein „Geschäft“ übertragen werden muss,[334] so wird der Übergang einer unternehmerischen Betätigung gefordert. Unternehmen im Sinne des § 1 Abs. 1a UStG ist daher die Zusammenfassung von Wirtschaftsgütern (Unternehmensvermögen), mit dem die unternehmerische Betätigung ausgeübt wird oder mit welcher die unternehmerische Verwendungsabsicht besteht. Wesentlich ist, dass die Betätigung(-sabsicht) übergeht. Der Übergang von Wirtschaftsgütern ist nur insoweit relevant, wie dieser für die Übertragung der unternehmerischen Betätigung(-sabsicht) notwendig ist. Überträgt ein Unternehmer sämtliche Betätigungen und dafür verwendete materielle und immaterielle Vermögensgegenstände/Wirtschaftsgüter, so ist ein Übergang des Gesamtvermögens, folglich nach nationaler Diktion eine Geschäftsveräußerung im Ganzen, gegeben.

Nach der Rechtsprechung des BFH muss es sich um einen selbständig lebensfähigen Unternehmensorganismus handeln, der auf einen Erwerber übertragen wird.[335] Das bedeutet, dass es sich lediglich um ein zukünftig lebensfähiges Unternehmen handeln muss, nicht um ein bereits als solches derzeit lebendes. Daher kann auch eine Immobilie, die vermietet werden soll, bereits vor Beginn der Vermietung (teilfertig im Rohbau) als Geschäftsveräußerung im Ganzen übertragen werden.[336] Auch wenn der EuGH in der Rechtssache „Zita Modes Sárl“[337] das Wort „fortführen“ verwendet, ist damit nicht bereits ausgesagt, dass diese Tätigkeit bereits ausgeführt werden muss. Zwar ist prima facie naheliegend, dass nur fortgeführt werden kann, was bereits ausgeführt wird.[338] Auch führt die Sichtung der Sprachfassungen zu keinem eindeutigen Ergebnis.[339] Während französische Übersetzung „poursuivre“, die Portugiesische „prosseguir“ und die Dänische „fortsætte“ verwendet, welches allesamt „fortsetzen“ bedeutet, legt die englische Übersetzung mit „carrying on“, ebenso wie die niederländische Übersetzung „kann worden uitgeoefend“, eher eine Bedeutung von „ausüben“ nahe. Die italienische („svolgere“) sowie die spanische Übersetzung („desarrollar“) sind zudem eher mit „ausführen, entwickeln“ zu übersetzen. Es ist daher naheliegend, dass der EuGH auf die Fortführung(-sabsicht) des Erwerbers/Begünstigten mit der Formulierung hinweist, nicht aber zwingend darauf, dass die identische Unternehmenstätigkeit fortgesetzt werden muss. Das Fort-

334 Ähnlich bereits Wagner, JbFStR 2008/2009, 605 (613).

335 BFH, Urteil v. 23.8.2004 – V R 14/05, UR 2008, 150.

336 BFH, Urteil v. 24.9.2009 – V R 6/08, DStR 2010, 223; Finanzbeh. Hamburg, Erlass v. 18.10.1999 – 53 – S 7100b – 3/97, UR 2000, 173.

337 EuGH, Urteil v. 27.11.2003, Rs. C-497/01 [Zita Modes Sárl], BFH/NV Beilage 2004, 128, Rn. 40.

338 So auch Korf, UVR 2010, 74 (77).

339 Korf, UVR 2010, 74 (77).

führen wird sich demnach darauf beziehen, dass es sich bereits um für unternehmerische Tätigkeit verwendetes Vermögen handelt und dieses nach der Übertragung weiterhin für unternehmerische Tätigkeit verwendet wird. Die Verwendungsabsicht ist in diesem Sinne mit der Verwendung gleich zu stellen. Für diese Auslegung ist auch die Rechtsprechung des BFH heranzuziehen, welche besagt, dass das übernommene Unternehmen weder aktiv zu sein braucht,[340] noch unverändert fortgeführt werden muss.[341] Daher können sowohl insolvenzbefangene Unternehmen als auch Unternehmen, deren Geschäftstätigkeit zwar beabsichtigt war und für deren unternehmerische Tätigkeit bereits Aktivitäten (Einkäufe) ausgeübt wurden, aber zu deren nachfolgenden Außenumsätzen es nicht gekommen ist (z.B. erfolglose Unternehmensgründungen), als Geschäftsveräußerung im Ganzen übertragen werden.[342] Wesentlich ist, dass mit der Vermögensübertragung die unternehmerische Betätigung übergeht. Es ist ausreichend, wenn so viel Unternehmensvermögen übertragen wird, dass die gesamte Tätigkeit des Übertragenden weitergeführt (bzw. die Fortführungsabsicht ausgeführt) werden kann. Hierfür ist es auch ausreichend, wenn einige Wirtschaftsgüter nicht übertragen, aber zur Nutzung überlassen werden. Das Unternehmen in Form der unternehmerischen Betätigung des Übertragenden muss übergehen. Das Unionsrecht bezeichnet dies als Gesamtvermögen.

(2) Gesondert geführter Betrieb bzw. Teilvermögen

Besondere Relevanz hat die Definition des „gesondert geführten Betriebs" i.S.v. § 1 Abs. 1a UStG bzw. des Teilvermögens. Die Rechtsprechung des EuGH hat diesen als selbständigen Unternehmensteil definiert, der jeweils materielle und ggf. immaterielle Bestandteile umfasst, die zusammengenommen einen selbständigen Unternehmensteil bilden, mit dem eine selbständige wirtschaftliche Tätigkeit fortgeführt werden kann.[343] Dies bedeutet – unter Berücksichtigung der oben dargestellten Unterschiede in den Übersetzungen –, dass die Selbständigkeit eines Unternehmensteils sich daran orientiert, ob mit der übertragenden Vermögensmasse eine unternehmerische Tätigkeit ausführbar ist. Die Selbständigkeit muss nicht bereits vor der Übertragung vorgelegen haben.[344] Die abweichende Auffassung der Finanzverwaltung – welche „nach außen hin ein selb-

340 Es ist unerheblich, ob ein lebendes oder überschuldetes (insolvenzbefangenes) Unternehmen übereignet wird, sofern noch ein Geschäftsbetrieb vorhanden ist; Birkenfeld, Umsatzsteuer-Handbuch, § 34 Rn. 249 m.w.N.

341 BFH, Urteil v. 23.8.2007 – V R 14/05, BFH/NV 2008, 316 (318).

342 Birkenfeld, Umsatzsteuer-Handbuch, § 34 Rn. 250.

343 EuGH, Urteil v. 27.11.2003, Rs. C-497/01 [Zita Modes Sárl], BFH/NV Beilage 2004, 128, Rn. 40.

344 A.A. FG Berlin-Brandenburg, Urteil v. 14.7.2009 – 5 K 7461/05 B, EFG 2009, 2056 .

ständiges, in sich abgeschlossenes Wirtschaftsgebilde" fordert (Abschnitt 1.5. Abs. 6 Satz 2 UStAE) – ist nicht zutreffend.[345] Die Fortführungsmöglichkeit ist auch dann gegeben, wenn die Betätigung vorher im Gesamtunternehmen ausgeübt wurde und nach der Übertragung selbständig als eigenständiges Unternehmen betrieben wird. Der Definition des EuGH ist ein vorheriges Existieren eines separaten Unternehmensteils nicht zu entnehmen. Er stellt für die Abgrenzung auf die selbständig fortführbare Tätigkeit im Sinne eines gesondert führbaren Unternehmensteil *(„...mit dem eine selbständige wirtschaftliche Tätigkeit fortgeführt werden kann.")* ab[346] – nicht darauf, dass eine bereits selbständig ausgeübte Tätigkeit vorliegt.[347] Anderenfalls wäre naheliegend gewesen, dass der EuGH den Satz als „... mit dem diese selbständige Tätigkeit fortgeführt werden kann" formuliert hätte. „Fortführen" bedeutet in diesem Sinne zunächst, dass eine unternehmerische Betätigung des Übertragenden vom Übernehmenden zukünftig ausgeübt wird bzw. eine Betätigungsabsicht weitergeführt wird. Für die Bestimmung eines Teilvermögens wird regelmäßig auf den Übertragenden und nicht auf den Begünstigten geblickt. Es leuchtet allerdings nicht ein, warum der Vereinfachungszweck und die Schonung der Liquidität (durch unterlassene Abführung von Umsatzsteuer, welche als Vorsteuer wieder zu erstatten/anzurechnen wäre) nur beim Übertragenden eintreten soll, da der Begünstigte ebenso betroffen ist.[348] Daher sollte die oben genannte Definition des EuGH[349] auch dahingehend verstanden werden, dass es ausreichend ist, wenn der Begünstigte mit den übertragenen Wirtschaftsgütern ein eigenes Unternehmen führen kann.[350]

Auch die nationale Rechtsprechung verweist darauf, dass wesentlich sei, dass die übertragenen Vermögensgegenstände ein hinreichendes Ganzes bilden, um

345 Dengler/Elbert, UR 2011, 214 (215).

346 Dies entspricht wohl auch der Auslegung in den Schlussanträgen des Generalanwalts Jacobs v. 13.4.2000 in der Rs. C-408/98 [Abbey National], EuGHE 2001, I-1361 - Rn. 27 und 28. Dieser stimmt der Auffassung des Vereinigten Königreichs zu, welches darauf abstellt, dass Aktiva, die einen gesondert führbaren Unternehmensteil darstellen, in Fortführungsabsicht übertragen werden.

347 Vergleichbar FG Nürnberg, Urteil v. 1.3.2010 – 2 K 1592/2009, juris-Datenbank mit dem Hinweis, dass notwendig sei, dass mit dem übernommenen Vermögen eine Tätigkeit ausübt/fortgesetzt werden kann, nicht dass sie bereits separiert ausgeübt wurde.

348 Ebenso Eversloh, jurisPR-SteuerR 19/2004, Anm. 1.

349 EuGH, Urteil v. 27.11.2003, Rs. C-497/01 [Zita Modes Sárl], BFH/NV Beilage 2004, 128, Rn. 40 und 41.

350 So auch Wäger, UR 2004, 24 (26); Robisch, UStB 2004, 57 (59); Eversloh, jurisPR-SteuerR 19/2004, Anm. 1.

die Ausübung einer wirtschaftlichen Tätigkeit zu ermöglichen, und der Übernehmer das Unternehmen fortführt.[351]

Es ist völlig ausreichend, wenn ein unternehmerisch gebundener Gegenstand, der zur Ausübung einer wirtschaftlichen Tätigkeit genutzt wurde oder werden sollte, übertragen wird und vom Erwerber für wirtschaftliche Zwecke genutzt wird. Die kleinste im Rahmen der Geschäftsveräußerung im Ganzen als Teilvermögen übertragbare Einheit ist daher der einzelne materielle oder immaterielle Vermögensgegenstand, der nicht nur einmalig zur Ausführung von Umsätzen verwandt wird. Es muss mit der Vermögensübertragung eine unternehmerische Tätigkeit übergehen. Dabei genügt bereits die unternehmerische Verwendungsabsicht mit dem Vermögen, sofern diese objektiv belegbar ist und diese Absicht vom Übernehmenden/Begünstigten fort- bzw. umgesetzt wird. Dass die Verwendungsabsicht ausreichend ist, ergibt sich aus dem konsequenten Rückschluss auf die Rechtsprechung zum Beginn der Unternehmereigenschaft[352] und ist inzwischen durch höchstrichterliche Rechtsprechung bestätigt.[353] Die Verwendungsabsicht wird vom Übertragenden auf den Übernehmenden übertragen. Dies ist nach der jüngeren Rechtsprechung des BFH ausreichend.[354] Es ist auch systemkonform, da mit den in unternehmerischer Verwendungsabsicht unternommenen Aktivitäten die Unternehmereigenschaft begründet wird[355] und die Geschäftsveräußerung im Ganzen nichts anderes ist, als die Übertragung von Unternehmensvermögen, mit dem eine selbständige unternehmerische Tätigkeit beabsichtigt bzw. führbar ist oder bereits ausgeübt wird.

(3) Materielle und immaterielle Unternehmenseinheiten

Gesondert geführter Betrieb bzw. Teilvermögen kann das vermietete Grundstück,[356] genauso wie einzelnes lizenziertes Recht oder gar ein (Dauer-) Dienst-

---

351 Ebenso Büchter-Hole, EFG 2007, 456 (459).

352 EuGH, Urteil v. 8.6.2000, Rs. C-396/98 [Grundstücksgemeinschaft Schlossstraße], UR 2000, 336; EuGH, Urteil v. 8.6.2000, Rs. C-400/98 [Breitsohl], UR 2000, 330; BFH, Urteil v. 8.3.2001 – V R 24/98, UR 2001, 214; BFH, Urteil v. 16.5.2002 – V R 56/00, UR 2002, 470.

353 BFH, Urteil v. 30.4.2009 – V R 4/07, BStBl. II 2009, 863, Rn. 25.

354 Siehe auch BFH, Urteil v. 30.4.2009 – V R 4/07, BStBl. II 2009, 863, Rn. 28. Dem BFH kam es maßgeblich auf die Verwendungsabsicht an. Die Übertragung von nur teilweise vermieteten Immobilienobjekten ist bei entsprechender Vermietungsabsicht als Geschäftsveräußerung nach § 1 Abs. 1a UStG möglich.

355 EuGH, Urteil v. 8.6.2000, Rs. C-396/98 [Grundstücksgemeinschaft Schlossstraße], UR 2000, 336; EuGH, Urteil v. 8.6.2000, Rs. C-400/98 [Breitsohl], UR 2000, 330; BFH, Urteil v. 8.3.2001 – V R 24/98, UR 2001, 214; BFH, Urteil v. 16.5.2002 – V R 56/00, UR 2002, 470.

356 Abschnitt 1.5. Abs. 4 Satz 3 UStAE (bislang Abschnitt 5 Abs. 2 Satz 2 UStR 2008).

leistungsverhältnis[357] (ggf. auch zusammen mit den gesellschaftsrechtlichen Anteilen an einer Beteiligungsgesellschaft der gegenüber das Dienstleistungsverhältnis besteht[358]) sein. Auch in der Rechtsprechung finden sich entsprechende Ansätze. So ist die Übertragung eines Rechts eine Geschäftsveräußerung im Ganzen, wenn das Unternehmen im Wesentlichen aus der Nutzung eines Rechts besteht und dieses übertragen oder hierauf zugunsten des Erwerbers verzichtet wird.[359]

Die Übertragung von Versicherungsbeständen/-verhältnissen wird beispielsweise von der britischen Finanzverwaltung üblicherweise als nichtsteuerbarer Vorgang i.S.d. Art. 19, 29 MwStSystRL eingestuft.[360] Diese Einordnung ist zutreffend, da bei der Übertragung eines gesamten Versicherungsbestands oder eines Versicherungsverhältnisses das Versicherungsgeschäft des Versicherers mit dem Versicherungsnehmer auf den Erwerber übertragen wird und der Erwerber damit in die Lage versetzt wird, das Versicherungsverhältnis fortzusetzen.[361]

Auch das nationale Recht bestärkt diese Beurteilung durch einen Blick in die Voraussetzungen für die Übertragung eines Versicherungsbestands. Ein Versicherungsbestand ist aufsichtsrechtlich eine Gesamtheit von Versicherungsverträgen, die entweder den Gesamtbestand eines Versicherungsunternehmens oder einen Teilbestand hiervon umfasst.[362] Erstversicherungsunternehmen, Pensionsfonds und Rückversicherer können Bestandsübertragungen vornehmen. Ein

---

357 Heinrichshofen, EU-UStB 2009, 56 (57); Franz, BB 2010, 536 (541); Maier, DStR 2009, 2248 (2249); Hamacher, UR 2009, 896 (897) mit dem Hinweis, dass die Übernahme von Versicherungsverträgen im EuGH, Urteil v. 22.10.2009, Rs. C-242/08 [Swiss Re], UR 2009, 891 eine Geschäftsveräußerung im Ganzen sein kann. Diese Beurteilung ist auf sämtliche Übertragungen von Dauerdienstleistungsverträge anzuwenden und betrifft z.B. Kredit-, Telekommunikations-, Garantie- oder Wartungsverträge gegen Entgelt (ebenso Trapp/Muhlmann, UVR 2009, 317 (317).

358 EuGH, Urteil v. 29.10.2009, Rs. C-29/08 [AB SKF], DStR 2009, 2311, Rn. 35ff, insb. Rn. 40.

359 Beispielsweise EuGH, Urteil v. 22.2.2001. Rs. C-408/98 [Abbey National], UR 2001, 164; BFH, Urteil v. 21.8.1969 – V R 142/66, BStBl. II 1963, 673 – Veräußerung eines Forstrechts.

360 So Maier, DStR 2009, 2248 (2249) mit Verweis auf die Kommentierung der Schlussanträge in der Rs. C-242/08 [Swiss Re] von Sinfield, http://uk.practicallaw.com/3-500-6038; ebenso Franz, BB 2010, 536 (541). Vergleichbar auch die Einordnung des EuGH in der Rs. C-408/98 [Abbey National], UR 2001, 164, in welcher er die Übertragung eines langjährigen Pachtvertrags als Geschäftsveräußerung beurteilte.

361 A.A. sofern nicht der gesamte Versicherungsbereich sondern lediglich ein Versicherungsbestand übertragen wird; Hessisches FG, Urteil v. 10.12.2010 – 6 K 4212/04, Rev. BFH XI R 7/11, juris-Datenbank.

362 Franz, BB 2010, 536 (536).

Teilbestand muss sich versicherungsrechtlich nach objektiven versicherungstechnischen oder -vertraglichen Merkmalen abgrenzen lassen,[363] also eine geschlossene Einheit bilden, so dass ein Teilbestand nicht willkürlich gebildet werden kann.[364] Besonders deutlich wird die Fortführung des Versicherungsverhältnisses in § 14 VAG bei der Bestandsübertragung. Beim Erstversicherer dürfen nur unwesentliche Wirtschaftsgüter aufgrund § 14 VAG von der Übertragung ausgeschlossen sein, damit die Belange der Versicherten gewährleistet sind. Die Solvabilität zur Fortführung aufgrund der Übernahme der Rechte und Pflichten aus dem Versicherungsvertrag muss gewährleistet sein. Gehen die Versicherungsverträge mit den auf sie entfallenen Aktiva und Passiva einschließlich des immateriellen Bestandwerts sowie den dazugehörigen Kundenbeziehungen über, so wird ein Teilvermögen übertragen.[365] Die Übertragung einzelner Verträge, die nicht die Anforderungen an einen Versicherungsbestand erfüllen, ist gleichwohl im Wege der Singularsukzession mit Zustimmung des Versicherungsnehmers möglich.[366] Auch dies ist eine Übertragung einer unternehmerischen Betätigung durch Übergang des Versicherungsvertrags (und ggf. der zugehörigen Aktiva und Passiva). Demnach zeigt dieser Blick auf das Versicherungsaufsichtsrecht, dass auch die Übertragung eines Versicherungsverhältnisses die dargestellten Kriterien eines Teilvermögens erfüllen kann.

Vergleichbares gilt, wenn andere immaterielle Wirtschaftsgüter wie Verlagsrechte, Software, Milchquoten oder Taxikonzessionen[367] übertragen werden.[368] Ein Kundenstamm soll nach der Rechtsprechung des BFH nicht ausreichen, da er nicht ein „hinreichendes Ganzes [bildet], dass die Ausübung einer wirtschaftlichen Tätigkeit ermöglicht".[369] Dem ist lediglich insoweit zuzustimmen, als dass der unternehmerischen Betätigung mit dem Kunden für die Beurteilung Bedeutung zukommt. Geht demnach der Kundenstamm mit einer unternehmerischen Betätigung über, so muss eine Geschäftsveräußerung im Ganzen in Abhängigkeit von den Gesamtumständen möglich sein.

---

363 Statt vieler: Präve in Prölls, VAG, § 14 Rn. 4 m.w.N.; a.A. Hasselbach/Komp, VersR 2005, 1651.

364 BR-Drucks. 130/75, 18; Müller-Magdeburg, Die Bestandsübertragung nach § 14 VAG, 50. m.w.N.; Franz, BB 2010, 536 (536).

365 Im Ergebnis ebenso Franz, BB 2010, 536 (541); Heinrichshofen, EU-UStB 2009, 56 (57); Hamacher, UR 2009, 896 (897); Maier, DStR 2009, 2248 (2249).

366 Franz, BB 2010, 536 (537); a.A. Hessisches FG, Urteil v. 10.12.2010 – 6 K 4212/04, Rev. BFH XI R 7/11, juris-Datenbank.

367 Bayerisches LfSt, Vfg. v. 29.5.2009 – S 7100b.1.1-2/2 St 34, UR 2009, 501.

368 Zustimmend Franz, BB 2010, 536 (541); zur Taxikonzession siehe Bayerisches LfSt, Vfg. v. 29.5.2009 – S 7100b.1.1-2/2 St 34, UR 2009, 501.

369 BFH, Beschluss v. 11.11.2009 – V B 46/09, ZSteu 2010, R 165.

(4) Übergang einer Betätigung(-sabsicht) konstitutiv

Maßgeblich ist, dass diese kleinste Einheit wirtschaftlich genutzt wurde bzw. die Absicht und objektive Möglichkeit dazu bestand und dass der Erwerber diese Einheit weiterhin wirtschaftlich nutzt.[370] Der Begünstigte muss neben dem Gesamt- oder Teilvermögen in eine gewisse wirtschaftliche Tätigkeit (zumindest Verwendungsabsicht) eintreten.[371] Die Entscheidung des BFH, dass nicht nur die Übertragung vermieteter Geschäfts- und Wohngrundstücke per se als gesondert geführte Betriebe zu beurteilen seien, sondern auch Miteigentumsanteile daran,[372] verdeutlicht, dass die eigentliche Relevanz auf den Übergang einer unternehmerischen Betätigung(-sabsicht) liegt. Dort war für den BFH ausschlaggebend, dass die (durch Übertragung eines Miteigentumsanteils an einer Immobilie entstehende) Bruchteilsgemeinschaft die Vermietung übernahm und nachfolgend ausübte.[373] Auch bei teilweisen Leerstand einer Immobilie stellte der BFH ausschließlich auf die Verwendungsabsicht ab.[374] Es kann daher auch nicht darauf ankommen, wieviel Leerstand in dem Objekt im Übertragungszeitpunkt vorhanden war. Diejenigen, die auf Unwesentlichkeitsgrenzen (beispielsweise 10% (entsprechend § 15 Abs. 1 Satz 2 UStG) oder 5% (entsprechend Abschnitt 148a Abs. 2 UStR 2008 bzw. 9.2. Abs. 3 UStAE)) abstellen möchten,[375] verkennen, dass nur der Verwendungsabsicht Relevanz zukommt – ähnlich der Begründung der Unternehmereigenschaft.[376]

Die Grenze für die Abgrenzung eines gesondert geführten Betriebs bzw. Teilvermögens ist die Übertragung einzelner Wirtschaftsgüter oder Sachgesamthei-

---

370 BFH, Urteil v. 30.4.2009 – V R 4/07, BStBl. II 2009, 863; BFH, Urteil v. 6.9.2007 – V R 41/05, DStR 2007, 1906; BFH, Urteil v. 22.11.2007 – V R 5/06, DStR 2008, 400.

371 Gleiches gilt, wenn der Erwerber/Begünstigte diese Tätigkeit/Verwendungsabsicht weiter überträgt. Siehe dazu Kapitel 2 B IV. 6.

372 BFH, Urteil v. 6.9.2007 – V R 41/05, DStR 2007, 1906; BFH, Urteil v. 22.11.2007 – V R 5/06, DStR 2008, 400; FG München, Urteil v. 16.7.2009 – 14 K 4469/06, juris-Datenbank; Völkel, UR 1995, 256 (261) erwägte bereits eine sinngemäße Anwendung des § 1 Abs. 1a UStG bei einer Miteigentumsanteilsübertragung. Bis dahin war sogar vertreten worden, dass es sich um einen steuerbaren aber nach § 4 Nr. 8 Buchstabe f UStG (Umsätze und die Vermittlung von Anteilen an Gesellschaften und anderen Vereinigungen) steuerfreien Umsatz handelt; siehe Völkel/Karg, UR 1985, 48 (48).

373 BFH v. 6.9.2007 – V R 41/05, BFH/NV 2007, 2436 (2429).

374 BFH, Urteil v. 30.4.2009 – V R 4/07, BStBl. II 2009, 863.

375 Nieskoven, GStB 2009, 379 (380).

376 Zum Beginn der Unternehmereigenschaft aufgrund erster Betätigung in unternehmerischer Verwendungsabsicht: EuGH, Urteil v. 8.6.2000, Rs. C-396/98 [Grundstücksgemeinschaft Schloßstraße], UR 2000, 336; EuGH, Urteil v. 8.6.2000, Rs. C-400/98 [Breitsohl], UR 2000, 330; BFH, Urteil v. 8.3.2001 – V R 24/98, UR 2001, 214; BFH, Urteil v. 16.5.2002 – V R 56/00, UR 2002, 470.

ten, wie z.B. eines Warenbestands. Die Ware ist ein typisches Beispiel für ein Wirtschaftsgut, welches nur einmalig zur Ausführung von Umsätzen beim Unternehmer verwendet wird. Dies ist der Verkauf bzw. die Lieferung. Wirtschaftsgüter, die hingegen nicht nur einmalig zur Ausführung von Umsätzen beim Unternehmer verwendet werden (sog. Investitionsgüter) sind bereits ein Teilvermögen. Entscheidend ist der Umstand, dass eine unternehmerische Betätigung mit dem übernommenen Vermögen ausgeübt werden kann.[377] Einzelne Wirtschaftsgüter können Bestandteil eines Teilvermögens sein, wenn sie Teil der Gesamtheit und die Gesamtheit nicht nur einmalig zur Ausführung von Umsätzen verwendet wird. So können auch ein Warenlager oder einzelne Wirtschaftsgüter daraus als Bestandteil eines gesamten Unternehmens im Wege der Geschäftsveräußerung (mit)übertragen werden. Jegliche Übertragung von Wirtschaftsgütern (Waren oder immaterielle Wirtschaftsgüter) zwischen Unternehmern in die Nichtsteuerbarkeit aufzunehmen wäre zwar wünschenswert[378] und käme dem Vereinfachungszweck sicherlich nahe. Dennoch ist dies ausgeschlossen[379] und auch nicht mit der eindeutigen Entscheidung für das Allphasen-Netto-System zu vereinbaren. Gleichwohl kann man die Anerkennung, der Übertragung einzelner unternehmerisch genutzter Wirtschaftsgüter als Geschäftsveräußerung im Ganzen, nicht auf die Übertragung von Grundstücken beschränken, da es kein Sonderrecht für Grundstücke im Rahmen der Geschäftsveräußerung gibt.[380] In diesem Sinne stellt auch der EuGH die Regelung zunächst in den Kontext, dass die Mehrwertsteuer auf jeder Produktions- oder Vertriebsstufe erhoben wird und nachfolgend der Unternehmer über den Vorsteuerabzug wieder vollständig von der im Rahmen seiner wirtschaftlichen Tätigkeit geschuldeten oder entrichteten Mehrwertsteuer entlastet wird.[381]

Ein Passagierschiff, welches von einem Unternehmer in Rahmen einer aus mehreren Schiffen bestehenden Flotte betrieben wurde und nun übertragen wird, um mit dem Schiff ein eigenes Beförderungsunternehmen zu betreiben, ist die Übertragung eines Teilvermögens, da mit dem Schiff die unternehmerische Betätigung „Personenbeförderung" übergeht. Die Übertragung auf einen Händler zum einmaligen Abverkauf hingegen ist eine (normale) Lieferung. Die Beispiele lassen sich fortsetzen mit Beispielen, die angesichts der bisherigen Rechtsprechung

---

377 FG Köln, Urteil v. 1.10.2010 – 5 K 2567/06, Rev. zugelassen, StE 2010, 757.

378 Zu den wünschenswerten Neuregelungen siehe Kirchhof, Umsatzsteuer Gesetzbuch.

379 EuGH, Urteil v. 27.11.2003, Rs. C-497/01 [Zita Modes Sárl], BFH/NV Beilage 2004, 128, Rn. 40 mit dem Hinweis, dass der Verkauf eines Warenbestands nicht vom Begriff der Übertragung eines Gesamt- oder Teilvermögens eingeschlossen ist.

380 So bereits Wäger, UR 2004, 24 (26).

381 EuGH, Urteil v. 27.11.2003, Rs. C-497/01 [Zita Modes Sárl], BFH/NV Beilage 2004, 128, Rn. 37 und 38.

oder der Verwaltungsansicht anerkannt sind, wie das Mietwohngrundstück, welches unter Fortführung der Mietverträge übertragen wird oder das Patentrecht, welches samt Lizenzvergabevertrag übertragen wird und dessen Lizenzeinnahmen dann dem Übernehmer/Begünstigten zufließen. Auch eine Taxikonzession (ohne Lieferung eines Fahrzeugs) ist im Wege der Geschäftsveräußerung im Ganzen übertragbar.[382] Bei den letzten beiden Beispielen wird angesichts der veröffentlichten Rechtsprechung und Verlautbarungen der Finanzverwaltung kaum jemand die Geschäftsveräußerung im Ganzen bezweifeln. Aber auch das Beispiel mit dem Passagierschiff orientiert sich an denselben Voraussetzungen. Die Nachhaltigkeit („...zur nicht nur einmalig unternehmerischen Nutzung") verdeutlicht den Übergang der unternehmerischen Betätigung. Dieses Abgrenzungskriterium der nachhaltigen wirtschaftlichen Betätigung mit dem (ggf. einzelnen) Wirtschaftsgut trägt der grundsätzlichen Entscheidung zum Allphasen-Netto-Prinzip (mit Vorsteuerabzug) Rechnung, so dass diese Eingrenzung mit der grundsätzlichen Systementscheidung im Mehrwertsteuer-/Umsatzsteuerrecht im Einklang steht.

Für eine weite Auslegung des Begriffs des Teilvermögens und somit für die Ausdehnung des Rechtsinstituts der Geschäftsveräußerung im Ganzen spricht der Telos der Norm. Die häufig anzutreffende Ansicht, dass Ausnahmevorschriften eng auszulegen sind – die Regelungen zur Geschäftsveräußerung im Ganzen sind begünstigende Ausnahmeregelungen vom Grundsatz der Steuerbarkeit – ist falsch.[383] Es bedarf vielmehr einer Auslegung nach allgemeinen Grundsätzen.[384] Es kann sogar geboten sein, eine ausdehnende Auslegung vorzunehmen, um dadurch dem Gesetzeszweck besser zu entsprechen.[385] Dem steht auch die Rechtsprechung des EuGH, in welcher eine restriktive Anwendung von Steuerbefreiungsnormen angemahnt wird[386], nicht entgegen. Zum einen ist es

---

382 Bayerisches LfSt, Vfg. v. 29.5.2009 – S 7100b.1.1-2/2 St 34, UR 2009, 501.

383 So auch Drüen in Tipke/Kruse, AO/FGO, § 4 AO Rn. 224.

384 Drüen in Tipke/Kruse, AO/FGO, § 4 AO Rn. 224 m.w.N.; a.A. BFH, Urteil v. 4.11.1986 – VIII R 1/84, BStBl. II 1987, 259.

385 In diesem Sinne wohl: BFH, Beschluss v. 13.6.1969 – V B 3/69, BStBl. II 1969, 550; BFH, Urteil v. 13.1.1970 – II 132/65, BStBl. II 1970, 440; BFH, Urteil v. 28.4.1970 – II 109/65, BStBl. II 1970, 600; BFH, Urteil v. 4.11.1994 – VI R 81/93, BStBl. II 1995, 338 (340); Drüen in Tipke/Kruse, AO/FGO, § 4 AO Rn. 281 und Rn. 342 dort mit dem zutreffenden Hinweis, dass es dann bereits Rechtsfortbildung und nicht mehr Auslegung sei.

386 Statt vieler: EuGH, Urteil v. 22.11.2003, Rs. C-8/01 [Taksatorringen], UR 2004, 82 Rn. 36; EuGH, Urteil v. 3.3.2005, Rs. C-472/03 [Arthur Andersen], UR 2005, 201 Rn. 24; EuGH, Urteil v. 22.10.2009, Rs. C-242/08 [Swiss Re], UR 2009, 891 Rn. 43 m.w.N.

eine Begünstigungsnorm und keine Steuerbefreiung. Zum anderen verweist der EuGH im Rahmen der Steuerbefreiungsnormen mit Blick auf die (für einige Steuerbefreiungen, den sog. echten Steuerbefreiungen,[387] bestehen bleibende) Vorsteuerabzugsberechtigung auf eine restriktive Anwendung hin. Die Geschäftsveräußerung im Ganzen hingegen führt zu keiner Einschränkung beim Vorsteuerabzug.[388]

(5) Sonderfälle und Besonderheiten

Nach Art. 29 MwStSystRL kann die Übertragung von Gesellschaftsanteilen aus dem Unternehmensvermögen als Übertragung eines Gesamt- oder Teilvermögens beurteilt werden.[389] Die übertragenen Rechte erfüllen diese Voraussetzungen, wenn sie im Anlagevermögen gehalten worden sind.[390] Daher kann auch die Übertragung von Rechten aus Mietverträgen (Vermietungs-Leasing) als Geschäftsveräußerung angesehen werden, wenn es sich im Wesentlichen um das gesamte Vermögen des Leasinggebers handelt.[391] Dem steht nicht entgegen, dass dazu mehrere Kausalgeschäfte mit dem Übernehmer geschlossen werden müssen, wenn sie in einem engen zeitlichen und sachlichen Zusammenhang stehen.[392]

Maßgebend ist die Art des übertragenen Vermögens. Es muss nicht nur einmalig der Ausführung von Umsätzen dienen, also ein Investitionsgut sein. Eine Unterscheidung zwischen Anlagevermögen und Umlaufvermögen ist dem Umsatzsteuerrecht fremd.[393] Die nicht nur einmalige Verwendung eines Wirtschaftsguts hingegen lässt auf die mit diesem ausgeübte Betätigung und damit auf die unternehmerisch Einbindung des Vermögens schließen. Dies verdeutlicht sich auch in der Entscheidung des BFH vom 24.2.2005,[394] in welcher er entschied, dass keine Geschäftsveräußerung im Ganzen vorliege, da das Unternehmen des Veräußerers, ein Bauträgerunternehmen, mit der Errichtung und (Erst-)Vermietung des Objektes seinen Abschluss gefunden habe. Der Erwerber/Begünstigte könne nicht das Unternehmen fortsetzen. Es mangele an dem

387 Für sog. echte Steuerbefreiungen findet nach § 15 Abs. 3 UStG kein Ausschluss vom Ausschluss vom Vorsteuerabzug aufgrund der Steuerfreiheit (§ 15 Abs. 2 UStG) statt.

388 Siehe Kapitel 2 B IV. 7.

389 Birkenfeld, Umsatzsteuer-Handbuch, § 34 Rn. 72.

390 Birkenfeld, Umsatzsteuer-Handbuch, § 34 Rn. 72.

391 Birkenfeld, Umsatzsteuer-Handbuch, § 34 Rn. 73.

392 So Birkenfeld, Umsatzsteuer-Handbuch, § 34 Rn. 73 mit Verweis auf das BFH-Urteil zu § 16 EStG v. 14.7.1993 – X R 74-75/90, BStBl. II 1994, 15.

393 Forster, UVR 2004, 214 (215f.); Müller-Lee, UStB 2005, 312 (315).

394 BFH, Urteil v. 24.2.2005 – V R 45/02, BStBl. II 2007, 61.

unternehmerischen Nutzungszusammenhang.[395] Dieses Merkmal der Kontinuität hinsichtlich des unternehmerischen Nutzungszusammenhangs lässt den Rückschluss auf ertragsteuerrechtliche bzw. bilanzielle Differenzierungen zwischen Vorrats- bzw. Umlaufvermögen einerseits und Anlagevermögen andererseits zu, da es – wie diese Entscheidung verdeutlicht – zu gleichen Ergebnissen führt.[396] Umsatzsteuerrechtlich wird man darauf abstellen können, ob das Wirtschaftsgut nicht nur einmalig zu Ausführung von Umsätzen verwendet wird oder die Absicht hierzu besteht. Bei zutreffender Auslegung wird man daher an der Entscheidung des BFH zweifeln können, da mit dem übernommenen Vermögen eine unternehmerische Betätigung ausführbar ist.

Die Übernahme von Forderungen und/oder Verbindlichkeiten ist – im Gegensatz zur Übertragung von unternehmerisch genutzten Rechten – für die Geschäftsveräußerung im Ganzen unerheblich, sondern beeinflusst lediglich die Höhe des Kaufpreises.[397]

(6) Ergebnis

Nach alledem lässt sich zusammenfassend festhalten, dass die Beurteilung, was ein Unternehmen oder ein gesondert geführter Betrieb im Sinne des § 1 Abs. 1a UStG ist, nur unter richtlinienkonformer Auslegung der Norm unter Einbeziehung der unionsrechtlich autonom zu bestimmenden Begriffe „Gesamt- oder Teilvermögen“ möglich ist. Das übertragene Vermögen muss aus Sicht des Erwerbers eine unternehmerische Tätigkeit ermöglichen.[398] Wesentlich ist, dass das Vermögen unternehmerisch gebunden bleibt.[399] Veränderungen im Zuschnitt, Modernisierung oder Zurückbehalten von Wirtschaftsgütern sind unerheblich.[400] Ein Erfordernis einer „Ähnlichkeit in der Bewirtschaftung“ wird man nicht fordern dürfen, schließlich ist auch im EuGH-Urteil in der Rechtssache „Zita Modes Sárl“ ein Bekleidungsgeschäft auf einen Parfümeriehandel übertra-

---

395 BFH, Urteil v. 24.2.2005 – V R 45/02, BStBl. II 2007, 61.

396 Ähnlich Behrens/Schmitt, UVR 2008, 220 (223).

397 Ebenso Benkert/Menner, DB 1994, 1996 (1998). Gleiches gilt für die Vereinbarung eines Konkurrenzverbots im Rahmen der Geschäftsveräußerung; FG Münster, Urteil v. 7.12.2010 – 15 K 2529/07 U, StE 2011, 103.

398 A.A. Franz, BB 2010, 536 (541), welcher eine zweistufige Prüfung verlangt. Er meint es müssten zunächst die Verhältnisse beim Übertragenden hinsichtlich des Unternehmensteils und nachfolgend die Verhältnisse beim Erwerber in Bezug auf Möglichkeit der Fortführung überprüft werden.

399 So auch Jakob, Umsatzsteuer, Rn. 326.

400 BFH, Urteil v. 23.8.2007 – V R 14/05, BFH/NV 2008, 316.

gen worden.[401] Die kleinste Einheit ist immer das einzelne Objekt (das einzelne Ladenlokal, einzelne Vermietungsgrundstück, einzelne Patentrecht, die einzelne Taxikonzession[402] etc.), also jeweils die einzelne Einheit mit der unternehmerische Tätigkeit ausgeübt werden kann. Maßgebend ist, dass mit diesem eine unternehmerische Tätigkeit ausgeübt wurde bzw. eine Verwendungsabsicht bestand und auf den Übernehmenden/Begünstigten dieses Tätigkeitsfeld (wenn auch mit verändertem Zuschnitt) bzw. die Betätigungsabsicht übergeht.[403] So hat der BFH beispielsweise entschieden, dass die zivilrechtliche Einräumung eines Miteigentumsanteils, umsatzsteuerrechtlich eine sonstige Leistung[404], an einem teilweise vermieteten Immobilienobjekt eine Geschäftsveräußerung im Ganzen ist.[405] Maßgebend war, dass die Vermietungstätigkeit auf die Verwaltergemeinschaft/Bruchteilsgemeinschaft überging. Der Nichtsteuerbarkeit nach § 1 Abs. 1a UStG unterlag die sonstige Leistung (Einräumung des Miteigentumsanteils). Daher dürfte auch die unentgeltliche Aufnahme eines Gesellschafters ins Einzelunternehmen als Geschäftsveräußerung im Ganzen zu beurteilen sein.[406] Ähnliches ist der EuGH-Rechtsprechung zu entnehmen. In der Rechtssache „AB SKF"[407] hat der EuGH in Auslegung des Art. 19 Abs. 1 MwStSystRL betont, dass eine Aktienveräußerung nichtsteuerbar ist. Dabei entschied er, dass auch durch Übertragung von gesellschaftsrechtlichen Beteiligungen ein Gesamt- oder Teilvermögens i.S.d. Art. 19 Abs. 1 MwStSystRL übergehen kann. Diesen Beispielen ist bereits zu entnehmen, dass maßgeblich ist, ob eine selbständig ausübbare[408] unternehmerische Tätigkeit übergeht.[409] Die bisherigen Ausführungen

---

401 EuGH, Urteil v. 27.11.2003, Rs. C-497/01 [Zita Modes Sárl], UR 2004, 19; a.A. Nieskoven, GStB 2009, 78 (80).

402 Bayerisches LfSt, Vfg. v. 29.5.2009 – S7100b.1.1-2/2 St34, UR 2009, 501.

403 Dabei ist es ausreichend, wenn die Verwendungsabsicht weiter übertragen wird. Siehe Kapitel 2 B IV. 6.

404 Abschnitt 3.5. Abs. 3 Nr. 2 UStAE (bislang Abschnitt 25 Abs. 2 Nr. 2 UStR 2008).

405 BFH, Urteil v. 22.11.1007 – V R 5/06, BStBl. II 2008, 448; BFH, Urteil v. 6.9.2007 – V R 41/05, BStBl. II 2008, 65; FG Münster, Urteil v. 24.5.2005 – 15 K 2752/01 U, EFG 2995, 1392; a.A. damals noch Sächsisches FG, Urteil v. 13.10.2004 – 7 K 375/01, juris-Datenbank.

406 Nieskoven, GStB 2007, 424 (425).

407 EuGH, Urteil v. 29.10.2009, Rs. C-29/08 [AB SKF], DStR 2009, 2311.

408 Dies entspricht auch der neueren BFH-Rechtsprechung, welche fordert, dass das übertragene Unternehmensvermögen „als hinreichendes Ganzes die Ausübung einer wirtschaftlichen Tätigkeit ermöglicht"; BFH, Urteil v. 18.9.2008 – V R 21/07, BStBl. II 2009, 254. Der BFH fordert in diesem Urteil allerdings, dass sich die vor und nach der Übertragung ausgeübten Tätigkeiten zumindest hinreichend ähneln. Dies ist angesichts des Umstands, dass er bereits entschieden hatte, dass der Erwerber den Zuschnitt än-

verdeutlichen, dass der Begriff des Gesamt- oder Teilvermögens sich nicht abschließend definieren, sondern lediglich durch Annäherung an die oben dargestellten Merkmale bestimmen lässt. Es bedarf des Übergangs einer unternehmerischen Betätigung. Die Art und Weise ist dabei irrelevant. Das übertragene Vermögen wiederum ist nur in einer Gesamtschau abzugrenzen.[410] Der Begriff des Teilvermögens ist daher ein Typusbegriff, der immer durch den Vergleich mit dem Urbild, der Übertragung eines Unternehmensvermögens (samt Betätigung) erfolgen kann, wobei das Unternehmen lediglich in einer Tätigkeit mit einem Wirtschaftsgut bestehen kann.[411] Typusbegriffe, welche sich nicht definieren, sondern nur beschreiben lassen, sind unbestimmte Gesetzesbegriffe, die sich von den abstrakten Gesetzesbegriffen durch ihre Offenheit unterscheiden.[412] Im Gegensatz zu einem abstrakten Begriff, der durch die abschließende Aufzählung seiner unabdingbaren Merkmale beschrieben wird, unter welche der Sachverhalt subsumiert werden muss, ist der Typusbegriff nicht zu definieren, sondern lediglich durch ein Bild zu benennen.[413] Dies entspricht der obigen Analyse des Begriffs des Gesamt- und Teilvermögens, da eine abschließende Subsumtion unter Tatbestandsmerkmale nicht möglich ist – ein wertender Vergleich aber zu zutreffenden Ergebnissen führt. Bestärkt wird dieses Ergebnis durch die allgemein vorgenommene „Gesamtbetrachtung" für die Beurteilung des „gesondert geführten Betriebs" im Rahmen der Geschäftsveräußerung im Ganzen.[414]

Sofern sichergestellt ist, dass kein unversteuerter Endverbrauch stattfindet, das Vermögen also unternehmerisch gebunden/verwendet bleibt, sind hinsichtlich der Voraussetzungen für ein übertragenes Gesamt- oder Teilvermögen geringere

---

dern und modernisieren darf (BFH, Urteil v. 23.8.2007 – V R 14/05, BStBl. II 2008, 165) allerdings sehr weit auszulegen.

409 Mit vergleichbarer Entscheidung FG Köln, Urteil v. 1.10.2010 – 5 K 2567/06, Rev. BFH XI R 38/10, EFG 193 (195).

410 Birkenfeld, Umsatzsteuer-Handbuch, § 34 Rn. 241.

411 Im Ergebnis zustimmend Franz, BB 2010, 536 (541). Auch der BFH und Stimmen in der Literatur verweisen darauf, dass eine Gesamtbetrachtung vorzunehmen sei, welches wiederum für den durch Näherung zu bestimmenden Typusbegriff spricht; BFH, Urteil v. 28.11.2002 – V R 3/01, UR 2003, 135; Herbert, UR 2004, 504 (507); wohl auch Birkenfeld, Umsatzsteuer-Handbuch, § 34 Rn. 241 und Nieskoven, GStB 2008, 117 (118), die auf das Gesamtbild der Verhältnisse verweisen.

412 Statt vieler: Larenz/Canaris, Methodenlehre, 295 ff.; Pawlowski, Methodenlehre, § 5 Rn. 146; Drüen in Tipke/Kruse, AO/FGO, § 4 AO Rn. 395; Lang in Tipke/Lang, Steuerrecht, § 5 Rn. 51. Einen Typusbegriff ablehnend: Rüthers, Rechtstheorie, Rn. 184 und 930 ff.

413 Zum Typusbegriff vgl. auch Meyer in Offerhaus/Söhn/Lange, UStG, § 2 Rn. 19; Jakob, Umsatzsteuer, Rn. 91; Drüen in Tipke/Kruse, AO/FGO, § 4 AO Rn. 396.

414 Siehe dazu BFH, Beschluss v. 11.11.2009 – V B 46/09, ZSteu 2010, 165.

Anforderungen zu stellen, um dem Zweck der Geschäftsveräußerung im Ganzen Geltung zu verschaffen.

2. Veräußerer/Übertragender

Die Geschäftsveräußerung im Ganzen erfordert die Übertragung des Gesamt- oder Teilvermögens auf einen vom Übertragenden verschiedenen Erwerber. Die häufig verwendete Bezeichnung für den Übertragenden ist Veräußerer, obwohl die Geschäftsveräußerung im Ganzen sowohl entgeltlich, unentgeltlich als auch durch Einbringung erfolgen kann. Veräußern hingegen bedeutet nur verkaufen.[415] Daher wird nachfolgend der Begriff Übertragender für das Rechtssubjekt verwendet, welches das Gesamt- oder Teilvermögen überträgt.

Die Geschäftsveräußerung muss Teil der unternehmerischen Tätigkeit des Übertragenden sein. Anderenfalls sind die Vorgänge nicht im Anwendungsbereich der Umsatzsteuer. Nach § 1 Abs. 1 Nr. 1 UStG[416] sind nur Umsätze eines Unternehmers im Rahmen seines Unternehmens steuerbar.[417] Daher muss der Übertragende auch selbst Unternehmer im Sinne des § 2 Abs. 1 UStG sein und das übertragene Vermögen Unternehmensvermögen. Die Geschäftsveräußerung nach § 1 Abs. 1a UStG erfordert dem Grunde nach einen steuerbaren Vorgang. Dies erschließt sich aus der systematischen Stellung als Abs. 1a des § 1 UStG. Die Rechtsfolge des § 1 Abs. 1a UStG ist die Nichtsteuerbarkeit. Ist eine Transaktion bereits außerhalb des Anwendungsbereichs der Umsatzsteuer, so scheidet die Nichtsteuerbarkeit als Rechtsfolge aus.

Da § 1 Abs. 1a UStG die grundsätzliche Steuerbarkeit der getätigten Umsätze erfordert, muss es sich folglich bei der Geschäftsveräußerung im Ganzen um (mindestens) einen Umsatz im Rahmen des Unternehmens handeln.[418] Unerheblich ist, wenn der Unternehmer seine gesamte wirtschaftliche Betätigung nebst allen Wirtschaftsgütern überträgt und dann, nach Ausführung der Geschäftsveräußerung, nicht mehr unternehmerisch tätig ist, da er bis zum Abschluss des Umsatzes und Abwicklung der Vorgänge unternehmerisch handelt.[419]

Unternehmer ist, wer eine gewerbliche oder berufliche Tätigkeit selbständig ausübt (§ 2 Abs. 1 Satz 1 UStG). Das Unionsrecht bezeichnet den Unternehmer

---

415 Seebold in Kluge, Etymologisches Wörterbuch der deutschen Sprache, 854.

416 Die MwStSystRL spricht davon, dass ein Steuerpflichtiger „als solcher" handeln muss, Art. 2 Abs. 1 MwStSystRL.

417 Auf die Ausnahme beim Erwerb neuer Fahrzeuge nach § 1b UStG und § 2a UStG wird hingewiesen. Diese Besonderheit steht aber in keinem Zusammenhang mit der Thematik der Ausarbeitung.

418 Widmann in Plückebaum/Malitzky, UStG, § 1 Abs. 1a Rn. 16.

419 Ebenso Widmann in Plückebaum/Malitzky, UStG, § 1 Abs. 1a Rn. 17.

als Steuerpflichtigen. Steuerpflichtiger ist, wer die in Art. 9 Abs. 2 MwStSystRL[420] genannten wirtschaftlichen Tätigkeiten selbständig und unabhängig von ihrem Ort ausübt, gleichgültig zu welchem Zweck und mit welchem Ergebnis (Art. 9 Abs. 1 MwStSystRL). Die h.M. geht davon aus, dass die Begriffe inhaltlich übereinstimmen und trotz des abweichenden Wortlauts eine richtlinienkonforme Auslegung des § 2 UStG möglich ist.[421] Folglich ist hiernach entscheidend, ob eine wirtschaftliche Tätigkeit selbständig und unabhängig von ihrem Ort ausgeübt wird. Dabei ist der allgemeine Grundsatz zu beachten, dass jede Leistung, die ein Steuerpflichtiger gegen Entgelt erbringt, der Umsatzsteuer unterliegt[422] und daher der Unternehmerbegriff/Steuerpflichtigenbegriff weit zu fassen ist. Auch begründet nicht erst die Umsatztätigkeit gegen Entgelt die Unternehmereigenschaft, sondern bereits die Tätigkeit in der Absicht, eine zum steuerbaren Umsatz führende wirtschaftliche Tätigkeit aufzunehmen, z.B. der Bezug von Lieferungen und sonstigen Leistungen für diese Zwecke.[423]

Der Übertragende muss aufgrund seiner Aktivität die Unternehmereigenschaft erlangen. Die Erlangung der Unternehmerstellung aufgrund mittelbarer Betätigung reicht nicht aus. Eine anderslautende Auffassung von *Stadie*[424] beruht auf der Ansicht, dass der Unternehmerbegriff als Typusbegriff auch eine mittelbare unternehmerische Betätigung umfasse, so dass auch der beherrschende Gesellschafter einer Kapitalgesellschaft als – mittelbarer – Unternehmer anzusehen sei.[425] Diese Ansicht beruft sich auf frühere Rechtsprechung, nach der es in besonderen Konstellationen[426] nicht notwendig war, Umsätze im eigenen Namen zu bewirken; es reichte für die Unternehmereigenschaft aus, wenn man sich dabei seiner Tochtergesellschaft bediente.[427] Nach dieser Ansicht wurde auch die

420 Die MwStSystRL (2006/112 EG DES RATES), v. 28.11.2006 Abl. L347/1, ersetzt die 6. EG-RL (77/388/EWG) zur Harmonisierung des gemeinsamen Mehrwertsteuersystems mit Wirkung zum 01.01.2007. Die Einführung der MwStSystRL hat zu keiner wesentlichen Änderung des gemeinsamen Mehrwertsteuersystems geführt (so auch BMF-Schreiben v. 11.01.2007 – IV A 2 – S7056 – 6/07, UR 2007, 178).

421 Reiß in Reiß/Kraeusel/Langer, UStG, § 2 Rn. 26; Stadie in Rau/Dürrwächter, UStG, § 2 Rn. 44; a.A. Tiedke, UR 2008, 373 (374).

422 EuGH, Urteil v. 3.3.2005, Rs. C-428/02 [Fonden Marselingsborg Lystbadehavn], BFH/NV Beilage 2005, 175 Rn. 29; EuGH, Urteil v. 3.3.2005, Rs. C-472/03 [Arthur Andersen], UR 2005, 201, Rn. 24.

423 EuGH, Urteil v. 29.2.1996, Rs. C-110/94 [INZO], DStR 1996, 419.

424 In Rau/Dürrwächter, UStG, § 2 Rn. 670.

425 Stadie in Rau/Dürrwächter, UStG, § 2 Rn. 670 und 447 ff.

426 Zum Beispiel als Organträger (§ 2 Abs. 2 Nr. 2 UStG).

427 RFH, Urteil v. 9.10.1924 – V A 73/24, RFHE 15, 116; RFH, Urteil v. 11.11.1935 – V A 40/34, RStBl. 1935, 661; BFH, Urteil v. 21.2.1963 – V 162/60, HFR 1963, 309; vgl. auch BFH, Urteil v. 19.10.1995 – V R 71/93, UR 1996, 266.

Unternehmereigenschaft des Organträgers (§ 2 Abs. 2 Nr. 2 UStG) durch die Organgesellschaften vermittelt, da er mittels der Organgesellschaften (als seine Organe) handele.[428] Diese Theorie des mittelbaren Unternehmers[429] wurde aber vom EuGH nicht bestätigt.[430] Diese Ansicht ist daher zutreffender Weise aufgegeben worden.[431] *Stadie* hingegen sieht einen Meinungsumschwung beim EuGH, den er einer Entscheidung zum Wettbewerbsrecht entnimmt.[432] Der EuGH hat aber in diesem Urteil keinen Zusammenhang mit dem Mehrwertsteuer-/Umsatzsteuerrecht erwähnt und die Argumentation speziell auf die Ziele des Beihilfeverbots und der Vermeidung der Umgehung des damaligen Art. 87 EG begründet.[433] Eine Abkehr von der bisherigen Rechtsprechungsansicht des EuGH und eine Zuwendung zu der Figur des „mittelbaren Unternehmers" ist diesem Urteil nicht zu entnehmen.[434] Sie widerspräche auch dem Wortlaut der Regelungen. Mithin ist eine mittelbare Unternehmerstellung des Übertragenden nicht denkbar.

Fraglich ist, in welcher Form Aktivitäten des Übertragenden ausreichend sind, um die Unternehmereigenschaft zu begründen. Auch wenn der BFH mehrfach entschieden hat, dass ein nach außen in Erscheinung tretender Gewerbebetrieb nicht erforderlich sei,[435] so muss die Unternehmereigenschaft in irgendeiner Art der Betätigung begründet werden. Dieser Streit besteht über die Art des Unter-

---

428 v. Wallis in FS Rädler, 639 (646); einen kurzen Überblick gibt Rödder, DStR 1993, 635 (639/640).

429 Stadie in Rau/Dürrwächter, UStG, § 2 Rn. 205; v. Wallis in FS Rädler, 639 (646 ff.).

430 Ebenso Eggers/Korf, DB 2001, 298 (301).

431 Die Finanzverwaltung hat die damaligen Sätze 4 und 5 in Abschnitt 21 Abs. 1 UStR 2000 in der nachfolgenden Fassung gestrichen.

432 Stadie, UR 2007, 1 (2 f.). In der Entscheidung des EuGH v. 10.1.2006, Rs. C-222/04 [Cassa di Risparmio], HFR 2006, 407, Rn. 112f. hat er ausgeführt, dass eine Holdinggesellschaft als Unternehmen im Sinne von Art. 87 EG zu qualifizieren sei, wenn sie eine Kontrollbeteiligung halte und auch tatsächlich eine entsprechende Kontrolle über die Tochtergesellschaft durch unmittelbare oder mittelbare Einflussnahme ausübe (Schlussantrag des Generalanwalts Jacobs v. 27.10.2005 zu EuGH Rs. C-222/04 [Cassa di Risparmio], EuGHE 2006, I-289, Rn. 88). Bestärkt werde seine Ansicht dadurch, dass sowohl die Kommission als auch der Generalanwalt zuvor eine Auslegung des Unternehmensbegriffs in Art. 87 EG im Gleichklang mit demjenigen der 6. EG-RL angeregt hatten.

433 Sofern der EuGH sich die Ausführungen der Schlussanträge nicht ausdrücklich zu Eigen macht, kann auch nicht der Rückschluss gezogen werden, dass er dieser Ansicht ist. Dies bestätigt auch der BFH im Urteil v. 12.5.2009 – V R 65/06, n.v.

434 Ebenso Englisch, UR 2007, 290 (292); Wäger in FS Reiß, 229 (237).

435 BFH, Urteil v. 13.4.1961 – V 81/59 U, BStBl. II 1961, 343; BFH, Urteil v. 24.10.1963 – V 24/61, HFR 1964, 143; BFH, Urteil v. 17.4.1969 – V 44/65, BStBl. II 1969, 413.

nehmerbegriffes. Hierdurch werden methodische Grundsatzfragen aufgeworfen,[436] welche für die Bestimmung des Übertragenden und des begünstigten Erwerbers (des Übernehmenden) von grundlegender Bedeutung sind, da beide Unternehmer sein müssen, damit das Rechtsinstitut der Geschäftsveräußerung im Ganzen anwendbar ist.

a) Unternehmerbegriff ein Typusbegriff?

Dem Ziel des Gesetzes bzw. der Belastungskonzeption folgend, den Verbrauch von Gütern und Dienstleistungen durch die Endabnehmer zu besteuern, müsste der Steuerzugriff unmittelbar bei diesem geschehen.[437] Stattdessen wird jedoch der Unternehmer als Gehilfe des Staates für die Besteuerung herangezogen. Das o.g. Belastungsziel vor Augen müsste der Unternehmerbegriff weit gefasst sein, um möglichst alle Vorgänge der entgeltlichen Verbraucherversorgung zu erfassen. Da dies jedoch an praktische Grenzen stößt und auch mit dem Gebot der Rechtssicherheit schwer in Einklang zu bringen ist, sei, so *Stadie*, der Unternehmerbegriff ein typologisch bestimmter.[438] So könne die Unternehmereigenschaft all die Rechtssubjekte erfassen, deren Aktivitäten ausgangsseitig mit Umsatzsteuer belastet und eingangsseitig durch den Vorsteuerabzug entlastet werden sollen.

Diejenigen, die den Unternehmerbegriff als Typusbegriff einordnen, führen zur Begründung an, dass „gewerblich“ und „beruflich“ (in § 2 Abs. 1 UStG) keine abstrakten Begriffe,[439] sondern – wie auch die einkommensteuerrechtlichen Begriffe „Gewerbebetrieb“[440] oder „Mitunternehmer“[441] – typologisch bestimmte Begriffe seien.[442] Auch Art. 9 MwStSystRL[443] beschreibe den Steuerpflichtigen

---

436 Ebenso Jakob, Umsatzsteuer, Rn. 53 und Rn. 54.

437 So auch Stadie, Umsatzsteuerrecht, 5.2.

438 Stadie, Umsatzsteuerrecht, 5.2; Drüen in Tipke/Kruse, AO/FGO, § 4 AO Rn. 396; Jakob, Umsatzsteuer, Rn. 91.; v. Wallis in FS Rädler, 639 (650).

439 A.A. Reiß in Reiß/Kraeusel/Langer, UStG , § 2 Rn. 29 (36).

440 Nach Auffassung von Stadie ist der Begriff, trotz des Definitionsversuch durch § 15 Abs. 2 EStG mit nur scheinbar subsumtionsfähigen Tatbestandmerkmalen, auch nur typologisch erfassbar; dazu auch Drüen in Tipke/Kruse, AO/FGO, § 4 AO, Rn. 396; Seer, DStR 1992, 1751 (1752); Schmidt-Liebig, BB 1994, Beil. 20, 1 (3f.); Fischer, FR 1995, 803 (804f.); v. Groll, StuW 1995, 326 (329 ff.); Lang in Tipke/Lang, § 5 Rn. 51und 52; BFH, Urteil v. 24.01.1996 – X R 255/93, BStBl. II 1996, 303 (305).

441 BFH, Urteil v. 21.02.1974 – IV B 28/73, BStBl. II 1974, 404 (407); Drüen in Tipke/Kruse, AO/FGO, § 4 AO Rn. 396.

442 Schmidt-Liebig, StuW 1978, 137, 141; Lang in Tipke/Lang, § 5 Rn. 52; Stadie in Rau/Dürrwächter, UStG, § 2 Rn. 274; a.A. Wagner, StuW 1991, 61; Klenk in Sölch/Ringleb, § 2 Rn. 8; H.-F. Lang in FS Offerhaus, 701 (711/712); Reiß in Reiß/Kraeusel/Langer, UStG, § 2 Rn. 35f.

typologisch durch die Aufzählung verschiedener Berufstypen und Berufsgruppen. Im Gegensatz zum abstrakten (klassifikatorischen) Begriff sei der Typusbegriff offen, Da die Zugehörigkeit zum Typus nicht durch logisch-abstrakte Subsumtion, sondern lediglich nach dem Grad der Ähnlichkeit mit dem Urbild (bzw. Muster) bestimmt werden.[444] Aufgrund einer Gesamtbildbetrachtung wird die Einzelerscheinung dem Typus im Wege des Ähnlichkeitsvergleichs wertend zugeordnet.[445] Die Rechtsprechung des BFH in den 1980er Jahren tendierte in diese Richtung.[446] Wenn der BFH in seinen neueren Entscheidungen bei der Prüfung der Nachhaltigkeit auf das Gesamtbild abstellt, so sei das (nach Ansicht von *Stadie*) letztlich, ohne dass sich der BFH dessen bewusst zu sein scheine, auch eine typologische Betrachtungsweise, allerdings mit dem „falschen Ansatz beim untauglichen Begriff".[447]

b) Unternehmerbegriff ein Klassenbegriff?

Der klasssifikatorische, abstrakte Begriff (Klassenbegriff) wird hingegen durch eine endliche Zahl notwendiger und hinreichender Merkmale definiert.[448] Nach Ansicht von *Klenk* ist der Unternehmerbegriff ein juristischer Kunstbegriff, der wenig mit einem aus der Lebenserfahrung gewonnenen, in der Realität gefundenen Typusbegriff zu tun habe.[449] Zur Begründung verweist er darauf, dass eine AG, welche ein Bergwerk betreibe und ein Freiberufler wenig miteinander gemein hätten. Auch nach Ansicht von *Reiß*,[450] welcher darauf verweist, dass die Vertreter des Typusbegriffs an Stelle einer schematischen Prüfung der „Nachhaltigkeit", überprüfen, ob sich die Person „wie ein Händler am Markt" verhalten habe, ist diese Nachhaltigkeit ein konstituierendes Merkmal der „gewerblichen" bzw. „wirtschaftlichen" Tätigkeit i.S.d. Art. 9 MwStSystRL für die Fest-

443 Bislang Art. 4 Abs. 2 Satz 1 der 6. EG-RL.

444 Ebenso Drüen in Tipke/Kruse, AO/FGO, § 4 AO Rn. 395; zum Typusbegriff vgl. auch Meyer in Offerhaus/Söhn/Lange, UStG, § 2, Rn. 19; Jakob, Umsatzsteuer, Rn. 91.

445 Zum Typusbegriff Larenz/Canaris, Methodenlehre, 286 ff.; Pawlowski, Methodenlehre, § 5, Rn. 147ff, Lang in Tipke/Lang, § 5 Rn. 51 und 52 m.w.N.

446 BFH, Urteil v. 13.12.1984 – V R 32/74, BStBl. II 1985, 173; BFH, Urteil v. 20.12.1984 –V R 25/76, BStBl. II 1985, 176 (180); BFH, Urteil v. 15.01.1987- V R 3/77, BStBl. II 1987, 512 (515) „wie ein Händler".

447 So Stadie, Umsatzsteuerrecht, 5.57.

448 Meyer in Offerhaus/Söhn/Lange, UStG, § 2 Rn. 19; Lang in Tipke/Lang, Steuerrecht, § 5 Rn. 51.

449 Klenk in Sölch/Ringleb, UStG, § 2 Rn. 8.

450 Reiß in Reiß/Kraeusel/Langer, UStG, § 2 Rn. 29 ff.

stellung der Unternehmereigenschaft. Rechtssicherheit werde durch die Anwendung des Typusbegriffs nicht erreicht.[451]

Die Meinung von *Dziadkowski*,[452] welcher zwischen „geborenen Unternehmern" des Katalogs nach Art. 4 Abs. 2 Satz 1 der 6. EG-RL (jetzt Art. 9 Abs. 1 Satz 2 MwStSystRL) und übrigen Gelegenheitsunternehmern unterscheidet, hat keine Gefolgschaft gefunden und ist zudem für die Bestimmung des Unternehmerbegriffs wenig hilfreich.

c) Stellungnahme: gemischt-typologisch und abstrakter Unternehmerbegriff

Beiden Ansichten ist für die Bestimmung der Unternehmereigenschaft gewissermaßen Rechnung zu tragen: Zunächst ist zu unterscheiden, dass im nationalen Recht durchaus ein abstrakter und definitorischer Unternehmerbegriff zu finden ist. Dagegen kommt Art. 9 Abs. 1 Satz 2 MwStSystRL mit den genannten Händlern, Dienstleistenden und Erzeugern einem Typusbegriff nahe.[453]

Meyer[454] ist demnach zuzustimmen, dass die Beantwortung der Frage nach der Unternehmereigenschaft in Grenzfällen nicht gelingt, ohne einen wertenden Ähnlichkeitsvergleich des Einzelfalls mit einem typischen Unternehmer vorzunehmen. Es kann aber nur ein Vergleich mit einem typischen Unternehmer der jeweils in Betracht kommenden Branche des Wirtschaftslebens zulässig sein.[455]

Daher ist im nationalen Umsatzsteuerrecht von einem gemischt-typologischen und abstrakt definierten Unternehmerbegriff auszugehen. Die Tatbestandsmerkmale des § 2 UStG sind zwingend zu erfüllen. In Zweifelsfällen ist aber eine Wertung im Sinne des Typusbegriffs hinzuzuziehen. Auch der EuGH scheint einer derartigen Wertung zugänglich. Im Urteil vom 26.09.1996, Rs. C-230/94 [Enkler],[456] hat er die Beurteilung der Nachhaltigkeit anhand eines Vergleichs der gewöhnlichen Nutzung eines Gegenstands (Wohnmobils) und der tatsächlichen Nutzung eines Gegenstands vorgenommen. Es gilt nämlich die Gesamtheit der Gegebenheiten des Einzelfalls zu beurteilen.[457]

Nur dann, wenn der Übertragende in diesem Sinne Unternehmereigenschaft besitzt, fallen seine Vermögensübertragungen in den Anwendungsbereich der Um-

451 Mößlang, UR 1994, 10 (17); Giesberts, UR 1989, 257 (258ff.); Giesberts, UR 1993, 279 (280ff.).
452 Dziadkowski, UR 1989, 137.
453 Ebenso wohl auch Birkenfeld, DStR 1994, 81f.
454 Meyer in Offerhaus/Söhn/Lange, UStG, § 2 Rn. 20.
455 A.A. Stadie in Rau/Dürrwächter, UStG, § 2 Rn. 276.
456 Slg. 1996, I-04517.
457 Hierzu EuGH v. 26.9.1996, Rs. C-230/94 [Enkler], Slg. 1996, I-04517.

satzsteuer und können – bei Vorliegen der weiteren Voraussetzungen – eine Geschäftsveräußerung im Ganzen sein.

d) Unternehmereigenschaft durch Geschäftsveräußerung

Streitig war, ob die Unternehmereigenschaft auch dann gegeben ist, wenn die wirtschaftliche Tätigkeit im Erwerb von Eingangsleistungen bestand, welche dann als Ausgangsakt im Wege der Geschäftsveräußerung im Ganzen übertragen werden. Diese Frage stellt sich bei sämtlichen Rechtssubjekten, die Eingangsleistungen beziehen, aber noch nicht am Markt mit unternehmerischer Betätigung auftreten. Dies gilt insbesondere für Gesellschaftsformen in Gründungsphasen und Zwischenerwerbsgesellschaften. Eine Vorgründungsgesellschaft im Rahmen einer GmbH-Gründung bereitet beispielsweise die wirtschaftliche Tätigkeit durch Erwerb von Unternehmensvermögen vor, welches nachfolgend auf die Gründungsgesellschaft übertragen wird, ohne dass die Vorgründungsgesellschaft selbst Außenumsätze tätigt. Die Vorgründungsgesellschaft ist dennoch Unternehmer.[458] Sie überträgt ihr gesamtes Vermögen. Die Übertragung des erworbenen Vermögens durch die Vorgründungsgesellschaft auf die Gründungsgesellschaft ist eine unternehmerische Tätigkeit, die lediglich deswegen nichtsteuerbar ist, weil der deutsche Gesetzgeber von der Wahlmöglichkeit der Art. 19 und 29 MwStSystRL Gebrauch gemacht hat. So steht einem solchen Übertragenden auch der Vorsteuerabzug zu, obwohl der einzige Ausgangsumsatz eine nichtsteuerbare Geschäftsveräußerung in Form der Übertragung des Vermögens ist.[459]

Hieraus lässt sich der Schluss ziehen, dass die notwendige Unternehmereigenschaft auch durch eine Geschäftsveräußerung im Ganzen begründet werden kann. Die Unternehmereigenschaft kann daher auch bei der Übereignung nur eines Gegenstands (z.B. vermietetes Grundstück) vorhanden sein, wenn mit diesem Gegenstand die unternehmerische Tätigkeit ausgeführt oder die Absicht zur Ausführung der Tätigkeit (objektiv belegbar) nachgewiesen wird.[460] Selbiges gilt, wenn durch den Erwerb von Eingangsleistungen die unternehmerische Tätigkeit (mit dem zu übertragenen Vermögen) vorbereitet wird.[461]

---

458 EuGH, Urteil v. 29.4.2004, Rs. C-137/02 [Faxworld Vorgründungsgesellschaft], UR 2004, 362.

459 EuGH, Urteil v. 29.4.2004, Rs. C-137/02 [Faxworld Vorgründungsgesellschaft], UR 2004, 362.

460 BFH, Urteil v. 18.11.1999 – V R 13/99, BStBl. II 2000, 153 (154).

461 EuGH, Urteil v. 29.4.2004, Rs. C-137/02 [Faxworld Vorgründungsgesellschaft], UR 2004, 362.

Es lässt sich festhalten, dass der Übertragende Unternehmereigenschaft besitzen und die Vorgänge der Geschäftsveräußerung Teil seiner unternehmerischen Betätigung sein müssen. Diese Voraussetzungen können auch durch ein Handeln herbeigeführt werden, das seinerseits wiederum als Geschäftsveräußerung im Ganzen zu beurteilen ist. Es wird aber nicht jeder, der Gesamt- oder Teilvermögen überträgt, hierdurch zum Unternehmer. Maßgeblich ist wiederum der gemischt-typologisch und abstrakte Unternehmerbegriff. Die Aktivitäten müssen die Voraussetzungen des § 2 Abs. 1 UStG erfüllen und seine Tätigkeiten mit denjenigen anderer Unternehmer vergleichbar sein. So ist das Rechtssubjekt, welches Unternehmensvermögen als Ganzes oder in Teilen mit der Absicht dieses weiter zu übertragen erwirbt, Unternehmer. Derjenige, der lediglich sein Vermögen überträgt, aber kein Unternehmer ist, wird dies auch nicht durch die Übertragung.

Zusammenfassend lässt sich feststellen, dass Übertragender folglich jeder sein kann, der durch seine eigenen Aktivitäten Unternehmereigenschaft besitzt oder erwirbt und das Vermögen für unternehmerische Tätigkeiten nutzt oder zu nutzen beabsichtigt. Für den Beginn der Unternehmereigenschaft sind auch vorbereitende Handlungen ausreichend. Maßgeblich ist die Absicht unternehmerische Tätigkeiten auszuüben. Auch die nachfolgende weitere Übertragung des in dieser Absicht erworbenen Vermögens im Wege der Geschäftsveräußerung im Ganzen kann die Unternehmereigenschaft begründen.

3. Erwerber/ Begünstigter

a) Allgemeine Voraussetzungen

Die Übertragung muss auf einen gegenüber dem Übertragenden selbständigen[462] unternehmerischen Erwerber erfolgen,[463] wobei die Bezeichnung Erwerber besser durch die Bezeichnung Begünstigter zu ersetzen ist. Dies gilt bereits deshalb, da nach dem derzeitigen Wortlaut auch die Einbringung umfasst ist. Ebenso bezeichnet Art. 19 Abs. 1 MwStSystRL den Übernehmer des Vermögens als Begünstigen. Begünstigter ist derjenige, der die wirtschaftliche Tätigkeit mit dem (Teil-)Vermögen fortführt. Dies ist nicht zwingend der zivilrechtliche Erwer-

---

462 Die Selbständigkeit dient zur Abgrenzung zur unentgeltlichen Wertabgabe (frühere Entnahmetatbestände). Entnimmt der Unternehmer sämtliche Unternehmensgegenstände in den nichtunternehmerischen Bereich, werden die einzelnen Entnahmevorgänge jeweils als unentgeltliche Wertabgabe besteuert und einer Lieferung (§ 3 Abs. 1b Satz 1 Nr. 1 UStG) oder sonstigen Leistung (§ 3 Abs. 9a Satz 1 Nr. 2 UStG) gegen Entgelt gleichgestellt. Die Beurteilung als Geschäftsveräußerung im Ganzen ist ausgeschlossen.

463 Birkenfeld, Umsatzsteuer-Handbuch, § 34 Rn. 124.

ber.[464] Übertragungen zwischen Gesellschaften eines Organkreises[465] oder auf eine stille Gesellschaft[466] bzw. reine Innengesellschaften sind daher mangels selbständigem Erwerber keine steuerbaren Übertragungsakte und somit keine Geschäftsveräußerung nach § 1 Abs. 1a UStG.[467] Die Gesellschaften eines Organkreises sind unselbständige Teile des Unternehmens des Organträgers. Die stille Gesellschaft, als gesetzlich geregelte Innengesellschaft nach § 230 HGB führt zu keiner Vermögensbeteiligung des stillen Gesellschafters. Nach § 230 Abs. 2 HGB wird allein der Inhaber des Handelsgeschäftes berechtigt und verpflichtet. Die Vermögenseinlage des stillen Gesellschafters ist derart zu leisten, dass sie in das Vermögen des Inhabers des Handelsgeschäfts übergeht (§ 230 Abs. 1 HGB). Eine selbständige (stille) Außengesellschaft ist daher nicht gegeben.[468] Entsprechendes gilt für die Stellung anderer Innengesellschaften als potentielle Erwerber.[469] Mangels Selbständigkeit nach außen[470] ist ihnen die Position eines Erwerbers nicht zugänglich.

Zur Vermeidung eines unversteuerten Letztverbrauchs erfordert die Geschäftsveräußerung im Ganzen die Übertragung auf einen Unternehmer.[471] Unerheblich ist nach § 1 Abs. 1a UStG, ob der Begünstigte mit dem erworbenen Gesamt- oder Teilvermögen steuerfreie oder steuerpflichtige Umsätze auszuführen beabsichtigt, oder ob er zum Vorsteuerabzug berechtigt ist.[472] Dies schließt die Über-

---

464 Im Fall der Einräumung eines Miteigentumsanteils an einem Grundstück ist die daraus entstehende (§ 741 BGB) Bruchteilsgemeinschaft (Verwaltungsgemeinschaft, § 744 BGB) der Begünstigte und nicht der neue zivilrechtliche Miteigentümer, BFH v. 6.9.2007 – V R 41/05, BStBl. II 2008, 65; Wagner, JbFStR 2008/2009, 605,607, möchte das Urteil allerdings dahingehend konkretisieren, dass die Bruchteilsgemeinschaft nur als Zusammenfassung der beiden unternehmerischen Vermieter als Begünstigte gilt.

465 Innenumsätze im Organkreis, also zwischen Organträger und Organgesellschaften oder umgekehrt (§ 2 Abs. 2 Nr. 2 UStG), unterliegen nicht der Umsatzsteuer. Für die Annahme eines Leistungsaustauschs nach § 1 Abs. 1 Nr. 1 UStG fehlt es am Leistungsempfänger; Husmann in Rau/Dürrwächter, UStG, §1 Rn. 86.

466 BFH v. 18.10.1962 – V 264/59, UR 1963, 204; Birkenfeld, Umsatzteuer-Handbuch, § 34 Rn. 125.

467 Probst in Hartmann/Metzenmacher, UStG, § 1 Abs. 1a Rn. 51.

468 Husmann in Rau/Dürrwächter, UStG, § 1 Rn. 359.

469 Birkenfeld, Umsatzteuer-Handbuch, § 34 Rn. 125; Husmann in Rau/Dürrwächter, UStG, § 1 Rn. 358 ff.

470 Siehe dazu Husmann in Rau/Dürrwächter, UStG, § 1 Rn. 358 ff.

471 So bereits der Gesetzgeber in BT-Drucks. 12/5630/85.

472 Birkenfeld, Umsatzteuer-Handbuch, § 34 Rn. 123. Zur Kritik dahingehend, dass bei einer Übertragung auf nicht zum Vorsteuerabzug berechtigte Unternehmer ein unver-

tragung auf einen Kleinunternehmer nach § 19 Abs. 1 UStG[473] oder einen pauschalierenden Unternehmer nach §§ 23, 23a und 24 UStG[474] sowie einen ausschließlich steuerfreie Umsätze[475] ausführenden Unternehmer ein.[476] Ausreichend ist bereits, dass der Übernehmende durch die Übertragung in Absicht der Fortführung (erstmals) zum Unternehmer wird.[477] Die Person des Übernehmenden muss nicht vom Geschäftsbereich des Übertragenden Kenntnis oder gar eine entsprechende Genehmigung für die Ausübung der übernommenen Tätigkeit besitzen.[478] Im Rahmen richtlinienkonformer Auslegung des Unternehmerbegriffs ist bereits Unternehmer, wer die durch objektive Anhaltspunkte belegte Absicht hat, eine unternehmerische Tätigkeit auszuüben und erste Investitionsausgaben tätigt.[479] Es gilt der gemischt-typologische und abstrakte Unternehmerbegriff. Folglich reichen die reine Absicht unternehmerisch tätig zu werden und erste Vorbereitungshandlungen für die Unternehmereigenschaft aus. Die objektiven Anhaltspunkte sind lediglich notwendig, um die Absicht der Finanzverwaltung gegenüber nachzuweisen. Der EuGH hat nämlich entschieden, dass die Finanzverwaltung nicht gehindert ist, objektive Nachweise für die erklärte Absicht zu verlangen. Die Unternehmereigenschaft wird nur dann endgültig erlangt, wenn die Erklärung, die beabsichtigten wirtschaftlichen Tätigkeiten aufnehmen zu wollen, vom Betroffenen in gutem Glauben abgegeben wurde.[480]

---

steuerter Letztverbrauch möglich ist, siehe Schlienkamp, UR 1994, 93 (95); Arzberger/Püschner, DB 1994, 296 (297).

473 Für alle Berichtigungsobjekte, deren Berichtigungszeitraum noch nicht abgelaufen ist, hat eine Berichtigung nach § 15a Abs. 7, Abs. 1 und Abs. 10 UStG zu erfolgen.

474 Siehe Fußnote zuvor. Auf Besonderheiten der Geschäftsveräußerung im Ganzen im Rahmen von Unternehmen im Bereich der Land- und Forstwirtschaft wird nicht eingegangen.

475 Eine Korrektur des Vorsteuerabzugs hat innerhalb des jeweiligen Berichtigungszeitraum nach § 15a Abs. 1 i.V.m. Abs. 10 UStG zu erfolgen.

476 Knoll in Widmann/Mayer, Umwandlungssteuerrecht, Anh. 11, Rn. 35.

477 EuGH, Urteil v. 27.11.2003, Rs. C-497/01 [Zita Modes Sárl], UR 2004, 19 mit Anm. Wäger; so auch die Finanzverwaltung in Abschnitt 1.5. Abs. 1 Satz 1 UStAE (bislang Abschnitt 5 Abs. 1 Satz 3 UStR 2008); auch Stöcker in Peter/Burhoff/Stöcker, UStG, § 1 Rn. 540; Reiß in Schaumburg, Unternehmenskauf, 243 (245); Birkenfeld, Umsatzsteuer-Handbuch, § 34 Rn. 122.

478 EuGH, Urteil v. 27.11.2003, Rs. C-497/01 [Zita Modes Sárl], BFH/NV Beilage 2004, 128.

479 EuGH, Urteil v. 8.6.2000, Rs. C-396/98 [Grundstücksgemeinschaft Schloßstraße], UR 2000, 336; EuGH, Urteil v. 8.6.2000, Rs. C-400/98 [Breitsohl], UR 2000, 330; BFH, Urteil v. 8.3.2001 – V R 24/98, UR 2001, 214; BFH, Urteil v. 16.5.2002 – V R 56/00, UR 2002, 470.

480 In Fällen von Betrug oder Missbrauch könne die Steuerbehörde rückwirkend die Erstattung der abgezogenen Vorsteuerbeträge verlangen, da diese Abzüge aufgrund fal-

Daher ist jeder, der beabsichtigt eine wirtschaftliche Tätigkeit mit dem übertragenen Vermögen (-sgegenstand) auszuführen, ein für die Geschäftsveräußerung im Ganzen tauglicher Übernehmer.

Nach Ansicht von *Knoll* ist die Unternehmereigenschaft und damit die Berechtigung zum Vorsteuerabzug aus im Zusammenhang mit der Übernahme bezogenen Eingangsleistungen (z.B. Beratungsleistungen) in den Fällen zu verneinen, in denen der Übertragende von vornherein nur ein Übertragungsobjekt, z.B. ein Einzelunternehmen, zu dem Zweck erwirbt, es unmittelbar mittels einer Verschmelzung, Aufspaltung oder Abspaltung im Wege einer nicht steuerbaren Geschäftsveräußerung zu übertragen.[481] Die Unternehmereigenschaft sei erst durch die oben genannte, durch objektive Anhaltspunkte belegte Verwendungsabsicht gegeben. Eine ernsthafte Absicht, die Eingangsleistungen zur Ausführung wirtschaftlicher Umsätze zu verwenden, habe allerdings in dem von ihm geschilderten Fall nicht bestanden.[482] Auch die frühere Rechtsprechung des BFH ließ es für den Erwerb der Unternehmereigenschaft[483] nicht genügen, dass der Erwerber sämtliche Gegenstände und Rechte unmittelbar nach Erwerb in eine Gesellschaft eingebracht hat; es fehle an der Nachhaltigkeit.[484]

Die Fehlerhaftigkeit dieser Ansicht ist inzwischen durch die Entscheidung des EuGH in der Rechtssache „Faxworld“[485] bestätigt. Danach steht dem Vorsteuerabzug einer Vorgründungsgesellschaft nicht entgegen, dass ihr einziger Ausgangsumsatz eine entgeltliche aber nichtsteuerbare Geschäftsveräußerung in Form der Übertragung des Vermögens auf die Gründungsgesellschaft ist.[486]

---

scher Erklärungen gewährt wurden; EuGH, Urteil v. 14.2.1985, Rs. C-268/83 [Rompelman], Rn. 24, UR 1985, 1996; EuGH, Urteil v. 29.2.1996, Rs. C-110/94 [INZO], UR 1996, 1167, Rn. 23 und 24; EuGH, Urteil v. 21.3.2000, Rs. C-110/98 bis C-147/98 [Gabalfrisa u. a.], UR 2000, 208, Rn. 46; EuGH, Urteil v. 8.6.2000, Rs. C-396/98 [Grundstücksgemeinschaft Schloßstraße], UR 2000, 336, Rn. 40.

481 Knoll in Widmann/Mayer, Umwandlungssteuerrecht, Anh. 11, Rn. 19 mit Verweis auf das BFH-Urteil v. 15.1.1987 – V R 3/77, BStBl. II 1987, 512.

482 Knoll in Widmann/Mayer, Umwandlungssteuerrecht, Anh. 11, Rn. 19; FG Düsseldorf, Urteil v. 17.12.2003 – 5 K 864/01 U, EFG 2004, 772 (rkr.).

483 Die Entscheidung erging zur Unternehmereigenschaft nach § 2 Abs. 1 UStG 1967. Unternehmer ist nach § 2 Abs. 1 UStG 1967, wer eine gewerbliche oder berufliche Tätigkeit selbständig ausübt. Diese Regelung ist wortlautidentisch mit § 2 Abs. 1 S. 1 UStG in der aktuellen Fassung.

484 BFH, Urteil v. 15.1.1987 – V R 3/77, BStBl. II 1987, 512.

485 EuGH, Urteil v. 29.4.2004, Rs. C-137/02 [Faxworld Vorgründungsgesellschaft], UR 2004, 362.

486 EuGH, Urteil v. 29.4.2004, Rs. C-137/02 [Faxworld Vorgründungsgesellschaft], UR 2004, 362 Rn. 43.

Denn dieser Vorgang ist unternehmerische Tätigkeit, die lediglich deswegen nichtsteuerbar ist, weil der nationale Gesetzgeber für das nationale Umsatzsteuerrecht die Art. 19 und 29 MwStSystRL umgesetzt hat. Der EuGH erinnert daran, dass die Unternehmereigenschaft weit zu fassen ist und bereits dann vorliegt, wenn Gegenstände in der Absicht der wirtschaftlichen Verwendung erworben werden.[487] Sie wird demnach auch durch nichtsteuerbare aber wirtschaftliche Tätigkeiten begründet.[488] Folglich ist auch ein übernehmender Rechtsträger, der die Vermögensmasse, z.B. das Einzelunternehmen, in der Absicht übernommen hat, es im Wege der Geschäftsveräußerung im Ganzen nichtsteuerbar (weiter) zu übertragen, Unternehmer und somit ein tauglicher Übernehmer.[489] Die abweichende Auffassung des Finanzgerichts Düsseldorf [490] steht dem nicht entgegen. Sie ist vor Veröffentlichung der Entscheidung des EuGH in der Rechtssache „Faxworld" ergangen und entspricht daher der überholten damaligen vorherrschenden Rechtsauffassung. Auch die Ansicht, die unter Verweis auf die Rechtsprechung zu den Vorgängerregelungen des § 1 Abs. 1a UStG ergangen ist und besagt, dass der Erwerb durch einen Nichtunternehmer gegeben sei, wenn ein Nichtunternehmer ein Unternehmen im Rahmen einer Geschäftsveräußerung erwerbe und unmittelbar weiter übertrage,[491] ist nicht zutref-

---

487 Art. 9 MwStSystRL hat einen sehr weiten Anwendungsbereich, der sämtliche Stadien der Erzeugung, des Handels und der Erbringung von Dienstleistungen umfasst (so auch EuGH, Urteil v. 26.3.1987, Rs. C-235/85 [Kommission / Niederlande], UR 1988, 164, Rn. 7; EuGH, Urteil v. 15.6.1989, Rs. C-348/87 [Stichting Uitvoering Financiële Acties], UR 1991, 28, Rn. 10; EuGH, Urteil v. 4.12.1990, Rs. C-186/89 [van Tiem], UR 1992, 141, Rn. 17). Erwirbt ein Rechtssubjekt Gegenstände für Zwecke einer wirtschaftlichen Tätigkeit, so macht es dies nach ständiger Rechtsprechung als Unternehmer/Steuerpflichtiger (EuGH, Urteil v. 11.7.1991, Rs. C-97/90 [Lennartz], UR 1991, 2913, Rn. 14; EuGH, Urteil v. 21.3.2000, Rs. C-110/98 bis C-147/98 [Gabalfrisa u.a.], UR 2000, 208, Rn. 47; EuGH, Urteil v. 8.6.2000, Rs. C-400/98 [Breitsohl], UR 2000, 330, Rn. 34). Dies gilt auch dann, wenn die Gegenstände nicht sofort für diese wirtschaftliche Tätigkeit verwendet werden (in diesem Sinne EuGH, Urteil v. 14.2.1985, Rs. C-268/83 [Rompelman], UR 1985, 1995, Rn. 22).

488 A.A. noch Husmann in Rau/Dürrwächter, UStG, § 1 Rn. 1096.

489 Hinsichtlich der Einzelheiten zur Fortführungsabsicht siehe Kapitel 2 B IV. 6. Das Merkmal der Fortführung bzw. Fortführungsabsicht dient dazu einen unversteuerten Endverbrauch auszuschließen. Es ist nicht notwendig, dass dieselbe Tätigkeit mit dem erworbenen Gegenstand ausgeführt wird. Daher ist es ausreichend, wenn das übernommene (Teil-)Vermögen wirtschaftlich aber nichtsteuerbar im Wege der Geschäftsveräußerung übertragen wird und somit weiterhin einer wirtschaftlichen Tätigkeit dient.

490 FG Düsseldorf, Urteil v. 17.12.2003 – 5 K 864/01 U, EFG 2004, 772 (rkr.).

491 Probst in Hartmann/Metzenmacher, UStG, § 1 Abs. 1a Rn. 68 mit Verweis auf das BFH-Urteil v. 15.1.1987 – V R 3/77, BStBl. II 1987, 512.

fend. Sie verkennt, dass die Unternehmereigenschaft aufgrund der Weiterübertragung begründet wird. Die Geschäftsveräußerung ist eine unternehmerische (wirtschaftliche) Tätigkeit, die lediglich in den Mitgliedstaaten, die Art. 19 und 29 MwStSystRL umgesetzt haben, nichtsteuerbar ist. Wäre im nationalen Umsatzsteuergesetz die Wahlmöglichkeit der Art. 19 und 29 MwStSystRL nicht umgesetzt, so bestünde kein Zweifel daran, dass der Erwerb einer Sachgesamtheit, ein Unternehmen, in der Absicht die Sachgesamt weiterzuveräußern, eine unternehmerische Tätigkeit ist. Einmalige Vorgänge auf der privaten Ebene werden wiederum durch Vergleich aufgrund des gemischt-typologischen und abstrakten Unternehmerbegriffs ausgekehrt. Sie dienen nicht einer unternehmerischen Absicht.

Daher ist jedes Rechtssubjekt, welches das übernommene Gesamt- oder Teilvermögen für die Ausführung wirtschaftlicher Tätigkeit verwendet und damit dem Unternehmensvermögen zuweist, tauglicher Begünstigter im Sinne des § 1 Abs. 1a UStG. Dies kann auch ein bis dahin nichtunternehmerisch tätiges Rechtssubjekt sein, da mit dem Erwerb, mit der Zuordnung und mit der Weiterführung der unternehmerischen Tätigkeit die Unternehmereigenschaft begründet wird. Ein Handeln in der Absicht unternehmerisch tätig zu werden ist ausreichend. Derartige, die Unternehmereigenschaft begründende Tätigkeiten können auch unternehmerische, aber nicht steuerbare Vorgänge sein. Die Begründung der Unternehmereigenschaft des Begünstigten ist allerdings zwingende Voraussetzung, um einen unversteuerten Endverbrauch zu vermeiden und mithin der Belastungskonzeption der Umsatzsteuer gerecht zu werden. Die Übertragung auf einen Nichtunternehmer würde zu einem unversteuerten Endverbrauch führen. Sie darf daher nicht als Geschäftsveräußerung im Ganzen möglich sein. Der Anwendungsbereich des Begünstigten ist aber ebenso weit zu fassen, wie die Unternehmereigenschaft.

b) Übertragung auf eine juristische Person des öffentlichen Rechts

Die Unternehmereigenschaft der juristischen Person des öffentlichen Rechts ist durch die jüngere Rechtsprechung des EuGH und BFH erheblich ausgeweitet worden, da nun jede juristische Person des öffentlichen Rechts Unternehmerin ist, sofern sie unternehmerische Aktivitäten ausführt oder vorbereitet, die nicht im Rahmen der öffentlichen Gewalt[492] ausgeübt werden.[493] Die Einschränkung

492 Der EuGH grenzt eine Tätigkeit im Rahmen der öffentlichen Gewalt dahingehend negativ ab, dass dann kein Hoheitsbetrieb vorliege, wenn die Tätigkeit unter den gleichen Rahmenbedingungen ein privater Wirtschaftsteilnehmer ausüben könnte; EuGH, Urteil v. 16.9.2008, Rs. C-288/07 [Isle of Wight Council], UR 2008, 816. Zur Abgrenzung der Ausübung der öffentlichen Gewalt siehe auch Hüllmann, UStB 2009, 46 (48).

des § 2 Abs. 3 UStG, dass juristische Personen des öffentlichen Rechts nur im Rahmen ihrer Betriebe gewerblicher Art (§ 1 Abs. 1 Nr. 6 KStG, § 4 KStG) und ihrer land- oder forstwirtschaftlichen Betriebe Unternehmer sein können, entspricht nicht den Anforderungen des Unionsrechts hinsichtlich der Bestimmtheit und Rechtssicherheit und findet daher keine Anwendung.[494] Somit sind juristische Personen des öffentlichen Rechts (derzeit) auch außerhalb ihrer Betriebe gewerblicher Art und damit auch im Bereich der sog. Vermögensverwaltung unternehmerisch tätig, sofern sie wirtschaftliche Tätigkeiten gegen Entgelt ausführen. Lediglich bei Tätigkeiten, die im Rahmen der öffentlichen Gewalt ausgeübt werden, ist Nichtsteuerbarkeit gegeben. Steuerbarkeit hingegen liegt vor, sofern durch die Betätigungen größere Wettbewerbsverzerrungen eintreten und zwar sowohl zu Lasten Privater als auch zu Lasten der öffentlichen Hand.[495] Sie können daher unternehmerischer Begünstigter einer Geschäftsveräußerung im Ganzen sein. Nach Ansicht von *Lippross* ist dieses Merkmal erfüllt, sofern der Erwerber die Gegenstände mindestens zu 10% unternehmerisch nutzt (entsprechend § 15 Abs. 1 Satz 2 UStG) und von der gänzlichen Zuordnungsordnungsmöglichkeit[496] zum Unternehmen Gebrauch macht.[497] Der Notwendigkeit der Fortführung(-sabsicht), wenn die unternehmerische Tätigkeit des Übertragenden nur teilweise unternehmerisch und teilweise hoheitlich und somit nichtunternehmerisch fortgeführt wird, ist über die Korrekturvorschriften der unentgeltlichen Wertabgabe (§ 3a Abs. 1b bzw. Abs. 9a UStG) bzw. der Vorsteuerberichtigung nach § 15a UStG zu begegnen. Nach Ansicht von *Lippross* ist es für die Fortführungsabsicht nicht hinderlich, wenn die wirtschaftliche Tätigkeit des Übertragenden/Veräußerers nachfolgend in den Rechtsformen des öffentlichen Rechts erfolgt und nur wegen der Ausnahmevorschriften für die Tätigkeiten der juristischen Personen des öffentlichen Rechts (Art. 13 MwSystRL) nicht der Umsatzbesteuerung unterliegt.[498] Dem ist zuzustimmen, da juristische Personen des öffentlichen Rechts nicht als Nichtunternehmer bzw. Nicht-Steuerpflichtiger

---

493 EuGH, Urteil v. 4.6.2009, Rs. C-102/08 [Salix], DStR 2009, 1196.; siehe auch EuGH, Urteil v. 16.9.2008, Rs. C-288/07 [Isle of Wight Council], UR 2008, 816. Zur Diskussion um die Unternehmereigenschaft der öffentlichen Hand siehe: Hüttemann, FR 2009, 308; Hüllmann, UStB 2009, 46; Achatz, IStR 2008, 541; Damas, UR 2005, 303; Heizmann/Heizmann/Schroeder, DStR 2004, 705; Kessler/Gastl, UR 2002, 452; Kronthaler, DStR 2007, 227; Küffner, DStR 2003, 1606.

494 EuGH, Urteil v. 4.6.2009, Rs. C-102/08 [Salix], DStR 2009, 1196, Rn. 45 ff.; BFH, Urteil v. 20.8.2009 – V R 70/05, DB 2009, 2471.

495 EuGH, Urteil v. 4.6.2009, Rs. C-102/08 [Salix], DStR 2009, 1196, Rn. 65 ff.

496 Abschnitt 15.2. Abs. 21 Nr. 2 UStAE (bislang Abschnitt 192 Abs. 21 Nr. 2 UStR 2008).

497 Lippross, UR 2009, 121 (122).

498 Lippross, UR 2009, 121 (122).

tätig werden, sondern ihre Tätigkeit lediglich nach bisheriger Rechtsansicht[499] außerhalb des Anwendungsbereichs des Umsatzsteuerrechts stattfindet. Staaten, Länder, Gemeinden und sonstige Einrichtungen des öffentlichen Rechts gelten nach Art. 13 Abs. 1 MwStSystRL[500] nicht als Steuerpflichtige, soweit sie die Tätigkeiten ausüben oder Umsätze bewirken, die ihnen im Rahmen der öffentlichen Gewalt obliegen, auch wenn sie im Zusammenhang mit diesen Tätigkeiten oder Umsätzen Zölle, Gebühren, Beiträge oder sonstige Abgaben erheben. Aus der Formulierung „gelten nicht als Steuerpflichtige" (in Art. 13 Abs. 1 MwSt-SystRL) geht bereits hervor, dass die Tätigkeiten an sich wirtschaftliche Tätigkeiten sind und die Personen des öffentlichen Rechts demnach Steuerpflichtige (im nationalen Umsatzsteuerrecht: Unternehmer) sind. Dem steht auch nicht entgegen, dass sie wieder im Unterabs. 2 des Art. 13 MwStSystRL für Tätigkeiten als Steuerpflichtige gelten, sofern durch die Behandlung als Nichtsteuerpflichtige größere Wettbewerbsverzerrungen auftreten. Diese Formulierung widerlegt nicht die obige Aussage, dass sie per se bei Erfüllung der Voraussetzungen des Art. 9 MwStSystRL[501] Steuerpflichtige/Unternehmer im Sinne des harmonisierten Mehrwertsteuersystems sind. Für diese Auslegung spricht auch die unionsrechtliche Vorgabe in Art. 19 MwStSystRL. Danach können Mitgliedstaaten für den Fall, dass „der Begünstigte der Übertragung nicht voll steuerpflichtig" ist, Sonderregelungen zur Vermeidung von Wettbewerbsverzerrungen treffen. Von dieser Regelung sind Erwerber, die nicht ausschließlich Unternehmer sind oder nicht ausschließlich die erworbenen Vermögensgegenstände zu unternehmerischen Tätigkeiten nutzen, erfasst.[502] Von dieser Möglichkeit hat allerdings der deutsche Gesetzgeber keinen Gebrauch gemacht. Er hat insbesondere keine Sondervorschriften für Vermögensübertragungen auf juristische Personen des öffentlichen Rechts erlassen. Daher ist § 1 Abs. 1a UStG auch dann anwendbar, wenn das übertragene Vermögen in der Hand der juristischen Person des öffentlichen Rechts teilweise für eine Tätigkeit verwendet wird, die zum außerunternehmerischen Bereich gehört, der Unternehmer jedoch die erworbenen Vermögensgegenstände im Einklang mit dem Umsatzsteuerrecht ganz sei-

499 Die Entscheidung des EuGH v. 4.6.2009 in der Rs. C-102/08 [Salix Grundstücks-Vermietungsgesellschaft mbH & Co. Objekt Offenbach KG], DStR 2009, 1196 hat aufgezeigt, dass die Tätigkeiten der öffentlichen Hand nach den gleichen Kriterien unternehmerische Tätigkeiten sind, wie dies für sonstige Rechtsträger gilt. Die Regelung des § 2 Abs. 3 UStG ist in der derzeitigen Umsetzung mit der MwStSystRL nicht vereinbar und entfaltet daher keine Rechtswirkung.

500 Bis zum 1.1.2007: Art. 4 Abs. 5 der 6.EG-RL.

501 Bis zum 1.1.2007: Art. 4 Abs. 1 der 6. EG-RL.

502 Hierzu näher: EuGH, Urteil v. 27.11.2003, Rs. C-497/01 [Zita Modes Sárl], UR 2004, 19 m. Anm. Wäger.

nem Unternehmen zuordnet und damit die Tatbestandsvoraussetzungen der Geschäftsveräußerung im Ganzen erfüllt sind.[503] Als Korrektiv sind die Vorschriften der unentgeltlichen Wertabgabe nach § 3 Abs. 1b und Abs. 9a UStG und der Vorsteuerberichtigung aufgrund der Änderung der Verhältnisse nach § 15a UStG anzuwenden, so dass kein unversteuerter Letztverbrauch stattfindet. Damit würde der Belastungskonzeption der Umsatzsteuer Rechnung getragen.

4. Übereignung oder Einbringung i.S.d. § 1 Abs. 1a UStG

Nach § 1 Abs. 1a UStG muss das Unternehmen oder der in der Gliederung des Unternehmens gesondert geführte Betrieb übereignet oder eingebracht werden. Art. 19 MwStSystRL hingegen verlangt die Übertragung oder Einbringung in eine Gesellschaft. Da Art. 19 MwStSystRL die Lieferungen und Art. 29 MwStSystRL die Dienstleistungen umfasst[504], ist unbestritten, dass sowohl Lieferungen als auch Dienstleistungen[505] bei einer Geschäftsveräußerung im Ganzen ausgeführt und – als Rechtsfolge der Norm – von der Steuerbarkeit ausgenommen werden können. Die Übereignung setzt je nach Übertragungsart eine finale Übertragung der Zugriffsmöglichkeiten bzw. Herrschaftsmacht voraus. Die Einbringung erfordert, dass das Gesamt- oder Teilvermögen auf eine Personen- oder Kapitalgesellschaft übertragen wird.[506]

Da § 1 Abs. 1a Satz 1 UStG von „Umsätzen" im Plural spricht, wird deutlich, dass der Gesetzgeber nicht einen Umsatz „Geschäftsveräußerung" als nicht steuerbar betrachtet, sondern sämtliche Umsätze im Rahmen der Geschäftsveräußerung.[507] Dennoch kann auch bereits ein einzelner Umsatz, beispielsweise die Übertragung eines einzelnen materiellen oder immateriellen Wirtschaftsguts eine Geschäftsveräußerung im Ganzen darstellen.[508] Bei der Lieferung von Wirtschaftsgütern im Rahmen der Geschäftsveräußerung im Ganzen ist im Regelfall maßgeblich die Verschaffung der Verfügungsmacht[509] vom Übertragenden auf den Übernehmer. Die Verschaffung der Verfügungsmacht besteht darin,

503 So auch Lippross, UR 2009, 121 (123).

504 Obenhaus, Stbg 2011, 544 betrachtet die Übertragung einer Sachgesamtheit (inkl. immaterieller Vermögenswerte) als unter Art. 19 MwStSystRL fallend, so dass Art. 29 MwStSystRL leerliefe.

505 Das Unionsrecht verwendet den Begriff Dienstleistungen in Art. 24ff MwStSystRL. Das Umsatzsteuergesetz spricht in § 3 Abs. 9 UStG von sonstigen Leistungen. Beides sind zwei Begriffe für eine identische Leistungsart.

506 Birkenfeld, Umsatzsteuer-Handbuch, § 34 Rn. 271.

507 Widmann in Plückebaum/Malitzky, UStG, § 1 Abs. 1a Rn. 10.

508 Widmann in Plückebaum/Malitzky, UStG, § 1 Abs. 1a Rn. 11; Stöcker in Peter/Burhoff/Stöcker, UStG, § 1 Rn. 535; Stadie, UStG, § 1 Rn. 125.

509 BFH, Urteil v. 9.2.2006 – V R 22/03, BStBl. II 2006, 727.

dass ein Unternehmer oder in seinem Auftrag ein Dritter den Abnehmer oder in dessen Auftrag einen Dritten befähigt, im eigenen Namen über einen Gegenstand zu verfügen (§ 3 Abs. 1 UStG).[510] Danach gilt als Lieferung eines Gegenstandes die Übertragung der Befähigung, wie ein Eigentümer über einen körperlichen Gegenstand zu verfügen. Die Verschaffung der Verfügungsmacht setzt die Übertragung von Substanz, Wert und Ertrag voraus.[511] Sie ist in der Regel, aber nicht notwendig, mit dem Übergang des bürgerlich-rechtlichen Eigentums verbunden.[512] Bei Dienstleistungen hingegen ist die Verschaffung des verbrauchbaren Vorteils im Rahmen der Dienstleistung auf den Übernehmer in Form der Übertragung sonstiger Rechte und Vermögenswerte, die Gegenstand sonstiger Leistungen sein können, maßgeblich.

Trotz des Wortlauts „übereignet" ist die zivilrechtliche Eigentumsübertragung unerheblich[513], so dass auch eine Übertragung unter Eigentumsvorbehalt eine Übereignung i.S. der Norm ist.[514] Dies erfordert bereits die richtlinienkonforme Auslegung. In diesem Sinne ist es lediglich notwendig, dass der Erwerber aufgrund einer gesicherten Rechtsposition das ihm überlassene Geschäft bzw. die mit dem (Teil-)Vermögen ausgeübte/ausübbare unternehmerische Betätigung betreiben kann.[515] Die ältere – teilweise zu den Vorgängervorschriften ergangene – Rechtsprechung hatte eine zivilrechtliche Eigentumsübertragung gefordert.[516] Dies ist aber bereits deshalb spätestens seit Einführung des harmonisierten europäischen Mehrwertsteuerrechts nicht mehr zutreffend, da das Unionsrecht sich nicht auf nationale zivilrechtliche Beurteilungen eingrenzen lässt, so dass in richtlinienkonformer Auslegung[517] die Übertragung von Substanz, Wert und Ertrag bzw. die Erbringung einer Dienstleistung durch Verschaffung eines verbrauchbaren Vorteils ausreichend ist. Damit kann auch dann eine Übereignung im Sinne des § 1 Abs. 1a UStG vorliegen, wenn Terminverkäufe oder Op-

---

510 Durch § 3 Abs. 1 UStG wird Art. 14 MwStSystRL (ehemals Art. 5 Abs. 1 der 6. EG-RL) in nationales Recht umgesetzt.

511 BFH, Urteil v. 9.2.2006 – V R 22/03, BStBl. II 2006, 727.

512 EuGH, Urteil v. 15.12.2005, Rs. C-63/04 [Centralan], HFR 2006, 214, Rn. 60 ff.; EuGH, Urteil v. 6.2.2003, Rs. C-185/01 [Auto Lease Holland BV], UR 2003, 17, Rn. 31ff; BFH, Urteil v. 21.4.2005 – V R 11/03, BFH/NV 2005, 2320.

513 So auch Klenk in Sölch/Ringleb, UStG, § 1 Rn. 479.

514 Meyer in Offerhaus/Söhn/Lange, UStG, § 1 Rn. 378; Eversloh, jurisPR-SteuerR 19/2004 Anm. 1.

515 BFH, Urteil v. 18.11.1999 – V R 13/99, BStBl. II 2000, 153 (154).

516 Z.B. BFH, Urteil v. 24.1.1963 – V 52/60, HFR 1964, 220; BFH, Urteil v. 23.4.1964 – V 177/60, HFR 1965, 136; BFH, Urteil v. 19.12.1968 – V 225/65, BStBl. II 1969, 303, 304.

517 Siehe dazu Kapitel 1 B II.

tionsgestaltungen bereits zum Übergang des wirtschaftlichen Eigentums führen – zivilrechtlich hingegen noch kein Eigentümerwechsel erfolgt. Nach einer Grundsatzentscheidung des BFH kann unabhängig von einer zeitlich später festgelegten dinglichen Übertragung gesellschaftsrechtlicher Anteile das wirtschaftliche Eigentum bereits vorher auf den potenziellen Erwerber übergehen. Dies ist der Fall, wenn für den potentiellen Erwerber aufgrund eines bürgerlichrechtlichen Rechtsgeschäftes eine Rechtsposition begründet wird, die ihm gegen seinen Willen nicht mehr entzogen werden kann und das Risiko einer Wertminderung und die Chance einer Wertsteigerung auf den potenziellen Erwerber übergegangen sowie die mit den Anteilen verbundenen wesentlichen Rechte (insbesondere Gewinnbezugsrecht und Stimmrecht) bereits auf den potenziellen Erwerber übergangen sind.[518] Diese Grundsätze können auch im Umsatzsteuerrecht Geltung beanspruchen, da dieselben Voraussetzungen für die Verschaffung der Verfügungsmacht gelten.[519] In derartigen Fällen erfolgt ein Übergang von Substanz, Wert und Ertrag bereits mit Einräumung dieser Rechtsposition, so dass die Geschäftsveräußerung trotz zivilrechtlicher Ausgestaltung in Form von Optionsrechten oder Terminverkäufen bereits vor dem zivilrechtlichen Eigentumsübergang ausgeführt ist.[520] Im Rahmen von Unternehmenskäufen oder Betriebsverpachtungen ist daher abzugrenzen, wer bis zu welchem Zeitpunkt Substanz, Wert und Ertrag an den Wirtschaftsgütern der Unternehmenseinheit innehat bzw. mit Herrschaftsmacht über die sonstigen Rechte und Vermögenswerte verfügt.

---

518 BFH, Urteil v. 10.3.1988 – IV R 266/85, BStBl. II 1988, 832: In dem vom BFH entschiedenen Sachverhalt führte ein Terminverkauf von GmbH-Anteilen zu wirtschaftlichen Eigentum des potenziellen Erwerbers, da das Gewinnbezugsrecht für das laufende Jahr übergegangen war und der potenzielle Veräußerer sich verpflichtet hatte, keine Gesellschafterbeschlüsse zu fassen, die nicht bereits im Veräußerungsvertrag festgelegt waren. Zudem war nicht nur die schuldrechtliche, sondern auch die dingliche Übertragung bereits aufschiebend befristet erfolgt, mit der Folge, dass bei GmbH-Anteilen kein gutgläubiger Erwerb der Anteile durch Dritte mehr erfolgen kann. Dieses zum Ertragsteuerrecht ergangene Urteil ist aufgrund der Aussagen zum wirtschaftlichen Eigentum für das Umsatzsteuerecht relevant. Siehe auch FG Münster, Urteil v. 18.11.1999 – 1 K 4685/96, EFG 2000, 374.

519 Im Urteil des BFH v. 9.2.2006 – V R 22/02, BStBl. II 2006, 727 wird ebenfalls losgelöst von der zivilrechtlichen Gestaltung auf das wirtschaftliche Ergebnis geschaut und anhand der Kriterien Substanz, Ertrag und Wert der Liefer- bzw. Übergangszeitpunkt bestimmt.

520 Zu den Gestaltungsüberlegungen zur Vermeidung des Übergangs des wirtschaftlichen Eigentums aufgrund von Terminverkäufen oder Optionsgestaltungen siehe: Rödder in Beck´sches Handbuch der AG, § 13 Rn. 526 ff.

Bei nichteigentumsfähigen Rechtspositionen (z.B. Gebrauchs- und Nutzungsrechten an Sachen, Forderungen, Dienstverträgen, Geschäftsbeziehungen) ist es notwendig, dass dem Übernehmer diese Rechtspositionen wirtschaftlich übertragen werden,[521] so dass der Begünstige die unternehmerische Tätigkeiten ausüben kann. Die Ansicht, nach denen das Zurückbehalten von Wirtschaftsgütern oder Rechtspositionen unter Einräumung eines Nutzungsrechts für die Geschäftsveräußerung nicht ausreichend sei,[522] ist durch die Rechtsprechung des BFH überholt.[523]

Demnach ist die Übertragung in Form der Verschaffung der Verfügungsmacht bzw. Zugriffsmöglichkeiten und Herrschaftsmacht notwendig. Kein Umsatz nach § 1 Abs. 1 Nr. 1 UStG und demnach auch keine Geschäftsveräußerung im Ganzen nach § 1 Abs. 1a UStG liegt vor, wenn das Gesamt- oder Teilvermögen nicht übertragen wird. Die Vermögensübergänge kraft erbrechtlicher Gesamtrechtsnachfolge, Vermögensübergang kraft Anwachsung,[524] Vermögensübergang kraft Formwechsel von Gesellschaften, sind daher keine Geschäftsveräußerung im Ganzen.

Die Übertragung oder Einbringung kann problemlos in mehreren zeitlich versetzten Kausalgeschäften erfolgen oder anderweitig auf mehreren Teilakten beruhen.[525] Es muss allerdings ein erkennbarer zeitlicher und sachlicher Zusam-

---

521 Meyer in Offerhaus/Söhn/Lange, UStG, § 1 Rn. 378; Klenk in Sölch/Ringleb, UStG, § 1 Rn. 480.

522 Meyer in Offerhaus/Söhn/Lange, UStG, § 1 Rn. 379.

523 BFH, Urteil v. 28.11.2002 – V R 3/01, BStBl. II 2004, 665; zur Möglichkeit einzelne Wirtschaftsgüter zurückzubehalten und/oder lediglich langfristig zu überlassen siehe Kapitel 2 B IV. 1 c sowie 4. Aktuell ist die Frage als EuGH-Vorlage unter Az. Rs. C-444/10 wieder aufgeworfen worden; BFH, Vorlagebeschluss v. 14.7.2010 – XI R 27/08, BStBl. II 2010, 1117.

524 Anwachsung vollzieht sich beim Ausscheiden eines (oder mehrerer) Gesellschafters aus einer Personengesellschaft. In diesem Fall wächst sein Anteil am Gesellschaftsvermögen den übrigen Gesellschaftern zu (§ 738 Abs. 1 Satz 1 BGB, § 105 Abs. 3 HGB, § 161 Abs. 2 HGB). Scheidet aus einer zweigliedrigen Personengesellschaft ein Gesellschafter aus, wächst dem fortführenden Gesellschafter das Gesellschaftsvermögen ohne Auseinandersetzung zu; BGH, Urteil v. 13.7.1967 – II ZR 268/64, BGHZ 48, 203 (206). Aus Gesamthandeigentum wird bei ihm Alleineigentum an den Unternehmensgegenständen. Er führt (als Gesamtrechtsnachfolger der Personengesellschaft) das Unternehmen als natürliche Person fort; BGH, Urteil v. 24.11.1978 – V ZB 24/78, JuS 1979, 668; BGH, Urteil v. 10.5.1978 – VIII ZR 32/77, NJW 1978, 1525. Die Anwachsung ist kein steuerbarer Vorgang; BFH, Urteil v. 17.11.1960 – V 170/58 U, BStBl. III 1961, 86 (87).

525 BFH, Urteil v. 28.11.2002 – V R 3/01, BStBl. II 2004, 665; Abschnitt 1.5. Abs. 5 Satz 1 UStAE (bislang Abschnitt 5 Abs. 1 S. 9 UStR 2008); Birkenfeld, Umsatzsteuer-

menhang bestehen.[526] Der zeitliche und sachliche Zusammenhang ist erforderlich, da der Steuerpflichtige erkennen können muss, ob der Vorgang der Umsatzsteuer unterliegt oder nicht. Anderenfalls wäre der Anwendungsradius nicht zu überschauen und die Bestimmtheit gefährdet. Unerheblich ist der Rechtsgrund für die Geschäftsveräußerung.[527]

Auch bei Einräumung von Miteigentum an einem vermieteten Grundstück liegt eine Geschäftsveräußerung durch Übertragung des Miteigentumsanteils vor.[528] Mit der Einräumung von Miteigentum entsteht kraft Gesetzes eine Bruchteilsgemeinschaft.[529] Durch Einräumung eines Miteigentumsanteils an einem vermieteten Objekt geht die bisherige Vermietungstätigkeit des Alleineigentümers auf die kraft Gesetzes entstandene (§ 741 BGB) Verwaltungsgemeinschaft (i.S.d. § 744 BGB) über. Die Bruchteilsgemeinschaft führt die Vermietungstätigkeit des bisherigen Alleinvermieters fort (§ 566 BGB). Die Bildung einer gesonderten GbR ist nicht notwendig, da es sich bei der Vermietung von Miteigentum durch eine Bruchteilsgemeinschaft um eine Verwaltungsmaßnahme nach §§ 744, 745 BGB handelt. Somit ist auch die Dienstleistung[530], Einräumung eines Miteigentumsanteils, eine entsprechende Übertragung.

Wesentlich ist, dass die unternehmerische Betätigung vom Übertragenden auf den Begünstigten übergeht. Daher kann auch eine langfristige Vermietung ausreichend sein.[531]

Ein häufiger Anwendungsfall des § 1 Abs. 1a UStG ist der Unternehmenskauf/-verkauf. Dieser kann zivilrechtlich auf zwei verschiedene Arten erfolgen.[532] Da ein Unternehmen regelmäßig weder (lediglich) eine Sache noch ein Recht ist, sondern der Inbegriff von Sachen, Rechten, tatsächlichen Beziehungen und Vertragspositionen, Marktanteilen, Ressourcen, Geschäftschancen, Maschinen, Mit-

---

Handbuch, § 34 Rn. 181; EuGH, Urteil v. 29.10.2009, Rs. C-29/08 [AB SKF], DStR 2009, 2311.

526 BFH, Urteil v. 1.8.2002 – V R 17/01, BStBl. II 2004, 626 (627).

527 Die Möglichkeiten sind vielfältig. Sie reichen von der vorweggenommenen Erbfolge (Winter, UR 2003, 278) über die Unternehmensnachfolge (Weimann, StB 2003, 50) bis hin zur Aufgabe des Geschäftsbetriebs; Wagner in FS Widmann, 607.

528 BFH v. 6.9.2007 – V R 41/05, BFH/NV 2007, 2436 (2429).

529 BFH v. 25.3.1993 – V R 42/89, BStBl. II 1993, 729 (730).

530 Leonard in Bunjes/Geist, UStG, § 3 Rn. 39; Abschnitt 3.5. Abs. 3 Nr. 2 UStAE (bislang Abschnitt 25 Abs. 2 Nr. 2 UStR 2008).

531 Derzeit EuGH-Vorlageverfahren des BFH v. 14.7.2010 – XI R 27/08, BStBl. II 2010, 1117.

532 Rödder in Beck´sches Handbuch der AG, § 13, Rn. 450 mit dem Bestreben einer vom Zivilrecht abweichenden Einordnung der Übertragung von Personengesellschaftsanteile als „Asset Deal“.

arbeitern, Arbeitsverträgen und Ähnlichem mehr, muss dies beim Unternehmenskauf/-verkauf an sich erfasst werden.[533] Zivilrechtlich lässt sich ein Unternehmen nicht wie eine Sache liefern.[534] Dennoch muss eine Unternehmensübertragung oder Teilunternehmensübertragung auch zivilrechtlich festgelegt werden. Es wird zwischen den zwei Grundtypen, der Übertragung im Wege des „Asset Deals“ oder des „Share Deals“ unterschieden.

a) Übereignung als „Asset Deal“

Der derzeit herrschenden Ansicht in der Literatur folgend, liegt eine Geschäftsveräußerung im Ganzen nur dann vor, wenn es sich um die Lieferung von Gegenständen oder die Übertragung von sonstigen Rechten und Vermögenswerten als sonstige Leistung handelt.[535] Dies bedeutet, dass die zum Unternehmen gehörenden Vermögensgegenstände, also Sachen, Rechte und Vertragsverhältnisse direkt übertragen sowie ggf. Verbindlichkeiten übernommen werden. Die Übertragung der Sach- und Rechtsgesamtheit wird als „Asset Deal“ bezeichnet.[536] Steuerlich hingegen wird, abweichend von der zivilrechtliche Einordnung, die Bezeichnung „Asset Deal“ nicht nur für den Kauf und Verkauf von Wirtschaftsgütern bzw. Wirtschaftsgütergesamtheiten, sondern auch den Kauf respektive den Verkauf von Personengesellschaftsanteilen (Mitunternehmeranteilen), vorgeschlagen.[537] „Share Deal“ sei im steuerlichen Sinne lediglich der Kauf bzw. Verkauf von Kapitalgesellschaftsanteilen.[538] Diese Einordnung ist offensichtlich der einkommen- bzw. körperschaft-, und gewerbesteuerlichen Behandlung geschuldet. Während auf den „Asset Deal“ nach dieser Definition (Wirtschaftsgüter/Wirtschaftsgutgesamtheiten und Mitunternehmeranteile) die §§ 16 i.V.m. 34 EStG Anwendung finden können, gelten für die Übertragung von Anteilen an Kapitalgesellschaften („Share Deal“) hingegen die §§ 17 bzw. 23 EStG sowie § 21 UmwStG oder § 8b KStG. Eine Ausnahme bildet allerdings die Teilbetriebsfiktion des § 16 Abs. 1 Satz 1 Nr. 1 Satz 2 EStG. Hiernach ist eine das gesamte Nennkapital umfassende Beteiligung an einer Kapitalgesellschaft als fik-

533 Holzapfel/Pöllath, Unternehmenskauf, 109.
534 Holzapfel/Pöllath, Unternehmenskauf, 477.
535 So jedenfalls: Klenk in Sölch/Ringleb, UStG, § 1 Rn. 479; Stöcker in Peter/Burhoff/Stöcker, UStG, § 1 Rn. 535 ff.; Meyer in Offerhaus/Söhn/Lange, UStG, § 1 Rn. 378 ff.; Husmann in Rau/Dürrwächter, UStG, § 1 Rn. 1117; Probst in Hartmann/Metzenmacher, UStG, § 1 Abs. 1a Rn. 130; wohl auch Schlosser-Zeuner in Bunjes/Geist, UStG, § 1 Rn. 95f.
536 Rödder in Beck´sches Handbuch der AG, § 13, Rn. 450.
537 Rödder in Beck´sches Handbuch der AG, § 13, Rn. 450.
538 Rödder in Beck´sches Handbuch der AG, § 13, Rn. 450.

tiver Teilbetrieb für die Anwendung der Vergünstigungen der §§ 16, 34 EStG zu beurteilen.[539]

Der „Asset Deal“ im Umsatzsteuerrecht beschränkt sich auf die Lieferung von Wirtschaftsgütern und die Übertragung sonstiger Rechte und Vermögenswerte, die Gegenstand einer sonstigen Leistung sein können. Ertragsteuerrechtliche Fiktionen finden im Umsatzsteuerrecht keine Anwendung. Auch sind Übertragungsvorgänge mit gesellschaftsrechtlichen Beteiligungen (GmbH-Anteile, Aktien und Mitunternehmeranteile, etc.) umsatzsteuerrechtlich nicht als Asset Deal einzuordnen. Eine Besonderheit bildet die Einräumung bzw. Übertragung von Miteigentumsanteilen. Der BFH hat entschieden, dass die Einräumung eines Miteigentumsanteils an einer vermieteten Immobilie eine Geschäftsveräußerung im Ganzen ist, sofern die dadurch entstehende Bruchteilsgemeinschaft das Vermietungsverhältnis fortführt.[540] Sofern die eingebrachten Wirtschaftsgüter einen für sich lebensfähigen Organismus zur Aufnahme oder Fortführung einer unternehmerischen Tätigkeit begründen, wäre auch in diesen Fällen keine aus der Sicht der Umsatzsteuer steuerbare Transaktion anzunehmen.[541] In Deutschland wird die Einräumung eines Mitunternehmeranteils zwar nachvollziehbar aufgrund des Zivilrechts aber dennoch fehlerhafterweise als sonstige Leistung ein-

---

539 Zu den ertragsteuerrechtlichen Abgrenzungsfragen zwischen Betrieb, Teilbetrieb, etc. siehe: Rödder/Hötzel/Mueller-Thuns, Unternehmenskauf/-verkauf, 581 ff.

540 BFH, Urteil v. 6.9.2007 – V R 41/05, BStBl. II 2008, 65; BFH, Urteil v. 22.11.2007 – V R 5/06, BStBl. II 2008, 448. Dies betraf den Streit um die Steuerbarkeit bei Sachverhalten, in denen im Rahmen der vorweggenommenen Erbfolge Bruchteilseigentum eingeräumt und übertragen wurde. Folgt man der noch unverändert in Abschnitt 1.5. Abs. 8 UStAE (bislang Abschnitt 5 Abs. 5 UStR 2008) niedergelegten Verwaltungsauffassung, so ist die Übertragung des Eigentumsanteils an einem insgesamt umsatzsteuerpflichtig vermieteten Grundstück auf einen nichtunternehmerisch tätigen Dritten ein Vorgang, der aufgrund des Ausschlusses der Optionsmöglichkeit zur Umsatzsteuer (Verzicht auf die Steuerbefreiung nach § 9 UStG) die Rechtsfolge der Vorsteuerberichtigung nach § 15a UStG, wegen der Verwendung für den steuerbefreiten Übertragungsvorgang, auslöste. Dies galt sogar dann, wenn die Vermietungstätigkeit fortgesetzt wurde. Zur Begründung wurde angeführt, dass die Bruchteilsgemeinschaft erst mit Übergang des Anteils auf einen Dritten bei gleichzeitiger (steuerpflichtiger) Entnahme des zurückbehaltenen Anteils und dessen Einbringung entstehe. Der BFH aber hat diese vorherige Entnahme verneint und betont, dass die Bruchteilsgemeinschaft kraft Gesetzes gleichzeitig mit ihrer Entstehung in die Mietverträge eintrete und es insofern keinen Anlass für eine Korrektur nach § 15a UStG gäbe. Zu den Problemen in der umsatzsteuerrechtlichen Beurteilung vor Ergehen der Entscheidung des BFH siehe Winter, UR 2003, 278 (278 ff.).

541 Ebenso Winter in FS Schaumburg, 1213 (1215).

geordnet.[542] Der EuGH hingegen hat zutreffend die Einräumung eines Miteigentumsanteils an einem Grundstück als anteilige Lieferung desselben beurteilt.[543] Dies kommt dem Charakter des Miteigentumsanteils umsatzsteuerrechtlich auch nahe, da es sich bei der Bruchteilsgemeinschaft um eine Interessengemeinschaft ohne Zweckgemeinschaft handelt.[544] Der Miteigentumsanteil ist ideell, rein rechnerisch und nicht real quotenmäßig zu verstehen.[545] Dennoch kann jeder Miteigentümer über seinen Anteil frei verfügen (§ 747 Satz 1 BGB), ihn ohne Zustimmung der anderen veräußern oder belasten.[546] Obwohl es kein vom Vermögen der Teilhaber getrenntes Sondervermögen und deshalb auch keine gesamthänderische Bindung, An- oder Abwachsung gibt, ist eine Verfügung über den Gegenstand als Ganzen nur allen gemeinsam möglich (§ 747 Satz 2 BGB). Am Gegenstand selbst kann der Miteigentümer jedoch seine Rechte nur insoweit ausüben, als dadurch die Interessen der Übrigen nicht beeinträchtigt werden (§ 743 Abs. 2 BGB).[547] Die Bruchteilsgemeinschaft ist daher keine Gesellschaft, sondern individualistisch ausgestaltet.[548] Sie kann nicht Träger von Rechten und Pflichten sein.[549] Entscheidend ist das gemeinsame Innehaben eines Gegenstandes, nicht das kollektiv-einheitliche Halten eines Gesellschaftsvermögens.[550] Die Übertragung eines Miteigentumsanteils an einem Wirtschaftsgut ist daher als „Asset Deal" zu beurteilen. Die Bruchteilsgemeinschaft ist Begünstigte dieses Übertragungsakts. Die Bruchteilsgemeinschaft ist jedoch, sofern durch sie die

---

542 Abschnitt 3.5. Abs. 3 Nr. 2 UStAE (bislang Abschnitt 25 Abs. 2 Nr. 2 UStR 2008).

543 EuGH, Urteil v. 15.12.2005, Rs. C-63/04 [Centralan Property], UR 2006, 418; Lippross, Umsatzsteuer, 141; dem wohl zustimmend Jakob, Umsatzsteuer, Rn. 255, BFH, Urteil v. 27.4.1994 – XI R 91/92, XI R 92/92, BStBl. II 1994, 826; a.A. BFH, Urteil v. 6.9.2007 – V R 41/05, DStR 2007, 1906. Nach Art. 15 MwStSystRL können die Mitgliedstaaten Anteilsrechte und Aktien, deren Besitz rechtlich oder tatsächlich das Eigentums- oder Nutzungsrecht an einem Grundstück begründet, einem körperlichen und somit im Wege der Lieferung zu übertragenden Gegenstand gleichstellen.

544 Aderhold in Ermann, BGB, § 741 Rn. 1 und Rn. 2; Sprau in Palandt, BGB, § 741 Rn. 1.

545 Sprau in Palandt, BGB, § 741 Rn. 7; Langhein in Staudinger, BGB, § 741 Rn. 59 ff.; Aderhold in Ermann, BGB, § 741 Rn. 3.

546 Langhein in Staudinger, BGB, § 741 Rn. 14 und 24; Sprau in Palandt, BGB, § 741 Rn. 7.

547 Sprau in Palandt, BGB, § 741 Rn. 7; Aderhold in Ermann, BGB, § 743 Rn. 6.

548 Sprau in Palandt, BGB, § 741 Rn. 8 und 11; Aderhold in Ermann, BGB, § 741 Rn. 3; Schwerdtfeger, Gesellschaftsrecht, Kapitel 1, Rn. 11.

549 Sprau in Palandt, BGB, § 741 Rn. 8; Bork, ZIP 2001, 545 (546).

550 K. Schmidt in MüKo BGB, § 743 Rn. 1 ff.

Vermietung fortgesetzt wird, regelmäßig die leistende Unternehmerin[551], obwohl der Miteigentumsanteil zivilrechtlich nicht auf die Bruchteilsgemeinschaft, sondern den neuen Miteigentümer übertragen wird.

Wenn nun die Einräumung eines Miteigentumsanteils an einem Vermietungsobjekt unter Fortführung der unternehmerischen Tätigkeit als Geschäftsveräußerung im Ganzen zu beurteilen ist, gilt dies auch dann, wenn ein Einzelunternehmer bisher seinem Unternehmen zugeordnete Vermietungsobjekte als Sacheinlage in eine Bruchteilsgemeinschaft einbringt und diese die Vermietungstätigkeit fortführt. Selbst wenn Teile des Grundstücks vom Unternehmer zurückbehalten werden, ist eine Berichtigung des Vorsteuerabzugs nach § 15a UStG ausgeschlossen, sofern der eigengenutzte Grundstücksanteil das Bruchteilseigentum des Unternehmers nicht übersteigt.[552] Insoweit bleibt das Vermögen für unternehmerische Betätigung gebunden. Der BFH stellt darauf ab, dass das übertragene Vermögen unternehmerisch gebunden bleibt und weiterhin eine unternehmerische Tätigkeit mit dem übertragenen Vermögen ausgeführt wird. Das Unternehmen „Vermietung" ist übertragen worden, so dass der Vorgang als Geschäftsveräußerung nicht der Umsatzsteuer unterliegt. Die Art der Übertragung ist unerheblich.

Überträgt man diese Entscheidung auf die Einbringung oder Ausgliederung von Wirtschaftsgütern in oder aus einer Personengesellschaft, so darf nichts anderes gelten. Die strukturellen Unterschiede, die der BFH in seinem Urteil vom 22.11.2007[553] betont, betreffen nur das zivilrechtliche Verständnis der umsatzsteuerrechtlichen Unternehmensform. Daher kann auch durch Realteilung[554] eine Geschäftsveräußerung im Ganzen verwirklicht werden.[555]

Im Sinne der Rechtsprechung zur Geschäftsveräußerung im Ganzen im Rahmen der Einräumung von Miteigentumsanteilen ist ebenso Nichtsteuerbarkeit anzunehmen, wenn ein vermietetes Grundstück z.B. im Wege der vorweggenommenen Erbfolge von der Gesellschaft auf den Gesellschafter gegen Minderung der

---

551 BFH, Urteil v. 25.3.1993 –V R 42/89, BStBl. II 1993, 729, BFH, Urteil v. 29.4.1993 – V R 38/89, BStBl. II 1993, 734; Klenk in Sölch/Ringleb, UStG, § 2 Rn. 15 und Rn. 25 m.w.N.; Jakob, Umsatzsteuer, Rn. 94.

552 BFH, Urteil v. 22.11.2007 – V R 5/06, BStBl. II 2008, 448.

553 BStBl. II 2008, 448.

554 Unter Realteilung versteht man die Auseinandersetzung einer Gemeinschaft zum Teil im Wege der Naturalteilung. Begriff und Konzept der Realteilung sind insbesondere in §§ 2042, 752 BGB und §16 EStG bekannt. Zur ertragsteuerrechtlichen Realteilung: H 16 Abs. 2 EStR; BMF-Schreiben v. 28.2.2006, BStBl. I 2006, 228.

555 Hidien/Kirchner, StuB 2009, 96 (97); Birkenfeld, Umsatzsteuer-Handbuch, § 34 Rn. 163.

Gesellschaftsrechte übertragen und nach Übereignung vom Begünstigten wieder in die Gesellschaft gegen Gewährung einer gesellschaftsrechtlichen Beteiligung eingebracht wird. In einem derartigen Fall verbleibt das Grundstück im Rahmen der Transaktionen immer in der unternehmerischen „Personengesellschaft" und wird weiterhin zur Ausführung wirtschaftlicher Tätigkeiten der Gesellschaft genutzt.[556] Die Übertragung umfasst das Grundstück – umsatzsteuerrechtlich aber geht die Vermietungstätigkeit auf den Begünstigten über. Dies verdeutlicht, dass die Übertragung nicht zwingend der zivilrechtlichen Übereignung folgt.

Demnach lässt sich zusammenfassen: Umsatzsteuerrechtlich ist die Übereignung im „Asset Deal" die Lieferung von Wirtschaftsgütern sowie die Übertragung sonstiger Rechte und Vermögenswerte, die Gegenstand sonstiger Leistungen sein können. Dazu gehören auch Miteigentumsanteile. Des Weiteren erfolgt die Übertragung nicht zwingend mit der zivilrechtlichen Übereignung. Das Umsatzsteuerrecht trennt strikt zwischen der Übertragung von materiellen und immateriellen Wirtschaftsgütern des Unternehmens bzw. der Gesellschaft und den gesellschaftsrechtlichen Beteiligungen an diesem Unternehmen bzw. der Gesellschaft in der Hand des Gesellschafters. Gesellschaftsanteile sind daher umsatzsteuerrechtlich nicht als „Asset Deal" zu übertragen.

b) Übereignung als „Share Deal"

Wenn man die neue Rechtsprechung zur Übertragung des Miteigentumsanteils als Geschäftsveräußerung im Ganzen konsequent im Sinne eines harmonisierten Umsatzsteuerrechts, welches zwar an die nationalen Rechtsstrukturen anknüpft, aber nicht darin verharrt, sondern auf das wirtschaftliche Ergebnis sieht und dieses nach autonom unionsrechtlichen Grundsätzen auslegt, würdigt, so kann auch durch die Übertragung von gesellschaftsrechtlichen Beteiligungen („Share Deal") eine Geschäftsveräußerung im Ganzen verwirklicht werden.[557] Die unterschiedliche zivilrechtliche Rechtstechnik oder das unterschiedliche zivilrechtliche Rechtskleid des Gesamt- oder Teilvermögens kann nicht maßgeblich sein, wenn wirtschaftlich derselbe Erfolg hergestellt wird.[558] Der Verkauf eines Gesamt- oder Teilvermögens einer Gesellschaft ist funktionell gleichwertig mit dem Verkauf der Aktien an dieser Gesellschaft. Maßgeblich ist, ob wirtschaftlich betrachtet eine Übertragung eines Gesamt- oder Teilvermögens stattfindet

---

556 In diesem Sinne auch Klenk in Rau/Dürrwächter, UStG, § 4 Nr. 9 Rn. 47; Winter in FS Schaumburg, 1213 (1216).

557 Inzwischen ebenso: BMF-Schreiben v. 3.1.2012 – IV D 2 – 7100b/11/10001, BStBl. I 2012, 76; BFH, Urteil v. 27.1.2011 – V R 38/09, BStBl. II 2012, 68; EuGH, Urteil v. 29.10.2009, Rs. C-29/08 [AB SKF], DStR 2009, 2311

558 Ebenso, allerdings bezogen auf Umstrukturierungsvorgänge Reiß in FS Schaumburg, 1165 (1170).

und selbiges weiterhin zur Ausführung von unternehmerischen Tätigkeiten verwendet wird, sprich das Unternehmen bzw. die unternehmerische Aktivität fortgesetzt wird.

Allgemein ist anerkannt, dass die Übertragung eines Unternehmens gleich, ob dessen Rechtsträger eine juristische Person (GmbH, AG, KGaA, SE) oder eine Personengesellschaft (Gbr., OHG, KG) ist, über den Erwerb der gesellschaftsrechtlichen Beteiligung („Share Deal“) erfolgen kann.[559] Die allgemeine Ansicht, dass es zur Annahme einer nichtsteuerbaren Geschäftsveräußerung der Übertragung von Wirtschaftsgütern (Assets) bedarf, ist in der Tat bei Bruchteilseigentum anerkannt, da zum einen der EuGH und Teile der Literatur in der Einräumung bzw. Übertragung von Bruchteilseigentum eine anteilige Lieferung des Gegenstandes sehen,[560] wohingegen die Annahme einer Geschäftsveräußerung im Ganzen durch Übertragung von gesellschaftsrechtlichen Beteiligungen an Personen- oder Kapitalgesellschaften umsatzsteuerrechtlich ein Novum ist.

Eine Geschäftsveräußerung im Ganzen im Wege der Anteilsübertragung war bislang mit der Begründung, es handele sich nicht um die Übertragung eines Unternehmens und somit der Übertragung von Vermögensmassen bzw. Wirtschaftsgütern, kategorisch abgelehnt worden.[561] Einer Umdeutung einer Anteilsveräußerung in eine Geschäftsveräußerung stünde auch die Existenz der Steuerbefreiung nach § 4 Nr. 8 Buchstabe f UStG entgegen.[562] Dem ist jedoch zu entgegnen, dass eine Steuerbefreiungsvorschrift nicht ausschlaggebend für die Steuerbarkeit sein kann.[563] Zudem liefe die Steuerbefreiung auch nicht ins Leere, da alle Anteilsübertragungen, die nicht die Voraussetzungen der Geschäftsveräußerung im Ganzen erfüllen davon erfasst bleiben und unionsrechtlich die

---

559 Für den Unternehmenskauf Rödder in Beck´sches Handbuch der AG, § 13 Rn. 450.

560 EuGH, Urteil v. 15.12.2005, Rs. C-63/04 [Centralan Property], UR 2006, 418; BFH, Urteil v. 27.4.1994 – XI R 91/92, XI R 92/92, BStBl. II 1994, 826; a.A. BFH, Urteil v. 6.9.2007 – V R 41/05, DStR 2007, 1906; Lippross, Umsatzsteuer, 141; dem wohl zustimmend Jakob, Umsatzsteuer, Rn. 255.

561 Statt vieler: Husmann in Rau/Dürrwächter, UStG, § 1 Rn. 1123. Siehe auch Prätzler, UStG 2008, 200 (201) mit dem Hinweis, dass denkbare Überlegungen, ausgehend vom Ertragsteuerrecht – gemeint ist die Teilbetriebsfiktion eines 100-prozentigen Anteils an einer Kapitalgesellschaft nach § 16 Abs. 1 Satz 1 Nr. 1 Halbsatz 2 EStG – eine Beteiligungsveräußerung als nicht steuerbare Geschäftsveräußerung im Ganzen nach § 1 Abs. 1a UStG zu behandeln, in der Literatur, Rechtsprechung und Verwaltungsanweisungen keine Resonanz gefunden haben. Ebenfalls mit den Hinweis darauf, dass die Rechtsansicht, dass die Veräußerung von Beteiligungen eine Geschäftsveräußerung im Ganzen neu ist; Korn, SteuK 2009, 107.

562 Stadie, UStG, § 1 Rn. 131; ders. in Rau/Dürrwächter, UStG, § 2 Rn. 609.3.

563 Philipowski in Rau/Dürrwächter, UStG, § 4 Nr. 8 Rn. 371.

Steuerbefreiung in allen Mitgliedstaaten umgesetzt ist, die Geschäftsveräußerung hingegen aufgrund des Wahlrechts zur Umsetzung nicht. Auch wird übersehen, dass die Übertragung einer vermieteten Immobilie allgemein als Geschäftsveräußerung im Ganzen anerkannt ist, obwohl dieser Vorgang auch von § 4 Nr. 9 Buchstabe a UStG erfasst ist.

Entgegen einiger grundsätzlicher Aussagen in Verwaltungsanweisungen[564] wird in der Literatur die Übertragung von Anteilen an einer Organgesellschaft mit der Übertragung eines Teilbetriebs im Wege der Geschäftsveräußerung gleichgesetzt.[565] Dem ist zuzustimmen, denn umsatzsteuerrechtlich ist der Organkreis die Leistungseinheit (Unternehmer). Von ihm wird aufgrund des Verlustes der Selbständigkeit der Organgesellschaft im Rahmen einer beim Beteiligungserwerb begründeten Organschaft keine gesellschaftsrechtliche Beteiligung sondern ein Geschäftsbetrieb erworben.[566]

Nunmehr sieht auch *Birkenfeld* – leider ohne nähere Begründung – die Möglichkeit der Durchführung einer Geschäftsveräußerung im Ganzen sowohl im Wege des „Asset Deals“ als auch des „Share Deals“.[567]

Die bisherigen Ansichten, dass ein „Share Deal“ keine Geschäftsveräußerung im Ganzen sei, sind im Sinne einer Gleichstellung der Möglichkeiten der Geschäftsveräußerung im Ganzen (im Wege des „Asset Deals“ und des „Share Deals“) zu verwerfen. Die EU-Kommission ist der Auffassung, dass die Veräußerung aller Aktien einer Gesellschaft als eine „strategische Umstrukturierung der Aktiva mit dem Ziel der Freisetzung von Kapital“ für andere Tätigkeiten des Konzerns anzusehen sei.[568] Derartige Umsätze seien nicht als Umsätze mit Gesellschaftsanteilen von der Umsatzsteuer befreit, da sie der Übertragung der Gesamtheit oder eines Teils eines Unternehmens gleichzustellen seien – also eine Geschäftsveräußerung im Ganzen darstellen.[569] Der Generalanwalt beim EuGH

564 OFD Hannover, Vfg. v. 19.5.1999 – S7105 – 101 – StH 542 – 40 StO 355, UR 1999, 462; OFD Hannover, Vfg. v. 11.10.2004 – S 7105 – 49 – StO 171, StEK UStG 1980 § 2 Abs. 2 Nr. 24 -, UVR 2005, 94 mit der Aussage, dass das Ausscheiden aus den Organkreis im Insolvenzfall keine (Teil-)Geschäftsveräußerung sei. Inzwischen abweichend: BMF-Schreiben v. 3.1.2012 – IV D 2 – 7100b/11/10001, BStBl. I 2012, 76.

565 Zugmaier, DStR 2009, 882 (886); nun auch Wäger, DStR 2009, 2292 (2293).

566 Hinsichtlich des Rechts auf Vorsteuerabzug vertreten diese Ansicht Wäger in FS Reiß, 229 (242); Robisch, UR 2001, 100 (104f.); jetzt wohl auch BFH, Urteil v. 27.1.2011 – V R 38/09, DStR 2011, 454.

567 Birkenfeld, Umsatzsteuer-Handbuch, § 34 Rn. 21.

568 Wiedergegeben im Schlussantrag des Generalanwalts Paolo Mengozzi v. 12.2.2009 in der Rechtssache C-29/08 [AB SKF], www.curia.europa.eu, Rn. 38.

569 Wiedergegeben im Schlussantrag des Generalanwalts Paolo Mengozzi v. 12.2.2009 in der Rechtssache C-29/08 [AB SKF], www.curia.europa.eu, Rn. 38.

Mengozzi hingegen, kann sich dieser Ansicht nicht anschließen und argumentierte in der Rechtssache C-29/08 „AB SKF“, dass Art. 19 MwStSystRL[570] zur „Definition der Lieferung von Gegenständen“ gehöre und die Übertragung von Aktien eine Dienstleistung sei.[571] Des Weiteren beziehe sich Art. 19 MwStSystRL auf die Veräußerung der Aktiva eines Unternehmens, nicht dagegen auf die Aktien oder finanziellen Anteile an einer Gesellschaft.[572] Dabei wird allerdings übersehen, dass Art. 29 MwStSystRL bestimmt, dass eine Geschäftsveräußerung im Ganzen auch durch Dienstleistungen verwirklicht werden kann.

Bevor die Frage entschieden wird, ob eine Geschäftsveräußerung im Ganzen auch im Wege einer Übertragung von Gesellschaftsanteilen möglich ist, muss zunächst der Anwendungsbereich einer Geschäftsveräußerung als „Share Deal“ festgelegt werden.

aa) Grundsätzliches zur Steuerbarkeit der Anteilsübertragung

Die Geschäftsveräußerung nach § 1 Abs. 1a UStG setzt bereits aufgrund der systematischen Einordnung und der Stellung in der Norm die Steuerbarkeit voraus. Sofern die Übertragung gesellschaftsrechtlicher Beteiligungen nicht eine in den Anwendungsbereich der Umsatzsteuer fallende wirtschaftliche Tätigkeit ist, kann selbige keine Geschäftsveräußerung im Ganzen sein. Ist eine Transaktion per se nicht im Anwendungsbereich der Umsatzsteuer, d.h. nach deutscher Diktion nichtsteuerbar, so scheidet auch eine Anwendung der Geschäftsveräußerung im Ganzen aus. A priori ist daher zunächst zu untersuchen, ob bzw. unter welchen Voraussetzungen die Übertragung von Beteiligungen an Gesellschaften in den Anwendungsbereich der Umsatzsteuer fällt.

Die frühere nationale Rechtsansicht über die Steuerbarkeit und Steuerbefreiung der Ausgabe von gesellschaftsrechtlichen Beteiligungen erhielt durch zwei grundlegende Entscheidungen des EuGH eine deutliche Wendung. Den EuGH-Entscheidungen lag im Begehr regelmäßig die Frage nach der Abzugsfähigkeit von Vorsteuern zugrunde. In diesem Zusammenhang mussten allerdings die Beteiligten und Tätigkeiten der Beteiligten im Hinblick auf unternehmerisches (unionsrechtlich: wirtschaftliches) Handeln und Unternehmereigenschaft (unionsrechtlich: Steuerpflichtigen-Eigenschaft) untersucht werden. Nach Ergehen dieser Entscheidungen konnten die bis dahin geltenden Rechtsansichten viel-

570 Entspricht Art. 5 Abs. 8 der 6. EG-RL.

571 Wiedergegeben im Schlussantrag des Generalanwalts Paolo Mengozzi v. 12.2.2009 in der Rechtssache C-29/08 [AB SKF], www.curia.europa.eu, Rn. 52.

572 Wiedergegeben im Schlussantrag des Generalanwalts Paolo Mengozzi v. 12.2.2009 in der Rechtssache C-29/08 [AB SKF], www.curia.europa.eu, Rn. 38.

fach[573] nicht aufrechterhalten werden. Zudem sind die Folgen der Auslegung der unionsrechtlichen Vorgaben in dieser Rechtsprechung, in Literatur und Praxis, derzeit noch umstritten.[574]

Die Übertragung von gesellschaftsrechtlichen Beteiligungen muss demnach eine wirtschaftliche Betätigung[575] des Steuerpflichtigen sein. In den Anwendungsbereich der Umsatzsteuer fallen nur Tätigkeiten, die wirtschaftlicher Natur sind.[576] Als Unternehmer gilt, wer eine wirtschaftliche Tätigkeit selbständig ausübt (Art. 9 Abs. 1 MwStSystRL[577]). Dabei umfasst der Begriff der wirtschaftlichen Tätigkeiten nach Art. 9 Abs. 1 Satz 2 MwStSystRL alle Tätigkeiten eines Erzeugers, Händlers oder Dienstleistenden, insbesondere auch Leistungen, die die Nutzung von körperlichen oder nicht körperlichen Gegenständen zur nachhaltigen Erzielung von Einnahmen umfassen. Der EuGH hatte in mehreren Verfahren zu entscheiden, ob der bloße Erwerb, das Halten und der bloße Verkauf von Beteiligungen an Gesellschaften eine wirtschaftliche Tätigkeit im Sinne des harmonisierten Mehrwertsteuerrechts ist und ob die Anteilseigner Unternehmereigenschaft besitzen.

(1) EuGH-Urteil „KapHag Renditefonds“

Diese Entscheidung ist der Ausgangspunkt einer Reihe von EuGH-Entscheidungen, die bis in die jüngste Vergangenheit, die Zuordnungsfragen beim Erwerb, dem Halten und der Veräußerung von Gesellschafteranteilen und Vereinsbeiträgen erheblich beeinflusst haben.[578] In der Rechtssache „KapHag Renditefonds“,[579] die der BFH dem EuGH mit Beschluss vom 27.9.2002 vorlegte, musste sich der EuGH mit der Problematik auseinandersetzen, ob die Aufnahme eines Gesellschafters in eine Personengesellschaft gegen Bareinlage aus Sicht der Gesellschaft ein steuerbarer Umsatz ist.[580]

---

573 Der BFH stellt allerdings im Urteil v. 13.11.2003 – V R 79/01, BStBl. II 2004, 375, fest, dass die EuGH-Entscheidung in der Rechtssache „KapHag Renditefonds“ keine Auswirkung auf die Beurteilung der Sacheinlage habe, dazu mehr unter Kapitel 3 B II.

574 Statt vieler: Korf/Schneider in FS Reiß, 213 (213).

575 In der MwStSystRL (vorangehend der sog. 6. EG-RL) wird der Begriff der wirtschaftlichen Tätigkeit des Steuerpflichtigen verwendet. Dies entspricht der unternehmerischen Tätigkeit eines Unternehmers. Nachfolgend wird der Begriff der wirtschaftlichen Tätigkeit verwendet, da das Recht der Europäischen Union für die Beurteilung zugrunde gelegt wird.

576 Statt vieler: EuGH, Urteil v. 29.10.2009, Rs. C-29/08 [AB SKF], DStR 2009, 2311, Rn. 26.

577 Bis zum 31.12.2006 Art. 4 Abs. 1 der sog. 6. EG-RL.

578 Ebenso Hundt-Eßwein, UStB 2010, 83 (84).

579 EuGH, Urteil v. 26.6.2003. Rs. C-442/01 [KapHag Renditefonds], UR 2003, 443.

580 BFH, Beschluss v. 27.9.2002 – V R 32/00, BFHE 196, 349.

Der Vorlage lag ein Urteil des Finanzgerichts Berlin vom 22.2.2000[581] im Revisionsverfahren zugrunde, in dem die Berechtigung zum Vorsteuerabzug aus Eingangsleistungen im Zusammenhang mit dem Beitritt eines Gesellschafters in eine bestehende GbR, die als geschlossener Immobilienfonds betrieben wurde, von der Finanzverwaltung mit der Begründung versagt worden war, dass der Vorsteuerabzug nach § 15 Abs. 2 Nr. 1 UStG i.V.m. § 4 Nr. 8 Buchstabe f UStG ausgeschlossen sei. Die Ausgabe der gesellschaftsrechtlichen Beteiligung sei ein steuerbefreiter Umsatz und der Vorsteuerabzug daher ausgeschlossen. Das erstinstanzliche Gericht war dieser Begründung unter Berufung auf die bis dahin geltende Rechtsprechung des BFH gefolgt. Die Tatsache, dass es sich bei der Klägerin um keine Publikums-KG handelte – für eine Publikums-KG hatte der BFH bereits entschieden, dass die Ausgabe des gesellschaftsrechtlichen Anteils steuerbar, aber steuerbefreit sei[582] –, stünde der Anwendung dieser Rechtsprechung auf die GbR nicht entgegen. Da es sich um eine Gesellschaft handele, die darauf ausgerichtet sei, Kapitalgeber zu gewinnen und ihnen für die Hingabe von Geld die Rechtsposition als Gesellschafter einzuräumen, sei eine Gleichsetzung möglich.[583]

Dem BFH erschien es inzwischen zweifelhaft, ob seine Rechtsprechung nach der eine Personengesellschaft bei Gründung oder der Aufnahme eines Gesellschafters gegen Sach- oder Bareinlage eine Dienstleistung gegen Entgelt erbringe, die allerdings steuerbefreit sei, zutreffend ist.[584] Bei genauer zivilrechtlicher Betrachtung erhalte der neue Gesellschafter nicht die gesellschaftsrechtliche Beteiligung aufgrund eines Vertrags mit der Gesellschaft, sondern mit den übrigen Gesellschaftern. Daher werde der Gesellschaftsanteil nicht von der Gesellschaft, sondern von den Gesellschaftern ausgegeben.

Der Generalanwalt *Colomer* hatte im Schlussantrag vom 6.2.2003[585] zunächst den Begriff des Steuerpflichtigen in den Mittelpunkt gerückt und die Weite und Objektivität der Definition der wirtschaftlichen Tätigkeit als maßgebliches Kriterium bestimmt. Aus der bis dahin ergangenen Rechtsprechung des EuGH, dass der bloße Erwerb und das bloße Halten von gesellschaftsrechtlichen Beteiligun-

581 FG Berlin, Urteil v. 22.2.2000 – 5 K 5572/98, EFG 2000, 711.

582 BFH, Urteil v. 20. 5. 1976 – V R 122/73, UR 1976, 187; BFH, Urteil v. 16. 7. 1987 – V R 147/79, BFH/NV 1988, 196; BFH, Urteil v. 29. 1. 1988 – X R 7/81, BFHE 152, 370, ebenso für die Einräumung einer atypischen stillen Beteiligung, BFH, Urteil v. 14. 12. 1995, V R 11/94, BStBl II 1996, 250.

583 FG Berlin, Urteil v. 22.2.2000 – 5 K 5572/98, EFG 2000, 711.

584 BFH, Beschluss v. 27.9.2002 – V R 32/00, BFHE 196, 349.

585 Schlussantrag des Generalanwalts Colomer v. 6.2.2003, Rs. C-442/01 [KapHag Renditefonds], Slg. 2003, I-6851.

gen keine wirtschaftliche Tätigkeit darstellt,[586] könne der Schluss gezogen werden, dass auch die bloße Veräußerung derartiger Beteiligungen keine wirtschaftliche Tätigkeit begründen könne. Eine Ausnahme bestünde nur, wenn die Beteiligung unbeschadet der Rechte, die jemandem als Aktionär oder Gesellschafter zustehen, mit unmittelbaren oder mittelbaren Eingriffen in die Verwaltung der Gesellschaft einhergehe.[587] Im zweiten Schritt stellte der Generalanwalt darauf ab, dass, sofern der Leistende als Steuerpflichtiger im Sinne des Umsatzsteuerrechts angesehen werden könne, die Rechtsnatur der Beziehung zwischen Personengesellschaft und neuen Gesellschafter zu untersuchen sei. Es lägen der Bildung ebenso wie der späteren Aufnahme eines Gesellschafters in eine Personengesellschaft zwar Verträge zugrunde mit denen mehrere Personen eine Organisation gründen und sich zur Erreichung eines gemeinsamen Zwecks sowie zur Erbringung von Einlagen in Form von Geld, Sachen oder Dienstleistungen verpflichten. Dies erfülle aber selbst bei großzügiger Betrachtung nicht den Gedanken eines Verbrauchs mittels einer Gegenleistung im Rahmen einer zweiseitigen vertraglichen Beziehung.[588] Auch könne nicht allein aufgrund des Vorhandenseins der Befreiungsvorschrift in Art. 13 Teil B lit. d Nr. 5 der 6. EG-RL,[589] welche die Umsätze von Anteilen an Gesellschaften von der Umsatzsteuer befreit, darauf geschlossen werden, dass solche Umsätze stets steuerbar sein müssen.[590] Daher schlug der Generalanwalt vor, dass auf die erste Vorlagefrage zu antworten sei, dass eine Personengesellschaft bei der Aufnahme eines Gesellschafters gegen Bareinlage keine Leistung gegen Entgelt im Sinne von Art. 2 Nr. 1 der 6. EG-RL[591] erbringe.[592] Zur zweiten Vorlagefrage äußerte er sich

586 EuGH, Urteil v. 22.6.1993, Rs. C-333/91 [Sofitam], Slg. 1993, I-3513; EuGH, Urteil v. 20.6.1996, Rs. C-155/94 [Welcome Trust], HFR 1996, 613; EuGH, Urteil v. 6.2.1997, Rs. C-80/95 [Harnas & Helms], UR 1997, 141; EuGH, Urteil v. 14.11.2000, Rs. C-142/99 [Floridienne/Berginvest], UR 2000, 530; EuGH, Beschluss v. 12.7.2001, Rs. C-102/00 [Welthgrove], UR 2001, 533; EuGH, Urteil v. 27.9.2001, Rs. C-16/00 [Cibo Participations], UR 2001, 500; EuGH, Urteil v. 26.6.2003, Rs. C-305/01 [MKG],UR 2003, 399.

587 Schlussantrag des Generalanwalts Colomer v. 6.2.2003, Rs. C-442/01 [KapHag Renditefonds], Slg. 2003, I-6851, Rn. 27.

588 Schlussantrag des Generalanwalts Colomer v. 6.2.2003, Rs. C-442/01 [KapHag Renditefonds], Slg. 2003, I-6851, Rn. 32 ff.

589 Entspricht Art. 135 Abs. 1 Buchstabe f MwStSystRL. Die nachfolgenden Ausführungen verwenden jeweils die Art. der 6. EG-RL, da diese der Entscheidung zugrunde lagen. Sie sind regelmäßig inhaltsgleich in der MwStSystRL übernommen worden. Unterschiede werden kenntlich gemacht.

590 Schlussantrag des Generalanwalts Colomer v. 6.2.2003, Rs. C-442/01 [KapHag Renditefonds], Slg. 2003, I-6851, Rn. 37.

591 Entspricht Art. 2 Abs. 1 lit. c MwStSystRL.

ebenfalls, auch wenn sich dies nach seinem Vorschlag zur Beantwortung der ersten Frage erübrigt hätte. Er verwies darauf, dass ein Recht auf Vorsteuerabzug nur dann in Betracht komme, wenn die Eingangsumsätze für Zwecke der besteuerten Umsätze verwandt wurden, nicht jedoch, wenn sie mit nichtsteuerbaren oder zwar steuerbaren aber steuerbefreiten Tätigkeiten zusammenhingen.[593]

Die Entscheidung des EuGH folgte im Ergebnis dem Schlussantrag. Der EuGH urteilte, dass eine Person bei der Aufnahme eines Gesellschafters gegen Zahlung einer Bareinlage an diesen keine Dienstleistung gegen Entgelt i.S.d. Art. 2 Nr. 1 der 6. EG-RL erbringe.[594] Nach Ansicht des EuGH ist, wenn der Erwerb von Gesellschaftsanteilen keine wirtschaftliche Tätigkeit ist, auch die Veräußerung einer derartigen gesellschaftsrechtlichen Beteiligung keine wirtschaftliche Tätigkeit im Sinne der 6. EG-RL (MwStSystRL).[595] Eine Äußerung zur zweiten Vorlagefrage war damit obsolet.

Der BFH schloss sich dieser Rechtsauffassung an und entschied im Urteil vom 1.7.2004,[596] dass eine Personengesellschaft bei der Aufnahme eines neuen Gesellschafters gegen Zahlung einer Bareinlage keine Dienstleistung gegen Entgelt und damit keine steuerbare Dienstleistung erbringe, wobei er die Unternehmereigenschaft der klagenden Personengesellschaft bejahte, ohne Zweifel aufkommen zu lassen. Zugleich äußerte der BFH sich dahingehend, dass auch in dem die Aufnahme von Gesellschaftern vorangehenden Gründungsvorgang kein Umsatz von Gesellschaftsanteilen gesehen werden könne.[597] Hinsichtlich des Vorsteuerabzugs stellte der BFH fest, dass die der Klägerin in Rechnung gestellten Eingangsleistungen (anwaltliche Beratungsleistungen) ausschließlich für Zwecke ihrer – aufgrund Verzichts (§ 9 Abs. 2 UStG) auf die Steuerbefreiung nach § 4 Nr. 12 UStG – steuerpflichtigen Vermietungsumsätze und damit für ihr Unternehmen bezogen wurden. Ein Bezug auch für steuerfreie Umsätze sei nicht erfolgt. Dass die Beratungsleistungen nicht nur im Zusammenhang mit den steuerbaren Ausgangsumsätzen stehen, sondern auch in Verbindung mit der Neuaufnahme eines Gesellschafters – die der EuGH als nicht wirtschaftliche Tätig-

592 Schlussantrag des Generalanwalts Colomer v. 6.2.2003, Rs. C-442/01 [KapHag Renditefonds], Slg. 2003, I-6851, Rn. 36.

593 Schlussantrag des Generalanwalts Colomer v. 6.2.2003, Rs. C-442/01 [KapHag Renditefonds], Slg. 2003, I-6851, Rn. 48.

594 EuGH, Urteil v. 26.6.2003, Rs. C-442/01 [KapHag Renditefonds], IStR 2003, 601.

595 EuGH, Urteil v. 26.6.2003, Rs. C-442/01 [KapHag Renditefonds], IStR 2003, 601, Rn. 38 ff.

596 BFH, Urteil v. 1.7.2004 – V R 32/00, BStBl. II 2004, 1022.

597 BFH, Urteil v. 1.7.2004 – V R 32/00, BStBl. II 2004, 1022.

keit eingestuft hatte – bezogen wurden, schließe den uneingeschränkten Vorsteuerabzug nicht aus. Es sei für die Beurteilung des Bezugspunktes für die Eingangsleistung irrelevant, dass eine Gesellschaft auch nicht in den Anwendungsbereich des Umsatzsteuerrechts fallende Transaktionen ausführt. Die dabei entstandenen Kosten seien als allgemeine Kosten der Gesamttätigkeit des Unternehmens direkt und unmittelbar zuzuordnen. Bei der Berechnung des Pro-rata-Satzes des Vorsteuerabzugs nach den Art. 17 und 19 der 6. EG-RL[598] sollen nicht in den Anwendungsbereich der Richtlinie fallende Einnahmen unberücksichtigt bleiben,[599] so dass derartige Einnahmen den Vorsteuerabzug nicht mindern. Dies solle erst Recht für die Kosten gelten, die die rechtliche Beratung einer Gesellschaft im Hinblick auf die Gründung und die Aufnahme neuer Gesellschafter betreffe.[600] Daher gewährt der BFH den vollen Vorsteuerabzug.

Letztere Entscheidung war von Beginn an nicht unumstritten. *Huschens* ist der Ansicht, dass es für eine derartige Entscheidung über die Konsequenzen beim Vorsteuerabzug einer erneuten Vorlage an den EuGH bedurft hätte.[601] Die Entscheidungen in den Rechtssachen „Securenta“[602] und „AB SKF“[603] zeigen nun, dass die Vereinbarkeit der Grundsätze des nationalen Umsatzsteuerrechts, insbesondere des Vorsteuerabzugs, mit der Auslegung des Unionsrechts durch den EuGH noch viele Fragen aufwirft.[604]

Als Zwischenergebnis bleibt festzuhalten, dass in der Ausgabe von Gesellschaftsanteilen an Personengesellschaften kein steuerbarer (und somit auch kein steuerfreier) Umsatz mit Anteilen von Gesellschaften vorliegt.

(2) EuGH-Urteil „Kretztechnik“

Für den Bereich der Kapitalgesellschaften hatte der EuGH im Jahre 2005 in der Rechtssache „Kretztechnik“[605] über die Frage zu entscheiden, ob die Ausgabe von Aktien in den Anwendungsbereich des Mehrwertsteuerrechts falle und die im Zusammenhang mit der Ausgabe bezogenen Eingangsleistungen zum Vorsteuerabzug berechtigen.

598 Art. 167, 173 und 174 MwStSystRL.

599 BFH, Urteil v. 1.7.2004 – V R 32/00, BStBl. II 2004, 1022 mit Verweis auf EuGH, Urteil v. 27.9.2001, Rs. C-16/00, UR 2001, 500; EuGH, Urteil v. 29.4.2004, Rs. C-77/01 [EDM], UR 2004, 292.

600 BFH, Urteil v. 1.7.2004 – V R 32/00, BStBl. II 2004, 1022.

601 Huschens, INF 2003, 700.

602 EuGH, Urteil v. 13.3.2008, Rs. C-437/06 [Securenta], UR 2008, 344.

603 EuGH, Urteil v. 29.10.2009, Rs. C-29/08 [AB SKF], DStR 2009, 2311.

604 Wäger, DStR 2009, 2292 (2294); Eggers/Korf, DB 2009, 2685 (2689/2690); Behrens, EU-UStB 2009, 62 ff.

605 EuGH, Urteil v. 26.5.2005, Rs. C-465/03 [Kretztechnik], Slg. 2005, I-04357.

Die österreichisches Kretztechnik AG hatte die Erhöhung ihres Grundkapitals beschlossen und hierfür, nach Zulassung, neue Aktien an der Frankfurter Wertpapierbörse ausgeben lassen. Die Finanzverwaltung erkannte den Vorsteuerabzug aus im Zusammenhang mit dem Börsengang in Anspruch genommenen Eingangsleistungen, mit der Begründung, es handele sich um steuerbefreite Umsätze der AG, für welche der Vorsteuerabzug ausgeschlossen sei,[606] nicht an. Im Rahmen des Rechtsstreits legte der Berufungssenat 1 der Außenstelle Linz des Unabhängigen Finanzsenates der Republik Österreich dem EuGH die Fragen vor, ob eine Aktiengesellschaft bei Durchführung eines Börsengangs und der damit zusammenhängenden Ausgabe von Aktien an neue Aktionäre gegen Zahlung eines Ausgabepreises eine Leistung gegen Entgelt im Sinne des Art. 2 Nr. 1 der 6. EG-RL erbringe und falls diese Frage zu bejahen sei, ob Art. 2 Nr. 1 und Art. 17 der 6. EG-RL so auszulegen seien, dass im Zusammenhang mit dem Börsengang bezogene Dienstleistungen zur Gänze einem steuerbefreiten Umsatz zuzurechnen seien und aus diesem Grund ein Vorsteuerabzug nicht zustehe. Für den Fall, dass die erste Frage verneint werde, stellte er die Frage, ob nach Art. 17 Absätze 1 und 2 der 6. EG-RL ein Recht auf Vorsteuerabzug zustehe, weil die sonstigen Leistungen (Prospekterstellung, Werbeleistungen, Anwaltskosten, rechtliche, wirtschaftliche und technische Beratung), die den Vorsteuerabzug begründen sollen, für Zwecke der besteuerten Umsätze des Unternehmens verwendet werden.

Generalanwalt *Jacobs* äußerte in seinen Schlussanträgen vom 24.2.2005[607] die Ansicht, dass die Kretztechnik AG keine Lieferung bzw. Dienstleistung gegen Entgelt im vorliegenden Sachverhalt erbracht habe. Seiner Ansicht nach veräußere die AG bei der Ausgabe von Aktien keine bestehenden unkörperlichen Gegenstände bzw. kein Recht an einem Teil ihres vorhandenen Vermögens. Vielmehr vergrößere sich ihr Vermögen durch Erwerb von Kapital und die Anerkennung der Rechte der neuen Aktionäre als Eigentümer eines zuvor nicht existenten, von diesen durch Zuführung von Kapital vergrößerten Vermögens. Aus Sicht der Gesellschaft läge ausschließlich ein Erwerb von Kapital, nicht jedoch eine Lieferung bzw. Dienstleistung und damit kein unter den Anwendungsbereich der 6. EG-RL (jetzt MwStSystRL) fallender Umsatz vor. Die Beurteilung aus Sicht des Anteilseigners hingegen sei anders zu vorzunehmen. Der Generalanwalt weist ausdrücklich darauf hin, dass die nationalen, zivilrechtlichen Unterschiede im Hinblick auf die gewählte Rechtsform unbeachtlich seien, da so-

606 In der Entscheidung wird auf die Steuerbefreiung nach § 6 Abs. 1 Nr. 8 lit. F Ö-UStG 1999 und § 12 Abs. 3 Nr. 2 Ö-UStG 1994 verwiesen.

607 Schlussantrag des Generalanwalts Jacobs v. 24.2.2005, Rs. C-465/03 [Kretztechnik], Slg. 2005, I-04357.

wohl Anteile an einer Personen- als auch die an einer Kapitalgesellschaft ein Teileigentum an der jeweiligen Einheit darstellten. Die Ausgabe von Aktien gegen Bareinlage sei somit nicht anders zu beurteilen, als die Aufnahme eines neuen Gesellschafters gegen Bareinlage in eine Personengesellschaft. Eine Bestätigung dieser Ansicht findet sich nach *Jacobs* in der Natur der Mehrwertsteuer als einer Steuer auf Umsatz und Verbrauch, der hier nicht gegeben sei. Danach sollen nämlich von dem Anwendungsbereich der Mehrwertsteuer nur solche Leistungen erfasst sein, die zum Umsatz eines Steuerpflichtigen gehören und einen Abschnitt in einer Kette darstellen, die regelmäßig mit dem Verbrauch durch einen Endverbraucher endet. Die Anteilsausgabe ließe sich allerdings gerade nicht als Teil des Umsatzes einer Gesellschaft ansehen.[608]

Bezüglich des Vorsteuerabzugs äußerte er sich – abweichend von der Ansicht des Generalanwalts *Colomer* in der Rechtssache „KapHag Renditefonds"[609] – dahingehend, dass sich das Recht auf Vorsteuerabzug nach den Ausgangsumsätzen richten müsse, für die die Dienstleistungen verwendet werden und dass ein Zusammenhang zwischen Kosten und Vorgängen, welche nicht unter den Anwendungsbereich der Mehrwertsteuer fallen, irrelevant seien. Die Eingangsleistungen müssten im vorliegenden Fall, da eine Verknüpfung mit speziellen Ausgangsumsätzen nicht gegeben sei, der wirtschaftlichen Tätigkeit der Gesellschaft im Ganzen zugerechnet werden. Da es keine vernünftigen Zweifel daran gäbe, dass eine Handelsgesellschaft, welche Kapital aufnimmt, dies für ihre wirtschaftliche Tätigkeit vornehme, sei der Vorsteuerabzug insoweit zu gewähren, als die Gesellschaft für ihre allgemeinen Umsätze Mehrwertsteuer in Rechnung stelle.[610]

Der EuGH folgte dem Schlussantrag und antwortete auf die vorgelegten Fragen, dass die Ausgabe neuer Aktien unabhängig davon, ob sie aus Anlass der Börseneinführung der betreffenden Gesellschaft ausgeführt wird oder nicht, kein Umsatz darstellt, der in den Anwendungsbereich von Art. 2 Nr. 1 der 6. EG-RL fällt. Des Weiteren stellte er fest, dass nach Art. 17 Absätze 1 und 2 der 6. EG-RL ein Recht auf Abzug der gesamten Vorsteuer besteht, die die Aufwendungen eines Steuerpflichtigen für die verschiedenen Leistungen belastet, die er im Rahmen einer Ausgabe von Aktien bezogen hat, sofern es sich bei sämtlichen

608 Schlussantrag des Generalanwalts Jacobs v. 24.2.2005, Rs. C-465/03 [Kretztechnik], Slg. 2005, I-04357. Rn. 31 ff.

609 Schlussantrag des Generalanwalts Colomer v. 6.2.2003, Rs. C-442/01 [KapHag Renditefonds], Slg. 2003, I-6851, Rn. 45f.

610 Schlussantrag des Generalanwalts Jacobs v. 24.2.2005, Rs. C-465/03 [Kretztechnik], Slg. 2005, I-04357, Rn. 70 ff.

Umsätzen, die dieser Steuerpflichtige im Rahmen seiner wirtschaftlichen Tätigkeit vornimmt, um besteuerte Umsätze handelt.[611]

Zur Begründung führte der EuGH – unter Bezugnahme auf die Entscheidung in der Rechtssache „KapHag Renditefonds“ sowie seine ständige Rechtsprechung – aus, dass der Erwerb, das Halten und die Veräußerung von Aktien nur dann eine wirtschaftliche Tätigkeit darstellen, wenn es sich um Umsätze im Rahmen einer gewerblichen Tätigkeit handelt. Nur in diesen Fällen handele es sich um Tätigkeiten, die der nachhaltigen Erzielung von Einnahmen dienen. Solche Umsätze seien allerdings nach Art. 13 Teil B lit. d Nr. 5 der 6. EG-RL[612] von der Mehrwertsteuer befreit. Wobei er nochmals betont, dass es für das Wesen des betreffenden Umsatzes keinen Unterschied macht, ob er im Rahmen einer Börseneinführung oder von einem nicht börsennotierten Unternehmen ausgeführt wird.[613] Für den Fall, dass es sich um eine wirtschaftliche Tätigkeit handelt, stellt der EuGH klar, dass es sich bei der Ausgabe von Aktien nicht um die Lieferung von Gegenständen handele, da Aktien Wertpapiere sind, die einen nichtkörperlichen Gegenstand repräsentieren.[614]

Anschließend negierte der EuGH die Frage, ob die Ausgabe von Aktien eine Dienstleistung gegen Entgelt sei unter Verweis auf die Entscheidung in der Rechtssache „KapHag Renditefonds“, da die Ausgabe von Aktien zur Aufbringung von Kapital gleich wie die Aufnahme eines Gesellschafters in eine Personengesellschaft zu beurteilen sei. Eine Gesellschaft, die neue Aktien ausgebe, will ihr Vermögen durch die Beschaffung von zusätzlichem Kapital vergrößern, wobei sie jedoch den neuen Anteilseignern ein Eigentumsrecht an einem Teil des auf diese Weise erhöhten Kapitals einräumt. Vom Standpunkt der ausgebenden Gesellschaft aus besteht das Ziel, nicht in der Erbringung einer Dienstleistung, sondern im Erwerb von Kapital. Aus Sicht des Anteilseigners stelle die Zahlung der zur Kapitalerhöhung erforderlichen Beträge keine Gegenleistung, sondern eine Investition oder Kapitalanlage dar.[615]

Hinsichtlich des Rechts auf Vorsteuerabzug folgerte der EuGH, dass die im Zusammenhang mit dem Börsengang getätigten Aufwendungen mit der Gesamttätigkeit des Unternehmens in einem direkten und unmittelbaren Zusammenhang

611 EuGH, Urteil v. 26.5.2005, Rs. C-465/03 [Kretztechnik], Slg. 2005, I-04357.

612 Entspricht Art. 135 Abs. 1 Buchstabe f MwStSystRL.

613 EuGH, Urteil v. 26.5.2005, Rs. C-465/03 [Kretztechnik], Slg. 2005, I-04357, Rn. 21.

614 EuGH, Urteil v. 26.5.2005, Rs. C-465/03 [Kretztechnik], Slg. 2005, I-04357, Rn. 22. Diese Aussage widersprach der damals noch geltenden Verwaltungsauffassung in Deutschland, welche die Übertragung von Wertpapieren und Aktien als Liefervorgang betrachtete.

615 EuGH, Urteil v. 26.5.2005, Rs. C-465/03 [Kretztechnik], Slg. 2005, I-04357, Rn. 26 ff.

stehen und damit als allgemeine Kosten zu den Preiselementen der Produkte des Unternehmens gehören. Diese Sichtweise sei geboten, da das Recht auf Vorsteuerabzug fester Bestandteil des Mechanismus der Mehrwertsteuer sei und grundsätzlich nicht eingeschränkt werden darf. Das gemeinsame Mehrwertsteuersystem gewährleiste daher völlige Neutralität hinsichtlich der steuerlichen Belastung aller wirtschaftlichen Tätigkeiten unabhängig von ihrem Zweck und ihrem Ergebnis, sofern diese Tätigkeiten selbst der Mehrwertsteuer unterliegen.[616] Der Umfang der Vorsteuerabzugsberechtigung richte sich folglich danach, inwieweit es sich bei den Umsätzen des Unternehmers um besteuerte Umsätze handelt. Sofern sämtliche Umsätze der wirtschaftlichen Tätigkeit des Unternehmers besteuerte Umsätze sind, ist der Vorsteuerabzug nicht eingeschränkt.[617] Tätigt der Unternehmer auch steuerbefreite Umsätze ist er anteilig zu beschränken.

Demnach ist die Ausgabe von gesellschaftsrechtlichen Beteiligungen sowie das Halten und Veräußern dieser dem Grunde nach ein nichtsteuerbarer Vorgang. Auch ist das sog. Trennungsprinzip, wonach ein Gesellschafter nicht aus der Tätigkeit seiner Gesellschaft seine eigene Unternehmereigenschaft ableiten kann[618] auf Umsätze mit gesellschaftsrechtlichen Beteiligungen konsequent angewandt worden. Dies hätte zur Folge, dass eine Anteilsübertragung eines Gesellschafters nicht der Umsatzsteuer unterliegt und mangels Steuerbarkeit auch eine Geschäftsveräußerung im Ganzen ausgeschlossen ist.

aa) Anteile des Unternehmensvermögens

Dieses Ergebnis ist allerdings im Zusammenhang mit der sog. Holding-Rechtsprechung des EuGH und der sog. Sphärentheorie differenziert zu betrachten, wie nachfolgend näher erläutert wird. Nach Ansicht der Finanzverwaltung ist nicht jede Übertragung von Gesellschaftsanteilen nichtsteuerbar. Die Übertragung von unternehmerisch gehaltenen gesellschaftsrechtlichen Beteiligungen sei steuerbar und ggf. nach § 4 Nr. 8 Buchstabe e) bzw. Buchstabe f) UStG von der Umsatzsteuer befreit.[619]

616 EuGH, Urteil v. 26.5.2005, Rs. C-465/03 [Kretztechnik], Slg. 2005, I-04357, Rn. 34.

617 EuGH, Urteil v. 26.5.2005, Rs. C-465/03 [Kretztechnik], Slg. 2005, I-04357, Rn. 38.

618 EuGH, Urteil v. 20.6.1991, Rs. C-60/90 [Polysar Investments], UR 1993, 119; EuGH, Urteil v. 27.1.2000, Rs. C-23/98 [Heerma], UR 2000, 121; siehe auch Kapitel 2 B IV. 2.

619 BMF-Schreiben v. 26.1.2007 – IV A 5-S 7300-10/07, BStBl. I 2007, 211; jetzt auch Abschnitt 2.3. Abs. 2 UStAE (bislang Abschnitt 18 Abs. 2 UStR 2008).

(1) Unternehmerisch gehaltene Gesellschaftsanteile - Sphärentheorie

Ob Gesellschaftsanteile unternehmerisch gehalten werden, sei nach der Zuordnung der Anteile zur unternehmerischen Sphäre im Rahmen der sog. Sphärentheorie zu beurteilen.[620] Die Sphärentheorie basiert ursprünglich auf ein BMF-Schreiben aus dem Jahre 1971,[621] dessen grundlegende Aussage von der höchstrichterlichen Rechtsprechung in differenzierter Weise fortgeführt wurde.[622] Danach verfügt jeder Unternehmer – gleichgültig welcher Rechts- oder Organisationsform – über einen unternehmerischen und einen nichtunternehmerischen Bereich.[623] Dies gelte nicht nur für natürliche Personen, sondern auch für Erwerbsgesellschaften, soweit sie einer Tätigkeit im Anwendungsbereich des Umsatzsteuerrechts nachgehen.[624] In einer Entscheidung vom 28.9.1988 hatte der BFH im Anschluss an vorhergehende Entscheidungen diesbezüglich festgestellt, dass der "unternehmerische Bereich gegenständlich durch die der Umsatzsteuer unterliegenden Umsätze bestimmt wird".[625] Ebenso stellte er fest, dass die "gesellschaftsrechtliche Beteiligung selbst als solche kein Umsatz ist" und deswegen eine "Trennung der unternehmerischen von der nichtunternehmerischen Sphäre" geboten sei.

Gesetzlicher Anknüpfungspunkt für die Trennung der beiden Bereiche (sog. „Sphären“) sind die Regelungen in § 1 Abs. 1 Nr. 1 Satz 1 UStG und § 15 Abs. 1 Satz 1 Nr. 1 bis 5 UStG.[626] Danach sind nur Leistungen eines Unternehmers, die er im Rahmen seines Unternehmens ausführt, steuerbar. Der Vorsteuerabzug ist nur für solche Leistungsbezüge des Unternehmers gegeben, die für sein Unternehmen bestimmt sind.

Das Unionsrecht regelt es in Art. 2 Abs. 1 Buchstabe a und c bzw. Art. 168 MwStSystRL prima facie ähnlich. Lieferungen und Dienstleistungen unterliegen nur der Mehrwertsteuer (im nationalen Recht: Umsatzsteuer), wenn sie ein Steuerpflichtiger (im nationalen Recht: Unternehmer) „als solcher“ im Inland gegen Entgelt ausführt (vgl. Art. 2 MwStSystRL). „Als solcher“ handelt ein Steuerpflichtiger/Unternehmer, wenn er Umsätze im Rahmen seiner steuerbaren Tä-

---

620 BMF-Schreiben v. 26.1.2007 – IV A 5-S 7300-10/07, BStBl. I 2007, 211; jetzt auch Abschnitt 2.3. Abs. 2 UStAE (bislang Abschnitt 18 Abs. 2 UStR 2008).

621 BMF-Schreiben v. 15.3.1971 – IV A/2-S 7104-5/70, IV A/1- S 7300-6/69, BStBl. I 1971, 189 [außer Kraft].

622 BFH, Urteil v. 20.12.1984 – V R 25/76, BStBl. II 1985, 176.

623 BFH, Urteil v. 20.12.1984 – V R 25/76, BStBl. II 1985, 176.

624 Hasbach, Steuer und Studium 2008, 87 (87); Robisch, UR 2001, 100 (102).

625 BFH, Urteil v. 28.9. 1988 – X R 6/82, UR 1989, 90; vorangehend mit bereits ähnlicher Aussage: BFH, Urteil v. 20.1.1988 – X R 48/81, UR 1988, 309.

626 BFH, Urteil v. 20.12.1984 - V R 25/76, BStBl. II 1985, 176.

tigkeit ausführt.[627] Das Recht des Steuerpflichtigen auf Vorsteuerabzug entsteht nur, „soweit die Gegenstände und Dienstleistungen für Zwecke seiner besteuerten Umsätze verwendet werden“ (Art. 168 MwStSystRL).[628] Ob dies allerdings auch eine Einteilung nach Sphären rechtfertigt, ist fraglich, wie nachfolgend näher erläutert wird.

In der Denkweise der Sphärentheorie können auch Kapitalgesellschaften – nach Ansicht des BFH – Tätigkeiten ausführen, die i.S. des Umsatzsteuerrechts keine wirtschaftlichen Betätigungen darstellen und damit eine außerunternehmerische Sphäre begründen.[629]

(2) Zuordnung der gesellschaftsrechtlichen Beteiligung zum Unternehmen

Die nationale Finanzverwaltung hat in Umsetzung der Rechtsprechung des EuGH mit BMF-Schreiben vom 04.10.2006[630] darauf verwiesen, dass der Vorsteuerabzug aus Eingangsleistungen im Zusammenhang mit Aufwendungen, die hinsichtlich der Abgabe von gesellschaftsrechtlichen Anteilen gegen Bar- oder Sacheinlage getätigt wurden, nur zulässig sei, wenn ein Unternehmer eine Leistung von einem anderen Unternehmer für sein Unternehmen bezieht und die Eingangsleistung nicht mit Ausgangsumsätzen im Zusammenhang steht, die den Vorsteuerabzug ausschließen (§ 15 Abs. 2, Abs. 3 UStG). Der Vorsteuerabzug wurde daher zunächst von der Zuordnung der Beteiligung zum Unternehmen bzw. der Zuordnung der Eingangsleistungen zu den Gesamtaufwendungen der unternehmerischen Betätigung abhängig gemacht. Bezogen auf Eingangsleistungen, die im Zusammenhang mit der Gründung einer Gesellschaft oder der Aufnahme von Gesellschaftern stünden, bedeute dies, dass Vorsteuerbeträge nur dann abziehbar seien, wenn die Aufnahme des Gesellschafters oder die Ausgabe neuer Aktien erfolge, um das Kapital des Unternehmens zugunsten seiner wirtschaftlichen Tätigkeit im Allgemeinen zu stärken und die Kosten der Leistungen, die der Unternehmer in diesem Zusammenhang bezogen hat, Teil seiner

627 EuGH, Urteil v. 12.01.2006, Rs. C-354/03 [Optigen], DStR 2006, 133.

628 Die Frage, wann die Eingangsumsätze für „Zwecke seiner besteuerten Umsätze verwendet werden“ ist derzeit aufgrund der EuGH-Entscheidung v. 29.10.2009, Rs. 29/08 [AB SKF] in der Diskussion (siehe nur Wäger, DStR 2009, 2292 (2294); Eggers/Korf, DB 2009, 2685 (2689/2690); Behrens, EU-UStB 2009, 62 (62 ff.)). Näheres zu den Auswirkungen auf den Vorsteuerabzug im Rahmen der Geschäftsveräußerung im Ganzen siehe Kapitel 2 B IV. 7.

629 BFH, Beschluss v. 14.4.2008 - XI B 171/07, N.V.; BFH, Urteil v. 20.12.1984 - V R 25/76, BStBl. II 1985, 176 ; BFH, Urteil v. 18.11.2004 - V R 16/03, UR 2005, 340.

630 BMF-Schreiben v. 4.10.2006 – IV A 5 S 7300 – 69/06, UR 2006, 699.

allgemeinen Kosten sind und somit zu den Preiselementen seiner Produkte gehören.[631]

In diesem Zusammenhang wurde – anhand des Vorsteuerabzugs – bereits deutlich, dass, sofern die Ausgabe der Beteiligung der allgemeinen wirtschaftlichen Stärkung des Unternehmens dient und die dabei entstandenen Kosten zu Preiselementen der Ausgangsumsätze geworden seien, die Aufwendungen zu den allgemeinen Kosten gehören, für die sich der Vorsteuerabzug nach den Verhältnissen des Besteuerungszeitraums des Leistungsbezugs bestimmt. Soweit das durch die Ausgabe von Beteiligungen beschaffte Kapital dem nichtunternehmerischen Bereich zufließe (z.B. bei einer reinen Finanzholding), sei ein Vorsteuerabzug aus den damit verbundenen Aufwendungen nicht zulässig. Bei einer gemischten Holding habe eine Aufteilung entsprechend Abschnitt 192 Abs. 21 Nr. 1 UStR 2008 (jetzt Abschnitt 15.2. Abs. 21 UStAE), d.h. entsprechend dem Verwendungszeck, zu erfolgen. Diese Festlegungen verdeutlichen, dass die Zuordnung zu einem Bereich – nach Ansicht der Finanzverwaltung – immer für die Frage der Abzugsfähigkeit von Vorsteuern erfolgt.

In diesem Lichte hat sich die Finanzverwaltung dann mit BMF-Schreiben vom 26.01.2007[632] zu umsatzsteuerrechtlichen Fragen im Zusammenhang mit dem Erwerb, dem Veräußern und dem Halten gesellschaftsrechtlicher Beteiligungen aus Anlass der Rechtsprechung des EuGH zum Vorsteuerabzug bei Holdinggesellschaften[633] geäußert. Die Finanzverwaltung hält darin bewusst an der Sphärentheorie fest. Sie nimmt zwar auf, dass das bloße Erwerben, Halten und Veräußern von gesellschaftsrechtlichen Beteiligungen grundsätzlich keine unternehmerische Betätigung darstelle. Dividenden und andere Gewinnbeteiligungen aus Gesellschaftsrechtsverhältnissen seien kein umsatzsteuerrechtliches Entgelt im Rahmen eines Leistungsaustauschs. Sofern aber die Holding darüber hinaus Leistungen im Leistungsaustausch (also gegen [Sonder-]Entgelt) erbringe, wäre somit eine Trennung des unternehmerischen vom nichtunternehmerischen Bereich vorzunehmen.

Das Erwerben, Halten und Veräußern von Beteiligungen kann – nach der Ansicht der Finanzverwaltung[634] – in Ausnahmefällen doch zu einer unternehmerischen Tätigkeit führen, wenn eine der nachfolgenden Ausnahmen vorliegt: (1) Die Beteiligung wird im Rahmen eines gewerblichen Wertpapierhandels erworben und veräußert, wodurch eine nachhaltige auf Einnahmeerzielung gerichtete

631 Mit Verweis auf: EuGH, Urteil v. 26.6.2003, Rs. C-442/01 [KapHag], IStR 2003, 601 und EuGH, Urteil v. 26.5.2005, Rs. C-465/03 [Kretztechnik], IStR 2005, 416.

632 BMF-Schreiben v. 26.1.2007 – IV A 5 – S 7300 – 10/07, UR 2007, 150.

633 Einen Überblick geben Feil/Roscher, BB 2007, 1079.

634 Abschn. 2.3. Abs. 3 UStAE.

Tätigkeit entfaltet wird.[635] (2) Die Beteiligung wird nicht um Ihrer selbst Willen gehalten, also bloß um Dividenden zu erzielen, sondern sie fördert eine bestehende oder beabsichtigte unternehmerische Tätigkeit (z.B. Sicherung günstiger Einkaufskonditionen, Verschaffung von Einfluss bei potentiellen Konkurrenten,[636] Sicherung günstiger Absatzkonditionen). (3) Die Beteiligung erfolgt zum Zweck des unmittelbaren – über die Ausübung der Rechte als Gesellschafter oder Aktionär hinausgehenden – Eingreifens in die Verwaltung der Gesellschaften, an denen die Beteiligung besteht. Diese Eingriffe müssten dabei zwingend durch unternehmerische Leistungen i.S.d. § 1 Abs. 1 Nr. 1 i.V.m. § 2 Abs. 1 UStG erfolgen, z.B. durch die entgeltliche Erbringung von administrativen, finanziellen, kaufmännischen und technischen Dienstleistungen an die jeweilige Beteiligungsgesellschaft. Die Finanzverwaltung übernimmt folglich die Rechtsprechung des EuGH in die Denkweise der Sphärentheorie und ordnet unter den vorgenannten Voraussetzungen die Beteiligung dem unternehmerischen Bereich des Anteilseigners zu.

Die Frage der Geschäftsveräußerung im Ganzen kann sich somit – nach Ansicht der Finanzverwaltung – erst dann stellen, wenn es sich um gesellschaftsrechtliche Beteiligungen im Unternehmensvermögen handelt, da die Übertragung von gesellschaftsrechtlichen Anteilen, die nicht dem Unternehmen zugeordnet sind, wie zuvor dargestellt, nicht in den Anwendungsbereich der Umsatzsteuer fallen. Mithin scheidet der Nichtunternehmer, gleich welcher Rechts- und Organisationsform, welcher Aktien oder andere gesellschaftsrechtliche Beteiligungen erwirbt und hält (um Dividenden zu erzielen) als potentieller Übertragender im Rahmen einer Geschäftsveräußerung im Ganzen aus. Sollte ein derartiger Anteilseigner Aktien oder Gesellschaftsanteile veräußern oder übertragen (z.B. verschenken), so sind diese Vorgänge bereits nicht im Anwendungsbereich des Umsatzsteuerrechts. Anders ist dies bei Übertragenden oder Begünstigten, welche aufgrund ihrer Tätigkeiten im Zusammenhang mit den Beteiligungsgesellschaften oder bereits aus anderen Gründen Unternehmereigenschaft besitzen. Fraglich ist, ob bei ihnen die Zuordnungsentscheidung der Finanzverwaltung zutreffend ist und, sofern dies bejaht wird, wann eine Beteiligung dem Unternehmensvermögen zuzuordnen ist, mit der Folge, dass Verfügungen über die Beteiligungsrechte in den Anwendungsbereich der Umsatzsteuer fallen.

Um Beteiligungen einem Unternehmen zuzuordnen, muss das Rechtssubjekt bzw. müssen die Rechtssubjekte, welche die Beteiligungen übertragen, zunächst selbst Unternehmereigenschaft besitzen.

---

635 Ebenso BFH, Urteil v. 15.1.1987 – V R 3/77, BStBl. II 1987, 512 (515).
636 Ebenso BFH, Urteil v. 20.1.1988 – X R 48/81, BStBl. II 1988, 557 (560).

(3) Anteilseigner als Unternehmer – Holdinggesellschaft als Unternehmer

Eine Zuordnung in der oben genannten Art kann nur vornehmen, wer selbst Unternehmer ist. Häufig werden gesellschaftsrechtliche Beteiligungen von Gesellschaften gehalten. Gesellschaften deren (Haupt-)Zweck das Halten einer oder mehrerer gesellschaftsrechtlicher Beteiligungen ist, werden Holdinggesellschaften genannt.[637] Die Unternehmereigenschaft aber ist bei Holdinggesellschaften, die im Wesentlichen gesellschaftsrechtliche Anteile halten und verwalten, umstritten und schwer abzugrenzen. Im Hinblick auf die nachfolgende Untersuchung bei Umstrukturierungsvorgängen ist bereits an dieser Stelle die Unternehmereigenschaft von Holdinggesellschaften zu analysieren.

Der BFH hatte bereits mit Urteil vom 15.1.1987[638] das durch eine natürliche Person ausgeübte Halten und Verwalten von Beteiligungen als nichtunternehmerische Tätigkeit qualifiziert. Die Einnahmeerzielung durch Zufluss von Zinsen und anderen Erträgen aus Kapitalanlagen und -beteiligungen beruhe nicht auf einer nachhaltigen gewerblichen oder beruflichen Tätigkeit, es sei das bloße Einsammeln von Nutzungen.[639] Diese Grundsätze übertrug er nachfolgend auf eine Personengesellschaft, die neben ihrer Holdingfunktion lediglich geringfügig unternehmerisch tätig war und daher nur insoweit nicht unternehmerisch tätig wurde, als sie sich auf das Halten und Verwalten von Beteiligungen beschränkte.[640] Dies bestätigte er, indem er in einem Folgeurteil ausführte, dass eine Per-

---

637 Der Begriff Holding/Holdingsgesellschaft bezeichnet keine Rechtsform, sondern beschreibt eine organisatorische Verbindung zwischen rechtlich selbständigen Unternehmen; Birkenfeld, Umsatzsteuer-Handbuch, § 33a Rn. 1; Lutter, Holding-Handbuch, § 1 Rn. 11. Die Holding ist keine rechtliche Sonderform, sondern allein eine Organisationsstruktur; Lutter, Holding-Handbuch, § 1 Rn. 11; Rödder, DStR 1993, 635 (636). Aus dem Begriff „Holding" lässt sich nur entnehmen, dass es sich um einen Rechtsträger handelt, dessen Hauptzweck das Halten einer oder mehrerer Beteiligungen an einen oder mehreren Rechtsträgern ist; Lutter, Holding-Handbuch, §1 Rn. 11 ff.; Eggers/Korf, DB 2001, 298, 298. Die Holdingsgesellschaft („Dachgesellschaft") hält Anteile an anderen Gesellschaften („Tochtergesellschaften"), mit denen außer der Kapitalbeteiligung weitere rechtliche und wirtschaftliche Verbindungen bestehen können. Vor allem aus nichtsteuerlichen Gründen werden Holdingstrukturen gegenüber denkbaren Alternativen häufig bevorzugt; Körner, IStR 2009, 1; v. Wallis, FS Rädler, 639 (640). Gründe dafür sind in den Bereichen des Haftungsrechts, des Arbeitsrechts, des Aufsichtsrechts, des ratings, der Dividendenpolitik und insbesondere in der Aufbau- und Ablauforganisation zu finden. In einigen Teilbereichen der Wirtschaft lassen sich Holdingstrukturen fast gar nicht vermeiden, wie am Beispiel der Spartentrennung in der Versicherungswirtschaft deutlich wird.

638 BFH, Urteil v. 15.1.1987 – V R 3/77, BStBl. II 1987, 512.

639 BFH, Urteil v. 15.1.1987 – V R 3/77, BStBl. II 1987, 512

640 BFH, Urteil v. 20.1.1988 – X R 48/81, BStBl. II 1988, 557.

sonengesellschaft regelmäßig nicht Unternehmer ist, soweit sie an anderen Gesellschaften beteiligt ist.[641]

Damit wird die Frage aufgeworfen, ob eine Holdinggesellschaft, also eine Gesellschaft deren Hauptzweck es ist, Gesellschaftsbeteiligungen zu halten, Unternehmer ist. Wer sich – gleich in welcher Rechtsform – an einer (anderen) Personen- oder Kapitalgesellschaft beteiligt, übt zwar eine „Tätigkeit zur Erzielung von Einnahmen“ aus. Dennoch wird derjenige im Regelfall hierdurch nicht zum Unternehmer, denn Dividenden und andere Gewinnbeteiligungen aus Gesellschaftsverhältnissen sind grundsätzlich nicht als umsatzsteuerrechtliches Entgelt im Rahmen eines Leistungsaustauschs anzusehen.[642] Wer aber nicht Unternehmer ist, kann auch keine Gesellschaftsanteile seinem Unternehmen zuordnen.

Der EuGH hat sich in mehreren Urteilen mit dem Vorsteuerabzug von Holdinggesellschaften und in diesem Zusammenhang mit ihrer Unternehmereigenschaft auseinander gesetzt. Auch wenn die Rechtsprechung des EuGH prima facie mit derjenigen des BFH übereinstimmt, so sind bei genauer Betrachtung Unterschiede gegeben, deren Folgen bis dato diskutiert werden.[643] Die Kernaussagen dieser Rechtsprechung lassen sich wie folgt zusammenfassen:

(a) EuGH-Urteil „Polysar Investments“

Der Rechtssache „Polysar Investments“ [644] lag ein Sachverhalt zugrunde, in dem die Holding ausschließlich Dividenden aus ihren Beteiligungen an anderen Gesellschaften erzielte. Strittig war die Vorsteuerabzugsberechtigung der Klägerin. Der EuGH entschied hierzu, dass eine Holdinggesellschaft deren einziger Zweck der Erwerb von gesellschaftsrechtlichen Beteiligungen an anderen Unternehmen sei, ohne dass diese Gesellschaft – unbeschadet ihrer Rechte als Aktionärin oder Gesellschafterin – unmittelbar oder mittelbar in die Verwaltung dieser Gesellschaft eingreift, nicht Steuerpflichtiger (d.h. Unternehmer) im Sinne des Mehrwertsteuerrechts sei und damit keine Vorsteuerabzugsberechtigung aus Eingangsleistungen nach Art. 17 der 6. EG-RL[645] bestünde. Die Zugehörigkeit einer Holdinggesellschaft zu einem Weltkonzern, der im Allgemeinen nach außen hin unter einem einzigen Namen auftritt, sei für die Frage, ob diese Gesellschaft Mehrwertsteuerpflichtiger ist, unbeachtlich.

---

641 BFH, Urteil v. 28.9.1988 – X R 6/82, BStBl. II 1989, 122.

642 EuGH, Urteil v. 21.10.2004, Rs. C-8/03 [BBL], UR 2004, 642.

643 Dies betrifft vor allem die Frage nach der Korrektheit der sog. Sphärentheorie sowie Fragendes Vorsteuerabzugs.

644 EuGH, Urteil v. 20.6.1991, Rs. C-60/90 [Polysar Investments], UR 1993, 119.

645 Entspricht Art. 167 MwStSystRL.

(b) EuGH-Urteil „Sofitam/Satam“

In der Rechtssache „Sofitam/Satam“[646] war ebenfalls das Vorsteuerabzugsrecht streitig. Die Sofitam Holding nahm den Vorsteuerabzug aus sämtlichen Eingangsleistungen vor. Dies umfasste auch Eingangsleistungen, die im Zusammenhang mit Dividenden aus Beteiligungen standen. Der Rechtsstreit wurde daher wegen des Umfangs der Vorsteuerabzugsberechtigung, insbesondere hinsichtlich der Einbeziehung von Dividenden aus gesellschaftsrechtlichen Beteiligungen in den Nenner des Bruchs zur Errechnung der abziehbaren Vorsteuerbeträge nach Art. 19 der 6. EG-RL[647] (sog. Pro-rata-Satz), geführt.

Der EuGH verneinte dies. Er entschied, dass Dividenden nicht in den Anwendungsbereich der Mehrwertsteuer fallen, weil sie kein Entgelt für (irgend)eine wirtschaftliche Tätigkeit im Sinne der 6. EG-RL (MwStSystRL) seien. Sie seien daher bei der Berechnung des Pro-rata-Satzes des Vorsteuerabzugs nach den Art. 17 bis 19 der 6. EG-RL nicht zu berücksichtigen, da anderenfalls der Zweck der völligen Neutralität, die das gemeinsame Mehrwertsteuersystem garantiert, vereitelt würde.

(c) EuGH-Urteil „BLP Group“

Die BLP Group[648] war als gemischte Holding[649] einzustufen. Sie hatte 95% der Anteile an einer Tocher-GmbH veräußert und den Erlös zur Schuldentilgung verwendet. Durch die Finanzverwaltung wurde ihr der Vorsteuerabzug aus den mit dem Anteilsverkauf im Zusammenhang stehenden Eingangsdienstleistungen von Banken, Steuer- und Rechtsberatern versagt. Der EuGH entschied, dass in diesem Fall die bezogenen Dienstleistungen für einen steuerfreien Umsatz verwendet wurden. Gleichzeitig führt er aber auch aus, dass es zutreffe, dass BLP, wenn sie sich entschieden hätte, ein für die gleichen Zwecke bestimmtes Bankdarlehen aufzunehmen, das Recht gehabt hätte, die Mehrwertsteuer für die Dienstleistungen eines Finanzberaters, die für dieses Darlehensgeschäft benötigt worden wären, abzuziehen. Dies sei jedoch dem Umstand geschuldet, dass diese Dienstleistungen, deren Kosten zu den allgemeinen Kosten des Unternehmens und damit zu den Kostenelementen der Produkte gehören, vom Steuerpflichtigen für seine (allgemeinen) besteuerten Umsätze verwendet würden.[650]

---

646 EuGH, Urteil v. 22.6.1993, Rs. C-333/91 [Sofitam/Satam], UR 1994, 73.

647 Entspricht Art. 174 MwStSystRL.

648 EuGH, Urteil v. 6.4.1995, Rs. C-4/94 [BLP Group], UR 1996, 427.

649 Eine gemischte Holding ist eine Holdinggesellschaft, die neben dem Halten und Verwalten von Beteiligungen noch anderweitige unternehmerische Tätigkeiten ausübt.

650 EuGH, Urteil v. 6.4.1995, Rs. C-4/94 [BLP Group], UR 1996, 427, Rn. 27.

(d) EuGH-Urteil „Floridienne/Berginvest"

Die Floridienne SA und die Berginvest SA[651] waren Holdinggesellschaften, wobei die Floridienne SA eine Holdinggesellschaft im Chemie-, Kunststoff- und Agrarnahrungsmittelsektor und die Berginvest SA die Zwischenholding für die Untergruppe des Kunststoffsektors war. Beide haben durch die Erbringung entgeltlicher Dienstleistungen im Bereich der Verwaltung, Buchführung und Informatik sowie durch die Gewährung von Finanzierungsdarlehen unmittelbar und mittelbar in die Verwaltung ihrer Tochtergesellschaften eingegriffen. Außerdem erhielten sie Dividenden aus ihren Beteiligungen und Zinsen für Darlehen. Der Umfang des Vorsteuerabzugs aus Eingangsleistungen der Holdinggesellschaften war streitig und wurde dem EuGH zur Entscheidung vorgelegt.

Der EuGH stellte im Rahmen seiner Auslegung des Unionsrechts für die Beurteilung dieser Rechtssache folgende Grundsätze auf: Eine Gesellschaft, deren einziger Zweck der Erwerb von Beteiligungen an anderen Unternehmen ist, ohne dass sie (unbeschadet ihrer Rechte als Aktionärin oder Gesellschafterin) unmittelbar oder mittelbar in die Verwaltung der Beteiligung eingeschaltet ist, ist keine Unternehmerin und nicht zum Vorsteuerabzug nach Art. 17 der 6. EG-RL[652] berechtigt. Etwas anderes gilt, wenn die Beteiligung, unbeschadet der Rechte, die der Holding als Aktionärin oder Gesellschafterin zustehen, mit unmittelbaren oder mittelbaren Eingriffen in die Verwaltung der Gesellschaft einhergeht, an der die Beteiligung besteht. Derartige Eingriffe stellen eine wirtschaftliche Tätigkeit dar, soweit sie die Vornahme von Tätigkeiten einschließen, die im Sinne des Art. 2 der 6. EG-RL der Mehrwertsteuer unterliegen (z.B. Erbringung von Dienstleistungen im Bereich der Verwaltung, Buchführung und Informatik). Der Bezug von Dividenden aus dem Halten der Beteiligung fällt nicht in den Anwendungsbereich der 6. EG-RL (MwStSystRL), da die ausgeschütteten Dividenden nicht als Entgelt für die von der Holding gegenüber der Beteiligungsgesellschaft erbrachten Dienstleistungen dienen.

Soweit eine Holding der Beteiligungsgesellschaft ein Darlehen gewährt, ist die Überlassung des Darlehens nur dann eine wirtschaftliche Tätigkeit in Gestalt der Nutzung dieses Kapitals zur nachhaltigen Erzielung von Einnahmen (Zinsen), wenn sie nicht nur gelegentlich ausgeübt wird und sich nicht wie die eines privaten Anlegers auf die Verwaltung von Anlagen beschränkt, sondern im Rahmen eines Unternehmensziels oder zu einem geschäftlichen Zweck erfolgt, der insbesondere durch das Interesse an einer Rentabilisierung des investierten Kapitals

651 EuGH, Urteil v. 14.11.2000, Rs. C-142/99 [Floridienne und Berginvest], UR 2000, 530.

652 Entspricht Art. 174 lit. f MwStSystRL.

geprägt ist. Die Zinszahlungen beruhen dann nicht auf dem bloßen Eigentum an einem Wirtschaftsgut, sondern stellen das Entgelt für die Überlassung von Kapital an einen Dritten dar.[653] Die Gewährung von Darlehen an eine Tochtergesellschaft stellt dann keine wirtschaftliche Tätigkeit dar, wenn die Gewährung nicht mit einer anderen steuerbaren Tätigkeit zusammenhängt. Es muss demnach ein Zusammenhang mit den durch die Holding an die Beteiligungsgesellschaft erbrachten Dienstleistungen bestehen. Die Darlehenshingabe allein begründet keine unternehmerische Tätigkeit der Holding. Trotz der Dienstleistungen, die die Holding insbesondere im Bereich der Verwaltung, Buchführung und Informatik an Tochtergesellschaften erbringt, unterliegt die Gewährung von Darlehen an Tochtergesellschaften nicht der Mehrwertsteuer. Es handelt sich nicht um die unmittelbare, dauerhafte und notwendige Erweiterung dieser Dienstleistungen. Außerdem sind solche Darlehen weder notwendig, noch unmittelbar mit den erbrachten Dienstleistungen verbunden.

(e) EuGH-Beschluss "Welthgrove"

Die Welthgrove[654] – eine Zwischenholding, die Anteile an Gesellschaften im Bereich der Produktion von Plastikverpackungen hielt – betreute durch die Mitglieder ihres Verwaltungsrates diese Tochtergesellschaft zwar aktiv, aber ohne ein Entgelt hierfür zu erhalten. Sie erhielt lediglich Dividenden – welche nach der bereits dargestellten Rechtsprechung des EuGH – für sich genommen kein Entgelt für die wirtschaftliche Tätigkeit der Welthgrove darstellen. So entschied auch der EuGH in dieser Rechtssache, dass die Dividende lediglich das Ergebnis der Beteiligung an der Gesellschaft und somit Ausfluss des bloßen Innehabens des Anteils an der Gesellschaft ist. Die aktiven Eingriffe der Holdinggesellschaft in die Verwaltung der Tochtergesellschaften stellen aber nur dann eine wirtschaftliche Tätigkeit im Sinne des Art. 4 Abs. 2 der 6. EG-RL[655] dar, wenn sie die Ausübung von Tätigkeiten einschließen, die nach Art. 2 der 6. EG-RL, also als entgeltliche Tätigkeiten, der Umsatzsteuer unterliegen.

(f) EuGH-Urteil "Cibo Participations S.A."

Die Cibo Participations SA[656] hielt als Holdinggesellschaft im Wesentlichen drei Beteiligungen. Aus diesen Beteiligungen empfing sie Dividenden. Ihr wurde der Vorsteuerabzug im Zusammenhang mit dem Erwerb von Beteiligungen an ihren Tochtergesellschaften versagt. Sie hingegen wandte ein, durch die von ihrem Mehrheitsgesellschafter für die Tochtergesellschaften erbrachten kaufmänni-

---

653 EuGH, Urteil v. 11.7.1996, Rs. C-306/94 [Régie dauphinoise], UR 1996, 304, Rn. 17.

654 EuGH, Urteil v. 12.7.2001, Rs. C-102/00 [Welthgrove], UR 2001, 533.

655 Entspricht Art. 9 Abs. 1 MwStSystRL.

656 EuGH, Urteil v. 27.9.2001, Rs. C-16/00 [Cibo Participations SA], UR 2001, 500.

schen Dienstleistungen (Betriebsrevisionen), die mit 0,5% ihres Umsatzes berechnet würden, greife sie in die Verwaltung der Tochtergesellschaften ein. Der Vorsteuerabzug sei für die beim Erwerb der Beteiligungen bezogenen Rechts- und Steuerberatungsleistungen möglich, weil sie der allgemeinen Tätigkeit der Holding im Anwendungsbereich der Mehrwertsteuer zuzurechnen seien.

Der EuGH entschied, dass Eingriffe einer Holding in die Verwaltung von Beteiligungsgesellschaften eine wirtschaftliche Tätigkeit i.S.d. Art. 4 der 6. EG-RL[657] sind, wenn sie Tätigkeiten darstellen, die gemäß Art. 2 der 6. EG-RL der Mehrwertsteuer unterliegen (wie etwa das Erbringen von administrativen, finanziellen, kaufmännischen und technischen Dienstleistungen der Holding an die Beteiligungsgesellschaft). Die Kosten, die einer Holding beim Erwerb einer gesellschaftsrechtlichen Beteiligung aufgrund hierbei bezogener Dienstleistungen entstanden sind, gehören zu den allgemeinen Kosten und hingen daher grundsätzlich mittelbar und unmittelbar mit ihrer wirtschaftlichen Tätigkeit zusammen. Sie gehören nicht zu den Kosten der Ausgangsumsätze, für die diese Dienstleistungen verwendet werden. Es bestehe zwischen den von einer Holding bei Erwerb einer Beteiligung an einer Tochtergesellschaft erworbenen Dienstleistungen und einem oder mehreren zum Abzug berechtigenden Ausgangsumsätzen kein direkter und unmittelbarer Zusammenhang. Der Mehrwertsteuerbetrag, den die Holding auf die Ausgaben für Dienstleistungen entrichtet hat, belaste die verschiedenen Kostenelemente der Ausgangsumsätze nicht unmittelbar. Die Ausgaben gehören vielmehr zu den allgemeinen Kosten der Holding und hängen deshalb unmittelbar mit ihrer wirtschaftlichen Tätigkeit zusammen. Ein Vorsteuerabzug sei daher nach Maßgabe der allgemeinen wirtschaftlichen Verhälnisse der Holding möglich.

Zudem bestätigte er nochmals, dass auch Dividenden, die Tochtergesellschaften an Holdinggesellschaften ausschütten, die wegen anderer Tätigkeiten mehrwertsteuerpflichtig sind, nicht bei der Berechnung des Pro-rata-Satzes für den Vorsteuerabzug zu berücksichtigen seien.

(g) EuGH-Urteil „EDM“

Auch in der Rechtssache „Empressa de Desenvolvimento Mineiro SGPS SA“,[658] vom EuGH als Rechtssache „EDM“ bezeichnet, war die Vorsteuerabzugsberechtigung streitig. Die EDM, eine Holdingsgesellschaft, welche Mineralstoffe abbaute, verarbeitete und vertrieb und des Weiteren Beteiligungen an Gesellschaften verwaltete, welchen diese Tätigkeiten vertraglich (als Subunternehmer) übertragen worden war, war zudem als Mitglied und Geschäftsführer von Kon-

657 Entspricht Art. 9 MwStSystRL.

658 EuGH, Urteil v. 29.4.2004, Rs. C-77/01 [EDM], UR 2004, 292.

sortien zur Entdeckung und Untersuchung der Wirtschaftlichkeit des Abbaus von Lagerstätten der Mineralstoffe tätig. Sie koordinierte deren Arbeiten und wirkte in technischen Ausschüssen mit. Die Finanzbehörde versagte den Vorsteuerabzug für Eingangsleistungen, die mit Dividenden aus Kapitalbeteiligungen an Gesellschaften, mit Zinsen aus Darlehen an Beteiligungsunternehmen der EDM, mit dem Erlös aus dem Verkauf von Aktiven und sonstigen Wertpapieren, mit Einnahmen aus anderen Geldgeschäften und mit dem Wert der Arbeiten zusammenhingen, die sie im Rahmen der Konsortien ausgeführt hatte.

Der EuGH urteilte, dass Tätigkeiten, die im bloßen Verkauf von Aktien und sonstigen Wertpapieren, wie etwa Beteiligungen an Investmentfonds, bestehen, keine wirtschaftlichen Tätigkeiten i.S.d. Art. 4 der 6. EG-RL[659] seien. Daher sei der Betrag, welcher auf die Umsätze, die auf den bloßen Verkauf von Aktien und sonstigen Wertpapieren wie Beteiligungen an Investmentfonds sowie der Ertrag von Anlagen in Investmentfonds entfielen, bei der Berechnung des Pro-rata-Satzes des Vorsteuerabzugs unberücksichtigt zu lassen.

Die Zinsen dagegen, die eine Holding als Entgelt für Darlehen von einer Beteiligungsgesellschaft erhält, fielen in den Anwendungsbereich der Mehrwertsteuer, da Zinszahlungen nicht auf dem bloßen Eigentum an einem Gegenstand beruhen, sondern Entgelt für die Überlassung von Kapital an einen Dritten darstellen. Als Steuerpflichtiger handele, wer derartige Umsätze tätigt, die eine unmittelbare, dauerhafte und notwendige Erweiterung seiner steuerbaren Tätigkeit darstellen. Handeln eines Unternehmens sei auch gegeben, wenn das Unternehmen Mittel, die Teil seines Vermögens sind, einsetzt, um Dienstleistungen zu erbringen, die eine wirtschaftliche Tätigkeit im Sinne der 6. EG-RL (MwStSystRL) darstellen, wie etwa die Gewährung verzinslicher Darlehen durch eine Holdinggesellschaft an ihre Beteiligungsgesellschaften. Dabei sei irrelevant, ob die Darlehen als Anlage von Finanzüberschüssen oder aus anderen Gründen gewährt werden. Diese Tätigkeiten sind von der Umsatzsteuer befreit (Art. 13 Teil B Buchst. d Nr. 1 und 5 der 6. EG-RL[660]). Die jährliche Gewährung von Darlehen durch eine Holdinggesellschaft an ihre Beteiligungsgesellschaften und die Anlage der Holdinggesellschaft in Form von Bankeinlagen oder in Titel wie Schatzanweisungen oder Zertifikate seien als Hilfsumsätze im Sinne des Art. 19 Abs. 2 Satz 2 der 6. EG-RL[661] anzusehen, soweit die Gegenstände oder Dienstleistungen, die der Mehrwertsteuer unterliegen, nur in sehr geringem Umfang für diese Geschäfte verwendet werden. Die Arbeiten, die die Mitglieder eines Konsortiums entsprechend ihrem jeweiligen in dem Konsortialvertrag festgeleg-

659 Entspricht Art. 9 MwStSystRL.

660 Entspricht Art.135 Abs. 1 Buchstabe b und f MwStSystRL.

661 Entspricht Art. 174 Abs. 2 Buchstabe b und c MwStSystRL.

ten Arbeitsanteil durchführen, sind keine Leistungen die gegen Entgelt ausgeführt werden und somit kein steuerbarer Umsatz. Steuerbar werden sie allerdings dann, wenn die über den im Vertrag festgelegten Arbeitsanteil hinausgehenden Tätigkeiten für eine Gegenleistung erbracht werden.

(h) EuGH-Urteil „BBL“

In der Rechtssache Banque Bruxelles Lambert SA (BBL)[662] hatte der EuGH zu entscheiden, ob und inwieweit eine luxemburgische SICAV [Investmentgesellschaft] Unternehmerin im Sinne des Umsatzsteuerrechts ist. Der EuGH hat in diesem Urteil erstmals – mit Verweis auf die Entscheidung „EDM“ – entschieden, dass der bloße Erwerb oder Verkauf von Wertpapieren keine wirtschaftliche Tätigkeit darstellt. Soweit die SICAV gegenüber Anlegern auftritt, liege aber eine wirtschaftliche Tätigkeit vor.[663] Die Tätigkeit der SICAV, die darin besteht gegen Entgelt beim Publikum beschaffte Gelder für gemeinsame Rechnung in Wertpapieren anzulegen, Portefeuilles aus Wertpapieren zu bilden und zu verwalten, gehe über den bloßen Erwerb und bloßen Verkauf von Wertpapieren hinaus und stelle eine wirtschaftliche Tätigkeit dar.[664] Der Unterschied zu der o.g. Holdingrechtsprechung bestehe vor allem darin, dass eine Holdinggesellschaft sich regelmäßig darauf beschränkt Beteiligungen an anderen Unternehmen zu verwalten, ohne daraus andere Vorteile ziehen zu wollen als die, die sich bei einer gewöhnlichen Verwaltung dieser Anlagen ergeben, also Ausfluss der Gesellschafterstellung sind.[665]

(i) EuGH-Urteil „Securenta“

Die Frage nach dem zutreffenden Aufteilungsschlüssel für den Vorsteuerabzug war Gegenstand der Rechtssache „Securenta Göttinger Immobilienanlagen und Vermögensmanagement AG“,[666] kurz „Securenta“ genannt. Gegenstand des Unternehmens der Securenta war der Erwerb, das Verwalten und Verwerten u.a. von Beteiligungen und Vermögensanlagen jeglicher Art. Das erforderliche Kapital wurde durch die Ausgabe von atypisch stillen Beteiligungen beschafft. Securenta führte drei verschiedene Arten von Tätigkeiten aus: zum einen nichtwirtschaftliche und damit solche, die nicht in den Anwendungsbereich der 6. EG-RL (MwStSystRL) fallen, zum anderen wirtschaftliche in den Anwendungsbereich der 6. EG-RL (MwStSystRL) fallende aber steuerbefreite Tätig-

662 EuGH, Urteil v. 21.10.2004, Rs. C-8/03 [BBL], UR 2004, 642.

663 EuGH, Urteil v. 21.10.2004, Rs. C-8/03 [BBL], UR 2004, 642, Rn. 42 und 43.

664 EuGH, Urteil v. 21.10.2004, Rs. C-8/03 [BBL], UR 2004, 642, Rn. 42 und 43.

665 Ebenso die Argumentation des Generalanwalts Maduro in den Schlussanträgen v. 18.5.2004 in der Rs. C-8/03 [BBL], EuGHE 2004, I-10157, Rn. 13.

666 EuGH, Urteil v. 13.3.2008, Rs. C-437/06 [Securenta], UR 2008, 344.

keiten und zum dritten wirtschaftliche und steuerpflichtige Tätigkeiten. Vereinfacht dargestellt ist der Unterschied zur Entscheidung in der Rechtssache „Kretztechnik“, dass das mit der Ausgabe von Anteilen gewonnene Kapital sowohl im Anwendungsbereich des Mehrwertsteuerrechts als auch außerhalb des Anwendungsbereichs investiert worden ist.

Der EuGH urteilte, dass Mehrwertsteuerbeträge für Aufwendungen im Zusammenhang mit der Ausgabe von Aktien oder atypisch stillen Beteiligungen nur dann zum Vorsteuerabzug berechtigen, wenn die betreffenden Aufwendungen zu den Kostenelementen der versteuerten, zum Abzug berechtigenden Ausgangsumsätze gehören.[667] Daher sei die Vorsteuer auf Aufwendungen im Zusammenhang mit der Ausgabe von Aktien und atypisch stillen Beteiligungen nur abziehbar, wenn das so erworbene Kapital für die wirtschaftlichen Tätigkeiten des Betroffenen eingesetzt worden sei. Dies war aber nicht ausschließlich der Fall, so dass mangels Zurechnungsmöglichkeit zu ausschließlich wirtschaftlichen Ausgangstätigkeiten, eine Aufteilung geboten war. Wäre dies der Fall gewesen – so der EuGH – so hätten die betreffenden Leistungen im direkten und unmittelbaren Zusammenhang mit den wirtschaftlichen Tätigkeiten des Steuerpflichtigen gestanden.[668]

Die Aufwendung der Securenta berechtigten – zumindest teilweise – nicht zum Vorsteuerabzug, da die Aufwendungen für Finanzgeschäfte teilweise der Ausübung nichtwirtschaftlicher Tätigkeiten dienten. Demnach sei eine Aufteilung vorzunehmen. Die Festlegung der Methoden und Kriterien zur Aufteilung der Vorsteuerbeträge in wirtschaftlichen und nichtwirtschaftlichen Tätigkeiten im Sinne der 6. EG-RL (MwStSystRL) sowie Tätigkeiten außerhalb der Mehrwertsteuer stehe im Ermessen der Mitgliedstaaten. Diese müssen bei der Ausübung ihres Ermessens Zweck und Systematik der 6. EG-RL (MwStSystRL) berücksichtigen und daher eine Berechnungsweise vorsehen, die objektiv widerspiegele, welcher Teil der Eingangsaufwendungen jeder dieser beiden Tätigkeiten tatsächlich zuzurechnen ist.

---

667 EuGH, Urteil v. 13.3.2008, Rs. C-437/06 [Securenta], UR 2008, 344 mit Verweis auf EuGH, Urteil v. 22.2.2001, Rs. C-408/98 [Abbey National], UR 2001, 164, Rn. 35 und 36; EuGH, Urteil v. 27.9.2001, Rs. C-16/00 [Cibo Participations], UR 2001, 500, Rn. 33; EuGH, Urteil v. 8.2.2007, Rs. C-435/05 [Investrand], UR 2007, 225, Rn. 23.

668 EuGH, Urteil v. 13.3.2008, Rs. C-437/06 [Securenta], UR 2008, 344 mit Verweis auf EuGH, Urteil v. 22.2.2001, Rs. C-408/98 [Abbey National], UR 2001, 164, Rn. 35 und 36; EuGH, Urteil v. 27.9.2001, Rs. C-16/00 [Cibo Participations], UR 2001, 500, Rn. 33.

(j) EuGH-Urteil „AB SKF“

Auch die Entscheidung des EuGH in der Rechtssache „AB SKF“[669] hat Auswirkungen auf diese Frage. Wie bei vielen der vorhergehend dargestellten Entscheidungen, war die Frage des Vorsteuerabzugs aus Transaktionskosten des Anteilsverkäufers („AB SKF“) der Grund für den Rechtsstreit. „AB SKF“ ist Muttergesellschaft eines internationalen Industriekonzerns und beabsichtigt, den Konzern umzustrukturieren. Sie beteiligt sich aktiv an der Tätigkeit ihrer Tochtergesellschaften. In diesem Zusammenhang erbringt sie ihnen entgeltliche Dienstleistungen wie Unternehmensführung, Verwaltung und Marketing. Aufgrund der Umstrukturierung wurde entschieden sich von der Tätigkeit einer 100%-Tochtergesellschaft sowie einer Beteiligung von 26,5% an einer weiteren Gesellschaft, von der ihr vormals 100% der Anteile gehörten, zu trennen, indem sie die Anteile überträgt. Hierfür stellte sie einen Auskunftsantrag (Vorbescheid), der schließlich zum Vorlageverfahren führte. Die Veräußerungen sollten der Aufbringung von Kapital zur Finanzierung der übrigen Tätigkeiten des Konzerns dienen.

Der EuGH stellte bemerkenswerterweise fest, dass die Veräußerung einer derartigen gesellschaftsrechtlichen Beteiligung eine in den Anwendungsbereich der Mehrwertsteuer fallende Tätigkeit sei. Es galt zu entscheiden, ob die Veräußerung von gesellschaftsrechtlichen Beteiligungen durch die Muttergesellschaft an Tochtergesellschaften, denen sie entgeltliche Dienstleistungen erbringt, eine steuerbare und dann steuerbefreite Tätigkeit ist und welche Auswirkungen dies auf den Vorsteuerabzug hat. Er traf u.a. die Entscheidung, dass die Übertragung einer Beteiligung durch eine entgeltliche Leistungen erbringende Managementholding ein nach Art. 135 Abs. 1 Buchstabe f MwStSystRL[670] steuerfreier Umsatz sei, sofern der Vorgang nicht als Geschäftsveräußerung im Ganzen zu beurteilen ist. Die Veräußerung von derartigen Beteiligungen gehöre nicht zur nichtsteuerbaren Vermögensverwaltung, sondern weise eine direkte Verbindung zur Organisation der Tätigkeit auf, die der Konzern ausübe, und stelle somit eine unmittelbare, dauerhafte und notwendige Erweiterung der steuerbaren Tätigkeit des Steuerpflichtigen dar, die darin bestehe, nachhaltig Einnahmen aus Tätigkeiten zu erzielen, die über den bloßen Verkauf von Wertpapieren hinausgehen.

Auch stimmt er, der in dem Verfahren seitens der EU-Kommission geäußerten Ansicht, dass der Verkauf sämtlicher Vermögenswerte einer Gesellschaft und der Verkauf sämtlicher Aktien an dieser Gesellschaft in funktioneller Hinsicht

669 EuGH, Urteil v. 29.10.2009, Rs. C-29/08 [AB SKF], DStR 2009, 2311.

670 Entspricht Art. 13 Teil B Buchst. d. Nr. 5 der 6. EG-RL (im UStG § 4 Nr. 8 Buchstabe f UStG).

gleichwertig sei, zu. Er könne aber nach Aktenlage nicht feststellen, ob der Verkauf der Tochtergesellschaft und der beherrschten Gesellschaft (26,5%-Anteil) die vollständige oder teilweise Veräußerung der Vermögenswerte der betreffenden Gesellschaften nach sich gezogen hätte. Daher sei nicht abschließend zu beurteilen, ob eine nichtsteuerbare Gesamt- oder Teilvermögensübertragung vorliege. Soweit jedoch die Aktienveräußerung der Übertragung des Gesamtvermögens oder eines Teilvermögens eines Unternehmens im Sinne von Art. 19 Abs. 1 MwStSystRL gleichgestellt werden kann und sofern der betroffene Mitgliedstaat sich für die in diesen Bestimmungen vorgesehene Befugnis entschieden hat, stelle dieser Umsatz keine der Mehrwertsteuer unterliegende wirtschaftliche Tätigkeit dar.

Anderenfalls sei der Vorgang eine steuerbefreite Dienstleistung. Gleichwohl hält der EuGH einen Vorsteuerabzug – im Gegensatz zu der Ansicht des Generalanwalts in den Schlussanträgen[671] – für möglich. Entscheidend sei, ob ein direkter und unmittelbarer Zusammenhang der Ausgaben für die Eingangsleistungen mit den Aktienveräußerungen oder mit der wirtschaftlichen Gesamttätigkeit des Konzerns gegeben sei. Um dieses festzustellen, müsse beurteilt werden, ob die getätigten Ausgaben in den Preis der Aktien, die SKF zu veräußern beabsichtigt, Eingang fänden. Wäre dies der Fall könne bei einer steuerfreien Aktienübertragung kein Vorsteuerabzug geltend gemacht werden. Sofern sie nur zu den Kostenelementen der Produktpreise von SKF gehören wäre der Vorsteuerabzug nach Maßgabe der allgemeinen wirtschaftlichen Betätigung der SKF möglich.

Der Neutralitätsgrundsatz werde verletzt, wenn der Vorsteuerabzug für Kosten versagt würde, die sich auf eine wegen des Eingreifens in die Verwaltung der Gesellschaft steuerbefreite Aktienveräußerung beziehen, während der Vorsteuerabzug für Kosten anerkannt werde, die sich auf eine Veräußerung beziehen, die außerhalb des Anwendungsbereichs der wirtschaftlichen Gesamttätigkeit einzuordnen ist. Dies ist eine deutliche Abkehr von der Entscheidung in der Rechtssache „BLP Group“, ohne dass der EuGH dies mit einer Silbe erwähnt.[672] Ob das Urteil eine Rechtsprechungsänderung ist, wird uneinheitlich betrachtet.[673]

---

671 Schlussantrag des Generalanwalts Mengozzi in der Rs. C-29/08 [AB SKF] v. 12.2.2009, www.curia.europa.eu, Rn. 50 ff.

672 Es wird eine Neubeurteilung der Voraussetzungen für den Vorsteuerabzug erfolgen müssen. Dazu mehr Hundt-Eßwein, UStB 2010, 83 (88) mit dem Hinweis, dass systematische Grenzen nun vom EuGH überschritten wurden.

673 Bejahend Hundt-Eßwein, UStB 2010, 83 (88); Behrens, EU-UStB 2009, 62 (66); verneinend Korf/Kurtz, UR 2010, 86 (102); offengelassen Prätzler, jurisPR-SteuerR 6/2010, Anm. 5; Wäger, DStR 2009, 2292 (2294).

Zuletzt ist dem Urteil noch zu entnehmen, dass der Vollzug der Aktienveräußerung in mehreren Schritten an der dargelegten Beurteilung nichts ändere. Die steuerliche Behandlung einer Aktienveräußerung fuße auf den objektiven Bestandteilen des fraglichen Umsatzes und könne nicht unterschiedlich ausfallen, je nachdem, ob sie sich in einem oder mehreren Schritten vollziehe.

(4) Anerkennung der Holdingrechtsprechung unter Ablehnung der Sphärentheorie

In Anerkennung der Rechtsprechung zur Unternehmereigenschaft von Holdinggesellschaften wurde bereits früh die Auffassung vertreten, die Anwendung der Sphärentheorie auf die Holdinggesellschaften sei durch die Rechtsprechung des EuGH ausgeschlossen.[674] Holdinggesellschaften, die ausschließlich steuerpflichtige Dienstleistungen an ihre Tochtergesellschaften erbringen, seien auch hinsichtlich der Vorsteuern, die ihnen im Zusammenhang mit solchen Tätigkeiten in Rechnung gestellt werden, die keine wirtschaftliche Tätigkeit darstellen, vollumfänglich zum Abzug berechtigt. Inwieweit eine unternehmerisch tätige Gesellschaft überhaupt noch einen nichtunternehmerischen Bereich haben könne, d.h. inwieweit die Sphärenrechtsprechung des BFH in anderen Bereichen noch Anwendung finden könne, stehe zur Diskussion. Dieses Ergebnis leitet *von Streit*[675] daraus ab, dass die seitens des Generalanwalts *Fennelly*[676] geforderte Aufteilung der Vorsteuer vom EuGH nicht aufgegriffen wurde. Der Generalanwalt hatte gefordert, dass Vorsteuern insoweit nichtabzugsfähig seien, als sie sich auf nichtwirtschaftliche Aktivitäten (shareholding and lending activities) beziehen.

Eine als gemäßigter zu bezeichnende Ansicht lehnt die Sphärentheorie in der vom BFH vertretenen strengen Form ab, da sie zu einer Definitivbelastung mit Umsatzsteuer führen kann, obwohl kein Letztverbrauch stattfindet.[677] Der Sicherung der Besteuerung des Letztverbrauchs sei bereits dadurch genüge getan, dass Kapitalgesellschaften nur ihre satzungsmäßigen Zwecke verfolgen können und im Übrigen die Eigenverbrauchsbesteuerung greife.[678]

Des Weiteren wurde in der Literatur eine dritte Sphäre (Drei-Sphären-Theorie) herausgearbeitet.[679] Diese Ansicht stimmt der erstgenannten Ansicht dahinge-

---

674 von Streit, UR 2003, 1; Grünwald, DStR 2005, 1377 (1380); Feldt, UR 2007, 161 (162f.).

675 von Streit, UR 2003, 1 (4f.).

676 Schlussanträge des Generalanwalts Fennelly v. 4.4.200 in der Rs. C-142/99 [Floridienne/Berginvest], EuGHE 2000, I-9567, Rn. 38.

677 Grünwald, DStR 2005, 1377 (1381).

678 Grünwald, DStR 2005, 1377 (1381).

679 Rüth, EU-UStB 2006, 10 (11f.).

hend zu, dass die Zwei-Sphärentheorie des BFH in der klassischen Form mit der Rechtsprechung des EuGH am Ende sei. Sie stehe im Widerspruch zu der EuGH-Rechtsprechung, die eine viel differenziertere Zuordnung der Eingangsleistungen vornehme. Die Drei-Sphären-Theorie wird als neuer Ansatz dargestellt, da mittels einer Zwischensphäre („Graubereich" zwischen unternehmerischer und nichtunternehmerischer Sphäre), deren Anwendungsbereich mittels wertender Zuordnung zu bestimmen sei, den Vorgaben des EuGH hinreichend genüge getan werde.[680]

Die Ansichten teilen sich in zwei Lager. Eine Ansicht beschränkt die Steuerbarkeit (auch einer dem Unternehmen zugeordneten Beteiligung) zwingend auf den Fall des gewerblichen Wertpapierhandels und betrachtet die Sphärentheorie als fehlerhaftes Verständnis des Umsatzsteuerrechts.[681] Die gegenteilige Auffassung, welche auch im BMF-Schreiben vom 26. Januar 2007[682] ihren Niederschlag gefunden hat, betrachtet die Übereignung einer dem Unternehmen zugeordneten Beteiligung als steuerbar (und nach § 4 Nr. 8 Buchstabe e bzw. f UStG von der Umsatzsteuer befreit), da die Veräußerung in der unternehmerischen Sphäre stattfinde.[683] Dem Unternehmen zugeordnet seien Beteiligungen, die im gewerblichen Wertpapierhandel umgesetzt, als strategische Beteiligung (also nicht nur um ihrer selbst willen, sondern zwecks Förderung der bestehenden unternehmerischen Tätigkeit, der Sicherung günstiger Ein- und Verkaufspositionen und der Einflussnahme auf Konkurrenten) als Beteiligung eines Eingriffs-Gesellschafters[684] (also eine Beteiligung vom Anteilsinhaber zum Zwecke der unmittelbaren Einflussnahme mittels entgeltlicher Dienstleistungen, beispielsweise administrativer, finanzieller, kaufmännischer und technischer Dienstleistungen), gehalten werde.[685]

Die Rechtsprechung des EuGH bildet zunächst den Abschluss einer lange währenden Diskussion um das Halten von Beteiligungen und die damit im Zusammenhang stehende Unternehmereigenschaft. Es lässt sich zunächst festhalten,

680 Nun ebenso BMF-Schreiben v. 2.1.2012 – IV 2 - S 7300/11/10002, BStBl. I 2012, 60.

681 FG Düsseldorf, Urteil v. 10.6.2009 – 5 K 150/06 U (Revision BFH, Urteil v. 27.1.2011 - V R 38/09, DStR 2011, 454), EFG 2009; 2070 (2071); Eggers/Korf, DB 2008, 719 (725); Feldt, UR 2007, 161 (169); Englisch, UR 2007, 290 (294f.); Mühleisen/Trapp, UR 2007, 633 (637); wohl auch Wagner, UVR 2004, 310 (311)

682 BMF-Schreiben v. 26.1.2007 – IV A 5 S 7200-10, BStBl. I 2007, 211.

683 Wäger in FS Reiß, 229 (242); Schmidt, UVR 2006, 269 (271); Birkenfeld, NWB Fach 7, 7041 (7043).

684 Bezeichnungsvorschlag nach Eggers/Korf, DB 2009, 2685 (2686); Korf, UVR 2010, 74 (75).

685 BMF-Schreiben v. 26.1.2007 – IV A 5 S 7200-10, BStBl. I 2007, 211; jetzt auch Abschnitt 2.3. Abs. 2 UStAE (bislang Abschnitt 18 Abs. 2 UStR 2008).

dass das Halten, der Erwerb und die Veräußerung von Anteilen an Gesellschaftsrechten bzw. Beteiligungen an Gesellschaften grundsätzlich keine unternehmerische Tätigkeit ist.[686] Sofern derartige Tätigkeiten als solche keine wirtschaftliche Tätigkeit i.S. der MwStSystRL darstellen, muss dasselbe auch (separat betrachtet) für die Veräußerung solcher Beteiligungen gelten.[687] Konsequenz der o.g. Rechtsprechung ist auch, dass die Erzielung von Dividenden nicht in den Anwendungsbereich der MwStSystRL (früher 6. EG-RL) fallen, da Dividenden kein Entgelt für irgendeine wirtschaftliche Tätigkeit darstellen.[688] Zudem stellt der EuGH auch fest, dass die Aufwendungen im Zusammenhang mit dem Erwerb einer Beteiligung zu den allgemeinen Kosten gehören, und somit im Rahmen der allgemeinen wirtschaftlichen Tätigkeit der Gesellschaft zum Vorsteuerabzug[689] berechtigen. Anders ist dies dann, wenn der Veräußerungsvorgang eine direkte Verbindung zur wirtschaftlichen Tätigkeit des Unternehmers darstellt. Die Beteiligung folglich eine unmittelbare, dauerhafte und notwendige Erweiterung der steuerbaren Tätigkeit ist.[690] Die Veräußerung von Beteiligungsgesellschaften im Wege des „Share Deals" ist dann eine wirtschaftliche Tätigkeit, wenn diese Beteiligungsgesellschaft in die wirtschaftlichen Tätigkeiten eingebunden war. Dies kann durch entgeltliche Dienstleistungen an selbige erfolgen.

---

686 EuGH, Urteil v. 6.2.1997, Rs. C-80/95 [Harnas&Helm] UR 1997, 351, Rn. 15; EuGH, Urteil v. 14.11.2000, Rs. C-142/99 [Floridienne SA, Berginvest SA], UR 2000, 530, Rn. 22; ebenso BFH, Urteil v. 15.1.1987 – V R 3/77, BStBl. II 1987, 512 (in Bezug auf natürliche Personen); BFH, Urteil v. 1.7.2004 – V R 32/00, UR 2004, 537; BFH, Urteil v. 21.1.1988 – X R 48/81, BStBl. II 1988, 557 (in Bezug auf Personengesellschaften) und BFH, Urteil v. 18.11.2004 – V R 16/03, UR 2005, 340 (in Bezug auf Kapitalgesellschaften; ebenso BMF-Schreiben v. 26.1.2007, BStBl. I 2007, 211.

687 EuGH, Urteil v. 26.6.2003, Rs. C-442/01 [KapHag Renditefonds], UR 2003, 443, Rn. 38 und 40; EuGH, Urteil v. 20.6.1996, Rs. C-155/94 [Welcome Trust Ltd], UR 1996, 423, Rn. 33; Differenzierend BMF-Schreiben v. 26.01.2007, BStBl. I 2007, 211 mit der Aussage, dass die unternehmerisch gehaltene – gemeint ist die dem Unternehmen nach den von der Finanzverwaltung bestimmten Merkmalen zugeordnete – Beteiligung steuerbar aber grundsätzlich steuerbefreit veräußert wird. Gleich wohl stimmen beide Ansichten miteinander überein, dass allein durch die Veräußerung einer gesellschaftsrechtlichen Beteiligung (außerhalb des gewerbsmäßigen Wertpapierhandels) keine Unternehmereigenschaft begründet wird; ebenso Birkenfeld, Umsatzsteuer-Handbuch, § 33a, Rn. 13 und Rn. 150. Der Veräußerungsvorgang im gewerblichen Wertpapierhandel ist immer eine wirtschaftliche Tätigkeit, da der Erwerb und die Veräußerung die eigentliche nachhaltige Betätigung zur Erzielung von Einnahmen ist.

688 EuGH, Urteil v. 22.6.1993, Rs. C-333/91 [Sofitam/Satam], UR 1994, 73, Rn. 13.

689 § 15 UStG bzw. Art. 167 ff. MwStSystRL (früher: Art. 17 ff. der sog. 6. EG-RL).

690 EuGH, Urteil v. 29.10.2009, Rs. C-29/08 [AB SKF], DStR 2009, 2311, Rn. 31 und 33.

Damit ist auf den ersten Blick die bisherige Einteilung in unternehmerische und nichtunternehmerische Bereiche (sog. Sphären) bestätigt und die Veräußerung einer – nach der oben dargestellten Rechtsansicht der Finanzverwaltung – unternehmerisch gehaltenen Beteiligung steuerbar. Die nationale Finanzverwaltung und Teile der Rechtsprechung haben die Holding-Rechtsprechung des EuGH immer in Verbindung mit der sog. Sphärentheorie des BFH (Zuordnung der Betätigung jeglicher Rechtssubjekte zu einem unternehmerischen und einem nichtunternehmerischen Bereich) betrachtet. Daher sei neben der Unternehmereigenschaft des Anteilseigners auch die Zuordnung zum unternehmerischen Bereich notwendig. Dies gilt es somit nachfolgend zu untersuchen.

(5) Bestätigung der Sphärentheorie durch die EuGH-Entscheidungen „Securenta" oder „AB SKF"?

Neue Impulse in den Streit um die Existenzberechtigung und Richtigkeit der sog. Sphärentheorie sind durch die aktuellen Entscheidungen in die Diskussion eingeflossen. Ob der EuGH mit den Entscheidungen in den Rechtssachen „Securenta"[691] und „AB AKF"[692] die Sphärentheorie (indirekt) bestätigt hat oder nicht, ist nunmehr aktueller Diskurs.[693]

Auf Vorlage des Finanzgerichts Niedersachsens[694] hat der EuGH in der Rechtssache „Securenta" entschieden, dass die Vorsteuern aus Leistungsbezügen im Zusammenhang mit der Ausgabe neuer Anteile und von atypisch stillen Beteiligungen nur insoweit abziehbar sind, als diese Leistungsbezüge ausschließlich für unternehmerische Zwecke verwendet werden. Er betont, dass in Anwendung der bisherigen Rechtsprechung des EuGH, der Vorsteuerabzug die Zuordnung der zugrunde liegenden Eingangsleistung zu einer wirtschaftlichen (= unternehmerischen) Tätigkeit erfordere. Bei gemischter Verwendung der Eingangsleistung sei daher ein Aufteilungsschlüssel anzuwenden. Da aber die unionsrechtlichen Vorgaben hierzu keine Aussagen treffen, verweist der EuGH die Bestimmung der Aufteilungsmethode in die Zuständigkeit der Mitgliedstaaten. Somit ist nach wie vor nicht entschieden, ob ein Umsatzschlüssel (Aufteilung der Vorsteuerbeträge bei gemischter Verwendung der Eingangsleistung anhand der Ausgangsumsätze des den Vorsteuerabzug begehrenden Unternehmers) oder ein

691 EuGH, Urteil v. 13.03.2008, Rs. C-437/06 [Securenta], DB 2008, 739.

692 EuGH, Urteil v. 29.10.2009, Rs. C-29/08 [AB SKF], DStR 2009, 2311.

693 Bejahend: Widmann, DStR 2009, 1061 (1067); Behrens, EU-UStB 2009, 62 (66); Langer/Zugmaier, DStR 2008, 617 (617); Birkenfeld, NWB Fach 7, 7041 (7043); Hahne, BB 2008, 766 (766); Nieskens, EU-UStB 2009, 57 (58); Wäger, DStR 2009, 2292 (2295); Hundt-Eßwein, UStB 2010, 83 (86); verneinend: Korf/Kurtz, UR 2010, 86 (102); offengelassen: Prätzler, jurisPR-SteuerR 6/2010, Anm. 5.

694 FG Niedersachsen, Urteil v. 05.10.2006 – 5 K 109/05, UR 2007, 189.

Investitionsschlüssel (Aufteilung aufgrund der Zuordnung des Aufwandes) anzuwenden ist. Der EuGH hat in der „Securenta"-Entscheidung die Mitgliedstaaten lediglich darauf hingewiesen, dass bei der Ausübung ihres Ermessens Zweck und Systematik der MwStSystRL zu berücksichtigen seien. Daher müsse eine Aufteilung gewählt werden, die objektiv widerspiegle, welcher Teil der Eingangsaufwendungen jeder dieser Tätigkeiten tatsächlich zuzurechnen sei.

In der Literatur wird nunmehr einerseits zutreffend angemerkt, dass der Zurechnung von Beteiligungen zum unternehmerischen und nichtunternehmerischen Bereich, wie sie seitens der Finanzverwaltung nach den Grundsätzen des BMF-Schreibens vom 26.01.2007[695] erfolgt, nicht durchgängig gefolgt werden könne. Die Entscheidung sei keine Bestätigung der Sphärentheorie, da der EuGH nicht geprüft habe, ob die „Securenta" die Leistungen für ihr Unternehmen verwendet habe.[696] Für den Vorsteuerabzug sei in Auswertung der Rechtsprechung des EuGH vorrangig, ob die Beteiligung von Nutzen für eine unternehmerische Tätigkeit sei.[697] Schließlich habe der EuGH in seinen Urteilen in den Rechtssachen „KapHag Renditefonds"[698] und „Kretztechnik"[699] klargestellt, dass die Form der Kapitalbeschaffung nebensächlich sei; maßgeblich sei die Verwendung der vereinnahmten Gelder. Demnach wäre auch argumentierbar, dass die Dividenden und die Gewinne aus etwaigen Beteiligungsveräußerungen der unternehmerischen Sphäre dienen. Somit sei die Vorsteuerabzugsberechtigung für die entsprechenden Eingangsleistungen bei Nachweis dieses Zusammenhangs belegt.[700]

Andererseits gibt es viele Stimmen in der Literatur, die die sog. Sphärentheorie, auf welche die Rechtsansicht der Finanzverwaltung beruht, durch die EuGH-Entscheidung in der Rechtssache „Securenta" bestätigt sehen.[701] Der Entscheidung wird sogar entnommen, dass die Grundsätze des BMF-Schreibens vom 26.01.2007[702] nicht antastbar seien.[703] Nach Ansicht von *Jakob*[704] sei gedanklich

695 BStBl. I 2007, 211.

696 Eggers/Korf, DB 2008, 719 (721).

697 Nattkämper, EU-UStB 2008, 41 (45); Heinrichshofen, EU-UStB 2007, 23 (24) mit Verweis auf das BMF-Schreiben v. 4.10.2006, BStBl. I 2006, 614.

698 EuGH, Urteil v. 26.06.2003, Rs. C-442/01 [KapHag Renditefonds], IStR 2003, 601.

699 EuGH, Urteil v. 26.05.2005, Rs. C-465/03 [Kretztechnik], IStR 2005, 416.

700 Korf/Eggers, DB 2008, 719 (720); Nattkämper, EU-UStB 2008, 41 (45); Eggers, UR 2008, 348 (352).

701 Langer/Zugmaier, DStR 2008, 617 (617); Birkenfeld, NWB Fach 7, 7041 (7043/7046); Hahne, BB 2008, 766 (766); Nieskens, EU-UStB 2009, 57 (58); Wäger, DStR 2009, 2292 (2295).

702 BMF-Schreiben v. 26.1.2007, IV A 5 – S 7300 – 10/07, BStBl. I 2007, 211.

nicht trennscharf zwischen dem nichtsteuerbaren Tätigkeitsbereich einer Gesellschaft, der durchaus wirtschaftlich ausgelegt sein kann, und ihrem nichtunternehmerischen Tätigkeitsbereichen unterschieden worden. Dennoch sei der EuGH in der Rechtssache „Securenta" in der Diktion der Richtlinie der Sphärentheorie gefolgt, in dem er den Abzug von Vorsteuern auf Eingangsleistungen im Zusammenhang mit der Ausgabe von Aktien nur insoweit zulässt, als diese Leistungen der wirtschaftlichen Tätigkeit der Gesellschaft zuzurechnen seien.[705]

Dem ist jedoch entgegen zu halten, dass der EuGH in der aktuellen Entscheidung in der Rechtssache „VNLTO"[706] wiederum auf die drei Tätigkeitsarten nichtwirtschaftlich, wirtschaftlich-steuerbefreit und wirtschaftlich-steuerpflichtig für den Vorsteuerabzug abgestellt hat und nichtwirtschaftliche Tätigkeiten noch in unternehmensfremd und nicht unternehmensfremd differenziert. In der Rechtssache „VNLTO" hatte der EuGH zu entscheiden, ob eine niederländische Vereinigung zur Förderung der Interessen des Agrarsektors, welche Beiträge von ihren Mitgliedern erhebt und deren Tätigkeit sich sowohl auf die allgemeine Wahrnehmung der Mitgliederinteressen (eine nach niederländischem Recht nichtunternehmerische Tätigkeit) als auch auf die Erbringung individueller Dienstleistungen gegen Entgelt beschränkt, aus Vorkosten einen Vorsteuerabzug geltend machen kann.[707] Der EuGH betont in diesem Urteil, dass eine Besteuerung als unentgeltliche Wertabgabe voraussetze, dass ein Unternehmensgegenstand ausschließlich für den privaten Bedarf des Unternehmers verwendet werde. Die Anwendung könne nicht auf alle Eingangsleistungen für Zwecke nichtwirtschaftlicher Tätigkeiten erstreckt werden.[708] Der EuGH untergliedert in diesem Urteil erstmalig nichtwirtschaftliche Tätigkeiten in unternehmensfremd und nicht unternehmensfremd. Es kann daher auch nichtwirtschaftliche Tätigkeiten die unternehmensbezogen sind (z.B. Veräußerungen von Anteilen von Beteiligungsgesellschaften, in deren Geschicke nicht eingegriffen wird)

---

703 Nattkämper, EU-UStB 2008, 41 (45); Bestätigung der Ansicht der Finanzverwaltung sehen Rüth/Hüllmann, EU-UStB 2008, 9 (13) bereits in den Schlussanträgen des Generalanwalts.

704 Jakob, Umsatzsteuer, Rn. 915.

705 Jakob, Umsatzsteuer, Rn. 915.

706 EuGH, Urteil v. 12.2.2009, Rs. C-515/07 [Vereniging Noordelijke Land-en Tuinbouw Organisatie – VNLTO], DStR 2009, 369.

707 EuGH, Urteil v. 12.2.2009, Rs. C-515/07 [Vereniging Noordelijke Land-en Tuinbouw Organisatie – VNLTO], DStR 2009, 369.

708 EuGH, Urteil v. 12.2.2009, Rs. C-515/07 [Vereniging Noordelijke Land-en Tuinbouw Organisatie – VNLTO], DStR 2009, 369 mit Verweis auf EuGH, Urteil v. 13.3.2008, Rs. C-437/06 [Securenta], UR 2008, 244. Zustimmend Hundt-Eßwein, UStB 2010, 83 (86) mit Verweis auf EuGH, Urteil v. 8.5.2003, Rs. C-269/00 [Seeling], UR 2003, 288.

und nichtwirtschaftliche Tätigkeiten, die unternehmensfremd sind (Tätigkeiten für den Privatbedarf des Unternehmers und dem Personal) geben.[709] Dies gibt auch *Jakob* zu bedenken, indem er ausführt, dass die Grenze zwischen der nichtsteuerbaren, aber wirtschaftlich-unternehmerischen und der nichtunternehmerischen Sphäre, im Detail abstrakt und schwierig zu umreißen ist und Vieles noch in der Schwebe sei.[710]

Mit der Entscheidung in der Rechtssache „AB SKF“ ist nun vom EuGH in Auslegung der MwStSystRL entschieden worden, dass die Veräußerung einer gesellschaftsrechtlichen Beteiligung an einer Gesellschaft, der der Veräußerer zuvor entgeltliche Leistungen erbracht hat, ein grundsätzlich steuerbarer und ggf. steuerbefreiter Vorgang ist.[711] Der EuGH hebt hervor, dass Umsätze mit Aktien oder Anteilen an Gesellschaften in den Anwendungsbereich der Umsatzsteuer fallen, wenn sie (a) im Rahmen des gewerbsmäßigen Wertpapierhandels erfolgen oder (b) zum Zweck des unmittelbaren oder mittelbaren Eingreifens in die Verwaltung der Gesellschaft erfolgen, an denen die Beteiligung begründet worden ist, oder wenn sie (c) eine unmittelbare, dauerhafte und notwendige Erweiterung einer steuerbaren Tätigkeit darstellen.[712] Die Veräußerung einer derartigen Beteiligung sei ein Vorgang, der die Beendigung der Beteiligung an den jeweiligen Gesellschaften bedeutet und darin besteht, nachhaltig Einnahmen aus Tätigkeiten zu erzielen, die über den bloßen Verkauf von Wertpapieren hinausgehen.[713] Wurde durch Leistungen Einfluss auf eine Beteiligungsgesellschaft ausgeübt, so ist dies eine Erweiterung der steuerbaren Tätigkeiten des unternehmerischen Anteilseigners. Somit falle – quasi als letzter Akt dieser Betätigung – auch die Anteilsübertragung in den Anwendungsbereich der Umsatzsteuer. Dies erfordere bereits die Gleichbehandlung und Steuerneutralität, da der unternehmerische Erwerb auch die unternehmerische Veräußerung impliziere.[714] In der Literatur wird nun bereits die Entscheidung als Bestätigung der Sphärentheorie betrachtet.[715] Dies ist aber eine zu voreilig gezogene Schlussfolgerung, wie nachfolgend näher erläutert wird.

---

709 Ebenso Korf/Kurtz, UR 2010, 86 (103).

710 Jakob, Umsatzsteuer, Rn. 916.

711 EuGH, Urteil v. 29.10.2009, Rs. C-29/08 [AB SKF], DStR 2009, 2311, Rn. 33 ff.

712 EuGH, Urteil v. 29.10.2009, Rs. C-29/08 [AB SKF], DStR 2009, 2311, Rn. 31 ff. m.w.N.

713 EuGH, Urteil v. 29.10.2009, Rs. C-29/08 [AB SKF], DStR 2009, 2311, Rn. 33 mit Verweis auf Rn. 31.

714 EuGH, Urteil v. 29.10.2009, Rs. C-29/08 [AB SKF], DStR 2009, 2311, Rn. 34.

715 Wäger, DStR 2009, 2292 (2295) mit der Aussage, dass das Urteil dafür spreche „im Grundsatz auch weiterhin [an der Sphärentheorie] festzuhalten“; Erg. d. Verf.

(6) Stellungnahme

(a) Tätigkeiten statt Sphären

Insbesondere den Autoren, welche eine Bestätigung der im BMF-Schreiben vom 26.01.2007 niedergelegten Rechtsauffassung in der EuGH-Entscheidung „Securenta" erblicken, ist nur insoweit zuzustimmen, als der EuGH in Auslegung des Unionsrechts geurteilt hat, dass hinsichtlich des Vorsteuerabzugs aus Aufwendungen für eine Kapitalbeschaffungsmaßnahme (Ausgabe von Gesellschaftsanteilen) zu unterscheiden ist, ob das erworbene Kapital für ausschließlich nichtwirtschaftliche (nichtunternehmerische) Tätigkeiten (dann kein Vorsteuerabzug), ausschließlich wirtschaftliche (unternehmerische) Tätigkeiten (dann voller Vorsteuerabzug) oder teilweise wirtschaftliche Tätigkeiten (dann Vorsteueraufteilung) verwendet wird.[716]

Nun kann zwar einerseits mit *Eggers/Korf* durchaus die Auffassung vertreten werden, dass die Sphärentheorie durch die Entscheidung nicht gestärkt wird und maßgeblich für den Vorsteuerabzug die (beabsichtigte) Verwendung der im Zusammenhang mit den Transaktionen mit Gesellschaftsrechten/-anteilen erzielten Finanzmittel ist.[717] Andererseits wird aber auch betont, dass die Argumentationsbasis der Finanzverwaltung durch die Entscheidung durchaus gestärkt wurde und bei davon abweichenden Rechtsansichten mit einer deutlichen Abwehrhaltung gerechnet werden müsse.[718] *Wäger* sieht zudem keinen Zweifel, dass Unternehmer sowohl im Hinblick auf die Steuerbarkeit ihrer Umsätze, als auch im Hinblick auf den Vorsteuerabzug über Tätigkeitssphären verfügen.[719] Die im Schrifttum[720] gegen die Fortgeltung der Sphärentheorie angeführten Urteile in den Rechtssachen „Floridienne/Berginvest"[721] und „EDM"[722] sprächen eher für die Sphärentheorie als gegen sie.[723]

M.E. verdeutlichen die Entscheidungen in den Rechtssachen „Securenta" und „AB SKF", dass der EuGH nicht nach Sphären zuordnet. Er beurteilt jede Tätig-

---

716 Ebenso Eggers, UR 2008, 348.

717 Eggers/Korf, DB 2008, 719, Korf, IStR 2008, 294; Eggers, UR 2008, 41 (45).

718 Nattkämper, EU-UStB 2008, 41 (45).

719 Wäger in FS Reiß, 229 (237).

720 von Streit, UR 2003, 1 (2 ff.); Grünewald, DStR 2005, 1377 (1378 ff.).

721 EuGH, Urteil v. 14.11.2000, Rs. C-142/99 [Floridienne und Berginvest], UR 2000, 530.

722 EuGH, Urteil v. 29.4.2004, Rs. C-77/01 [EDM], UR 2004, 292.

723 Wäger in FS Reiß, 229 (238); jetzt auch weiterhin daran festhaltend ders., DStR 2009, 2292 (2295).

keit für sich. Der EuGH unterscheidet auf der Ausgangsseite nach Tätigkeiten und auf der Eingangsseite nach den Zwecken des Leistungsbezugs.[724]

Dem Unionsrecht und dem EuGH sind Sphären, wie „unternehmerisch" und „nichtunternehmerisch" fremd.[725] Der EuGH hat die Entscheidung über den Vorsteuerabzug nach der Einordnung der Aufwendungen für die Eingangsleistung als Kostenelemente der drei Tätigkeitskategorien, wirtschaftlich-steuerpflichtig, wirtschaftlich-steuerfrei und nicht-wirtschaftlich beurteilt. Dabei wird für Eingangsleistungen, die im Zusammenhang mit nicht-wirtschaftlichen Tätigkeiten stehen nochmals in zum Vorsteuerabzug berechtigend und nicht zum Vorsteuerabzug berechtigend unterschieden.[726] Diese Zuordnung nach Tätigkeiten ist nicht völlig gleichzusetzen mit Sphären, denn notwendig ist – nach unserer derzeitigen nationalen Regelung für den Vorsteuerabzug – die direkte Zuordnung eines Eingangsumsatzes zu einem Ausgangsumsatz. *Oelmaier*[727] verweist zutreffend darauf, dass, während § 15 Abs. 1 Satz 1 Nr. 1 UStG für das Recht auf Vorsteuerabzug auf einen Bezug „für sein Unternehmen" abstelle, das Unionsrecht in Art. 168 Abs. 1 MwStSystRL (früher Art. 17 Abs. 2 der 6. EG-RL) hingegen normiere, dass der Steuerpflichtige/Unternehmer „soweit die Gegenstände und Dienstleistungen für Zwecke seiner besteuerten Umsätze verwendet werden" zum Vorsteuerabzug befugt ist. Die Regelungen im UStG sind daher im Ganzen zu überdenken.[728]

Allein maßgebend ist, aus welchem Beweggrund eine Tätigkeit ausgeführt wird. Die MwStSystRL knüpft ausschließlich an Tätigkeiten an.[729] Zwar spricht auch *Wäger* von Tätigkeitssphären und beruft sich zur Rechtfertigung der Aufrechterhaltung der Sphärentheorie auf den Grundsatz der Rechtsformneutralität, da anderenfalls eine Kapitalgesellschaft ohne außerunternehmerischen Bereich günstiger darstünde als eine natürliche Person, deren Privatbereich jedem offenkundig sei.[730] Nicht verkannt werden darf, dass die Sphärentheorie und auch das

---

724 Ebenso Korf/Kurtz, UR 2010, 86 (102/103).

725 Ähnlich in der Argumentation FG Düsseldorf, Urteil v. 10.6.2009 – 5 K 150/06 U, EFG 2009; 2070.

726 Hundt-Eßwein, UStB 2010, 83 (87).

727 Oelmaier, HFR 2009, 161 (161).

728 Siehe auch: Hundt-Eßwein, UStB 2010, 83 mit Kritik an der aktuellen EuGH-Rechtsprechung. Nunmehr – auf Basis geänderter höchstrichterlicher Rechtsprechung – im Verwaltungswege erfolgt durch BMF-Schreiben v. 2.1.2012 – IV 2 - S 7300/11/10002; BStBl. I 2012, 60.

729 Ebenso Wäger in FS Reiß, 229 (234); Wagner in Sölch/Ringleb, UStG, § 15, Rn. 232f.; Oelmaier, HFR 2009, 161 (161).

730 Wäger in FS Reiß, 229 (238).

BMF-Schreiben vom 26.1.2007[731] bestrebt sind eine Begrenzung des Vorsteuerabzugs bzw. Zuordnung der Eingangsumsätze im Zusammenhang mit dem Erwerben, Halten und Veräußern von gesellschaftsrechtlichen Beteiligungen (z.B. Beratungsleistungen) zu bestimmten Ausgangsumsätzen zu erreichen.[732] Dadurch soll die Vorsteuerabzugsberechtigung geregelt werden. Dieser Ansatz ist aber dem Unionsrecht fremd, wie auch der Entscheidung des EuGH in der Rechtssache „AB SKF" zu entnehmen ist.[733] Das Unionsrecht betrachtet hinsichtlich des Rechts auf Vorsteuerabzug den Zweck des Leistungsbezugs.[734] Der EuGH nimmt für den Vorsteuerabzug im Zusammenhang mit einer steuerfreien Anteilsveräußerung keine Zuordnung zu einer Sphäre vor, sondern betrachtet, ob die Kosten für die Eingangsleistungen zu den allgemeinen wirtschaftlichen Aufwendungen gehören oder zu Kostenbestandteilen bei der Anteilsveräußerung wurden.[735] Die Zuordnung der Kosten zu einer unternehmerischen Betätigung (der Zweck des Leistungsbezugs) entscheidet demnach über den Vorsteuerabzug, nicht die Sphäre in der ein Eingangsumsatz bezogen wird. Dies ist auch darin zu erkennen, dass für den EuGH die Vorsteuern auf Eingangsleistungen, welche im Zusammenhang stehen mit Tätigkeiten, die außerhalb des Anwendungsbereichs der Umsatzsteuer ausgeführt werden, abzugsfähig sind, wenn die Aufwendungen für diese Eingangsleistungen zu den allgemeinen Kosten, d.h. zu den Kostenelementen der versteuerten, zum Vorsteuerabzug berechtigenden Ausgangsumsätze gehören.[736]

Demnach können Vorsteuerbeträge auf Eingangsleistungen, die nach der Diktion der Sphärentheorie im nichtunternehmerischen Bereich bezogen werden, dennoch zum Abzug zugelassen werden.[737] Der EuGH stellt auf den Zweckzusammenhang der bezogenen Eingangsleistung ab und lässt auch den Vorsteuerabzug zu, wenn das im Rahmen der jeweiligen Betätigung/Transaktion (beispielsweise in der Rechtssache „Securenta" durch die Ausgabe von Aktien und atypisch stillen Beteiligungen) erworbene Kapital zur allgemeinen wirtschaftli-

---

731 BMF-Schreiben v. 26.1.2007 – IV A 5 S 7200-10, BStBl. I 2007, 211.

732 Derartig analysiert auch Heinrichshofen, EU-UStB 2007, 23 (23 ff.) das BMF-Schreiben.

733 EuGH, Urteil v. 29.10.2009, Rs. C-29/08 [AB SKF], DStR 2009, 2311.

734 EuGH, Urteil v. 29.10.2009, Rs. C-29/08 [AB SKF], DStR 2009, 2311, Rn. 57 ff.; im Ergebnis gleich: FG Düsseldorf, Urteil v. 10.6.2009 – 5 K 150/06 U (Revision BFH, Urteil v. 27.1.2011 -V R 38/09, DStR 2011, 454), EFG 2009, 2070.

735 EuGH, Urteil v. 29.10.2009, Rs. C-29/08 [AB SKF], DStR 2009, 2311; Rn. 58 – 73.

736 So zuletzt: EuGH, Urteil v. 29.10.2009, Rs. C-29/08 [AB SKF], DStR 2009, 2311, Rn. 31 – 33 und EuGH, Urteil v. 13.3.2008, Rs. C-437/06 [Securenta], UR 2008, 344, Rn. 27 m.w.N.

737 Im Ergebnis ebenso Hundt-Eßwein, UStB 2010, 83 (87).

chen Betätigung verwendet wird.[738] Dort hat er für den Vorsteuerabzug zwar den Grundsatz betont, dass nach ständiger Rechtsprechung grundsätzlich ein direkter und unmittelbarer Zusammenhang zwischen einem bestimmten Eingangsumsatz und einem oder mehreren Ausgangsumsätzen, die das Recht auf Vorsteuerabzug eröffnen, bestehen muss, damit der Unternehmer zum Vorsteuerabzug berechtigt ist.[739] Für das Recht auf Abzug der Vorsteuerbeträge auf den Erwerb von Eingangsleistungen ist maßgeblich, dass die hierfür getätigten Ausgaben zu den Kostenelementen der versteuerten, zum Abzug berechtigenden Ausgangsumsätze gehören.[740] Daraus folgt, dass relevant ist, ob die Kosten der Eingangsleistungen jeweils Eingang in den Preis der Ausgangsumsätze (der steuerbefreiten Anteilsveräußerung) oder in den Preis der Gegenstände oder Dienstleistungen finden, die im Rahmen der allgemeinen wirtschaftlichen Tätigkeit des Unternehmers ausgeführt werden.[741] Dies ist aber lediglich eine Verknüpfung mit dem Zweck des Leistungsbezugs. Daher ist ein Vorsteuerabzug auch möglich, wenn die Betätigung (Ausgabe von gesellschaftsrechtlichen Beteiligungen) außerhalb des Anwendungsbereichs der Umsatzsteuer und nach der Diktion der Sphärentheorie im nichtunternehmerischen Bereich erfolgt. Anderenfalls wäre eine Ungleichbehandlung im Hinblick auf die Vorsteuerabzugsberechtigung gegeben, je nachdem, ob der den Vorsteuerabzug begehrende Unternehmer Tätigkeiten im Anwendungsbereich oder außerhalb des Anwendungsbereichs der Umsatzsteuer ausführe.[742] Der Neutralitätsgrundsatz gebiete es objektiv ähnliche Umsätze gleich zu behandeln, so dass der Vorsteuerabzug aus Leistungsbezügen im Zusammenhang mit steuerfreien Anteilsveräußerungen nach gleichen Maßstäben behandelt werden müsse, wie der Vorsteuerabzug aus Eingangsleistungen im Zusammenhang mit nichtsteuerbaren Anteilsveräußerungen.[743] In diesem Zusammenhang erinnert der EuGH daran, dass er mehrfach die Abzugsfähigkeit von Vorsteuern festgestellt habe, weil die bezogenen Eingangsleistungen direkt der wirtschaftlichen Tätigkeit des Unternehmers zurechenbar waren, obwohl die Ausgangsumsätze in diesem Verfahren außerhalb des An-

---

738 Im EuGH, Urteil v. 13.3.2008, Rs. C-437/06 [Securenta], UR 2008, 344, Rn. 28 führt der EuGH weiter aus: „Demnach kann die Vorsteuer auf Aufwendungen im Zusammenhang mit der Ausgabe von Aktien und atypischen stillen Beteiligungen nur dann zum Abzug berechtigen, wenn das so erworbene Kapital für die wirtschaftliche Tätigkeit des Betroffenen eingesetzt worden ist…“.

739 EuGH, Urteil v. 29.10.2009, Rs. C-29/08 [AB SKF], DStR 2009, 2311, Rn. 57 m.w.N.

740 EuGH, Urteil v. 29.10.2009, Rs. C-29/08 [AB SKF], DStR 2009, 2311, Rn. 57 m.w.N.

741 EuGH, Urteil v. 29.10.2009, Rs. C-29/08 [AB SKF], DStR 2009, 2311, Rn. 60 ff.

742 EuGH, Urteil v. 29.10.2009, Rs. C-29/08 [AB SKF], DStR 2009, 2311, Rn. 60ff

743 EuGH, Urteil v. 29.10.2009, Rs. C-29/08 [AB SKF], DStR 2009, 2311, Rn. 66 ff.

wendungsbereichs der Umsatzsteuer lagen.[744] Hierdurch wird in eindrucksvoller Weise vom EuGH einer Sphärentheorie mit unternehmerischem Bereich und nichtunternehmerischen Bereich eine Absage erteilt.

Daher sind jegliche Zusammenfassungen gleich welcher Form, sei es in Sphären oder Tätigkeitsbereichen, abzulehnen. Der EuGH denkt nicht in diesen schematischen Denkstrukturen, die immer bei der Beurteilung des jeweiligen Umsatzes das gesamte Rechtssubjekt im Fokus haben. Er beurteilt die jeweilige Tätigkeit frei und ausschließlich nach der Maxime, ob es ein Teil der steuerbaren Tätigkeit des jeweiligen Rechtssubjekts ist oder nicht.[745] Dies hat er in der Entscheidung „AB SKF“ bestätigt.

Zwar hat der EuGH für den Fall, dass ein Eingangsumsatz nicht direkt zuordenbar ist, die Entscheidung über die dann zu wählende Methode den Mitgliedstaaten zugewiesen.[746] Allerdings ist lediglich der Grundsatz, dass ein Vorsteuerabzug eine Zuordnung zu einer wirtschaftlichen Tätigkeit erfordert, durch den EuGH festgestellt worden. Damit wird aber keine Neuerung eingeführt, denn dies ist bereits Grundlage der Vorschriften der MwStSystRL (insbesondere Art. 168 Abs. 1 MwStSystRL). Den unmittelbaren Zusammenhang der Eingangsleistungen mit der steuerbefreiten Anteilsveräußerung sieht der EuGH aber nur, wenn diese Ausgaben Kostenbestandteil bei der Preisbildung der Anteile werden.[747]

Der EuGH kann nicht etwas bestätigen, was nicht in seiner Rechtsprechung, sondern in den Anweisungen der Finanzverwaltung und der Rechtsprechung des BFH seine Grundlage hat, nämlich Sphären eines Unternehmers. Wenn man nun die Zuordnung zu Tätigkeiten mit der Zuordnung zu Sphären gleichzusetzen und daraus wiederum Gemeinsamkeiten herzuleiten vermag,[748] so ist die Zuordnung

744 EuGH, Urteil v. 29.10.2009, Rs. C-29/08 [AB SKF], DStR 2009, 2311, Rn. 64 mit Verweis auf EuGH, Urteil v. 8.6.2000, Rs. C-98/98 [Midland Bank], DStRE 2000, 927 Rn. 31; EuGH, Urteil v. 22.2.2001, RS. C-408/98 [Abbey National], DStRE 2001, 318 Rn. 35 und 36; EuGH, Urteil v. 27.9.2001, Rs. C-16/00 [Cibo Participations], DStR 2001, 1795 Rn. 33 und 35; EuGH, Urteil v. 26.5.2005, Rs. C-465/03 [Kretztechnik], DStR 2005, 965 Rn. 36; EuGH, Urteil v. 13.3.2008, Rs. C-437/06 [Securenta], DStR 2008, 615, Rn. 29 und 31.

745 EuGH, Urteil v. 29.20.2009, Rs. C-29/08 [AB SKF], DStR 2009, 2311, Rn. 27 ff. (insb. Rn. 31-33).

746 EuGH, Urteil v. 13.03.2008, Rs. C-437/06 [Securenta], UR 2008, 344, Rn. 39.

747 EuGH, Urteil v. 29.10.2009, Rs. C-29/08 [AB SKF], DStR 2009, 2311, Rn. 71 bis 73.

748 So Oelmaier, HFR 2009, 161 (161), mit der Aussage, dass das nationale Recht insoweit richtlinienkonform auszulegen sei und die Rechtsansicht des BFH zur Sphärentheorie inhaltlich der Unterscheidung nach unternehmerischen und nichtunternehmerischen Tätigkeiten entspreche.

zu Tätigkeiten und sogar die Zuordnung zu Tätigkeitsbereichen immer davon abhängig, dass die konkrete Tätigkeit ausgeführt wird. Eine pauschale Schichtung (wie dies die Sphärentheorie vornimmt) ist nicht möglich. Demnach ist *Jakob*[749] bedingt zuzustimmen, dass der EuGH die Sphärentheorie lediglich in der Diktion der Richtlinie bestätigt. Es besteht aber ein feiner Unterschied, zwischen der Abgrenzung in zwei Sphären und der jeweils erfolgenden separaten Beurteilung von Tätigkeiten. Eine pauschale Zuordnung zu Sphären bleibt dem EuGH fremd. Möglich ist nur eine grundsätzliche Einordnung unter Kriterien, wann eine Tätigkeit in den Anwendungsbereich des Umsatzsteuerrechts fällt und wann nicht. Der EuGH wiederum erkennt keinen unternehmerischen und nichtunternehmerischen Bereich, sondern er entscheidet nach Tätigkeiten hinsichtlich der Ausgangsumsätze und beurteilt daher jeweils, ob die Tätigkeit in den Anwendungsbereich der Umsatzsteuer fällt oder nicht.

Die zutreffende Abgrenzung nach Tätigkeiten und Zwecken, wie sie der EuGH vornimmt, erschwert die Rechtsanwendung und insbesondere den Vorsteuerabzug bei gemischten Aufwendungen erheblich. Der Gedanke der Verwaltungsvereinfachung oder Praktikabilität darf aber nicht Auslegungskriterium sein[750] und der zutreffenden Rechtsanwendung den Weg versperren. Die Abgrenzung nach der Rechtsprechung des EuGH gewährleistet auch eine exaktere Zuordnung der Eingangsumsätze zu den Tätigkeiten, als dies bei der pauschalen Betrachtung in Sphären geschieht und führt daher zu einer erhöhten Systemgerechtigkeit. Dies sollte die Vollzugsfähigkeit nicht beeinträchtigen, sofern einmalig die Tätigkeiten definiert und eingerichtet sind. Bestätigt wird das gefundene Ergebnis durch das EuGH-Urteil „VNLTO“.[751] Der EuGH weist dort auf den Zusammenhang der Tätigkeit auf der Ausgangsseite mit dem Zweck des Vorsteuerabzugs auf der Eingangsseite hin. Eine Denkweise, wie die Schichtung der Sphärentheorie lässt sich nach diesem Urteil in der bisherigen Form nicht mehr aufrechterhalten.[752] *Korf* möchte dem nun mit dem Gegensatzpaar „unternehme-

---

749 Jakob, Umsatzsteuer, Rn. 915.

750 So BFH, Urteil v. 20.5.1969 – II R 25/61, BStBl. II 1969, 550; FG Münster, Urteil v. 12.4.2000 – 8 K 3457/96 E, EFG 2000, 1002 (1004); FG München, Urteil v. 7.5.1991 – 16 K 1708/90, EFG 1992, 77 zur Praktikabilität bei der Auslegung von Rechtsnormen; a.A. BFH, Urteil v. 15.3.1973 – VIII R 58/69, BStBl. II 1973, 559; relativierend mit Verweis auf die Hilfsfunktion der Praktikabilität im Rahmen der Auslegung von Rechtsnormen Drüen in Tipke/Kruse, AO/FGO, § 4 AO Rn. 227 ff.

751 EuGH, Urteil v. 12.2.2009, Rs. C-515/07 [Vereniging Noordelijke Land-en Tuinbouw Organisatie – VNLTO], DStR 2009, 369.

752 Ebenso Korf, DB 2009, 758, mit dem Hinweis, dass die Vertreter der sog. Sphärentheorie die Grenzen der Sphären zumindest neu definieren müssten und die Entscheidung

risch“ und „unternehmensfremd“ begegnen,[753] läuft dabei aber Gefahr, die Differenziertheit der EuGH-Rechtsprechung, die auch „Graustufen“ kennt, durch dieses Gegensatzpaar zu unterlaufen.

Zudem lässt sich festhalten, dass dem Unionsrecht ein Begriff, wie der des „Unternehmens“, welches lediglich die wirtschaftlichen Tätigkeiten umfasst, fremd ist.[754] Es wird in Art. 9 MwStSystRL (früher Art. 4 der 6. EG-RL) der „Steuerpflichtige“ definiert, welcher „als solcher“ handelt.[755] Der Unternehmerbegriff entspricht nach herrschender Meinung diesem Begriff.[756] Das Unternehmen (die nationalen UStR bzw. der UStAE fordern für den Vorsteuerabzug den Eingang der Leistung „in die unternehmerische Sphäre des Unternehmers“[757]) ist weder der MwStSystRL noch der Rechtsprechung des EuGH zu entnehmen. Gerade dieser Unterschied macht es unmöglich auf eine unternehmerische Sphäre zurückzugreifen. Daher wird die jeweilige Tätigkeit für sich zu beurteilen sein. Die schichtende Denkweise der Sphärentheorie ist überholt. Je nach Betätigung können sich Tätigkeiten bündeln lassen, es ist aber nicht möglich die pauschale Denkweise der Sphärentheorie durch eine Zuordnung zu Tätigkeitsbereiche zu ersetzen, da hinsichtlich der Ausgangsumsätze separat zu beurteilen ist, ob sie eine wirtschaftliche Tätigkeit darstellen und hinsichtlich der Eingangsumsätze auf den Zweck des Leistungsbezugs abzustellen ist. Ein Eingangsumsatz kann direkt und unmittelbar einem Ausgangsumsatz zuzuordnen sein, muss es aber nicht. Zudem ist es möglich, dass aufgrund der Zweckbestimmung der Eingangsumsatz einer Tätigkeit außerhalb des Anwendungsbereichs zuzuordnen ist und dennoch der Vorsteuerabzug aufgrund dieses Leistungsbezugs eröffnet ist.

(b) Holding-Rechtsprechung und Anteilsverkauf

Die Ausführungen der Finanzverwaltung zur Unternehmereigenschaft einer Holding hingegen sind zutreffend. Man muss beachten, dass es für den Vorsteuerabzug ausreichend ist, dass der Steuerpflichtige Investitionen in der Absicht tätigt Folgeumsätze auszuführen.[758] Ebenfalls muss es ausreichen, wenn eine Holding Vorumsätze (Bezug von Eingangsleistungen, etc.) tätigt in der Absicht,

---

des EuGH v. 19.2.2009, Rs. C-515/07 [VNLTO], DStR 2009, 369 zum Anlass nehmen sollten die Sphärentheorie aufzugeben.

753 Korf, DB 2009, 758 (763).

754 Mit gleicher Aussage Korf/Kurtz, UR 2010, 86 (103).

755 Ebenso Korf, DB 2009, 758 (762).

756 Siehe dazu Kapitel 2 B IV. 2.

757 Abschnitt 15.2. Abs. 17 UStAE (bislang Abschnitt 192 Abs. 17 UStR 2008).

758 EuGH, Urteil v. 8.6.2000, Rs. C-396/98 [Schloßstraße], UR 2000, 336; EuGH, Urteil v. 8.6.2000, Rs. C-400/98 [Breitsohl], UR 2000, 330.

wirtschaftlich tätig zu werden.[759] Daher kann auch nicht pauschal für eine Finanzholding die Unternehmereigenschaft verneint und für eine Führungsholding die Unternehmereigenschaft bejaht werden.[760] Allein bestimmend ist die Ausführung wirtschaftlicher Tätigkeiten bzw. für den Beginn der Unternehmereigenschaft der Bezug von Eingangsleistungen in der Absicht wirtschaftliche Tätigkeiten damit auszuführen.[761] Geschäftsleitende Holdinggesellschaften ohne eigene Umsatztätigkeit sind keine Unternehmer.[762] Tätigen sie aber unternehmerische Umsätze, so sind sie Unternehmer. Unerheblich ist, wer der Leistungsempfänger ist. Dies können auch die eigenen Tochtergesellschaften sein.[763] Dennoch müssen die erbrachten Leistungen auch wirtschaftliche Tätigkeiten im Sinne des Mehrwertsteuerrechts sein. Reine Stabsfunktionen, die durch Beteiligung am Geschäftsergebnis abgegolten werden, begründen keine Unternehmereigenschaft.[764]

Die bloße Ausgabe von gesellschaftsrechtlichen Anteilen gegen Bareinlage stellt keine wirtschaftliche Tätigkeit dar.[765] Daher wird hierdurch allein keine Unternehmereigenschaft begründet. Dies hat der EuGH in der Rechtssache „KapHag Renditefonds" damit begründet, dass aus Sicht des neuen Gesellschafters in der Regel die Anteile als unkörperliche Gegenstände nicht zur nachhaltigen Erzielung von Einnahmen verwendet werden[766] und damit eine wirtschaftliche Tätigkeit im Sinne des weit auszulegenden Art. 9 Abs. 1 Satz 3 MwStSystRL nicht vorliegen kann.[767] Dies entspricht der Rechtsprechung des EuGH zur wirtschaftlichen Tätigkeit in der Rechtssache „Harnas & Helm".[768] Das bloße Eigentum, der bloße Besitz von Schuldverschreibungen oder Aktien begründen nicht die Eigenschaft als Unternehmer/Steuerpflichtigen.[769] Daher lässt sich auch festhal-

---

759 Ebenso v. Wallis in FS Rädler, 639 (663), mit der Aussage, dass die Vorumsätze in der Absicht über die Beteiligungsgesellschaften mittelbar Umsätze auszuführen zur Begründung der Unternehmereigenschaft – in der streitigen Form als mittelbarer Unternehmer – ausreiche.

760 Im Ergebnis ebenso v. Wallis in FS Rädler, 639 (666).

761 Im Ergebnis zustimmend Wäger in FS Reiß, 229 (236).

762 Ebenso Wäger in FS Reiß, 229 (236).

763 EuGH, Urteil v. 29.4.2004, Rs. C-77/01 [EDM], UR 2004, 292, Rn. 70.

764 Prinz, JbFStR 1992/93, 261 (318).

765 BFH v. 1.7.2004 – V R 32/00, BStBl. II 2004, 1022; EuGH, Urteil v. 26.6.2003, Rs. C-442/01 [KapHag Renditefonds], IStR 2003, 601.

766 EuGH, Urteil v. 26.6.2003, Rs. C-442/01 [KapHag Renditefonds], IStR 2003, 601 Rn. 35-38.

767 Ebenso Möhlenkamp, StBJb 2007/2008, 263 (267).

768 EuGH, Urteil v. 6.2.1997, Rs. C-80/95 [Harnas&Helm], UR 1997, 141.

769 EuGH, Urteil v. 6.2.1997, Rs. C-80/95 [Harnas&Helm], UR 1997, 141, Rn. 19 und Rn. 20.

ten, dass die Nichtsteuerbarkeit der Ausgabe der Beteiligung immer in Abgrenzung zur wirtschaftlichen Tätigkeit beurteilt wurde. Die nachfolgende Entscheidung in der Rechtssache „Kretztechnik" beruft sich hinsichtlich der Steuerbarkeit der Ausgabe von Aktien auf die Gleichbehandlung mit der Würdigung bezüglich der Aufnahme eines Gesellschafters gegen Bareinlage in eine Personengesellschaft[770] und stellt für den Vorsteuerabzug darauf ab, wie das im Rahmen der Ausgabe der Aktien erlangte Kapital verwendet wird.[771] Der bloße Erwerb von Beteiligungen an Unternehmen stelle keine Nutzung eines Gegenstands zur nachhaltigen Erzielung von Einnahmen dar, weil eine etwaige Dividende als Ergebnis dieser Beteiligung auf dem bloßen Eigentum an dem Gegenstand beruht und keine Gegenleistung für eine wirtschaftliche Tätigkeit im Sinne der MwStSystRL ist.[772] Aus Sicht der Gesellschaft erfolge die Beteiligung allein mit dem Ziel, sich zusätzliches Kapital zu beschaffen. Aus Sicht des Anteilseigners sei die Zahlung der Bareinlage eine Investition bzw. Kapitaleinlage, die weder dem Empfang einer Lieferung noch einer sonstigen Leistung entspreche.[773] Für die Beurteilung, ob die Ausgabe von gesellschaftsrechtlichen Beteiligungen ein steuerbarer Vorgang (in Form der sonstigen Leistung) ist, kann es demnach nicht darauf ankommen, wie der Empfänger diese Beteiligung verwendet. Es ist lediglich eine Investition des neuen Anteilseigners und für die ausgebende Gesellschaft eine Kapitalbeschaffungsmaßnahme ohne wirtschaftliche Tätigkeit zu sein.[774]

(c) Steuerbare Anteilsübertragung

Ist die Holdinggesellschaft bzw. der Anteilseigner Unternehmer, so gilt es die Rechtsansicht, ob eine Veräußerung einer gesellschaftsrechtlichen Beteiligung, welche Bestandteil der unternehmerischen Betätigung des Anteilseigners ist, ein steuerbarer aber von der Umsatzsteuer (im nationalen Recht nach § 4 Nr. 8 Buchstabe e oder f UStG) steuerbefreiter Vorgang ist,[775] zu hinterfragen, um die Grundlage für die Beurteilung, ob ein „Share Deal" eine Geschäftsveräußerung im Ganzen sein kann, zu legen.

770 EuGH, Urteil v. 26.6.2003, Rs. C-442/01 [KapHag Renditefonds], IStR 2003, 601.

771 EuGH, Urteil v. 26.5.2005, Rs. C-465/03 [Kretztechnik], Slg. 2005, I-04357, Rn. 26.

772 EuGH, Urteil v. 6.2.1997, Rs. C-80/95 [Harnas&Helm], UR 1997, 141, Rn. 15; EuGH, Urteil v. 26.6.2003, Rs. C-442/01 [KapHag Renditefonds], IStR 2003, 601, Rn. 38; EuGH, Urteil v. 21.10.2004, Rs. C-8/03 [BBL], UR 2004, 642, Rn. 38

773 EuGH, Urteil v. 26.52005, Rs. C-465/03 [Kretztechnik], Slg. 2005, I-04357, Rn. 26.

774 In diesem Sinne auch Möhlenkamp, JbStB 2007/2008, 263 (267) mit dem Hinweis: „Maßgeblich ist das „Tun" der ausgebenden Gesellschaft".

775 BMF-Schreiben v. 26.1.2007 – IV A 5 – S 7300 – 10/07, BStBl. I 2007, 211; Birkenfeld, Umsatzsteuer-Handbuch, § 33a Rn. 150; Wäger in FS Reiß, 229 (242).

Ein dem Unternehmen zugeordneter Vermögensgegenstand muss nach dieser Ansicht auch zwingend wieder steuerbar aus dem Unternehmen ausscheiden.[776] Ob dies wirklich zutreffend ist, erscheint fraglich. Lediglich aus der EuGH-Entscheidung „BLP Group"[777] konnte bislang der Rückschluss gezogen werden, dass unternehmerisch gehaltene Beteiligungen auch steuerbar übertragen werden. Der EuGH hat dort entschieden, dass auch dann kein Recht auf Vorsteuerabzug besteht, wenn die bezogene Eingangsleistung zwar für einen steuerfreien und damit abzugsschädlichen Umsatz (einer steuerfreien Anteilsveräußerung) verwendet wird, und dieser steuerfreie Umsatz zwecks Kapitalbeschaffung für den Erhalt der wirtschaftlichen (besteuerten) Tätigkeit erfolgt. Die Entscheidung des EuGH in der Rechtssache „BLP Group"[778] ist nicht dahingehend klarstellend, ob die Veräußerung einer unternehmerisch gehaltenen gesellschaftsrechtlichen Beteiligung ein grundsätzlich steuerbarer aber steuerbefreiter Umsatz ist,[779] welcher den Vorsteuerabzug ausschließt.[780] Der EuGH hat, wie oben dargestellt, aus der Feststellung, dass der bloße Erwerb und das bloße Halten von Gesellschaftsanteilen keine wirtschaftliche Tätigkeit darstellt, abgeleitet, dass „dasselbe auch für die Veräußerung solcher Beteiligungen gelten" muss.[781] Eine Einschränkung auf Gesellschaftsanteile, die nicht in einem Unternehmen gehalten werden, oder ähnliches, ist dem Urteil nicht zu entnehmen. Auch spricht der EuGH in dieser Entscheidung nicht vom erstmaligen Erwerb neuer Anteile, sondern seine Aussage bezieht sich generell auf den Erwerb, das Halten und die Veräußerung von Beteiligungen. Erst in der darauffolgenden Randziffer im Urteil zieht der EuGH den Schluss, das dann auch die Aufnahme eines neuen Gesellschafters in eine Personengesellschaft keine Erbringung einer Dienstleistung an diesen darstellt.[782] Hierfür beruft er sich auf seine Ausführungen im Urteil in

---

776 Wäger in FS Reiß, 229 (242) verweist darauf, dass sofern „der Schluss von der Beurteilung beim Erwerb und Halten von Beteiligungen auf die Beurteilung der Veräußerung von Beteiligungen [wie in der Rechtssache „KapHag Renditefonds" entschieden] zutreffend [sei], ergäbe sich hieraus für den Fall, das Erwerb und Halten der Beteiligung unternehmerisch erfolge zugleich der Unternehmenscharakter der Beteiligungsveräußerung" [Ergänzungen durch Verf.].

777 EuGH, Urteil v. 6.4.1995, Rs. C-4/94 [BLP Group], UR 1996, 427.

778 EuGH, Urteil v. 6.4.1995, Rs. C-4/94 [BLP Group], UR 1996, 427.

779 Ebenso Korf, DB 2003, 1705 (1707).

780 Ebenso Heinrichshofen, EU-UStB 2007, 23 (27) mit dem Hinweis, dass die Aussagen des EuGH in der Rechtssache „BLP Group" nochmals auf den Prüfstand gestellt werden sollten.

781 EuGH, Urteil v. 26.6.2003, Rs. C-442/01 [KapHag Renditefonds], IStR 2003, 601, Rn. 40.

782 EuGH, Urteil v. 26.6.2003, Rs. C-442/01 [KapHag Renditefonds], IStR 2003, 601, Rn. 41.

der Rechtssache „Welcome Trust“.[783] In dieser Entscheidung hatte der EuGH ausgeführt, dass die Verwaltung des Vermögens eines gemeinnützigen Trusts, welche den Verkauf von Aktien und anderen Wertpapieren einschließt, keine wirtschaftliche Tätigkeit im Sinne des Mehrwertsteuerrechts sei.[784] Daher ist der EuGH zunächst derart zu verstehen, dass nur dann, wenn der Erwerber nicht nur wie ein privater Anleger sein Vermögen verwaltet, sondern ein gewerbsmäßiger Wertpapierhändler ist, der Erwerb und die Veräußerung von Beteiligungen wirtschaftliche Tätigkeiten darstellen.[785] Damit bleibt fraglich, ob sonstige Anteilsübertragungen eine wirtschaftliche Tätigkeit darstellen.

Aus der Existenz der Steuerbefreiung nach Art. 13 Teil B Buchstabe d Nr. 5 der 6. EG-RL (jetzt Art. 135 Abs. 1 Buchstabe f; im nationalen UStG: § 4 Nr. 8 Buchstabe e oder f UStG) kann nicht der Schluss gezogen werden, dass eine im Unternehmensvermögen gehaltene Beteiligung auch grundsätzlich steuerbar aber steuerbefreit veräußert wird. Zum einen verbietet sich ein Rückschluss von einer Steuerbefreiung auf die Steuerbarkeit des Umsatzes.[786] Zum anderen ist – im Fall der Nichtsteuerbarkeit derartiger Transaktionen – lediglich der verbleibende Anwendungsbereich der Steuerbefreiung enger. Zudem wird auch aus der Klarstellung in den Reformvorschlägen der EU-Kommission zur Änderung der MwStSystRL[787] deutlich, dass der Anwendungsbereich eng auszulegen ist und lediglich „handelbare“ Wertpapiere und Anteile vom Anwendungsbereich umfasst sein sollen. Dies wiederum würde bedeuten, dass ausschließlich die Umsätze im gewerblichen Wertpapierhandel der Steuerbarkeit unterliegen. Dem wird nun entgegengehalten, dass nach der Rechtsprechung des EuGH nicht nur in Fällen, in denen ein Umsatz mit Aktien oder Gesellschaftsanteilen sich im Rahmen einer gewerbsmäßigen Tätigkeit des Wertpapierhandels vollzieht, sondern auch in den Fällen, in denen, der Gesellschafter, unbeschadet der Rechte aus der Gesellschafterstellung, mit unmittelbaren oder mittelbaren Tätigkeiten in

---

783 EuGH, Urteil v. 20.6.1996. Rs. C-155/94 [Wellcome Trust], Slg. 1996, I-03013.

784 EuGH, Urteil v. 20.6.1996. Rs. C-155/94 [Welcome Trust], Slg. 1996, I-03013 Rn. 27 ff.

785 Ebenso Korf, DB 2003, 1705 (1707); Eggers, WPg 2007, 616 (619); Feldt, UR 2007, 161 (169); Englisch, UR 2007, 290 (299); Mühleisen/Trapp, UR 2007, 633 (637); a.A. Wäger in FS Reiß, 229 (242); BMF-Schreiben v. 26.01.2007 – IV A 5 – S 7300 – 10/07, BStBl. I 2007, 211.

786 Schlussantrag des Generalanwalts Colomer v. 6.2.2003, Rs. C-442/01 [KapHag Renditefonds], Slg. 2003, I-6851, Rn. 37.

787 Art. 135a Nr. 8 MwStSystRL-Vorschlag für eine Richtlinie des Rates zur Änderung der Richtlinie 2006/112/EG über das gemeinsame Mehrwertsteuersystem hinsichtlich der Behandlung von Versicherungs- und Finanzdienstleistungen; Vorlage der Kommission v. 5.10.2007, n.v.

die Verwaltung der fraglichen Gesellschaften eingreift, die Umsätze der Mehrwertsteuer unterlägen.[788] Der EuGH habe für den Erwerb von Eingiffsbeteiligungen, entschieden, dass solche Eingriffe in die Verwaltung der Tochtergesellschaften wirtschaftliche Tätigkeiten sind, wenn es sich etwa um die Erbringung von administrativen, finanziellen oder buchhalterischen, kaufmännischen und technischen Dienstleistungen durch eine Holding an diese Tochtergesellschaft handele.[789] Eingriffsbeteiligungen sind Beteiligungen, bei denen mit direkten oder indirekten Maßnahmen in die Verwaltung der Unternehmen eingegriffen wird. Trotz der angeführten Zweifel an der Subsumtion einer Veräußerung von Aktien, der anders als der Erwerb oder Besitz von Beteiligungen nicht förmlich einen Eingriff in die Verwaltung der Beteiligungsgesellschaft diene, wird die Veräußerung der Gesamtheit der Aktien, die eine Muttergesellschaft am Geschäftskapital einer Tochtergesellschaft und an dem einer abhängigen Gesellschaft besitzt, an deren Verwaltung die Muttergesellschaft direkt oder indirekt teilgenommen hat, indem sie ihnen verschiedene entgeltliche administrative, buchhalterische und kaufmännische Dienstleistungen erbracht hat, eine der Mehrwertsteuer unterliegende Tätigkeit.[790] Zur Begründung pflichtet Generalanwalt *Mengozzi* der in der Stellungnahme der deutschen Regierung zur Rechtssache „AB SKF“ vertretenen Ansicht bei, dass die Veräußerung einer Tochtergesellschaft im Rahmen der Umstrukturierung der stärkstmögliche Eingriff in die Tätigkeit der Tochtergesellschaft sei und der EuGH die Aussagen zur Nichtsteuerbarkeit auf Fälle des bloßen Erwerbs und der bloßen Veräußerung bezogen hat, so dass aufgrund der Gleichbehandlung und Steuerneutralität die Ausführungen zur Bejahung des wirtschaftlichen Charakters des Erwerbs von Beteiligungen, der mit Eingriffen der Muttergesellschaft in die Verwaltung ihrer Tochtergesellschaften einhergeht, auf Fälle der Veräußerung von Beteiligungen, durch die diese Eingriffe beendet werden, erstreckt.[791] Diese Denkweise – wenn der Erwerb zum Unternehmen gehört, da ein Vorsteuerabzug möglich war, so muss auch die Veräußerung unternehmerische Tätigkeit sein – ist der Sphärentheorie geschuldet, welche der Beurteilung der jeweiligen Tätigkeit, wie sie der

---

788 Schlussantrag des Generalanwalts Mengozzi in der Rs. C-29/08 [AB SKF] v. 12.2.2009, www.curia.europa.eu, Rn. 28.

789 Schlussantrag des Generalanwalts Mengozzi in der Rs. C-29/08 [AB SKF] v. 12.2.2009, www.curia.europa.eu, Rn. 29 mit Verweis auf EuGH, Urteil v. 14.11.2000, Rs. C-142/99 [Floridienne/Berginvest], UR 2000, 530 und EuGH, Urteil v. 27.9.2001, Rs. C-16/00 [Cibo Participations], UR 2001, 500.

790 Schlussantrag des Generalanwalts Mengozzi in der Rs. C-29/08 [AB SKF] v. 12.2.2009, www.curia.europa.eu, Rn. 35.

791 Schlussantrag des Generalanwalts Mengozzi in der Rs. C-29/08 [AB SKF] v. 12.2.2009, www.curia.europa.eu, Rn. 33 und Rn. 34.

EuGH vornimmt, nicht entspricht.[792] Die Frage, ob mit den Beteiligungen, welche sie halten, durch Erwerb oder Veräußerung steuerbare Tätigkeiten ausgeführt werden, ist allein danach zu beurteilen, ob diese Beteiligungen eine Erweiterung der steuerbaren Tätigkeiten des Anteilseigners darstellen.[793] Dies ist der Fall, wenn sie in die Beteiligungsgesellschaften durch entgeltliche Leistungen eingreifen, so dass auch die Veräußerung der Anteile mehr ist als lediglich der Verkauf von Wertpapieren/Gesellschaftsanteilen, sondern der quasi letzte Akt der Umsätze mit der Beteiligungsgesellschaft. In diesem Fall geht der Verkauf von gesellschaftsrechtlichen Anteilen über den Rahmen des bloßen Wertpapierverkaufs hinaus, indem er einen Eingriff in die Verwaltung der Beteiligungsgesellschaft darstellt.[794] Zudem hat der EuGH sich bezüglich der Nichtsteuerbarkeit der Veräußerung von gesellschaftsrechtlichen Beteiligungen auf seine Rechtsprechung berufen, in der er ausgeführt hat, dass dem Erwerb und Halten im Regelfall kein Unternehmenscharakter zukommt[795] und daraus hergeleitet, dass die Veräußerung nicht steuerbar ist. Wenn der Schluss von der Beurteilung beim Erwerb und Halten von Beteiligungen auf die Beurteilung der Veräußerung von Beteiligungen zutreffend sei, ergebe sich daraus zugleich der Unternehmenscharakter der Beteiligungsveräußerung.[796] Dies gelte auch für die Veräußerung von Beteiligungen, die aufgrund anderer entgeltlicher Leistungstätigkeiten als einem Wertpapierhandel dem Unternehmen der Holding zugeordnet wurden.[797] Da der EuGH keine Zuordnung zum Unternehmen oder zu einer unternehmerischen Sphäre vornimmt, kann ihm nicht unterstellt werden, dass die Beteiligung sozusagen als Hilfsumsatz auch unternehmerisch (im Sinne von wirtschaftlich und steuerbar aber grundsätzlich steuerbefreit) veräußert wird. Der EuGH kennt keine Sphären, sondern nur einzelne Tätigkeiten.

Ein Rückschluss von der Vorsteuerabzugsberechtigung beim Erwerb einer Beteiligung auf die Steuerbarkeit ihrer Veräußerung, ist aber nicht möglich, da das Recht auf Vorsteuerabzug sich nach den Zwecken des Leistungsbezugs richtet und die Steuerbarkeit der Veräußerung danach, ob es eine wirtschaftliche Tätigkeit des Unternehmers ist, weil die Beteiligung Teil seiner unternehmerischen

---

792 Siehe Kapitel 2 B. IV . 4. (6) (a) – Seite 125 ff.

793 EuGH, Urteil v. 29.10.2009, Rs. C-29/08 [AB SKF], DStR 2009, 2311, Rn. 31-34.

794 EuGH, Urteil v. 29.10.2009, Rs. C-29/08 [AB SKF], DStR 2009, 2311, Rn. 52.

795 EuGH, Urteil v. 20.6.1996, Rs. C-155/94 [Welcome Trust], HFR 1996, 613; EuGH, Urteil v. 6.2.1997, Rs. C-80/95 [Harnas & Helm], UR 1997, 141, Rn. 15; EuGH, Urteil v. 21.10.2004, Rs. C-8/03 [BBL], UR 2004, 642, Rn. 38; EuGH, Urteil v. 29.4.2004, RS. C-77/01 [EDM], UR 2004, 292; Rn. 57; EuGH, Urteil v. 26.5.2005, Rs. C-465/03 [Kretztechnik], Slg. 2005, I-04357, Rn . 19.

796 So Wäger in FS Reiß, 229 (242).

797 Wäger in FS Reiß, 229 (242).

Betätigung ist.[798] Der ursprüngliche Erwerb (z.B. die erstmalige Einräumung der Gesellschaftsrechte) bleibt ggf. ein nichtsteuerbarer Vorgang. Der Vorsteuerabzug hingegen wird gewährt, weil die Aufwendungen für die bezogenen Eingangsleistungen im Zusammenhang mit dem Erwerb der Beteiligung Kosten der allgemeinen wirtschaftlichen Tätigkeit sind und damit nach Maßgabe der ausgangsumsatzorientierten Betrachtungsweise abzugsfähig sind.[799]

Nach alledem lässt sich zusammenfassen, dass die Veräußerung einer Beteiligung, die nur um ihrer selbst willen gehalten wurde (ausschließlich zur Erzielung von Dividenden, etc.) nicht mit einer unternehmerischen Tätigkeit im Zusammenhang steht und daher außerhalb des Anwendungsbereichs der Umsatzsteuer stattfindet. Eine Holdinggesellschaft erlangt nur aufgrund eigener unternehmerischer Aktivitäten Unternehmereigenschaft und das Erwerben, Halten und Veräußern von gesellschaftsrechtlichen Beteiligungen ist zunächst keine unternehmerische Tätigkeit. Hingegen ist die Anteilsübertragung dann steuerbar ist, wenn die Beteiligung nicht um ihrer selbst willen gehalten wird, sondern Teil der wirtschaftlichen Tätigkeit des Übertragenden ist. Der gewerbliche Wertpapierhandel ist immer eine derart unternehmerische Betätigung. Aber auch die Anteilsveräußerung, mit der eine Beteiligung übertragen wird, die eine unmittelbare, dauerhafte und notwendige Erweiterung der steuerbaren Tätigkeit des Veräußerers darstellt, fällt in den Anwendungsbereich der Umsatzsteuer. Der Veräußerer nimmt folglich nicht nur die Gesellschafterstellung ein, sondern bestimmt auch die Geschicke der Beteiligungsgesellschaft durch unmittelbare oder mittelbare Eingriffe in die Verwaltung in Form der Erbringung von entgeltlichen Dienstleistungen (sog. „Eingriffs-Gesellschafter"[800]). Derartige Anteilsübertragungen sind somit – nach nationaler Diktion – steuerbar. Die Tätigkeit der Übertragung erfolgt als Teil der wirtschaftlichen Gesamttätigkeit des Anteilseigners.[801] Die nachfolgenden Ausführungen beziehen sich nur auf derartige Übertragungen von gesellschaftsrechtlichen Beteiligungen. Sonstige Übertragungen von Anteilen an Gesellschaften sind nicht zu beurteilen, weil sie bereits nicht in den Anwendungsbereich des Umsatzsteuerrechts fallen.

---

798 In diesem Sinne wohl auch: EuGH, Urteil v. 29.10.2009, Rs. C-29/08 [AB SKF], DStR 2009, 2311, Rn. 60.

799 Statt vieler: Jakob, Umsatzsteuer, Rn. 917; Abschnitt 15.21. UStAE (bislang Abschnitt 213a UStR 2008).

800 Siehe FN 675; Eggers/Korf, DB 2009, 2685 (2686) bezeichnen den Anteilseigner, dessen Anteilsübertragung steuerbar ist, derart.

801 Die unternehmerische Tätigkeit einer Gesellschaft wird durch die Veräußerung ihrer Anteile nicht berührt. Anderenfalls müssten im freien Aktienhandel gelistete Gesellschaften ständig mit Einflüssen aufgrund von Aktienver- und -ankäufen rechnen.

cc) Geschäftsveräußerung im Ganzen im Wege der Anteilsübertragung

Fraglich ist, ob die Übertragung der gesellschaftsrechtlichen Beteiligung, die Teil der steuerbaren Tätigkeiten des jeweiligen Rechtssubjekts ist, eine Geschäftsveräußerung im Ganzen sein kann.

Die Unternehmereigenschaft von Gesellschaft und Gesellschafter sind unabhängig voneinander zu beurteilen.[802] Eine Gesellschaft in ihrer Gesamtheit, welche selbst Unternehmereigenschaft besitzt, kann von einem nichtunternehmerischen Gesellschafter übertragen werden, ohne, dass dies ein steuerbarer Umsatz ist. Veräußert aber ein Unternehmen (z.B. eine unternehmerisch tätige Gesellschaft) als Eingriffs-Gesellschafter Anteile an einer Tochtergesellschaft, so ist der Vorgang zunächst einmal steuerbar. Diese Übertragung der Tochtergesellschaft durch Übereignung der gesellschaftsrechtlichen Anteile könnte – wie bereits eingangs dargestellt – als Geschäftsveräußerung im Ganzen nach § 1 Abs. 1a UStG nichtsteuerbar sein.[803]

Zunächst sind für die nachfolgende Einordnung einige Vorüberlegungen zu tätigen.

(1) Wirtschaftliche Betrachtungsweise bei der Geschäftsveräußerung

Der BFH hat entschieden, dass die Einräumung eines Miteigentumsanteils an einer vermieteten Immobilie eine Geschäftsveräußerung im Ganzen ist, sofern die dadurch entstehende Bruchteilsgemeinschaft das Vermietungsverhältnis fortführt.[804] Diese Übertragung des Miteigentums ist umsatzsteuerrechtlich als anteilige Übertragung des Gesamt- bzw. Teilvermögens (Wirtschaftsgüter) zu beurteilen, mit denen eine unternehmerische Tätigkeit fortgeführt wird.[805] Die Einräumung des Miteigentumsanteils wurde als Geschäftsveräußerung im Ganzen beurteilt, da die unternehmerische Betätigung von der bisherigen Alleineigentümerin des Vermietungsobjektes auf die Bruchteilsgemeinschaft, welche die Vermietung fortführte, überging. Der Entscheidung ist zu entnehmen, dass nicht die zivilrechtliche Art der Übertragung, sondern der Übergang der unternehmerisch tätigen Einheit ausschlaggebend ist für die Beurteilung als Geschäftsveräußerung im Ganzen.

Bei der Geschäftsveräußerung im Ganzen wird grundsätzlich ausgeblendet, dass es sich zivilrechtlich bei der Übertragung eines Unternehmens, eines Unterneh-

---

802 Siehe dazu auch Kapitel 2 B IV. 2 und 4.

803 Mit Ähnlichen Überlegungen befassen sich auch Birkenfeld, Umsatzsteuer-Handbuch, § 34 Rn. 392; Heinrichshofen, EU-UStB 2007, 23 (27); Feldt, UR 2007, 161 (161f.).

804 BFH, Urteil v. 6.9.2007 – V R 41/05, BStBl. II 2008, 65.

805 Siehe oben Kapitel 2 IV 1 c.

mensteils regelmäßig um die Übertragung vieler verschiedener, einzelner Bestandteile handelt. Ebenso, wie ein Unternehmenskauf sowohl im Wege der Übereignung von Gesamtheiten von Wirtschaftsgütern und Rechten als auch im Wege der Übertragung von gesellschaftsrechtlichen Beteiligungen erfolgen kann,[806] kann auch die Geschäftsveräußerung im Ganzen durch Übertragung von Gesellschaftsanteilen vollzogen werden. Nach der früheren Rechtsprechung des BFH lag in dem gleichzeitigen Wechsel aller Gesellschafter einer Personengesellschaft ein Wechsel des wirtschaftlichen Eigentümers des Unternehmens und damit eine Geschäftsveräußerung im Ganzen vor, die nach § 85 UStDB (1951) zu besteuern war.[807] Bereits 1987 hat der BFH seine Rechtsprechung wieder aufgegeben und ausdrücklich festgestellt, dass für das UStG 1967 (§ 10 Abs. 4 UStG 1967) der vollständige Gesellschafterwechsel bei Personengesellschaften nicht länger als Geschäftsveräußerung im Ganzen zu beurteilen sei.[808] Der BFH begründet dies damit, dass der Systemwandel (Einführung des Allphasen-Netto-Systems mit Vorsteuerabzug) und der Fortfall verschiedener Begünstigungstatbestände (Steuerfreiheit bei Erwerben durch Abkömmlinge, sonst ermäßigter Steuersatz) die wirtschaftlichen Gegebenheiten grundlegend verändert hätten, weshalb eine Besteuerung[809] nicht mehr gerechtfertigt sei.

Grundsätzlich darf die zu den Vorgängervorschriften ergangene Rechtsprechung nicht unbesehen für die Auslegung der Geschäftsveräußerung im Ganzen in der aktuellen Fassung herangezogen werden. Dies ist dem Umstand geschuldet, dass erst die seit 1994 gültige Fassung die Nichtsteuerbarkeit normiert. Die Begünstigungstatbestände des § 85 Abs. 2 und 4 UStDB 1951 führten lediglich zur Steuerfreiheit bei Erwerben durch Abkömmlinge und ansonsten zum ermäßigten Steuersatz. Auch § 10 Abs. 4 UStG 1967 bzw. § 10 Abs. 3 UStG 1980 bestimm-

---

806 Rödder in Beck´sches Handbuch der AG, § 13 Rn. 450 ff.

807 BFH, Urteil v. 21.3.1968 – V 81/65, BStBl. II 1968, 508; BFH, Urteil v. 21.3.1968 – V 80/64, BStBl. II 1968, 595; BFH, Urteil v. 25.7.1968 V 170/65, BStBl. 1968, 579; BFH, Urteil v. 25.7.1968 – V 192/65, BStBl. II 1968, 760; BFH, Urteil v. 5.3.1970 – V R 33/69, BStBl. II 1970, 535. Die Finanzverwaltung hat diese Rechtsprechung allerdings bei einer GmbH & Co. KG mit der Begründung, dass die Komplementär-GmbH auch bei gleichzeitigem Austausch sämtlicher Anteile dort als Alt-Gesellschafter verbleibe, abgelehnt; BB 1976, 1164 und zuletzt Abschnitt 66 Abs. 2 UStR 1996. Diese Rechtsprechung im Ganzen ablehnend Binz/Sorg, Die GmbH & Co. KG, § 18 Rn. 19.

808 BFH, Urteil v. 29.10.1987 – X R 3334/81, BStBl. II 1988, 92; BFH, Urteil v. 13.1.1977 – V R 94/75, BStBl. 1977, 654; nachfolgend BMF-Schreiben v. 8.7.1988, BStBl. I 1988, 195.

809 Die Geschäftsveräußerung im Ganzen ist erst nach Einführung des § 1 Abs. 1a UStG durch das Steuermißbrauchsbekämpfungsgesetz v. 21.12.1993, BGBl. I 1993, 2310 nicht mehr steuerbar.

ten lediglich eine erleichterte Bemessungsgrundlage bei ansonsten gültigem Regelsteuersatz oder zumindest dem ermäßigten Steuersatz. Für die Frage, ob eine Anteilsübertragung einer Geschäftsveräußerung im Ganzen ist, ist allerdings relevant, dass sich der BFH in seiner früheren Rechtsprechung bereits von den zivilrechtlichen Grundlagen löste und an die wirtschaftliche Veränderung der Verhältnisse für die Beurteilung anknüpfte.[810] Bei einem Wechsel des wirtschaftlichen Eigentümers des Unternehmens, nahm er eine Geschäftsveräußerung im Ganzen an.[811] Eine Übereignung im Sinne des § 85 Abs. 1 UStDB liege vor, wenn das Unternehmen in der Weise auf den Erwerber übertragen wird, dass dieser in der Lage ist, wirtschaftlich wie ein Eigentümer über das Unternehmen zu verfügen.[812] Als Argumentationslinie diente der Vergleich mit einem Einzelkaufmann, der sein Unternehmen an einen anderen Einzelkaufmann gegen Entgelt abgibt und damit eine Geschäftsveräußerung verwirklicht. Bei einer Personengesellschaft bei der alle bisherigen Gesellschafter gleichzeitig (oder zwecks Verschleierung des wirklichen Sachverhalts in kurzen Zeitabständen hintereinander) ausscheiden und ihr Unternehmen derart gegen Zahlung eines Kaufpreises auf andere Gesellschafter oder eine Einzelperson übertragen, dürfe nichts anderes gelten.[813] Diese Gedankengänge des BFH sind auf die aktuelle Regelung zur Geschäftsveräußerung im Ganzen zu übertragen, um die Frage zu beantworten, ob eine Anteilsübertragung eine Geschäftsveräußerung im Ganzen ist oder nicht. Auch zum damaligen Zeitpunkt war die Frage, ob der (vollständige) Gesellschafterwechsel steuerbar ist, umstritten.[814] Nachdem die Rechtspre-

810 „Zutreffend hat schon das FG darauf hingewiesen, dass auf dem zivilrechtlichen Sektor die Auffassung darüber, ob bei einem gleichzeitigem Wechsel aller Gesellschafter einer Personengesellschaft die Gesellschaft fortbesteht oder aufgelöst und neugegründet wird, auseinander gehen. [...] Es ist dem FG darin zu folgen, dass es für das Gebiet der Umsatzsteuer als einer an wirtschaftliche Vorgänge anknüpfende Steuer nicht entscheidend darauf ankommen kann, ob erst die alten Gesellschafter ausscheiden und dann die neuen Gesellschafter eintreten (= Auflösung und Neugründung) oder erst die neuen Gesellschafter eintreten und dann die alten ausscheiden (=Fortsetzung der Gesellschaft). [...] Nicht die äußere Form, in die der Vorgang gekleidet wird (hier Gesellschafterwechsel), sondern sein wirtschaftlicher Kern ist entscheidend."; BFH, Urteil v. 21.3.1968 – V 80/64, BStBl. II 1968, 595.

811 Diese wirkte im Entscheidungsfall die Steuerbarkeit und damit die Versteuerung konstitutiv; BFH, Urteil v. 21.3.1968 – V 80/64, BStBl. II 1968, 595.

812 BFH, Urteil v. 21.3.1968 – V 81/65, BStBl. II 1968, 507.

813 BFH, Urteil v. 21.3.1968 – V 80/64, BStBl. II 1968, 595; BFH, Urteil v. 21.3.1968 – V 81/65, BStBl. II 1968, 507.

814 BFH, Urteil v. 29.10.1987 – X R 33-34/81, BStBl. II 1988, 92; ebenso Klenk, UR 1982, 114 zur Steuerbarkeit der Geschäftsveräußerung im Ganzen § 10 Abs. 3 UStG 1980.

chung zu den Vorgängervorschriften einige Wendungen vorgenommen hatte,[815] folgte im Jahr 1987 die Abkehr von der Rechtsprechung, welche den vollständigen Gesellschafterwechsel als Geschäftsveräußerung im Ganzen beurteilte. Als Begründung wurde, wie bereits oben erwähnt, darauf verwiesen, dass eine Besteuerung[816] eines derartigen Vorgangs unter dem UStG 1967 nicht mehr gerechtfertigt sei.[817] Der damals in der Rechtsprechung für die Begründung einer Besteuerung als Geschäftsveräußerung im Ganzen herangezogene Vergleich mit dem Einzelunternehmen, der sein Unternehmen überträgt,[818] sei regelmäßig aufgrund des Vorsteuerabzugs des Erwerbers entschärft, so dass eine Besteuerung des vollständigen Gesellschafterwechsels aus Gründen der Gleichbehandlung nicht mehr erforderlich sei.[819] Nun ist es allerdings geboten, bestimmte Gesellschafterwechsel, sofern der Fortführungsgesichtspunkt erfüllt ist, als Geschäftsveräußerung im Ganzen zu beurteilen. Dem steht – unter Heranziehung der Gesichtspunkte der früheren Rechtsprechung – auch nicht entgegen, dass bei Übertragung einer Gesellschaft im Wege des Anteilsverkaufs die Unternehmereigenschaft der übertragenen Gesellschaft nicht beeinflusst wird, denn dies Unternehmen ist Objekt der Geschäftsveräußerung im Ganzen.

Bei der Geschäftsveräußerung im Ganzen wird auf die wirtschaftliche Betrachtungsweise abgestellt.[820] Auch wenn Miteigentumsanteile (regelmäßig) keine gesellschaftsrechtlichen Beteiligungen sind[821], so ist die Grundaussage der Entscheidung des BFH, dass der Übergang des Gesamt- oder Teilvermögens und nicht die Art und Weise der Übertragung maßgeblich ist,[822] zu verallgemeinern.

---

815 Von der Ansicht, die Geschäftsveräußerung liege bereits außerhalb der gewerblichen und beruflichen Tätigkeit (so RFH, Urteil v. 16.6.1920 II A 170/30, RFHE 3, 109; RFH, Urteil v. 7.6.1921 – II A 187/21, RFHE 6, 53) zur Auffassung, dass die Geschäftsveräußerung der letzte Akt der gewerblichen Tätigkeit sei (RFH, Urteil v. 20.4. 1931 – V A 410/31, RStBl. 1932, 361; RFH, Urteil v. 14.6.1935 – V A 259/34, StuW 1935, II Nr. 634) folgte eine Wende zur Steuerbarkeit.

816 Die damaligen Regelungen zur Geschäftsveräußerung im Ganzen führten grundsätzlich zur Besteuerung des Vorgangs. Er wurde lediglich in besonderen Fällen (Übertragung auf Abkömmlinge) steuerbefreit. Erst mit Einführung des § 1 Abs. 1a UStG war die Geschäftsveräußerung im Ganzen nicht mehr steuerbar.

817 BFH, Urteil v. 29.10.1987 – X R 33-34/81, BStBl. II 1988, 92.

818 BFH, Urteil v. 21.3.1968 – V 80/64, BStBl. II 1968, 595; BFH, Urteil v. 21.3.1968 – V 81/65, BStBl. II 1968, 507.

819 BFH, Urteil v. 29.10.1987 – X R 33-34/81, BStBl. II 1988, 92.

820 Ebenso Feldt, UR 2007, 161 (163).

821 Sprau in Palandt, BGB, § 741 Rn. 7 ff.; K.Schmidt in Müko, BGB, § 741 Rn. 4 ff.

822 BFH, Urteil v. 6.9.2007 – V R 41/05, DStR 2007, 1906; BFH, Urteil v. 22.11.2007 – V R 5/06, DStR 2008.

Dies folgt aus der Koinzidenz der zivilrechtlichen und wirtschaftlichen Betrachtungsweise bei der Umsatzsteuer.

(2) Recht der Europäischen Union ermöglicht Geschäftsveräußerung im Wege des „Share Deals"

Für die Anwendung der Regelungen der Geschäftsveräußerung im Ganzen auf den Verkauf von Gesellschaftsanteilen (Share Deal), spricht sowohl die unionsrechtliche Vorgabe in Art. 29 MwStSystRL,[823] als auch der Grundsatz der steuerlichen Neutralität, der es nicht zulässt, dass zum einen gleichartige und infolgedessen miteinander in Wettbewerb stehende Dienstleistungen hinsichtlich der Mehrwertsteuer unterschiedlich behandelt werden.[824] Art. 29 MwStSystRL besagt, dass Art. 19 MwStSystRL unter den gleichen Voraussetzungen für Dienstleistungen gilt. Die Übertragung von gesellschaftsrechtlichen Anteilen ist, nach nunmehr zutreffender Rechtsansicht auch in Übereinstimmung mit der deutschen Finanzverwaltung, als Dienstleistung (§ 3 Abs. 9 UStG „sonstige Leistung") zu beurteilen.[825]

Der Neutralitätsgrundsatz ist heranzuziehen, da der Verkauf sämtlicher Anteile an einer Gesellschaft und die Übertragung des Gesamtvermögens einer Gesellschaft in funktioneller Hinsicht gleichwertig sind.[826] Die rechtliche Hülle darf nicht ausschlaggebend dafür sein, dass wirtschaftlich gleichwertige Transaktionen umsatzsteuerrechtlich unterschiedlich behandelt werden.

Für die Frage, ob eine Anteilsübertragung eine Geschäftsveräußerung im Ganzen ist, ist zu prüfen, ob diese zu einer Übertragung des Gesamt- oder Teilvermögens auf Ebene des Gesellschafters oder auf Ebene der Gesellschaft führt. Beides fällt – wie nachfolgend noch näher ausgeführt wird – in den Anwendungsbereich der Geschäftsveräußerung im Ganzen und ist daher nicht steuerbar.

Das Argument des Generalanwalts *Mengozzi* im EuGH-Verfahren „AB SKF", die Anteilsübertragung sei keine Lieferung von Wirtschaftsgütern, welche als

823 Ebenso Birkenfeld, Umsatzsteuer-Handbuch, § 34 Rn. 73.

824 EuGH, Urteil v. 26.5.2005, Rs. C-498/03 [Kingrest Associates und Montecello], IStR 2005, 486 Rn. 41; EuGH, Urteil v. 12.1.2006, Rs. C-246/04 [Turn- und Sportunion Waldburg], DStRE 2007, 737 Rn. 33; EuGH, Urteil v. 27.9.2007, Rs. C-409/04 [Teleos u.a.], DStRE 2008, 109 Rn. 59; EuGH, Urteil v. 29.10.2009, Rs. 29/08 [AB SKF], DStR 2009, 2311, Rn. 67.

825 Jetzt Abschnitt 3.5. Abs. 8 UStAE (bislang Abschnitt 25 Abs. 7 UStR 2008); ebenso Hundt-Eßwein, UStB 2010, 83 (86).

826 Ebenso die Aussage der EU-Kommission in der Rs. C-29/08 [AB SKF], wiedergegeben im EuGH, Urteil v. 29.10.2009, Rs. C-29/08 [AB SKF], DStR 2009, 2311, Rn. 35.

Nicht-Lieferung (Geschäftsveräußerung im Ganzen) beurteilt werden könne, geht fehl. Art. 19 MwStSystRL[827] bezieht sich auf Lieferungen. Der Erwerb sowie die Veräußerung von gesellschaftsrechtlichen Beteiligungen sind als Dienstleistung nach Art. 29 MwStSystRL[828] gleichgestellt. Auch bezieht sich Art. 19 MwStSystRL nicht auf die Veräußerung von Aktiva, sondern allgemein auf die Übertragung von Gesamt- oder Teilvermögen mit dem Zweck der Erleichterung der Übertragung von Unternehmen und Unternehmensteilen.[829] Dem steht – im Gegensatz zur Ansicht des Generalanwalts *Mengozzi* – auch nicht das Urteil des EuGH in der Rechtssache „BLP Group"[830] entgegen. Dieser Rechtssache lag lediglich die Übertragung von 95% der Anteile zugrunde, daher scheidet die Annahme einer Geschäftsveräußerung dann aus, wenn keine weiteren Vermögenswerte mit übertragen werden, welche gemeinsam ein Teilvermögen bilden.

Anders ist dies, wenn eine Beteiligungsveräußerung 100% des Gesamtkapitals umfasst. Bei wirtschaftlicher Betrachtung wird dadurch ein ganzes Unternehmensvermögen übertragen, sofern die übertragene Gesellschaft Unternehmereigenschaft besitzt. Es kann daher aus der wirtschaftlich-zivilrechtlichen Gesamtbetrachtung heraus, keinen Unterschied machen, ob im schuldrechtlichen Vertrag geregelt ist, dass der Unternehmenskauf/-verkauf durch die Übertragung der Sachgesamtheit von Wirtschaftsgütern oder durch die Übertragung sämtliche Anteile an einer Gesellschaft, erfolgt.

Die Übertragung eines Teilvermögens ist mittels Anteilsübertragung möglich, auch wenn die übertragenen Gesellschaftsanteile nicht 100% des Gesamtkapitals umfassen. Für die Beurteilung ist auf den jeweiligen Übertragenden, also dem Anteilseigner, zu abzustellen. Für den Anteilseigner kann die Beteiligung ein Teilvermögen darstellen, welches dann im Wege des „Share Deals" übertragen wird, wie nachfolgend näher erläutert wird.

Maßgeblich für die Anwendung der Regelungen über die Geschäftsveräußerung im Ganzen ist, dass ein Gesamt- oder Teilvermögen übertragen wird. Ob dies nun im Wege des „Asset Deals" oder des „Share Deals" erfolgt ist irrelevant. Die zivilrechtliche Ausgestaltung darf nur den Rahmen der Übertragung, nicht die umsatzsteuerrechtliche Beurteilung des Ergebnisses beeinflussen.

---

827 Entspricht dem bis zum 1.1.2007 geltenden Art. 5 Abs. 8 der 6. EG-RL.

828 Entspricht dem bis zum 1.1.2007 geltenden Art. 6 Abs. 5 der 6. EG-RL.

829 Siehe hierzu EuGH, Urteil v. 27.11.2003, Rs. C-497/01 [Zita Modes Sárl], BFH/NV Beilage 2004, 128.

830 EuGH, Urteil v. 6.4.1995, Rs. C-4/94 [BLP Group], UR 1996, 427.

Dies folgt auch bereits daraus, dass es keinen Unterschied machen darf, ob ein Unternehmen Teilbereiche in feste Niederlassungen[831] oder in (dann selbständig übertragbaren) Tochtergesellschaften zusammengefasst hat.[832] Derjenige, der einen Teil der unternehmerischen Betätigung seines Gesamtkonzerns, durch den Verkauf der Anteile an seiner Tochtergesellschaft überträgt, darf umsatzsteuerrechtlich nicht schlechter stehen, als derjenige, der eine feste Niederlassung (als Teilvermögen) im Wege der Geschäftsveräußerung im Ganzen als „Asset Deal" überträgt. Dieser Auslegung des Unionsrechts ist der EuGH nun in der Rechtssache „AB SKF" beigetreten. Er bestätigte, dass eine Aktienveräußerung, die der Übertragung eines Gesamt- oder Teilvermögens im Sinne von Art. 19 Abs. 1 MwStSystRL gleichgestellt werden kann (sofern der Mitgliedstaat sich für die Umsetzung der in diesen Bestimmungen vorgesehenen Befugnis entschieden hat), keine der Mehrwertsteuer unterliegende wirtschaftliche Tätigkeit ist.[833] In der Diktion des Umsatzsteuerrechts wäre diese Aktienveräußerung als Geschäftsveräußerung im Ganzen nicht steuerbar.

Als Zwischenergebnis kann folglich festgehalten werden, dass eine Anteilsveräußerung – obwohl Dienstleistung – eine Geschäftsveräußerung im Ganzen sein kann, wenn die Veräußerung die vollständige oder teilweise Veräußerung der Vermögenswerte nach sich zieht.[834] Voraussetzung ist, dass ein Gesamt- oder Teilvermögen dadurch übertragen wird. Es gibt daher sowohl die Fälle, in denen der Share Deal zum Asset Deal wird (Unternehmensverkauf durch Anteilsverkauf), als auch diejenigen, in denen der „Share Deal" Teil der Teilvermögensübertragung ist (Veräußerung eines Teilvermögens zu dem auch Gesellschaftsanteile gehören).

Legt man dieses Ergebnis zugrunde, so darf wegen der Rechtsformneutralität für die Übertragung bzw. Einräumung einer Beteiligung gleich welcher Rechtsform nichts anderes gelten. Da das deutsche Zivilrecht allerdings Unterschiede in der organisatorischen Verfasstheit sowie der Übertragung von gesellschaftsrechtli-

---

831 Das Umsatzsteuerrecht spricht bei Betriebsstätten von festen Niederlassungen. Diese werden definiert als Leistungseinheit mit einem zureichenden Mindestbestand an personellen und sachlichen Mitteln und hinreichenden Grad an Beständigkeit aber Unselbständigkeit gegenüber dem Unternehmen; EuGH, Urteil v. 20.2.1997, Rs. C-260/95 [DFDS], UR 1997, 179; Abschnitt 3a.1. Abs. 3 UStAE (bislang Abschnitt 33 Abs. 3 UStR 2008); Leonard in Bunjes/Geist, UStG, § 3a Rn. 5.

832 Ebenso die EU-Kommission wiedergeben im EuGH, Urteil v. 29.10.2009, Rs. C-29/08 [AB SKF], DStR 2009, 2311, Rn. 35.

833 EuGH, Urteil v. 29.10.2009, Rs. C-29/08 [AB SKF], DStR 2009, 2311, Rn. 35ff (insbesondere Rn. 40); nun ebenso BFH, Urteil v. 27.1.2011 – V R 38/09, DStR 2011, 454.

834 Ebenso Nieskens, EU-UStB 2009, 57 (58).

chen Beteiligungen je nach Rechtsform vorsieht, werden nachfolgend die Voraussetzungen separat dargestellt.

(3) Übertragen von Kapitalgesellschaftsanteilen

Während ein Anteil an einer Personengesellschaft ein Anteil an dem gesamthänderisch gebundenen Vermögen ist,[835] so ist der Anteil an einer Kapitalgesellschaft nicht gleichzusetzen mit den zugrundeliegenden Wirtschaftsgütern des Gesellschaftsvermögens sondern, gleichzusetzen mit dem Anteil am Nominalvermögen (z.B. §§ 14ff., 72 GmbHG, § 1 AktG).

Nach der bisherigen EuGH-Rechtsprechung sind die Art. 19 und 29 MwStSystRL so auszulegen, dass es für die Geschäftsveräußerung im Ganzen auf die Übertragung eines Geschäftsbetriebs oder eines selbständigen Unternehmensteils ankommt, der materielle und ggf. immaterielle Bestandteile umfasst, die zusammen genommen ein Unternehmen oder einen Unternehmensteil bilden, mit dem eine selbständige wirtschaftliche Tätigkeit fortgeführt werden kann.[836] Soweit eine Aktienveräußerung der Übertragung des Gesamt- oder Teilvermögens eines Unternehmens gleichstellt werden kann, ist dies ebenfalls eine Geschäftsveräußerung im Ganzen.[837]

(a) Gleichstellungsfälle

Wird durch eine Anteilsübertragung ein Gesamt- oder Teilvermögen übertragen, so ist dieser Vorgang als Geschäftsveräußerung im Ganzen nicht steuerbar. Somit sind die das gesamte Kapital der juristischen Person umfassenden Anteilsübertragungen dann als Geschäftsveräußerung im Ganzen nicht steuerbar sofern die Übertragung – nach oben genannten Voraussetzungen – an sich eine steuerbare Tätigkeit wäre. Es erfolgt mithin die umsatzsteuerrechtliche Gleichstellung zwischen „Asset Deal“ und „Share Deal“,[838] indem das wirtschaftliche Ergebnis betrachtet wird.

(aa) Übertragung einer das gesamte Nennkapital umfassenden Beteiligung

Dies ist bei einer das gesamte Nennkapital umfassenden Beteiligung an einer Kapitalgesellschaft zu untersuchen. Die zivilrechtliche und wirtschaftliche Be-

---

835 Näheres siehe nachfolgend unter Ziffer (4).

836 EuGH, Urteil v. 27.11.2003, Rs. C-497/01 [Zita Modes Sárl], BFH/NV Beilage 2004, 128, Rn. 40.

837 EuGH, Urteil v. 29.10.2009, Rs. C-29/08 [AB SKF], DStR 2009, 2311, Rn. 41.

838 Eggers/Korf, DB 2009, 2685 (2687) bezeichnet dies mit „...und der EuGH lässt prüfen, ob der Share Deal zu einem Asset Deal geführt hat.“

trachtungsweise zeigt, dass bei der Übertragung einer das gesamte[839] Nennkapital umfassenden Beteiligung die unternehmerische Einheit übertragen wird. Das ein Übergang des Gesamtvermögens grundsätzlich die Übertragung sämtlicher Anteile erfordert, ist der Intransparenz der Kapitalgesellschaften geschuldet und kein Verstoß gegen die Rechtsformneutralität. Die Umsatzsteuer lehnt sich bei der Bewertung, ob die unternehmerische Einheit als Geschäftsveräußerung im Ganzen übertragen wird, daran an, dass die Einheit, die das Unternehmen oder den Unternehmensteil ausmacht auf eine neue Einheit übergeht und von dieser fortgesetzt wird. Dies ist aufgrund der Trennung zwischen Anteilseigner und Kapitalgesellschaft bei einer anteiligen Anteilsübertragung nicht gegeben. Bei Übertragung sämtlicher Anteile ist im Rahmen einer wirtschaftlichen Betrachtungsweise ein Übergang der unternehmerischen Tätigkeit anzunehmen. Dieses Ergebnis ist nun durch den EuGH in der Rechtssache „AB SKF" bestätigt worden.[840] Der EuGH lässt vom vorlegenden Gericht prüfen, ob der Verkauf der Aktien in dem seiner Entscheidung zugrundeliegenden Sachverhalt *„die vollständige oder teilweise Veräußerung der Vermögenswerte der betreffenden Gesellschaften nach sich gezogen hat."*[841] Dies verdeutlicht, dass der EuGH der umsatzsteuerrechtlichen Gleichstellung von in funktionaler Hinsicht gleichwertigen Transaktionen, nämlich dem Verkauf sämtlicher Vermögenswerte einer Gesellschaft mit dem Verkauf sämtlicher Aktien an dieser Gesellschaft, zustimmt. Unter Bezugnahme auf Art. 19 Abs. 1 MwStSystRL bestätigt er, dass die umsatzsteuerrechtliche Beurteilung allein dem Übergang des Gesamt- oder Teilvermögens Relevanz beimisst, nicht der zivilrechtlichen Ausgestaltung dieser Übertragung.

Aufgrund dieser Gleichstellung war es für ihn auch nicht notwendig direkt auf Art. 29 MwStSystRL einzugehen, da Art. 29 MwStSystRL lediglich bestimmt, dass Art. 19 unter gleichen Voraussetzungen für Dienstleistungen gilt.[842]

---

839 Es müssen 100% der Gesellschaftsanteile sein. Fast das gesamte Nennkapital umfassende Beteiligungen wie die 95%-Grenze in § 1 Abs. 2a und 3 GrEStG oder nach §§ 320, 327a AktG (Eingliederung bzw. „Squeeze out") sind nicht anwendbar; so auch BFH, Urteil v. 27.1.2011 – 38/09, DStR 2011, 454.

840 EuGH, Urteil v. 29.10.2009, Rs. C-29/08 [AB SKF], DStR 2009, 2311, Rn. 35-41; nunmehr auch BFH, Urteil v. 27.1.2011 – V R 38/09, DStR 2011, 454.

841 EuGH, Urteil v. 29.10.2009, Rs. C-29/08 [AB SKF], DStR 2009, 2311, Rn. 38.

842 Eggers/Korf, DB 2009, 2685 (2687/2688) werfen die Frage auf, warum der EuGH nicht auf Art. 29 MwStSystRL eingeht, und ob durch eine Anwendung des Art. 29 MwStSystRL die notwendige Vermögensübertragung auf Ebene der Beteiligungsgesellschaft erspart werden könnte.

Die Übertragung einer hundertprozentigen Beteiligung wird somit der Übertragung eines Gesamt- oder (im Falle eines Organkreises) Teilvermögens gleichgestellt.

> Beispiel:
>
> A ist Alleingesellschafter der A-GmbH. Er erbringt als Einzelunternehmer zudem noch Dienstleistungen, welche u.a. auch darin bestehen, dass er für die A-GmbH die administrativen Aufgaben gegen Entgelt übernimmt. A veräußert die gesamte Beteiligung an B, der die Dienstleistungen fortführt. Die Veräußerung ist steuerbar, da aufgrund der Dienstleistungserbringung an die A-GmbH, die gesellschaftsrechtlichen Anteile Bestandteil der unternehmerischen Betätigung des A geworden sind. Die Anteilsveräußerung ist grundsätzlich im Anwendungsbereich der Umsatzsteuer aber als Geschäftsveräußerung im Ganzen (sowohl nach § 1 Abs. 1a UStG als auch nach Art. 19 Abs. 1 MwStSystRL) nichtsteuerbar.
>
> Var. 1:
>
> Die Beteiligung ist eine strategische Beteiligung daher Bestandteil der unternehmerischen Betätigung des A, ohne das Dienstleistungen erbracht werden. Auch diese Übertragung ist als Geschäftsveräußerung im Ganzen nicht steuerbar, da das Gesamtvermögen (A-GmbH), welches Bestandteil der Unternehmensaktivität des A ist auf den B übergeht. B wird die Beteiligung seiner unternehmerischen Betätigung zuordnen müssen, damit der Fortführungsabsicht genügt wird.

Die erhaltenen Anteile müssen beim Begünstigten wiederum Bestandteil seiner unternehmerischen Tätigkeit werden, indem er die an die Beteiligungsgesellschaft erbrachte Umsatztätigkeit des bisherigen Anteilseigners fortführt. Dies erfordert, aber auch, dass die Grundlagen der unternehmerischen Betätigung gegenüber der Beteiligungsgesellschaft, aufgrund dessen selbige erst Teil der unternehmerischen Tätigkeiten des Übertragenden und somit die Übertragung erst steuerbar wird, übergehen. Bei einer sog. strategischen Beteiligung wird der Begünstigte die Beteiligung – wie der Übertragende – zum Teil seiner Unternehmensaktivität machen müssen.

Damit ist der Unternehmensverkauf im Wege des „Share Deals“ ebenso wie der Unternehmensverkauf im Wege des „Asset Deals“ als Geschäftsveräußerung im Ganzen zu beurteilen. Diese Gleichstellung erfordert auch das Neutralitätsprinzip.

Aufgrund der Gleichstellung ist auch hinsichtlich der Fortführung(-sabsicht) des Begünstigten auf die übertragenen Gesellschaftsanteile zu abzustellen. Auch wenn die Fortführungsabsicht erst nachfolgend näher erläutert wird, so ist bereits an dieser Stelle für die Anteilsübertragungen auf die Notwendigkeit der Erfüllung dieses Merkmals hinzuweisen. Dies bedeutet, dass der Anteilseigner zwar die Beteiligung als Teil seiner unternehmerischen Betätigung hält. Anderenfalls wäre die Anteilsübertragung bereits nicht steuerbar. Maßgeblich für die Beurteilung als Geschäftsveräußerung im Ganzen ist sowohl die Zuordnung der übernommenen Gesellschaftsanteile zu den unternehmerischen Tätigkeiten des Begünstigten, als auch die Fortführung der unternehmerischen Tätigkeit der übertragenen Beteiligungsgesellschaft, dies wird regelmäßig unproblematisch sein, da die Beteiligungsgesellschaft ihrer unternehmerischen Tätigkeit weiterhin nachgehen wird. Die Tätigkeit der Beteiligungsgesellschaft ist ausschließlich insoweit relevant, als dass eine Gesellschaft, die nichtunternehmerisch ist, nicht Bestandteil der unternehmerischen Betätigung des Begünstigten werden kann.

Die Übertragung von Gesellschaften, welche selbst nicht Unternehmer sind, ist daher nicht im Wege der Geschäftsveräußerung im Ganzen möglich.

Auch scheidet die Anwendung der Geschäftsveräußerung im Ganzen regelmäßig für Fälle des gewerblichen Wertpapierhandels aus, da der Anteilseigner die Beteiligungen als Umlaufvermögen und daher grundsätzlich nicht die Beteiligungsgesellschaft durch entgeltliche Dienstleistungen zum Bestandteil seiner unternehmerischen Tätigkeit macht. Der gewerbliche Wertpapierhandel wird daher in der Regel nach § 4 Nr. 8 Buchstabe e oder f UStG steuerbefreite Dienstleistungen erbringen.

Die Übertragung einer Gesellschaft zur Abwicklung bzw. Unternehmensaufgabe wird ebenfalls nicht im Wege der Gleichstellung als Geschäftsveräußerung im Ganzen zu bewerten sein, da es an der notwendigen Fortführung der unternehmerischen Tätigkeit der Gesellschaft und/oder des Gesellschafters fehlt.[843] Mit der Unternehmensaufgabe scheidet die Zuordnung zur unternehmerischen Betätigung aus.

Dies unterscheidet den Gleichstellungsfall von dem Fall, in dem bereits die Beteiligung Teilvermögen des Anteilseigners ist. Regelmäßig wird beides (Gleichstellungssituation und die Beteiligung als Teilvermögen des Anteilseigners) vorliegen.

---

843 Ebenso Wäger, DStR 2009, 2292 (2293).

(bb) Ausscheiden der Beteiligungsgesellschaft aus dem Organkreis

Auch das Ausscheiden einer Organgesellschaft aufgrund einer im Wege der Anteilsübertragung wegfallenden finanziellen Eingliederung ist eine Geschäftsveräußerung im Ganzen.[844] Es wird aber erforderlich sein, dass der Begünstigte mit der Organgesellschaft einen Organkreis begründet,[845] oder zumindest die entgeltlichen Dienstleistungen des Übertragenden an die Beteiligungsgesellschaft fortführt.[846] Entgegen erster Stimmen in der Literatur ist es nicht zwingend notwendig, den Organkreis fortzuführen, da nicht die unternehmerische Tätigkeit der Organgesellschaft, welche dem Organträger und Anteilseigner aufgrund der Organschaft nach § 2 Abs. 2 Nr. 2 UStG zugerechnet[847] wird, sondern die Zuordnung der Beteiligung zur unternehmerischen Betätigung (das unternehmerische Halten) fortgesetzt werden muss.[848] Der Begünstige muss daher lediglich die – bereits zwecks Herstellung der wirtschaftlichen Eingliederung nach § 2 Abs. 2 Nr. 2 UStG zu dieser Gesellschaft – erbrachten entgeltlichen Dienstleistungstätigkeit an die Organ-/Beteiligungsgesellschaft fortführen. Dadurch wird zweifelsohne, sofern auch noch die Voraussetzungen der organisatorischen Eingliederung vorliegen, ein neuer Organkreis begründet.[849] Dies ist aber keine zwingende Voraussetzung. Fehlt es an der organisatorischen Eingliederung der Beteiligungsgesellschaft in das Unternehmen des Organträgers, so ist dennoch die Übertragung eine Geschäftsveräußerung im Ganzen, sofern sowohl die Gesell-

---

844 Ebenso Wäger, DStR 2009, 2292 (2293). Jetzt wohl auch BFH, Urteil v. 27.1.2011 – V R 38/09, juris-Datenbank; Obenhaus, Stbg 2010, 544 (545). Viele Verwaltungsanweisungen z.B. OFD Hannover, Vfg. v. 19.5.1999 – S7105 – 101 – StH 542 – 40 StO 355. UR 1999, 462; OFD Hannover, Vfg. v. 11.10.2004 – S 7105 – 49 – StO 171, StEK UStG 1980 § 2 Abs. 2 Nr. 24, UVR 2005, 94, sind damit wohl überholt.

845 Behrends, EU-UStB 2009, 62 (67).

846 Wäger, DStR 2009 2292 (2293).

847 Nach herrschender Meinung werden die Umsätze der Organgesellschaft dem Organträger zugerechnet. Der Organkreis ist die Leistungseinheit; Stadie, UStG, § 2 Rn. 224; Heidner in Bunjes/Geist, § 2 Rn. 111; Scharpenberg in Hartmann/Metzenmacher, UStG, § 2 Rn. 279 ff.

848 A.A. Behrends, EU-UStB 2009, 62 (67). Nach seiner Ansicht muss der Erwerber beabsichtigen einen Organkreis zur erworbenen Beteiligungsgesellschaft (Organgesellschaft) zu begründen, da er ansonsten die unternehmerische Tätigkeit nicht fortsetzen könne. Ebenfalls a.A. nun BFH, Urteil v. 27.1.2011 – V R 38/09, DStR 2011, 454. Zustimmend nun Absch. 1.5 Abs. 9 S. 5 UStAE.

849 Der Organkreis liegt vor, wenn die finanziellen, wirtschaftlichen und organisatorischen Eingliederungsvoraussetzungen vorliegen. Die finanzielle Eingliederung wird aufgrund des Anteilserwerbs vorliegen (übernommen) und die wirtschaftliche Eingliederung erfolgt durch Übernahme der Leistungsbeziehungen an die Organgesellschaft. Näheres zur Ausprägung der Eingliederungsmerkmale Schütze/Winter, UR 2009, 397.

schaft ihre Tätigkeit fortführt als auch der Begünstigte die Beteiligungen durch Fortführung der entgeltlichen Dienstleistungen zum Bestandteil seiner unternehmerischen Tätigkeit macht.

Wohl eher zufällig wird im Ergebnis der Verweis in Abschnitt 5 Abs. 3 Satz 4 UStR 2008 bzw. Abschnitt 1.5. Abs. 6 Satz 4 UStAE, welcher für die Beurteilung des gesondert geführten Betriebs (Teilvermögens) auf Abschnitt 16 Abs. 3 EStR 2005 und somit auch auf die dort niedergelegten Ausführungen der Teilbetriebsfiktion des Ertragsteuerrechts bei einer hundertprozentigen Beteiligung an einer Kapitalgesellschaft verweist, zutreffend.[850]

(b) Mehraktige Übertragungsvorgänge

Die vorherigen Feststellungen gelten auch, wenn nicht das gesamte Nennkapital umfassende Beteiligungen in einem Übertragungsakt veräußert werden, aber die Beteiligungsübertragung Teil eines Übertragungsvorgangs in mehreren Schritten ist, der die obigen Voraussetzungen erfüllt (mehraktive Übertragungsvorgänge).[851] Eine mehraktige Übertragung steht der Beurteilung als Geschäftsveräußerung im Ganzen somit nicht entgegen, sofern die innere Verbundenheit der Übertragungen gegeben ist.[852] Die steuerliche Behandlung kann nicht anders ausfallen, je nachdem, ob sie in mehreren Schritten oder in einem Schritt vollzogen wird.[853] Wesentlich ist, dass der steuerbare Tatbestand auf der Ebene des Gesellschafters verwirklicht wird. Dieser ist Übertragender und muss ad personam die Voraussetzungen erfüllen. Auch müssen die übertragenen gesellschaftsrechtlichen Beteiligungen auf einen Begünstigen mit Unternehmereigenschaft[854] übergehen.

Bei mehraktigen Übertragungsvorgängen auf einen unternehmerischen Begünstigten ist daher eine Geschäftsveräußerung im Ganzen möglich. Der Begünstigte kann auch die Leistungseinheit Organkreis sein und damit zivilrechtlich aus

---

850 Obenhaus, Stbg 2011, 544 betrachtet den Verweis als generell zutreffend.

851 EuGH, Urteil v. 29.10.2009, Rs. C-29/08 [AB SKF], DStR 2009, 2311, Rn. 78 und 79. Der EuGH betont zum einen, dass die schrittweise Übertragung nicht zu einer anderen Beurteilung führen kann und zum anderen nimmt er ohne Zweifel auch bei der Übertragung einer 26,5% Beteiligung, welche zuvor eine 100%-Beteiligung war, die Möglichkeit einer Geschäftsveräußerung i.S.d. Art. 19 Abs. 1 MwStSystRL an. Zudem ist grundsätzlich eine Geschäftsveräußerung in mehreren Akten möglich; Hättich/Renz, NWB 33/2010, 2614 (2616).

852 Nieskens, EU-UStB 2009, 57 (59) weist zu Recht darauf hin, dass der Unternehmer letztlich diese innere Verbundenheit objektiv nachweisen muss.

853 EuGH, Urteil v. 29.10.2009, Rs. C-29/08 [AB SKF], DStR 2009, 2311, Rn. 78 und 79.

854 Welcher die Kapitel 2 B IV. 3. herausgearbeiteten Voraussetzungen erfüllen muss. Er kann also auch die Anteile lediglich zur nichtsteuerbaren Weiterübertragung erwerben.

mehreren selbständigen Rechtssubjekten bestehen, welche aber umsatzsteuerrechtlich ein Unternehmen (eine Leistungseinheit) bilden.

> Beispiel:
> A ist Eingriffs-Gesellschafter der A-GmbH. Er veräußert seine das gesamte Nennkapital umfassende Beteiligung zu 51-Prozent auf die B-KG und 49-Prozent auf die C-GmbH. Die B-KG und C-GmbH bilden einen Organkreis, wobei die B-KG Organträgerin und die C-GmbH Organgesellschaft ist. Die B-KG führt die Dienstleistungen fort und gliedert die A-GmbH in den Organkreis ein. Die C-GmbH ordnet die Beteiligung als strategische Beteiligung ihrem Unternehmen zu, da dadurch neue Absatzmöglichkeiten eröffnet werden.
>
> Die Übertragung ist eine Geschäftsveräußerung im Ganzen, da der bei A steuerbare Vorgang der Anteilsübertragung zum Übergang des Gesamtvermögens A-GmbH führt. Begünstigter im Sinne des Umsatzsteuerrechts ist der Organkreis B-KG, welcher die A-GmbH durch Eingliederung in den Organkreis zum Bestandteil des Unternehmens macht. Dass zivilrechtlich zwei Erwerber vorliegen, ist umsatzsteuerrechtlich unerheblich.

Der Grundsatz, dass der Organkreis eine Leistungseinheit ist und daher mehraktige Vorgänge eine Geschäftsveräußerung im Ganzen sein können, wird auch für das Ausscheiden einer Gesellschaft aus dem Organkreis gelten müssen.[855] Dies wäre ebenfalls als Geschäftsveräußerung im Ganzen zu beurteilen.[856]

(c) Teilvermögensübertragung auf Ebene des Gesellschafters

Sind bereits auf der Ebene des Gesellschafters die Voraussetzungen eines Teilvermögens, welches übertragen wird erfüllt, so ist auch dies eine nichtsteuerbare Geschäftsveräußerung im Ganzen. *Eggers/Korf* wenden ein, dass hätte der EuGH auf Art. 29 MwStSystRL statt auf Art. 19 Abs. 1 MwStSystRL abgestellt, man sich die erforderliche Vermögensübertragung auf der Ebene der Gesellschaft sparen könne.[857] Dem ist teilweise zuzustimmen, da selbstverständlich nicht immer auf der Ebene der Gesellschaft ein Übergang von Gesamt- oder Teilvermögen stattfinden muss, dies gilt nur für den o.g. Gleichstellungsfall. Damit eine Anteilsübertragung zu einer Übertragung eines Gesamt- oder Teilvermögens wird, müssen diese gesellschaftsrechtlichen Anteile Teil der unternehmerischen Betätigung des Anteilseigners sein und demnach im unmittelba-

---

855 Nun auch Abschn. 1.5. Abs. 9 UStAE unter Bezug auf BFH, Urteil v. 27.1.2011, V R 38/09, DStR 2011, 454.

856 Zugmaier, DStR 2009, 882 (886); nun auch Wäger, DStR 2009, 2292 (2293).

857 Eggers/Korf, DB 2009, 2685 (2688) mit dem Hinweis, dass der EuGH nur den Gleichstellungsfall beurteilt.

ren, direkten Zusammenhang mit entgeltlichen Dienstleistungen stehen. Dies ist dann der Fall, wenn der Gesellschafter auch an die Tochtergesellschaft entgeltliche Leistungen erbringt und sie dadurch seiner allgemeinen unternehmerischen Tätigkeit zugehörig ist. Überträgt er nachfolgend die Anteile sowie die den entgeltlichen Leistungen zugrundeliegenden Verträge (und ggf. Betriebsmittel) auf den Anteilserwerber, so liegt eine Geschäftsveräußerung im Ganzen vor.[858] Die Beteiligung, nebst der Wirtschaftsgüter, Verträge, etc., welche für die Umsatztätigkeit gegenüber der Beteiligungsgesellschaft genutzt werden, bilden ein Teilvermögen. Folglich muss die Übertragung in diesem Fall zwingend mehr als nur die Gesellschaftsanteile umfassen, so dass diese Fallgruppe nicht allein Beteiligungsübertragungen, sondern zudem die Übertragung weiterer materieller oder immaterieller Wirtschaftsgüter als unternehmerisches Teilvermögen umfasst. Es muss zumindest die Grundlage für die entgeltlichen Dienstleistungen an die Beteiligungsgesellschaft, durch denen die Beteiligungsübertragung – wie oben zur Steuerbarkeit der Anteilsübertragung ausgeführt – erst zu einer steuerbaren Übertragung wird, mit übergehen. Dies können Einkaufs- oder Verkaufs(kommissions-)verhältnisse oder beispielsweise Mietverträge sein. Sofern eine Gesellschafterin, die auch Eigentümerin des Produktionsgebäudes der Beteiligungsgesellschaft ist, selbiges an die Beteiligungsgesellschaft vermietet und nun die gesellschaftsrechtliche Beteiligung zusammen mit der Immobilie auf einen Erwerber überträgt, der das Mietverhältnis fortführt, sind sämtliche Übertragungen eine Geschäftsveräußerung im Ganzen. Das Leistungsbündel aus Immobilien- und Anteilsübertragung ist nicht steuerbar. Dasselbe gilt, wenn eine Managementholding eine Produktionshalle least und diese wiederum an ihre Beteiligungsgesellschaft verleast. Sofern im Rahmen der Übertragung neben dem Anteilsübergang auch eine Übernahme des Leasingvertrags (sowohl eingangsseitig als auch ausgangsseitig) durch den Anteilserwerber erfolgt, sind die Übertragungsvorgänge als Geschäftsveräußerung im Ganzen nichtsteuerbar. Maßgebend ist, dass die Gesellschaftsanteile aufgrund der Leistungserbringung an diese Gesellschaft einen Unternehmensteil (Teilvermögen) des Gesellschafters bilden, der materielle und immaterielle Bestandteile umfasst und mit denen eine selbständige unternehmerische Tätigkeit ausgeführt werden kann.[859] Der An-

858 Ebenso Wäger, DStR 2009, 2292 (2293) mit dem Beispiel, dass eine Geschäftsveräußerung jedenfalls dann vorliegt, wenn eine Managementholding, die entgeltliche Leistungen an eine Tochtergesellschaft erbringt, z.B. die Anteilsmehrheit an der Tochter und die den entgeltlichen Leistungen zugrunde liegenden Verträge auf den Anteilserwerber überträgt. Zustimmend auch Behrends, EU-UStB 2009, 62 (67). A.A. wohl BFH, Urteil v. 27.1.2011 – V R 38/09, DStR 2011, 454.

859 Siehe dazu auch die Ausführungen zum Unternehmensteils in Kapitel 2 B IV. 1. c. Auch die ständige Rechtsprechung des EuGH erfordert einen selbständigen Unterneh-

teilserwerber muss ein begünstigter Erwerber sein und die Leistungen, welche an die Beteiligungsgesellschaft erbracht wurden, fortführen. Damit werden die gesellschaftsrechtlichen Beteiligungen weiterhin für unternehmerische Zwecke genutzt. Ein unversteuerter Endverbrauch ist ausgeschlossen. Diese Art der Anteilsübertragung kann aber immer nur Teil einer weiteren Übertragung (und sei es eines Vertrags-/Dienstleistungsverhältnisses) sein. Dabei ist irrelevant, ob die Beteiligung sämtliche Anteile der Gesellschaft umfasst oder nur eine anteilige Übertragung erfolgt. Maßgebend ist, dass die wirtschaftliche Tätigkeit übergeht und in diesem Zusammenhang die materiellen wie immateriellen Bestandteile des Vermögens übertragen werden. Sofern der Begünstigte die Tätigkeiten fortsetzt, bleibt das Unternehmensvermögen unternehmerisch verhaftet.

Beispiel:
A ist Eingriffs-Gesellschafter[860] der A-GmbH (30-Prozentanteil). Er vermietet ihr zudem das Betriebsgrundstück. Er veräußert seine 30-prozentige Beteiligung zusammen mit dem vermieteten Betriebsgrundstück an seinen Sohn, der die Vermietung fortführt.

Es liegt eine Geschäftsveräußerung im Ganzen vor. Die Übertragung des Gesellschaftsanteils und des Betriebsgrundstücks stellt die Übertragung des Gesamtvermögens des A dar. Seine gesamte unternehmerische Tätigkeit wird veräußert. Der Vorgang ist nichtsteuerbar, da der Sohn die Vermietungstätigkeit fortsetzt.

Beispiel 2:

A ist Eingriffs-Gesellschafter der A-GmbH (30-Prozentanteil). Er erbringt ausschließlich ihr gegenüber entgeltliche Marketingleistungen im Rahmen seiner selbständigen Tätigkeit als Marketing-Designer. Sein Sohn übernimmt das Marketingbüro, setzt die Tätigkeit gegenüber der A-GmbH

---

mensteil, der materielle und immaterielle Unternehmensteile zusammenfasst, die zusammen genommen ein Unternehmen oder einen Unternehmensteil bilden, mit dem eine selbständige wirtschaftliche Tätigkeit fortgeführt werden kann; EuGH, Urteil v. 27.11.2003, Rs. C-497/01 [Zita Modes Sárl], BFH/NV Beilage 2004, 128, Rn. 40). Zustimmend auch Behrends, EU-UStB 2009, 62 (67).

860 Bezeichnung nach Eggers/Korf, DB 2009, 2685 (2686); Korf, UVR 2010, 74 (75) für einen Anteilseigner, der durch wirtschaftliche Tätigkeiten in die Belange der gehaltenen Gesellschaft eingreift. Für das derartige Halten und Verwalten einer Beteiligung und die damit einhergehende Zuordnung zur wirtschaftlichen Betätigung des Anteilseigners – aus Sicht der Finanzverwaltung wird die Beteiligung im unternehmerischen Bereich gehalten – ist es nicht erforderlich die Mehrheit der Anteile zu halten (vgl. Abschn. 2.3.Abs. 3 UStAE).

fort, indem er den Dienstleistungsvertrag übernimmt und erwirbt den GmbH-Anteil vom A.

Die Übertragung des 30-prozentigen GmbH-Anteils nebst Übernahme des Dienstleistungsverhältnisses ist eine Geschäftsveräußerung im Ganzen, da die Beteiligung Teil der unternehmerischen Betätigung des A als Marketing-Designer ist und die Grundlage der unternehmerischen Betätigung, der Dienstleistungsvertrag mit der GmbH, vom Sohn neben der Beteiligung übernommen wird.

(4) Übertragen von Anteilen an einer Personengesellschaft

Aufgrund der Rechtsformgleichheit und des Neutralitätsgrundsatzes, der besagt, dass objektiv ähnliche Umsätze umsatzsteuerrechtlich auch gleich behandelt werden müssen, wird auch eine Geschäftsveräußerung im Ganzen durch die Übertragung von Personengesellschaftsanteilen möglich sein. Voraussetzung ist allerdings auch hier, dass der Anteilseigner Unternehmereigenschaft besitzt und die Anteile an der Personengesellschaft Bestandteil der unternehmerischen Tätigkeit sind.

Personengesellschaften sind, ebenso wie juristische Personen und Bruchteilsgemeinschaften, selbst unternehmerfähig.[861] Insofern ist es zutreffend auch die Übertragung eines Gesamt- oder Teilvermögens durch Übertragung von Personengesellschaftsanteilen als Geschäftsveräußerung im Ganzen anzusehen, sofern die wirtschaftliche Tätigkeit übertragen und fortführt wird.

Die Anteilsübertragung ist in der GbR, Personenhandelsgesellschaft oder Partnerschaft nicht ausdrücklich geregelt.[862] Der Gesellschaftsanteil ist die Gesamtheit der Rechte und Pflichten aus dem Gesellschaftsverhältnis zwischen Gesellschafter und Gesellschaft.[863]

Zugegebenermaßen gibt es zivilrechtliche Unterschiede zwischen der aufgrund Einräumung eines Miteigentumsanteils nach § 741ff BGB entstehenden Bruchteilsgemeinschaft, als Verwaltungsgemeinschaft (§ 744 BGB), und der aufgrund gemeinsamen Entschlusses und Gesellschaftsstatut entstehenden Personengesellschaft. Auch der BFH sieht strukturelle Unterschiede – diese aber vor allem im Verhältnis der Miteigentümer zum Unternehmer „Bruchteilsgemeinschaft" und Gesellschafter zum Unternehmer „Personengesellschaft".[864] Nachdem die

---

861 Klenk in Sölch/Ringleb, UStG, § 2 Rn. 25; Helde, in Handbuch der GmbH & Co. KG, § 7 Rn. 801.

862 Reiff/Nannt, DStR 2009, 2376 (2376).

863 Koller, in Koller/Roth/Morck, HGB, § 124 Rn. 2; Boesche, Oetker, HGB, § 124 Rn. 3.

864 BFH v. 6.9.2007 – V R 41/05, BStBl. II 2008, 65.

Rechtsfähigkeit der BGB-Gesellschaft entgegen der früher herrschenden Lehre und Rechtsprechung anerkannt wurde,[865] ist der Theorienstreit, ob die Gesamthand ein Rechtssubjekt ist oder nur als ein gebundenes Sondervermögen der Gesamthänder qualifiziert werden kann,[866] wohl entschieden. Es ist von einer weitgehenden Verselbständigung der Personengesellschaft auszugehen. Nach § 719 BGB stehen die Vermögenswerte des Gesellschaftsvermögens den Gesellschaftern gemeinsam („zur gesamten Hand") zu. Bei Personenhandelsgesellschaften (und nur diese sind regelmäßig für die Beurteilung der Geschäftsveräußerung relevant) sowie bei der GbR ist das Gesellschaftsvermögen nach § 105 Abs. 3 HGB (bei der OHG) bzw. § 161 Abs. 2 HGB (bei der KG) i.V.m. § 718 BGB Gesamthandsvermögen. Dies bedeutet, das Gesellschaftsvermögen steht den Gesellschaftern in ihrer gesamthänderischen Verbundenheit zu. Die Gesellschafter können daher nicht über ihren – vom Gesellschaftsanteil (Mitgliedschaftsrecht) zu unterscheidenden und in diesem enthaltenen – Anteil am Gesellschaftsvermögen verfügen.[867] Selbiges gilt für Anteile an einzelnen Gegenständen des Gesellschaftsvermögens. Daher haben Gesellschafter nur Gesellschaftsanteile, aber – abweichend vom Wortlaut des § 719 BGB – keinen Anteil an einzelnen Gegenständen des Gesellschaftsvermögens.[868] Ähnlich verhält es sich bei der Bruchteilsgemeinschaft. Auch hier kann der einzelne Miteigentümer nicht über den Gegenstand, sondern nur über seinen ideellen Anteil am Gegenstand (frei) verfügen.

Charakteristisch für das Gesamthandsvermögen der Personengesellschaft ist das durch § 738 BGB verkörperte Anwachsungsprinzip. Es führt zur Bildung eines Sondervermögens, welches unabhängig vom Mitgliederbestand ist.[869] Dies wird für Personenhandelsgesellschaften in § 124 Abs. 1 HGB besonders betont. Daher ist bei Eintritt und Austritt von Gesellschaftern keine Übertragung der Ver-

865 BGH, Urteil v. 29.1.2001 – II ZR 331/00, BGHZ 146, 342 bzw. BGH NJW 2001, 1056.

866 BFH, Urteil v. 7.10.1987 – IVa ZR 67/86, NJW 1988, 556.

867 v. Falkenhausen/H. C. Schneider, Münchener Handbuch des Gesellschaftsrechts, § 20, Rn. 2.

868 von Gerkan/Haas, Röhricht/Graf von Westphalen, HGB, § 124, Rn. 2; Hopt in Baumbach/Hopt, HGB, § 124, Rn. 17; Koller, in Koller/Roth/Morck, HGB, § 124 Rn. 2; K.Schmidt in MüKo, HGB, § 124 Rn. 2; Habersack in Staub, HGB, § 124 Rn. 6 und 7; Boesche in Oetker, HGB, § 124 Rn. 3; Hillmann in Ebenroth/Boujong/Joost/Strohn, HGB, § 124 Rn. 2; Ernsthaler, HGB, § 124 Rn. 2.

869 Huber, Vermögensanteil, 64; v. Falkenhausen/H. C. Schneider, Münchener Handbuch des Gesellschaftsrechts, § 20, Rn. 4.

mögensgegenstände in entsprechender Form notwendig.[870] Die Veräußerung von Gesellschaftsanteilen an einer Personenhandelsgesellschaft ist grundsätzlich nur mit Zustimmung der anderen Gesellschafter möglich (§ 719 Abs. 1 BGB, § 105,§ 161 Abs. 2 HGB).[871] Eintritt in sowie Austritt aus einer Personengesellschaft erfolgen daher regelmäßig durch Vertrag mit sämtlichen Gesellschaftern, also nicht durch Vertrag mit der Gesellschaft.[872] Eine Verbindung von Eintritt und Austritt ist zulässig.[873] Es bleibt auch hier bei der Identität der Gesellschaft.[874]

Wenn das wirtschaftliche Ergebnis miteinander verglichen wird, so wird sowohl bei der Einräumung eines Miteigentumsanteils sowie bei der Aufnahme eines Mitgesellschafters in ein Einzelunternehmen und insbesondere bei einem Unternehmensverkauf im Wege der Übereignung der Gesellschaftsanteile (Mitunternehmeranteile) an einer Personengesellschaft das Gesamt- oder Teilvermögen übertragen. Führt der Begünstigte/Übernehmende mit dem erworbenen Vermögen eine unternehmerische Tätigkeit fort, so bleibt das Vermögen unternehmerisch gebunden. Das Unternehmen oder der Teilbereich des Unternehmens geht auf einen anderen das Unternehmen fortführenden Unternehmer (§ 2 Abs. 1 UStG) über. Dies obwohl – wie oben dargestellt – die Identität der Gesellschaft gewahrt bleibt. Es kann daher eine Geschäftsveräußerung im Ganzen vorliegen. Aus dem Blickwinkel des Umsatzsteuerrechts muss das bei der Aktienveräußerung gefundene Ergebnis auch für die Übertragung von Anteilen an einer Personengesellschaft gelten, wenn wirtschaftlich dasselbe Ergebnis erzielt wird.

Nach heute herrschender Meinung erfolgt die Verfügung über die Mitgliedschaft an einer Personengesellschaft, welche als subjektives Recht und einheitlicher Verfügungsgegenstand verstanden wird,[875] durch Abtretung des Gesellschaftsanteils nach §§ 413, 398 BGB.[876] Der Anteil am Gesellschaftsvermögen ist die

870 v. Falkenhausen/H. C. Schneider, Münchener Handbuch des Gesellschaftsrechts, § 20, Rn. 4.

871 Zustimmend Reiff/Nannt, DStR 2009, 2386 (2377); Grunewald, Gesellschaftsrecht, 76.

872 BGH, Urteil v. 17.11.1975 – II ZR 120/74, WM 1976, 15; Schwerdtfeger, Gesellschaftsrecht, Kapitel 4, Rn. 53 ff.

873 Schwerdtfeger, Gesellschaftsrecht, Kapitel 4, Rn. 57.

874 BGH, Urteil v. 8.11.1965 – II ZR 223/64, NJW 1966, 499 (500); NJW 1975, 166 (167); Schwerdtfeger, Gesellschaftsrecht, Kapitel 4, Rn. 57.

875 Zur Einordnung als subjektives Recht siehe Habersack, Die Mitgliedschaft – subjektives und „sonstiges" Recht, 21f.; Lutter, AcP 180 (1980), 84; K.Schmidt, Gesellschaftsrecht, § 45 III; Reiff/Nannt, DStR 2009, 2376 (2376) m.w.N.

876 Reiff/Nannt, DStR 2009, 2376 (2376); Wiedemann, Die Übertragung und Vererbung von Mitgliedschaftsrechten bei Handelsgesellschaften, 43 ff.; Flume, Allgemeiner Teil

vermögensrechtliche Seite der Mitgliedschaft des Gesellschafters, von dieser nicht zu trennen und deshalb auch nicht selbständig zu übertragen (§ 719 Abs. 1 BGB).[877] Er geht mit Übergang der Mitgliedschaft über.[878] Zudem erfolgt mit der Verfügung über die Mitgliedschaft ein Eintritt in die mitgliedschaftliche Vertragsstellung mit allen Rechten und Pflichten.[879] Derartige Verfügungen müssen – um eine Geschäftsveräußerung im Ganzen zu sein – zu dem Übergang eines Gesamt- oder Teilvermögens führen, mit welchem unternehmerische Betätigung ausgeübt wird.

(a) Gleichstellungsfälle

Für die Beurteilung ist auf den jeweiligen Veräußerer abzustellen. Überträgt dieser beispielweise sämtliche gesellschaftsrechtlichen Anteile an einer Personengesellschaft, indem er beispielsweise als 100-prozentiger Anteilseigner einer KG neben einer 0-prozentigen Beteiligung durch eine Komplementär-GmbH, deren alleiniger Anteilseigner er ist, diese Anteile überträgt, so wird das Gesamtvermögen der Personengesellschaft übertragen und eine Geschäftsveräußerung im Ganzen liegt vor.[880] Voraussetzung dafür ist, dass die Beteiligungen im Rahmen seiner unternehmerischen Betätigung übertragen werden.

Bei derartigen Anteilsübertragungen wird zivilrechtlich die gesellschaftsrechtliche Stellung des Altgesellschafters auf einen Neugesellschafter übertragen,[881] wobei die Verfügung über die Mitgliedschaft als Vertragsübernahme kraft Abtretung qualifiziert werden kann. Zugleich ist die Anteilsübertragung der Eintritt in die Gesellschafterstellung und damit mehr als nur die Verfügung über eine Vertragsposition.[882] Umsatzsteuerrechtlich wird der Übergang eines Gesamt- oder Teilvermögens für die Beurteilung herangezogen. Derartige Übertragungen von Personengesellschaften sind somit als Geschäftsveräußerung im Ganzen nichtsteuerbar. Die jeweilige Rechtsform ist also unerheblich. Maßgebend ist, dass durch den Wechsel des Anteilseigners die (mittelbare) Verfügung über ein

---

des Bürgerlichen Rechts, § 17 I; Huber, Vermögensanteil, Kapitalanteil und Gesellschaftsanteil an Personalgesellschaften des Handelsrechts, 349 ff.; K.Schmidt in MüKo-HGB, § 105 Rn. 210; K.Schmidt, Gesellschaftsrecht, § 45 III; Michalski, NZG 1998, 95; Habermeier in Staudinger, BGB, § 719 Rn. 12; a.A. Michel, ZGR 1991, 412 (417 ff.).

877 Statt vieler: Sprau in Palandt, BGB, § 717 Rn. 2; Ulmer/Schäfer in Müko, § 719 Rn. 4.

878 Statt vieler: Sprau in Palandt, BGB, § 717 Rn. 2.

879 Beuthien in FS Wiedemann, 755 (758); Reiff/Nannt, DStR 2009, 2376 (2377).

880 Zustimmend mit einem vergleichbaren Beispiel Eggers/Korf, DB 2009, 2685 (2687).

881 Huber, Vermögensanteil, Kapitalanteil und Gesellschaftsanteil an Personengesellschaften des Handelsrechts, 349 ff.; Reiff/Nannt, DStR 2009, 2376 (2377).

882 Reiff/Nannt, DStR 2009, 2376 (2377).

Gesamt- oder Teilvermögen stattfindet. Da Personengesellschaften nach derzeitiger, zwar fehlerhafter[883] Auffassung und nationaler Gesetzesfassung nicht Organgesellschaften sein können, ist die Übertragung eines Teilvermögens durch alleinige Übertragung von Anteilen an Personengesellschaften (praktisch) ausgeschlossen. Dies hätte erfordert, dass durch eine Anteilsübertragung ein bestimmtes Teilvermögen übergeht, welches angesichts der gesamthänderischen Bindung des Vermögens nicht möglich ist.

Ob eine Geschäftsveräußerung in mehreren Schritten oder in einem Schritt erfolgt, hat auf die umsatzsteuerrechtliche Beurteilung keine Auswirkungen, da der objektive Charakter des Umsatzes zu beurteilen ist.[884] Maßgeblich ist, dass durch den Gesamtvorgang die Übertragung des Gesamt- oder Teilvermögens von einem Unternehmer auf einen anderen Unternehmer erfolgt.

(b) Teilvermögensübertragung auf Ebene des Gesellschafters

Ähnlich wie bei der Übertragung von Kapitalgesellschaftsanteilen, ist auch auf Ebene des Anteilseigners von Personengesellschaftsanteilen die Übertragung eines eigenständigen Gesamt- oder Teilvermögens denkbar. Dies ist in der Regel dann gegeben, wenn neben dem Personengesellschaftsanteil auch das damit im Zusammenhang stehende Sonderbetriebsvermögen[885] auf den neuen Anteilseigner übergeht und dieser die bisherigen Tätigkeiten mit dem Sonderbetriebsvermögen fortsetzt. Beispielsweise ist die Übertragung eines Anteils an einer Personengesellschaft durch einen Gesellschafter, welcher zugleich das Betriebsge-

---

883 Die Festlegung in § 2 Abs. 2 Nr. 2 UStG, dass ausschließlich juristische Personen Organgesellschaften sein können, findet in der unionsrechtlichen Ermächtigung in Art. 11 MwStSystRL (zuvor Art 4 Abs. 4 Unterabs. 2 der 6. EG-RL) keine Vorgabe; v. Wallis, FS Rädler, 639 (645). Auch nach Ansicht von Birkenfeld, Weimann, Hahne und Rüth ist es mit dem Grundsatz der Rechtsformneutralität nicht vereinbar, für organschaftlich verbundene juristische Personen (kraft Gesetzes) Unselbständigkeit anzunehmen, dies für Personengesellschaften aber auszuschließen; Birkenfeld, UR 2008, 2 (2); Weimann, UStB 2008, 186 (187); Hahne, DStR 2008, 910 (913); Rüth in Kirchner/Torwegge/Rüth, Holding und Beteiligung, § 3, Rn. 46.

884 Ebenso EuGH, Urteil v. 29.10.2009, Rs. C-29/08 [AB SKF], DStR 2009, 2311, Rn. 78 und 79.

885 Wirtschaftsgüter, die zivilrechtlich und wirtschaftlich oder nur wirtschaftlich im Eigentum eines Mitunternehmers stehen, sind (notwendiges oder gewillkürtes) Sonderbetriebsvermögen, wenn sie dazu geeignet und bestimmt sind, dem Betrieb der Personengesellschaft zu dienen (Sonderbetriebsvermögen I) oder der Beteiligung des Gesellschafters an der Personengesellschaft zumindest förderlich sind (Sonderbetriebsvermögen II); Dies folgt unmittelbar aus dem Begriff des Betriebsvermögens i.S.v. § 4 Abs. 1 und § 5, zusätzlich aus § 6 Abs. 5 und § 15 Abs. 1 Satz 1 Nr. 2 Halbsatz 2 EStG (Wacker in Schmidt, EStG, § 15 Rn. 506 m.w.N.).

lände entgeltlich an die Personengesellschaft überlässt, zusammen mit der Übertragung des Mietverhältnisses durch Übergang des Betriebsgrundstücks auf den neuen Anteilseigners, als Geschäftsveräußerung im Ganzen zu beurteilen. Maßgeblich ist, dass der Neugesellschafter die unternehmerische Betätigung mit dem Sonderbetriebsvermögen fortsetzt und hierfür, neben den Gesellschaftsanteilen, die Verfügungsmacht am Sonderbetriebsvermögen erlangt.

(5) Zwischenergebnis

Nach alledem bleibt festzuhalten, dass die Übertragung von gesellschaftsrechtlichen Beteiligungen an Personen- und Kapitalgesellschaften (der sog. „Share Deal") ebenso wie die Einräumung/Übertragung von Miteigentumsanteilen eine Geschäftsveräußerung im Ganzen ist, sofern die übrigen Voraussetzungen, insbesondere die Fortführung bzw. Fortführungsabsicht der wirtschaftlichen Tätigkeit, vorliegen. Dies führt zu einem Paradigmenwechsel, da bislang immer mit dem Gegenstand der Lieferung(en) oder sonstigen Leistung(en) der Übergang des Gesamt- oder Teilvermögens erfolgen musste, wie dies beim „Asset Deal" der Fall ist. Nun wird im Wege einer funktionalen Betrachtung das wirtschaftliche Ergebnis betrachtet.

Die Übertragung kann sowohl entgeltlich (z.B. durch Bezahlung und/oder Schuldübernahme) als auch unentgeltlich[886] (z.B. durch Schenkung) oder durch Einbringung in eine Gesellschaft erfolgen. Der unentgeltlichen Geschäftsveräußerung an einen anderen Unternehmer geht keine Entnahme für den privaten Bedarf voraus. Dies gilt auch, wenn damit zugleich ein privater Bedarf gedeckt wird. Das Gesetz blendet den bei einer Entnahme für den privaten Bedarf gegebenen Zwischenerwerb in der Privatsphäre des Übertragenden für die Anwendung der Rechtsfolge „Nichtsteuerbarkeit" aus.[887] Konkret heißt dies, dass zum Beispiel im Rahmen der Übertragung eines Unternehmens oder Unternehmensbeteiligung aufgrund vorweggenommener Erbfolge nicht zunächst eine Entnahme des Unternehmensvermögens oder der Beteiligung in das Privatvermögen und nachfolgend eine Schenkung an den Nachfolger vorliegt, sondern eine nichtsteuerbare Übertragung des Unternehmens.

Für die Geschäftsveräußerung im Ganzen ist mithin unerheblich, auf welcher zivilrechtlichen Grundlage die Übertragung des Gesamt- oder Teilvermögens erfolgt. Maßgeblich ist, dass ein solches übertragen wird. Demnach ist auf die objektiven Bestandteile des Umsatzes abzustellen. Auch kann diese Übertragung

886 Birkenfeld, Umsatzsteuer-Handbuch, § 34 Rn. 261.

887 BT-Drucks. 12/5630, 84; Schlienkamp, UR 1994, 93 (95); Probst, UR 1995, 131 (132); Husmann, UR 1994, 333 (333 ff.); Schwarz, UR 1994, 185 (186/187).

in mehreren Teilakten erfolgen, solange der objektive Charakter eines Übertragungsaktes dadurch erhalten bleibt.

5. Wirtschaftliche Tätigkeit ausgeübt

Nach derzeit herrschender Meinung muss im Zeitpunkt der Veräußerung/ Übertragung mit dem Objekt der Übertragung eine wirtschaftliche Tätigkeit ausgeübt werden, da ansonsten kein Geschäftsbetrieb übernommen werden könne.[888] Gleichwohl setzt die Geschäftsveräußerung kein lebendes Unternehmen[889] voraus, so dass eine Geschäftsveräußerung im Ganzen auch im Rahmen einer Zwangsversteigerung oder bei Übertragung vor Aufnahme des Geschäftsbetriebs vorliegen kann.[890] Daher ist dieses Merkmal bereits im Rahmen der kleinsten Einheit einer Geschäftsveräußerung im Ganzen mit umfasst. Als kleinste Unternehmenseinheit, die im Wege einer Geschäftsveräußerung im Ganzen übertragen werden kann, ist eine unternehmerische Einheit erforderlich, mit der Außenumsätze ausgeführt werden können.[891] Dies kann ein einzelner vermieteter Gegenstand, ein einzelnes lizenziertes Recht oder ein Dienstleistungsverhältnis (bzw. -vertrag)[892] sein. Das Merkmal der ausgeübten wirtschaftlichen Tätigkeit und das Merkmal der Unternehmenseinheit sind daher einheitlich zu beurteilen, da sie einander bedingen.

Rechtsprechung und Literatur äußern sich unterschiedlich zu der Frage, wie das übertragene Gesamt- oder Teilvermögen verwendet werden muss, damit eine nichtsteuerbare Übertragung im Wege der Geschäftsveräußerung im Ganzen möglich ist. Der BFH hatte die Geschäftsveräußerung im Ganzen im Fall der Übertragung eines nichtvermieteten Hallengrundstücks verneint.[893] Auch *Birkenfeld* hält es für notwendig, dass mit dem Objekt(en) der Geschäftsveräußerung noch eine wirtschaftliche Tätigkeit ausgeübt wird, welche dann im Rahmen der Geschäftsveräußerung übergeht.[894] Meines Erachtens ist eine derartige strik-

888 BFH, Urteil v. 11.10.2007 – V R 57/06, BFH/NV 2008, 509.

889 Die frühere Rechtsprechung zur Übereignung eines „lebenden Unternehmens" im Rahmen einer Geschäftsveräußerung im Ganzen ist für die Anwendung des § 1 Abs. 1a UStG ohne Bedeutung; so BFH, Urteil v. 8.3.2001 – V R 24/98, UR 2001, 214 (215).

890 BFH, Urteil v. 21.3.2002 – V R 62/01, BStBl. II 2002, 559 (560); BFH, Urteil v. 8.3.2001 – V R 24/98, BStBl. II 2003, 430 (432).

891 Siehe dazu Kapitel 2 B IV. 1 c.

892 Heinrichshofen, EU-UStB 2009, 56 (57); Hamacher, UR 2009, 896 (897), Maier, DStR 2009, 2248 (2249) mit dem Hinweis, dass die Übernahme von Versicherungsverträgen im EuGH, Urteil v. 22.10.2009, Rs. C-242/08 [Swiss Re], UR 2009, 891 eine Geschäftsveräußerung im Ganzen sein kann.

893 BFH, Urteil v. 18.1.2005 – V R 53/02, BStBl. II 2007, 730.

894 Birkenfeld, Umsatzsteuer-Handbuch, § 34 Rn. 243.

te Beschränkung der Anwendung nicht notwendig. Diese Ansichten sind dem Rückgriff auf die Vorgängervorschriften, welche eine Kongruenz mit dem Haftungstatbestand des § 75 AO (Haftung des Betriebsübernehmers) wünschten, geschuldet. Das Unionsrecht erwähnt hingegen lediglich die Übertragung von Gesamt- oder Teilvermögen. Der EuGH beschränkt sich, sofern er überhaupt hierzu Stellung nimmt, auf die notwendige Fortführungsabsicht des Erwerbers.[895] Es muss sich um Unternehmensvermögen handeln. Es ist aber nicht notwendig, dass im Zeitpunkt der Übertragung mit den jeweiligen Übertragungsobjekten eine wirtschaftliche Tätigkeit (aktuell) aktiv betrieben wird. Anhand der jüngeren finanzgerichtlichen Rechtsprechung ist deutlich eine Herabsetzung der Anforderungen an die ausgeübte Betätigung und ihre Fortführung bzw. Fortführungsabsicht im Verlauf der Rechtsprechungsentwicklung aber auch das Festhalten an diesem Merkmal, zu beobachten.[896]

Das Finanzgericht Sachsen hat beispielsweise bei der Übertragung einer vermieteten Immobilie durch einen Bauträger die Geschäftsveräußerung im Ganzen angenommen.[897] Im dem der Entscheidung zugrunde liegenden Sachverhalt hatte der Veräußerer ein Grundstück erworben und hierauf eine Gaststätte errichtet, da er sich gegenüber einem zukünftigen Mieter und dem späteren Erwerber zur entsprechenden Bebauung des Grundstücks verpflichtet hattet. Die Übertragung des Grundstücks erfolgte noch vor Fertigstellung des Gebäudes aber mit Übernahme des Mietvorvertrages. Nach Ansicht des Finanzgerichts gilt unabhängig davon, ob der Veräußerer ein Vermietungsunternehmen oder ein Bauträgerunternehmen betrieben hat, die Übertragung als Geschäftsveräußerung im Ganzen. Begründet wird dies damit, dass der Veräußerer das aus einem einzigen vermieteten Grundstück bestehende Unternehmen samt Mietvertrag auf den Erwerber übertragen hat, der dies fortführt. Auch dann, wenn der Veräußerer lediglich als Bauträgerunternehmen handelte, sei eine Geschäftsveräußerung im Ganzen anzunehmen, da der Veräußerer sein gesamtes Unternehmen auf den Erwerber übertragen habe. Unerheblich sei, dass der Erwerber das Unternehmen als Vermietungsunternehmen und nicht als Bauunternehmen fortführt, da der Erwerber nicht die gleiche Umsatztätigkeit fortsetzten müsse.[898] Dem ist zuzustimmen.

---

895 EuGH, Urteil v. 27.11.2003, Rs. C-497/01 [Zita Modes Sárl], BFH/NV Beilage 2004, 128, Rn. 40; EuGH, Urteil v. 29.10.2009, Rs. C- 29/08 [AB SKF], DStR 2009, 2311, Rn. 37.

896 Siehe dazu Hidien, UVR 2009, 11 (11 ff.).

897 FG Sachsen, Urteil v. 16.12.2004 – 3 K 891/03, juris-Datenbank, aufgehoben durch BFH, Urteil v. 18.9.2008 - V R 21/07, BStBl. II 2009, 254.

898 FG Sachsen, Urteil v. 16.12.2004 – 3 K 891/03, juris-Datenbank, aufgehoben durch BFH, Urteil v. 18.9.2008 - V R 21/07, BStBl. II 2009, 254; a.A. auch Hidien, UVR 2009, 11 (14).

Die Geschäftsveräußerung im Ganzen erfordert lediglich eine Zuordnung zum unternehmerisch gebundenen Vermögen durch eine objektiv belegbare Verwendungsabsicht. Maßgeblich für die Unternehmereigenschaft und den Vorsteuerabzug sind bereits Vorfeldaktivitäten, wie der Einkauf von Waren und Dienstleistungen mit objektiv belegter Verwendungsabsicht.[899] Ebenso, wie es für die Unternehmereigenschaft und den Vorsteuerabzug ausreichend ist, Aktivitäten in einer unternehmerischen Verwendungsabsicht auszuüben, so muss es für die Geschäftsveräußerung im Ganzen ausreichend sein, dass eine entsprechende unternehmerische Verwendungsabsicht vorliegt. Durch das Erfordernis, dass eine „wirtschaftliche Tätigkeit ausgeübt" wird sowie der Unternehmereigenschaft des Begünstigten nebst Fortführungsabsicht, wird verdeutlicht, dass ein unversteuerter Endverbrauch vermieden werden soll. Das übertragene Vermögen muss unternehmerisch verhaftet bleiben. Ein unversteuerter Endverbrauch ist bereits ausgeschlossen, wenn die unternehmerische Bindung des Vermögens durch die Verwendungsabsicht objektiv belegt wird. Daher gilt bei der Geschäftsveräußerung im Ganzen, ebenso wie bei dem Beginn der Unternehmereigenschaft und dem Vorsteuerabzug, die Verwendungsabsicht als ausreichend, wie inzwischen der BFH bestätigte.[900] Sollte sich tatsächlich im Nachhinein eine Verwendungsabsicht als nicht zutreffend bzw. nicht umgesetzt/umsetzbar erweisen, sind die notwendigen Korrekturen über die Regelungen zur unentgeltlichen Wertabgabe (§ 3 Abs. 1b bzw. Abs. 9a UStG) vorzunehmen.

6. Fortführung(sabsicht) und Erwerb für das Unternehmen

Ein Erwerb für das Unternehmen des Begünstigten und die Fortführung(-sabsicht) hinsichtlich der unternehmerischen Tätigkeit können gleichgestellt werden, da sie einander bedingen. Eine Vermögensübertragung darf, um im Einklang mit der Belastungskonzeption der Umsatzsteuer zu stehen, nicht zu einem unversteuerten Endverbrauch führen. Das Vermögen muss also unternehmerisch verhaftet/gebunden bleiben.

a) Ausprägung in der nationalen Rechtsprechung und Literatur

In Anlehnung an diesen Grundsatz, erfordert die Geschäftsveräußerung im Ganzen nach herrschender Meinung das subjektive Merkmal der Fortführung oder

---

899 Statt vieler: Klenk in Sölch/Ringleb, UStG, § 2 Rn. 200 m.w.N.; ders., in Sölch/Ringleb, UStG §15 Rn. 201f. m.w.N.

900 Jetzt auch bestätigend BFH, Urteil v. 30.4.2009, V R 4/07, DStR 2009, 1804, Rn. 28 mit der Aussage, dass bei einer Immobilie, die im Zeitpunkt der Übertragung nur teilweise vermietet und verpachtet war, hinsichtlich der nicht genutzten aber zur Vermietung und Verpachtung bestimmten Flächen auf die Vermietungs- und Verwendungsabsicht abzustellen sei.

zumindest die Fortführungsabsicht der übernommenen unternehmerischen Tätigkeit.[901] Dies ist weder dem Wortlaut des § 1 Abs. 1a UStG, noch dem der Art. 19 und 29 MwStSystRL explizit zu entnehmen. Dieses Merkmal ergibt sich allerdings aus der Belastungskonzeption und dem Telos der Geschäftsveräußerung im Ganzen, also dem Ziel, Übertragungen von einem Unternehmer auf einen anderen Unternehmer zu entlasten, da anderenfalls die entstehende Umsatzsteuer als Vorsteuer wieder abzugsfähig wäre, zugleich aber einen unversteuerten Endverbrauch zu vermeiden. Auch der EuGH fordert in der Entscheidung „Zita Modes Sárl" die Fortführung(-sabsicht).[902] Der durch die Übertragung Begünstigte darf nicht allein die Absicht haben die betreffende Geschäftstätigkeit sofort abzuwickeln und den Warenbestand abzuverkaufen.[903] Die Ausprägung dieses Merkmals gilt es genauer zu untersuchen.

Fortführung(-sabsicht) impliziert zunächst, dass die bisherige unternehmerische Tätigkeit des Übertragenden vom Erwerber fortgesetzt wird. Fraglich ist allerdings, ob das Merkmal der Fortführung(-sabsicht) zwingend derart zu verstehen ist. Dem Wort „fortführen" in der deutschen Sprachfassung ist nicht zwingend zu entnehmen, dass eine bisherige Tätigkeit übernommen werden muss, zumal weitere Sprachfassung auch die Auslegung als „selbständig führbar" nahelegen.[904]

Die Anwendung der Regelung über die Geschäftsveräußerung im Ganzen ist nicht davon abhängig, dass eine Gewerbegenehmigung für die übernommene Betätigung vorliegt.[905] Nicht notwendig ist auch, dass der Erwerber die gleiche Umsatztätigkeit wie der Veräußerer mit dem erworbenen (Teil-)Vermögen fortsetzt.[906] Die dies fordernde frühere Rechtsprechung[907] des BFH ist insoweit

---

901 Siehe dazu EuGH, Urteil v. 27.11.2003, Rs. C-497/01 [Zita Modes Sárl], BFH/NV Beilage 2004, 128, Rn. 46; Nieskoven, GStB 2008, 117 (117) grenzt zwischen dem subjektiven Merkmal der Fortführungsabsicht und dem objektiven Merkmal des übertragenen Unternehmensorganismus ab.

902 EuGH, Urteil v. 27.11.2003, Rs. C-497/01 [Zita Modes Sárl], BFH/NV Beilage 2004, 128, Rn. 46.

903 EuGH, Urteil v. 27.11.2003, Rs. C-497/01 [Zita Modes Sárl], BFH/NV Beilage 2004, 128, Rn. 46; BFH, Urteil v. 22.1.2007 – V R 5/07, BStBl. II 2008, 448.

904 Siehe dazu Kapitel 2 B IV. 1 c und IV 6 b sowie EuGH, Urteil v. 27.11.2003, Rs. C-497/01 [Zita Modes Sárl], BFH/NV Beilage 2004, 128, Rn. 40 und 41.

905 EuGH, Urteil v. 27.11.2003, Rs. C-497/01 [Zita Modes Sárl], BFH/NV Beilage 2004, 128, Rn. 44.

906 Birkenfeld, Umsatzsteuer-Handbuch, § 34 Rn. 133.

907 BFH, Urteil v. 27.5.1986 – VII R 183/83, BStBl. II 1986, 654, 655; BFH, Urteil v. 30.8.1962 – V 32/60 U, BStBl. III 1962, 455, 456.

durch seine eigene aktuelle Rechtsprechung vom 23.8.2007 überholt,[908] ohne, dass dies ausdrücklich Erwähnung gefunden hätte. In der aktuellen Rechtsprechung ist es für die Annahme der Geschäftsveräußerung im Ganzen unerheblich, wenn der Erwerber den übernommenen Geschäftsbetrieb in seinem Zuschnitt ändert und modernisiert.[909] Damit kann er auch den Zuschnitt der nach Übertragung ausgeübten Tätigkeit frei bestimmen. Auch distanziert sich der BFH in dieser Entscheidung[910] von dem bisher geforderten „Merkmal" der Fortführbarkeit des Unternehmens „ohne großen finanziellen Aufwand".[911]

Die Rechtsprechung hat folgende Sachverhalte entschieden: Beabsichtigt der Veräußerer, ein Vermietungsunternehmen mit der Errichtung eines Gebäudes zu begründen und veräußert er das Gebäude noch bevor es zu einer Vermietung kommt, liegt eine nichtsteuerbare Geschäftsveräußerung vor, wenn der Erwerber die Absicht belegen kann, damit ein Vermietungsunternehmen betreiben zu wollen.[912] Verwendet der Erwerber das Gebäude jedoch, um darin selbst z.B. ein Handelsbüro zu unterhalten, unterliegt die Übereignung des Gebäudes der Umsatzsteuer, da vom Begünstigten, kein Vermietungsunternehmen weitergeführt wird.[913] Das Finanzgericht Niedersachsen sah dann keine Geschäftsveräußerung im Ganzen als gegeben an, wenn der Mieter das bisher von ihm gemietete Grundstück erwirbt und weiterhin für die eigenen unternehmerischen Zwecke nutzt.[914] Dies gelte auch dann, wenn das vermietete Grundstück das gesamte Unternehmen des Veräußerers ausmache.[915] Auch hat der BFH Steuerbarkeit angenommen, wenn ein Bauträger lediglich zur besseren Vermarktung eines von ihm errichteten Gebäudes bereits Mietverträge abschließt, er aber stets in der Absicht handelte das Gebäude zu veräußern und nicht zu vermieten.[916] Hier verdeutlicht sich die Schwierigkeit der zutreffenden Beurteilung, da die Abgrenzung fließend ist. Die Rechtsprechung forderte bisher regelmäßig, dass eine bisher ausgeübte Tätigkeit übernommen und fortgeführt wird. Die Fortführungsabsicht impliziert

---

908 BFH, Urteil v. 23.8.2007 – V R 14/05, BFH/NV 2008, 316 (318).

909 BFH, Urteil v. 23.8.2007 – V R 14/05, BFH/NV 2008, 316 (318).

910 BFH, Urteil v. 23.8.2007 – V R 14/05, BFH/NV 2008, 316.

911 Gefordert im BFH, Urteil v. 28.11.2002 – V R 3/01, BStBl. II 2004, 665.

912 BFH, Urteil v. 8.3.2001 – V R 24/98, BStBl. II 2003, 430.

913 Die Lieferung des Grundstücks ist steuerbar und grundsätzlich nach § 4 Nr. 9 Buchstabe a UStG von der Umsatzsteuer befreit. Es besteht unter den Voraussetzungen des § 9 UStG die Möglichkeit zur Option.

914 FG Niedersachen, Urteil v. 27.2.2006 – 16 K 10889/03, EFG 2006, 1295, bestätigt durch BFH, Urteil v. 4.9.2008 – V R 23/06, UR 2008, 528.

915 FG Niedersachen, Urteil v. 27.2.2006 – 16 K 10889/03, EFG 2006, 1295, bestätigt durch BFH, Urteil v. 4.9.2008 – V R 23/06, UR 2008, 528.

916 BFH, Urteil v. 24.2.2005 – V R 45/02, BFH/NV 2005, 1467.

– nach der Kommentarliteratur – das Merkmal, dass ein „Erwerb für das Unternehmen“[917] gefordert wird. Dabei wird klargestellt, dass es genügt, wenn das übernommene Geschäft oder der übernommene gesondert geführte Betrieb in dem Unternehmen des Übernehmers aufgeht oder selbiges begründet.[918] Der BFH hingegen hat in dem Urteil vom 11.10.2007[919] im Rahmen einer Gesamtwürdigung den Grad der Übereinstimmung oder Ähnlichkeit der vor und nach der Übertragung ausgeübten wirtschaftlichen Tätigkeit herangezogen. Das Finanzgericht Münster hat die Veräußerung eines „Sportgeschäfts“ unter Zurückbehaltung aber Vermietung des Ladenlokals an den Erwerber als Geschäftsveräußerung im Ganzen beurteilt.[920] Das Finanzgericht stellt auf die dauerhafte Fortführung des Unternehmens ab. Es begründet dies damit, dass die Rechtsprechung des BFH es habe ausreichen lassen, wenn das Betriebsgrundstück im Rahmen der Übertragung aufgrund eines langfristigen Nutzungsrechts überlassen werde.[921] Die Übertragung sämtlicher Wirtschaftsgüter sei ein hinreichendes, nicht definierbares Merkmal der Geschäftsveräußerung aber kein notwendiges.[922] Diese Entscheidung bewegt sich im Rahmen der fortentwickelten Rechtsprechung des BFH.[923]

Nach davon abweichender Ansicht von *Birkenfeld* erwirbt der Erwerber ein Handels- oder Produktionsunternehmen auch dann als Unternehmer im Rahmen einer Geschäftsveräußerung im Ganzen, wenn er es (nach Erwerb) gegen Entgelt verpachtet.[924] Danach reicht es auch, wenn er eine unternehmerische Tätigkeit im neuen Zuschnitt ausübt und das übertragene Vermögen unternehmerisch gebunden bleibt.

---

917 Stöcker in Peter/Burhoff/Stöcker, UStG, § 1 Rn. 542 fordert einen Erwerb für das Unternehmen anstelle des Merkmals der Fortführungsabsicht.

918 Stöcker in Peter/Burhoff/Stöcker, UStG, § 1 Rn. 542.

919 BFH, Urteil v. 11.10.2007 – V R 57/06, BStBl. II 2008, 447.

920 FG Münster, Urteil v. 30.4.2008 – 5 K 3601/04 U, EFG 2008, 1413 zwischenzeitlich bestätigt durch EuGH, Urteil v. 10.11.2011, Rs. C-444/10 [Schriever], UR 2011, 937; BFH, Urteil v. 18.1.2012 – XI R 27/08, UR 2012, 393..

921 BFH, Urteil v. 15.10.1998 – V R 69/97, BStBl. II 1998, 41; BFH, Urteil v. 4.7.2002 – V R 10/01, BStBl. II 2004, 662; BFH, Urteil v. 28.11.2002 – V R 3/01, BStBl. II 2004, 665; Abschnitt 1.5. Abs. 3 Satz 2 UStAE (bislang Abschnitt 5 Abs. 1 Satz 7 UStR 2008).

922 So FG Münster, Urteil v. 30.4.2008 – 5 K 3601/04 U, EFG 2008, 1413, Rev. BFH XI R 27/08; a.A. FG Baden-Württemberg, Urteil 28.8.2004 – 10 K 59/02, EFG 2004, 1833 (rkr.).

923 A.A. Hidien, UVR 2009, 11 (17).

924 Birkenfeld, Umsatzsteuer-Handbuch, § 34 Rn. 133.

Da die Fortführungsabsicht weder dem Wortlaut des § 1 Abs. 1a UStG, noch dem Wortlaut der Art. 19 und 29 der MwStSystRL zu entnehmen ist,[925] ist das Merkmal auch als überzogen kritisiert worden.[926] *Stadie* zum Beispiel betrachtet diese Anforderung als „unergiebige Motivforschung".[927] Derartige Kriterien und insbesondere die vergebliche Fortführung bei im Zeitpunkt der Übertragung bestehender Fortführungsabsicht sind auch nur schwer im Rahmen der steuerlichen Praxis nachzuweisen.[928] Daher wird teilweise vertreten, man sollte darauf abstellen, ob objektiv die bisherige unternehmerische Tätigkeit im Wesentlichen unverändert fortgeführt wird.[929] Andere wiederum empfehlen verbindliche vertragliche Festlegungen.[930]

Ein teilweiser Leerstand einer vermieteten Immobilie soll hingegen nach Ansicht des Finanzgerichts Köln (bestätigt durch den BFH) der Annahme einer Unternehmensübertragung nicht entgegenstehen, da es allein auf die Verwendungsabsicht ankomme.[931] Dieser Entscheidung ist auch das Schrifttum beigetreten.[932] Der Leerstand führe nicht zu einer Änderung der Verhältnisse und bedeute auch nicht das Ende eines Vermietungsunternehmen.[933] Daher ist auch bei Leerstand eine Geschäftsveräußerung im Ganzen möglich. Der Leerstand darf auch der Annahme der Geschäftsveräußerung im Ganzen nicht schaden, da er auch bei den Korrekturtatbeständen, wie § 15a UStG, nicht zu einer Änderung der Verhältnisse führt und auch durch Leerstand keine unentgeltliche Wertabgabe nach § 3 Abs. 1b bzw. Abs. 9a UStG ausgelöst wird. Wenn der Erwerber zwar in den Pachtvertrag eintritt, aber aufgrund wirtschaftlicher Schwierigkeiten des Pächters vereinbart, dass Zahlungen zunächst eingestellt werden und erst wieder aufgenommen werden, wenn sich die finanzielle Situation des Pächters gebessert hat, so ist dennoch eine Geschäftsveräußerung im Ganzen gegeben.[934] Der Ver-

925 EuGH, Urteil v. 27.11.2003, Rs. C-497/01 [Zita Modes Sárl], BFH/NV Beilage 2004, 128, Rn. 43.

926 Stadie, Umsatzsteuerrecht, Rn. 5.196.

927 Stadie, Umsatzsteuerrecht, Rn. 5.196; ebenfalls kritisch hinsichtlich des Abstellens auf die Absichten des Begünstigten sind Hidien, UVR 2009, 11 (13); Reiß in FS Schaumburg, 1165 (1174 Fußnote 32).

928 Hidien, UVR 2009, 11 (13); Winter in FS Schaumburg, 1213 (1214).

929 Reiß in FS Schaumburg, 1165 (1174), Fußnote 32.

930 Herbert, UR 2004, 506 (508); Meyer/Ball, StBp 2008, 249 (250).

931 FG Köln, Urteil v. 12.12.2006 – 8 K 1130/05, EFG 2007, 456, Rev. BFH V R 4/07; jetzt bestätigt durch BFH, Urteil v. 30.4.2009 – V R 4/07, DStR 2009, 1804.

932 Büchter-Hole, EFG 2007, 456 (459); Meyer/Ball, StBp 2008, 249 (252); Behrens/Schmitt, UVR 2008, 220 (222); wohl auch Hundt-Eßwein, UStB 2008, 285 (287); Korn, KÖSDI 2008, 15935 (15939); a.A. wohl Serafini, GStB 2006, 26 (27f.).

933 Hidien, UVR 2009, 11 (15).

934 BFH, Urteil v. 18.1.2005 – V R 53/02, BFH/NV 2005, 810.

zicht auf die Pacht führt nicht zu einer unentgeltlichen nichtunternehmerischen Nutzung des übernommenen Objektes.[935] Somit ist in der Übernahme der Verwendungsabsicht auch die Fortführung zu sehen.

Da auch dann eine Geschäftsveräußerung anzunehmen ist, wenn kein lebendes Unternehmen übertragen wird,[936] kann der teilweise Leerstand kein Hindernis sein. Eine Mindestmietquote oder ähnliches ist nicht notwendig.[937] Denn sofern keine Eigen- oder Privatnutzung vorliegt und die Absicht der Vermietung besteht, ist bereits ein Vermietungsunternehmen durch die Betätigungen (z.B. Einkauf von Wirtschaftsgütern oder Dienstleistungen) mit Vermietungsabsicht existent.[938]

Anders wiederum betrachtete das Finanzgericht Köln den Sachverhalt, in dem ein Betriebsgrundstück mit Betriebsgebäude und aufstehender Waschanlage separiert verkauft wurden. Das Betriebsgrundstück nebst Gebäude wurde auf die Mutter des Erwerbers übertragen. Die Waschanlage erwarb der Sohn und pachtete das Grundstück und das Gebäude von seiner Mutter. Nach Ansicht des Finanzgerichts liegen zwei separate Umsatzgeschäfte vor, da weder ein gesamtes Unternehmen, noch selbständige Unternehmensteile übertragen wurden. Mit Veräußerung auf zwei Erwerber sei die Identität des einheitlichen Unternehmens aufgegeben worden und daher kein gesamtes Unternehmen übertragen worden.[939] *Hidien* stimmt dieser Entscheidung zu, da der personelle Fortführungszusammenhang nicht vorliege.[940] Gegenstand des Unternehmens sei der Betrieb der Waschanlage auf eigenem Betriebsgrundstück. Daher seien keine selbständigen, getrennten Teilvermögen vorhanden. Auch habe der Veräußerer die Erwerber nicht verpflichtet das Unternehmen gemeinsam fortzusetzen. Dies stimmt aber nur zum Teil. Hinsichtlich des übernommen Betriebs der Waschanlage liegt eine Fortführung der bisherigen unternehmerischen Tätigkeit vor. Hinsichtlich des Betriebsgrundstücks hingegen wird eine neue unternehmerische Betätigung erst begründet. Nur dort kann keine unternehmerische Tätigkeit oder Absicht fortgeführt werden. Diese Situation lässt sich gut anhand folgender Verfügungen der Finanzverwaltung nachvollziehen: Eine Geschäftsveräußerung im Ganzen liegt in der Regel vor, wenn ein Vermietungsobjekt unter Fortführung

---

935 BFH, Urteil v. 18.1.2005 – V R 53/02, BFH/NV 2005, 810.

936 Abschnitt 1.5. Abs. 1 Satz 6 UStAE (bislang Abschnitt 5 Abs. 1 Satz 4 UStR 2008).

937 Hidien hält diese zumindest für fragwürdig; UVR 2009, 11 (16); a.A. Nieskoven, GStB 2009, 379 (380).

938 So im Ergebnis auch Hidien, UVR 2009, 11 (16).

939 FG Köln, Urteil v. 14.11.2007 – 4 K 605/05, DStRE 2008, 1086, Rev. BFH V R 94/07.

940 Hidien, UVR 2009, 11 (16).

der Mietverträge auf einen Erwerber übertragen wird;[941] nicht hingegen dann, wenn der bisherige Mieter das Objekt erwirbt[942] und auch dann nicht, wenn ein eigengenutztes Grundstück vom Begünstigten nachfolgend verpachtet wird oder die fortgeführte Tätigkeit lediglich ein Innenumsatz im Organkreis ist.[943]

b) Stellungnahme

aa) Maßgeblichkeit der unternehmerischen Bindung

Die o.g. Rechtsprechung fordert, dass die bisher ausgeübte Tätigkeit weitergeführt wird. Ein gewisser Grad der Ähnlichkeit wurde gefordert, eine Änderung des Zuschnitts und eine Modernisierung sollen aber unschädlich sein. Diese nationale Rechtsprechung ist enger als es die Entscheidung des EuGH in der Rechtssache „Zita Modes Sárl" vorgibt.[944] Der EuGH hat nicht die Fortführung der konkreten Tätigkeit gefordert. Das Vermögen musste nur weiterhin unternehmerisch genutzt werden. Im Entscheidungssachverhalt wurde ein Textilunternehmen auf einen Parfümeriehandel übertragen. Auch lag dem Erwerber nicht die Genehmigung für den Betrieb des übernommenen Unternehmens vor.[945] Dem EuGH war nur daran gelegen, dass die Tätigkeit nicht unmittelbar eingestellt und das Warenlager abverkauft wird. Daher ist zu überdenken, ob die enge Ansicht der nationalen finanzgerichtlichen Rechtsprechung zutreffend ist. Eine Grundlage für diese enge Ansicht ist jedenfalls in der EuGH-Entscheidung „Zita Modes Sárl" nicht zu finden.

Zwingend ist demnach die Ausübung einer unternehmerischen Tätigkeit mit den übernommenen immateriellen und materiellen Wirtschaftsgütern. Dabei muss diese Tätigkeit nach Erwerb nicht vollständig identisch ausgeübt werden. M.E. ist lediglich notwendig, dass das Vermögen, welches in dem Unternehmen gebunden war und zur Ausübung einer wirtschaftlichen/unternehmerischen Tätigkeit genutzt wurde, auf einen Begünstigten übertragen wird und dieser das übernommene Vermögen zu einem Bestandteil seiner unternehmerischen Tätigkeiten macht bzw. es integriert. Die Fortführung bzw. Fortführungsabsicht dient in erster Linie der weiteren Einbindung des Gesamt- und Teilvermögens in ein Unternehmen. Die Übertragung darf nicht dazu führen, dass ein unversteuerter Endverbrauch entsteht und damit die Belastungskonzeption der Umsatzsteuer in

941 OFD Chemnitz, Vfg. v. 13.05.2002, S 7100b-8/1-St23, n.v.

942 OFD Hannover, Vfg. v. 31.05.2006, S 7100b-1-StO 171, n.v.

943 BFH, Urteil v. 6.5.2010 – V R 26/09, BFH/PR 12/2010, 482 m. Anm. Martin.

944 EuGH, Urteil v. 27.11.2003, Rs. C-497/01 [Zita Modes Sárl], BFH/NV Beilage 2004, 128, Rn. 40 ff.

945 EuGH, Urteil v. 27.11.2003, Rs. C-497/01 [Zita Modes Sárl], BFH/NV Beilage 2004, 128, Leitsatz.

Frage gestellt wird. Daher ist eine weitere Unternehmensbindung – in Form einer Verwendungsbindung[946] – des übertragenen Vermögens zu fordern. Eine Fortführung der konkret ausgeübten Tätigkeit hingegen ist nicht gefordert, wie der Rechtssprechungsentwicklung zur Umgestaltung und Modernisierung zu entnehmen ist.

bb) Fortführung durch weitere „Übertragungen in Kette"

Eine Geschäftsveräußerung im Ganzen liegt auch dann vor, wenn Gegenstand des Unternehmens des Erwerbers der An- und Verkauf von Unternehmen ist, solche also unmittelbar nicht selbst betrieben werden.[947] Das übertragene Gesamt- oder Teilvermögen muss in unternehmerischer Betätigung übertragen oder genutzt werden. Dies kann auch durch die Weiterübertragung geschehen. Dies gilt, wenn z.B. das Unternehmen von einer Bank als Nebengeschäft zwischenerworben wird[948] oder der Begünstigte/Erwerber das Unternehmen nach Erwerb (wiederum) im Wege der Sachgründung oder Sacheinlage insgesamt in eine Personen- oder Kapitalgesellschaft einbringt.[949] Die beabsichtigte Weiterübertragung des Gesamt- oder Teilvermögens ist – nach der Rechtsprechung des EuGH – bereits ein wirtschaftlicher Vorgang, der lediglich aufgrund der Regelung zur Geschäftsveräußerung im Ganzen nichtsteuerbar ist – aber für die Fortführung(-sabsicht) genügt.[950] Da der EuGH-Rechtsprechung nicht zu entnehmen ist, dass dieselbe oder eine ähnliche Tätigkeit fortgesetzt werden muss, ist jede Ausübung unternehmerischer Betätigung mit dem übernommenen Vermögen ausreichend. Dies kann also auch die Weiterübertragung im Wege der Geschäftsveräußerung im Ganzen sein. Ebenso ist die Zurückverpachtung des übernommenen Unternehmens an den Übertragenden eine Fortführung, die das übernommene Gesamt- und Teilvermögen im Unternehmen gebunden sein lässt.[951]

---

946 EuGH, Urteil v. 27.11.2003, Rs. C-497/01 [Zita Modes Sárl], UR 2004, 19, Rn. 42f.

947 Stöcker in Peter/Burhoff/Stöcker, UStG, § 1 Rn. 545.

948 Stöcker in Peter/Burhoff/Stöcker, UStG, § 1 Rn. 545.

949 So im Grundsatz Reiß in Schaumburg, Unternehmenskauf, 243 (245).

950 Rückschluss aus EuGH, Urteil v. 29.4.2004, Rs. C-137/02 [Faxworld Vorgründungsgesellschaft], UR 2004, 362, Rn. 29, worin der EuGH betont, dass es ein wirtschaftliche Tätigkeit ist, welche nur aufgrund der Regelung der Art. 19 und 29 MwStSystRL als Nicht-Lieferung betrachtet werde und welche deshalb den Vorsteuerabzug zulasse. A.A. Meyer/Ball, StBp 2008, 249 (250), welche eine Geschäftsveräußerung im Ganzen nicht ausreichen lassen wollen um die Unternehmereigenschaft zu begründen. Dies steht allerdings im Widerspruch zur o.g. EuGH-Entscheidung.

951 A.A. zur Vorgängervorschrift siehe BFH, Urteil v. 28.6.1962 – V 199/59, UR 1964, 160.

Der Rechtsprechung des BFH ist zudem nicht zu entnehmen, dass die Fortführungsabsicht ein höchstpersönliches Merkmal des Begünstigten ist,[952] so dass – selbst, wenn man der engen Ansicht der Rechtsprechung, dass die ausgeübte oder beabsichtigte Tätigkeit fortgeführt werden muss, folgt – das Merkmal erfüllt ist, wenn der letzte in der Kette der Weiterübertragungen die ursprüngliche Tätigkeit fortsetzt. Mithin kann die nach der Übertragung mit dem übernommenen (Teil-)Vermögen ausgeübte Tätigkeit auch eine nichtsteuerbare aber unternehmerische Tätigkeit sein, wie dies im Fall einer nachfolgenden Geschäftsveräußerung im Ganzen wäre.[953] Eine Übertragung in Kette z.B. in Form von aufeinander folgenden Verschmelzungen und Spaltungen in Reihe wären als Geschäftsveräußerung im Ganzen möglich,[954] sofern die Unternehmereigenschaft des jeweiligen Übernehmers gegeben ist.

cc) Keine Betriebsaufgabe beim Übertragenden erforderlich

Nicht zutreffend ist die Literaturansicht, dass die Beendigung der bisherigen gewerblichen Tätigkeit bei der Geschäftsveräußerung im Ganzen als selbständiges Merkmal der Übertragung der wesentlichen Betriebsgrundlagen anzusehen ist.[955] *Stöcker* argumentiert unter Bezugnahme auf ältere Rechtsprechung,[956] die vor Einführung des § 1 Abs. 1a UStG ergangen ist, dass der Begriff „Gewerbebetrieb“ eine tätigkeitsbezogene Komponente aufweise und es daher Voraussetzung sei, dass nicht nur die Betriebsmittel übertragen würden, sondern auch die mit diesen Betriebsmitteln ausgeübte bestimmte gewerbliche Tätigkeit beim Übertragenden aufgegeben wird.[957] Zwar fordert er nicht, dass die gesamte unternehmerische Tätigkeit aufgegeben wird. Gleichwohl sei erforderlich, dass wie

---

952 Offengelassen BFH v. 23.8.2007 – V R 14/05, UR 2008, 150.

953 Gleicher Ansicht ist wohl auch Birkenfeld, Umsatzsteuer-Handbuch, § 34 Rn. 292, da er für die Anwendung des § 15a Abs. 10 UStG darauf verweist, dass wenn der Erwerber seinerseits das Geschäft im Wege einer nichtsteuerbaren Geschäftsveräußerung weiter überträgt, für § 15a UStG die Verhältnisse beim Zweiterwerber maßgebend sind. A.A. dagegen noch ders., Umsatzsteuer-Handbuch, § 34 Rn. 293 für den Fall, dass das übernommene Vermögen nicht als „gesondert geführter Betrieb“ behandelt wird.

954 Ebenso wohl Klenk in Sölch/Ringleb, UStG, § 1, Rn. 481; a.A. FG Düsseldorf, Urteil v. 17.12.2003 – 5 K 864/01 U, EFG 2004, 772 (rkr.); zur Vorgängerfassung siehe BFH, Urteil v. 15.1.1987 – V R 3/77, BStBl. II 1987, 512.

955 So aber Stöcker in Peter/Burhoff/Stöcker, UStG, § 1 Rn. 548.

956 BFH, Urteil v. 3.10.1984 – I R 119/81, BStBl. II 1085, 245; BFH, Urteil v. 16.12.1992 – X R 52/90, BStBl. II 1994, 838.

957 Stöcker in Peter/Burhoff/Stöcker, UStG, § 1 Rn. 548.

bei der Betriebsveräußerung im Ertragsteuerrecht[958] das veräußerte Betriebsvermögen vom Zeitpunkt der Veräußerung an aufhören muss, der gewerblichen Tätigkeit des Steuerschuldners zu dienen.[959] Dies ist angesichts des hier vertretenen Begriffs des Teilvermögens nicht in dieser Konsequenz aufrechtzuerhalten. Zudem ist bereits dargestellt worden, aus welchen Gründen die frühere Rechtsprechung, die in Anlehnung an das Ertragsteuerrecht und zu den Vorgängervorschriften ergangen ist, keine allgemeine Gültigkeit für die Geschäftsveräußerung im Ganzen nach § 1 Abs. 1a UStG haben kann.[960] Festzuhalten bleibt, dass die mit dem jeweiligen Gegenstand ausgeübte Tätigkeit nachfolgend nicht mehr vom Übertragenden ausgeübt werden kann. Anderenfalls läge bereits mangels Verschaffung der Verfügungsmacht (bei Lieferungen) oder Übertragung der Zugriffsmacht (bei Dienstleistungen (z.B. bei der Übertragung von Rechten) kein steuerbarer Übertragungsakt vor.[961] Dennoch kann die gleiche Tätigkeit, lediglich ohne den Gegenstand der Übertragung, vom Übertragenden fortgesetzt werden, ohne dass die Nichtsteuerbarkeit gefährdet wäre. Seitens der Finanzverwaltung wird vertreten, dass die Übertragung einer Taxikonzession als Geschäftsveräußerung im Ganzen erfolgt, sofern mit dieser Taxilizenz ein gesondert geführter Teilbetrieb[962] ausgeübt wurde.[963] Hat der Taxiunternehmer mehrere Li-

---

958 Obwohl dort eine andere Zielsetzung nämlich die ermäßigte Besteuerung der stillen Reserven im Vordergrund steht (siehe § 34 EStG).

959 Mit Verweis auf BFH, Urteil v. 9.8.1989 – X R 62/87, BStBl. II 1989, 973; BFH, Urteil v. 16.12.1992 – X R 52/90, BStBl. II 1994, 838; FG Hamburg, Beschluss v. 12.12.2002 – II 285/02, n.v.

960 Siehe Kapitel 2 B IV. 1 a).

961 Für die Ausführung einer Lieferung ist die Übertragung von Wert, Substanz und Ertrag notwendig. Verbleiben diese – im Sinne des wirtschaftlichen Eigentums – beim Übertragenden, so ist keine Verschaffung der Verfügungsmacht und somit auch keine Lieferung ausgeführt. Der BFH hat dies deutlich im Urteil v. 9.2.2006 –V R 22/03, BStBl. II 2006, 727, dargestellt.

962 Das Bayerische LfSt geht in der Vfg. v. 29.5.2009; S7100b.1.1-2/2 St34, UR 2009, 501 noch fehlerhaft davon aus, dass ein gesondert geführter Teilbetrieb bei mehreren Konzessionen nur vorliegt, sofern die Tätigkeiten buchhalterisch getrennt bzw. räumlich verschieden ausübt wird. Dort wird unterstellt, dass ein Taxiunternehmer, der aufgrund einer Konzession selbst fährt und aufgrund einer weiteren einen Fahrer an einem anderen Ort fahren lässt, gesondert geführte Teilbetriebe innehat. Die Fehlerhaftigkeit wird bereits darin deutlich, dass zum einen verkannt wird, dass bei Vermietungsobjekten ein gesondert geführter Teilbetrieb für jedes Objekt angenommen wird und da es umsatzsteuerrechtlich kein Sonderrecht für Grundstücke gibt, dies auch auf andere Teilbereiche unternehmerischer Tätigkeit übertragen werden muss. Zum anderen ist dies Kriterium der überholten Rechtsprechung zu den Vorgängerregelungen entliehen. Siehe dazu Kapitel 2 B IV. 1 a).

963 Bayerisches LfSt, Vfg. v. 29.5.2009 – S7100b.1.1-2/2 St34, UR 2009, 501.

zenzen, so kann er durchaus sein Unternehmen im Gültigkeitsbereich der übrigen Lizenzen fortführen, ohne dass die Beurteilung der Übertragung (ausschließlich) der Taxikonzession gefährdet ist.[964] Der Übertragende muss daher nicht sämtliche unternehmerische Betätigung aufgeben.

dd) Ergebnis

Es ist folglich nicht notwendig, dass der Erwerber die bisherige unternehmerische Tätigkeit mit dem übernommenen (Teil-)Vermögen ausübt. Der EuGH fordert, dass der Begünstigte *„beabsichtigen [muss], den übertragenen Geschäftsbetrieb oder Unternehmensteil zu betreiben und nicht nur die betreffende Geschäftstätigkeit sofort abzuwickeln sowie gegebenenfalls den Warenbestand zu verkaufen.“*[965] Dies fordert er unter Hinweis auf das allgemeine Prinzip der Neutralität der Mehrwertsteuer.[966] Der nationale Gesetzgeber hatte – obwohl in § 1 Abs. 1a UStG nicht explizit erwähnt – den Aspekt der Fortführung im Blick, um einen unversteuerten Letztverbrauch zu vermeiden.[967] Beiden Aussagen ist zu entnehmen, dass das Erfordernis der Fortführung bzw. Fortführungsabsicht notwendig ist, damit die unternehmerisch gebundenen Wirtschaftsgüter im Anwendungsbereich der Umsatzsteuer bleiben. Es darf nicht ein unversteuerter Letztverbrauch entstehen[968], indem Wirtschaftsgüter oder Dienstleistungen, für die der Übertragende zum Vorsteuerabzug berechtigt war, endgültig aus einer unternehmerischen Nutzung ausscheiden. Für die Fortführungsabsicht kommt es folglich auf die bei der Übereignung bestehende Absicht der Vertragsparteien an.[969] Letztendlich gelten die objektiven Umstände im Zeitpunkt der Ausführung. Auch wenn die Parteien sich über die umsatzsteuerrechtliche Beurteilung irren, aber die Voraussetzungen für die Geschäftsveräußerung im Ganzen vorliegen, ist der Vorgang nichtsteuerbar.[970] Das voluntative Element der Fortführungsabsicht muss objektiv möglich und vorgelegen haben. Lässt sich die Absicht im Nachhinein nicht verwirklichen oder treten Umstände hinzu, welche bei Übertragung noch nicht bekannt waren, so ist dennoch das Merkmal der Fortführungsabsicht erfüllt.

---

964 Rückschluss aus Bayerisches LfSt, Vfg. v. 29.5.2009 - S7100b.1.1-2/2 St34, UR 2009, 501, Ziffer 2.

965 EuGH, Urteil v. 27.11.2003, Rs. C-497/01 [Zita Modes Sárl], BFH/NV Beilage 2004, 128, Rn. 44 und 46.

966 EuGH, Urteil v. 27.11.2003, Rs. C-497/01 [Zita Modes Sárl], BFH/NV Beilage 2004, 128, Rn. 37 ff.

967 BT-Drucks. 12/5603, 84.

968 Ebenso Bülow in Vogel/Schwarz, UStG, § 1 Rn. 257.

969 Winter in FS Schaumburg, 1213 (1214).

970 BFH, Urteil v. 30.4.2009 – V R 4/07, DStR 2009, 1804, Rn. 31.

Die Fortführungsabsicht ist auch verwirklicht, wenn das Vermögen im Wege der Geschäftsveräußerung im Ganzen weiter übertragen wird. Der Übertragende muss nicht sämtliche Unternehmereigenschaft aufgrund der Übertragung aufgeben. Der Vermeidung eines unversteuerten Endverbrauchs dient auch die Anordnung der Rechtsnachfolge in § 15a Abs. 10 UStG, der die Fortführung der Berichtigungszeiträume für Vorsteuerberichtigungen anordnet. Daher erfordert auch das Belastungsprinzip der Umsatzsteuer nicht, dass die nach Übertragung ausgeübte Tätigkeit dieselbe ist, wie die vor der Geschäftsveräußerung ausgeübte.[971] Maßgebend ist allein, dass das übernommene Vermögen nicht aus einer unternehmerischen Verwendung ausscheidet. Die Verantwortung für die Berichtigungszeiträume nach § 15a UStG wird ebenfalls in Kette auf die jeweiligen Erwerber/Begünstigten weitergereicht.[972] Ein unversteuerter Letztverbrauch wird so vermieden und damit das Prinzip der Neutralität der Mehrwertsteuer gewahrt. Nach alledem lässt sich feststellen, dass das Merkmal der Fortführung bzw. Fortführungsabsicht lediglich eine weitere Einbindung des (Teil-)Vermögens in die unternehmerisch genutzten Wirtschaftsgüter des Begünstigten erfordert. Daher ist darauf abzustellen, ob das übernommene Vermögen beim Begünstigten weiterhin für unternehmerische Zwecke verwendet wird. Dieselbe Tätigkeit ist nicht gefordert.[973]

Werden allerdings Wirtschaftsgüter außerhalb der Geschäftsveräußerung im Ganzen auf andere Abnehmer veräußert oder übertragen, so gelten die allgemeinen Regelungen. Auch ist das Spannungsverhältnis zwischen der grundsätzlichen Entscheidung für das Allphasen-Netto-Prinzip (wonach auch die Umsätze zwischen Unternehmern der Umsatzsteuer unterliegen) und der nichtsteuerbaren Übertragung von Unternehmensvermögen zwischen Unternehmern als Geschäftsveräußerung im Ganzen, abzugrenzen. Daher ist allein die Übertragung von Wirtschaftsgütern keine Geschäftsveräußerung im Ganzen. Sofern mit den Vermögensgegenständen aber unternehmerische Betätigung ausgeübt wird, ist die Übertragung – unter den weiteren Voraussetzungen – eine Geschäftsveräu-

---

971 Der BFH ließ im Urteil v. 23.8.2007 – V R 14/05, BStBl. II 2008, 165 zu, dass der erworbene Geschäftsbetrieb in seinem Zuschnitt geändert und modernisiert wurde. Auch Klenk hält es nicht für notwendig, dass die v. Übernehmer ausgeübte Tätigkeit dieselbe ist, wie die v. Übertragenden bis zur Übertragung ausgeübte; Klenk in Sölch/Ringleb, UStG, § 1 Rn. 475.

972 Ebenso Birkenfeld, Umsatzsteuer-Handbuch, § 34 Rn. 292.

973 Hierfür sprechen sehr deutlich die Entscheidungen des BFH v. 28.11.2002 – V R 3/01, BStBl. II 2004, 665 (Zurückbehalten der wesentlichen Betriebsgrundlage (Grundstück) aber langfristige Vermietung an den Erwerber) und v. 23.8.2007 – V R 14/05, BFH/NV 2008, 316 (Geschäftsveräußerung im Ganzen, obwohl der Erwerber den übernommenen Geschäftsbetrieb in seinem Zuschnitt änderte und modernisierte).

ßerung im Ganzen. Die fortgesetzte Tätigkeit muss die unternehmerische Verbundenheit des übertragenen Vermögens bestehen lassen. Auch der erfolglose Versuch der Fortführung ist ausreichend.[974] Im Zeitpunkt der Geschäftsveräußerung im Ganzen muss lediglich die (objektiv belegbare) Absicht zur Fortführung vorliegen. Spätere Änderungen sind durch § 15a UStG und den Regelungen zur unentgeltlichen Wertabgabe (§ 3 Abs. 1b bzw. Abs. 9a UStG) zu korrigieren.[975]

7. Vorsteuerabzug

Eine besondere Problematik ergibt sich, wenn im Zusammenhang mit der Geschäftsveräußerung im Ganzen aus Leistungen Dritter Vorsteuern noch beim Übertragenden oder beim Begünstigten anfallen. Denn dann stellt sich die Frage, wonach sich die Vorsteuerabzugsberechtigung, für die Vorsteuerbeträge aus derartigen Eingangsleistungen, bestimmt.

Der Vorsteuerabzug dient der Verwirklichung der Belastungskonzeption der Umsatzsteuer. Er ist integraler Bestandteil des Mechanismus des Umsatzsteuer-/Mehrwertsteuersystems.[976] Der Unternehmer soll vollständig von der im Rahmen seiner gesamten wirtschaftlichen Tätigkeit geschuldeten oder entrichteten Mehrwertsteuer entlastet werden, um die Neutralität aller wirtschaftlichen Tätigkeiten hinsichtlich der steuerlichen Belastung unabhängig von ihrem Zweck oder ihrem Ergebnis, sofern diese Tätigkeiten wiederum grundsätzlich der Umsatzsteuer unterliegen, zu gewährleisten.[977] Dabei ist grundsätzlich ein direkter

---

974 Hundt-Eßwein, UStB 2005, 205 (206); Widmann in Plückebaum/Malitzky, UStG, § 1 Abs. 1a Rn. 25/3; Meyer/Ball, StBp 2008, 249 (250).

975 Es wird gefordert, dass sich die Vertragsparteien über die Absicht, wie mit dem übertragenen
Vermögen verfahren wird, austauschen und einig sind, damit eine zutreffende umsatzsteuerrechtliche Beurteilung erfolgen kann. Dies ist bei Vertragsverhandlungen nicht immer durchzusetzen, so dass in der Praxis immer Vertragsklauseln alle Varianten absichern sollen. Ohne Absichtserklärung ist aber die zutreffende Beurteilung nicht möglich. Fraglich ist auch, was passiert, wenn sich die Motivlage nachträglich ändert. Hier kann nur die Fortführungsabsicht im Zeitpunkt des Übertragungsaktes maßgeblich sein. Spätere Änderungen müssen über eine Korrektur nach § 15a UStG oder über die Besteuerung unentgeltlicher Wertabgaben nach § 3 Abs. 1b bzw. Abs. 9a UStG erfasst werden. Diese Vorschriften dienen, ebenso wie die Fortführungsabsicht, der Vermeidung eines unversteuerten Endverbrauchs.

976 Statt vieler: EuGH, Urteil v. 29.10.2009, Rs. C-29/08 [AB SKF], DStR 2009, 2311, Rn. 55.

977 EuGH, Urteil v. 29.4.2004, Rs. C-137/02 [Faxworld Vorgründungsgesellschaft], UR 2004, 362, Rn. 37; EuGH, Urteil v. 8.2.2007, Rs. C-435/05 [Investrand], Slg. 2007, I-01315 Rn. 22; EuGH, Urteil v. 13.3.2008, Rs. C-437/06 [Securenta], UR 2008, 344,

unmittelbarer Zusammenhang zwischen einem bestimmten Eingangsumsatz und einem oder mehreren Ausgangsumsätzen, die das Recht auf Vorsteuerabzug eröffnen, erforderlich, damit die Vorsteuerabzugsberechtigung und der Umfang des Vorsteuerabzugs bestimmt werden kann.[978] Fehlt ein derartiger direkter und unmittelbarer Zusammenhang, wird ein Vorsteuerabzugsrecht dennoch angenommen, wenn die Kosten für die fraglichen Eingangsumsätze zu den allgemeinen Aufwendungen der unternehmerischen Betätigung des den Vorsteuerabzug begehrenden Unternehmers gehören.[979] Nach der Rechtsprechung des EuGH ist daher nach den Zwecken des Leistungsbezugs der Vorsteuerabzug zu gewähren.

Grundsätzlich können Unternehmer die aufgrund des Bezugs einer Eingangsleistung geschuldete oder entrichtete Umsatzsteuer unter den Voraussetzungen des § 15 Abs. 1 Satz 1 UStG als Vorsteuer abziehen, sofern die Leistung für das Unternehmen bezogen wurde. Dies setzt voraus, dass der Vorsteuerabzug nicht aufgrund der Verwendung für bestimmte steuerbefreite oder für nichtsteuerbare, aber, sofern sie im Inland ausgeführt würden, ebenfalls steuerbefreite, Umsätze ausgeschlossen ist. Das Recht der Europäischen Union setzt nach Art. 168f. MwStSystRL ebenfalls voraus, dass die Eingangsleistung grundsätzlich für besteuerte Umsätze verwendet wird.

Vor der Entscheidung des EuGH in der Rechtssache „Abbey National“[980] war streitig, ob und in welchem Umfang den Beteiligten einer Geschäftsveräußerung im Ganzen der Vorsteuerabzug aus Eingangsleistungen im Zusammenhang mit der Geschäftsveräußerung (z.B. Steuer- und Rechtsberatungskosten, Notarkosten, etc.) zusteht. Einige vertraten die Ansicht ein Vorsteuerabzug sei bei Transaktionen, die nicht steuerbar seien, ausgeschlossen.[981] Die Finanzverwaltung hat die Auffassung vertreten, dass es darauf ankomme, in welchem Umfang der Übertragende (die Finanzverwaltung spricht immer vom Veräußerer) vor der Geschäftsveräußerung vorsteuerschädliche bzw. vorsteuerunschädliche Umsätze ausgeführt hat, wobei der Besteuerungszeitraum bis zur Geschäftsveräußerung

---

Rn. 25; EuGH, Urteil v. 4.6.2009, Rs. C-102/08 [Salix], DStR 2009, 1196 Rn. 71; EuGH, Urteil v. 29.10.2009, Rs. C-29/08 [AB SKF], DStR 2009, 2311, Rn. 57.

978 EuGH, Urteil v. 8.6.2000, Rs. C-98/98 [Midland Bank], DStRE 2000, 927 Rn. 24; EuGH, Urteil v. 22.2.2001, Rs. C-408/98 [Abbey National], IStR 2001, 180, Rn. 26; EuGH, Urteil v. 8.2.2007, Rs. C-435/05 [Investrand], Slg. 2007, I-01315 Rn. 22; EuGH, Urteil v. 29.10.2009, Rs. C-29/08 [AB SKF], DStR 2009, 2311, Rn. 57.

979 EuGH v. 8.6.2000, Rs. C-98/98 [Midland Bank], DStRE 2000, 927 Rn. 23 und 31; EuGH, Urteil v. 22.2.2001, Rs. C-408/98 [Abbey National], IStR 2001, 180, Rn. 35; EuGH, Urteil v. 8.2.2007, Rs. C-435/05 [Investrand], Slg. 2007, I-01315 Rn. 24; EuGH, Urteil v. 26.5.2005, Rs. C-465/03 [Kretztechnik], Slg. 2005, I-04357, Rn. 36.

980 EuGH, Urteil v. 22.2.2001, Rs. C-408/98 [Abbey National], IStR 2001, 180.

981 Schlienkamp, UR 1994, 93 (96); Schwarz, UR 1994, 185 (187).

im Ganzen, ggf. unter Einbeziehung des vorangehenden Besteuerungszeitraums maßgebend sein soll.[982] In der Literatur hingegen wurde vertreten, dass mangels steuerfreien Ausschlusstatbestands nach § 15 Abs. 2 UStG der Übertragende immer den vollen Vorsteuerabzug beanspruchen könne.[983] Ein derartiger Vorsteuerabzug sei möglich, da die Geschäftsveräußerung nicht steuerbar ist und § 15 Abs. 2 UStG nur für steuerfreie Umsätze den Vorsteuerabzug ausschließt. Auch wurde die Ansicht vertreten, dass – aufgrund der Rechtsnachfolge nach § 1 Abs. 1a Satz 3 UStG – allein dem Erwerber/Begünstigten der Vorsteuerabzug aus den vom Übertragenden bestellten Eingangsumsätzen zustünde[984] bzw. auf die Verwendungsumsätze des Erwerbers abzustellen sei.[985] Wenn § 1 Abs. 1a Satz 3 UStG anordne, dass der Begünstigte an die Stelle des Übertragenden trete, so bewirke die dort fiktiv unterstellte „Unternehmeridentität" auch, dass sich der Übertragende für seinen Vorsteuerabzug aus Leistungen wegen der Geschäftsveräußerung im Ganzen die anschließend beim Begünstigten vorliegende Verwendung als eigene zurechnen lassen müsse.[986]

Inzwischen ist unstreitig, dass Übertragender wie Übernehmer aus den Eingangsleistungen Dritter im Zusammenhang mit der Geschäftsveräußerung im Ganzen unter den Voraussetzungen des § 15 Abs. 1 Satz 1 Nr. 1 (Besitz einer ordnungsgemäßen Rechnung, etc.) (grds.) bis Nr. 5 UStG zum Vorsteuerabzug berechtigt sind. Dies ist notwendig, da das gemeinsame Mehrwertsteuersystem die völlige Neutralität hinsichtlich der umsatzsteuerrechtlichen Belastung aller wirtschaftlichen Betätigungen unabhängig von ihrem Zweck und ihrem Ergebnis gewährleisten soll.[987] Die Dienstleistungen, die der Übertragende für die Zwecke der Geschäftsveräußerung im Ganzen in Anspruch nimmt, weisen einen direkten

---

982 OFD Erfurt v. 25.4.1996 – S7300 A – 14 – St 34. UR 1996, 311; OFD Berlin v. 17.5.1999 – St 437 – S 7300 – 8/96, UR 2000, 172.

983 Wienands/Bahns, UR 1999, 265 (267).

984 Amman, UR 1998, 98 (99 ff.); ders. UR 1998, 285 (293, 299, 300) mit der Aussage, dass der Erwerber die materiellen Pflichten des Veräußerers zu erfüllen hat und die Rechte in Anspruch nehmen kann, für die der Veräußerer die rechtlichen Bedingungen begonnen hat (also auch das Vorsteuerabzugsrecht).

985 Reiß, UR 1996, 357 (364); ders. in Tipke/Lang, Steuerrecht, § 14 Rn. 85.

986 Reiß, UR 1996, 357 (364); ders. in Tipke/Lang, Steuerrecht, § 14 Rn. 85, ders. in Schaumburg, Unternehmenskauf, 243 (257).

987 EuGH, Urteil v. 22.2.2001, Rs. C-408/98 [Abbey National], IStR 2001, 180, Rn. 24; EuGH, Urteil v. 14.2.1985, Rs. C-268/83 [Rompelman], Slg. 1985, I-655, Rn. 19; EuGH, Urteil v. 15.1.1998, Rs. C-37/95 [Ghent Coal Terminal], Slg. 1998, I-1, Rn. 15; EuGH, Urteil v. 21.3.2000, Rs. C-110/98 und C-147/98 [Gabalfrisa u.a.], Slg. 2000, I-1577, Rn. 44; EuGH, Urteil v. 8.6.2000, Rs. C-98/98 [Midland Bank], Slg. 2000, I-4177, Rn. 19; EuGH, Urteil v. 29.10.2009, Rs. C-29/08 [AB SKF], DStR 2009, 2311, Rn. 55 ff.

und unmittelbaren Zusammenhang mit der gesamten oder mit Teilbereichen seiner wirtschaftlichen Tätigkeit als Unternehmer auf.[988] Daher sind maßgeblich für die Vorsteuerabzugsberechtigung des Übertragenden seine allgemeinen Umsätze.[989] Für den Vorsteuerabzug ist nicht der jeweilige Umsatz maßgebend, sondern die Frage, zu welchen Ausgangsleistungen die bezogenen Eingangsleistungen als Kostenbestandteil gehören.[990] Da die Geschäftsveräußerung im Ganzen ein nichtsteuerbarer Vorgang ist, gehören die Ausgaben, die der Übertragende zur Durchführung der Übertragung in Anspruch nimmt, zu seinen allgemeinen Kosten.[991] Dies mag damit begründet werden, dass die Geschäftsveräußerung im Ganzen kein Verwendungsumsatz im Sinne des § 15 Abs. 2 UStG ist [992] und somit die Eingangsleistungen als Kostenbestandteile der gesamten oder Teilbereichen der Umsatztätigkeit zuzurechnen sind. Es verdeutlicht zugleich, dass es im nichtsteuerbaren Bereich wirtschaftliche, also zum Vorsteuerabzug berechtigende Tätigkeiten gibt.

Ist der übertragene Teilbereich abgrenzbar, ist auf die allgemeine wirtschaftliche Tätigkeit dieses Teilbereichs abzustellen.[993] Entscheidend ist der Zweck des Leistungsbezugs und dieser ist trotz Nichtsteuerbarkeit der Geschäftsveräußerung in dem Gesamtumstand der Geschäftsveräußerung zu erblicken und somit regelmäßig Teil der allgemeinen unternehmerischen Tätigkeit sowohl des Übertragenden als auch des Begünstigten.

Auch ist die Geschäftsveräußerung im Ganzen nicht ein Vorgang außerhalb des Anwendungsbereichs der MwStSystRL[994] bzw. des Umsatzsteuerrechts.[995] Der EuGH hat in der Entscheidung „Faxworld“[996] klargestellt, dass die Vorgänge

---

988 EuGH, Urteil v. 22.2.2001, Rs. C-408/98 [Abbey National], IStR 2001, 180, Rn. 36 und Rn. 39.

989 Ebenso Kraeusel, Umsatzsteuerrecht 2007, § 1 Rn. 45.

990 EuGH, Urteil v. 29.10.2009, Rs. C-29/08 [AB SKF], DStR 2009, 2311, Rn. 62 ff.

991 EuGH, Urteil v. 22.2.2001, Rs. C-408/98 [Abbey National], IStR 2001, 180; Wagner, UVR 2001, 232 (233); Lehr, DStR 2001, 428 (429); Lohse, BB 2001, 923 (923); a.A. weiterhin Reiß in Schaumburg, Unternehmenskauf, 243 (258).

992 BFH, Urteil v. 8.3.2001 – V R 24/98, BStBl. II 2003, 430, 432; Birkenfeld, Umsatzsteuer-Handbuch, § 34 Rn. 411.

993 Lohse, BB 2001, 923 mit Verweis auf EuGH, Urteil v. 22.2.2001, Rs. C-408/98 [Abbey National], IStR 2001, 180.

994 Bis zum 1.1.2007: 6. EG-RL.

995 EuGH, Urteil v. 29.4.2004, Rs. C-137/02 [Faxworld Vorgründungsgesellschaft], UR 2004, 362, Rn. 29.

996 EuGH, Urteil v. 29.4.2004, Rs. C-137/02 [Faxworld Vorgründungsgesellschaft], UR 2004, 362, Rn. 29.

nicht dem Anwendungsbereich der MwStSystRL[997] entzogen sind, sondern lediglich die Geschäftsveräußerung so behandelt wird, als ob keine Lieferung oder Dienstleistung vorliegt (Nichtsteuerbarkeit). Kann eine direkte Zuordnung der Aufwendungen zu den allgemeinen Kosten dieses Unternehmensteils vorgenommen werden, so beurteilt sich der Vorsteuerabzug nach den Ausgangsumsätzen dieses Teils. Entsprechend dieser Zurechnung ist ein Vorsteuerabzug – je nach Umfang und Art der allgemeinen Ausgangsumsätze – ausgeschlossen oder voll bzw. teilweise gegeben. Durch die Fortentwicklung des Rechts in der EuGH-Entscheidung „Abbey National" ist der Streit um den Vorsteuerabzug entschieden.[998] Der Vorsteuerabzug aus den Eingangsleistungen, die im Zusammenhang mit bzw. zur Durchführung der Geschäftsveräußerung im Ganzen bezogen werden, ist daher nach den allgemeinen Grundsätzen und der zum Vorsteuerabzug berechtigenden Verhältnisse des übertragenden Unternehmers möglich. In der besonderen Konstellation, dass keine steuerbaren Ausgangsumsätze ausgeführt werden – wie dies in dem Sachverhalt, welcher der EuGH-Entscheidung „Faxworld" zugrunde lag, gegeben war – richtet sich der Vorsteuerabzug – dem ersten Anschein nach – nach den Umsätzen, die vom Begünstigten mit dem übernommenen Vermögen ausgeführt werden.[999] Tatsächlich richtet sich der Vorsteuerabzug aber nach der beabsichtigten Verwendung des Übertragenden, welche vom Begünstigten ausgeführt wird. Maßgeblich sind daher immer die Verwendungsverhältnisse bzw. -absichten beim Übertragenden.

Daher wird man sinnvollerweise auf die Verhältnisse des letzten Besteuerungszeitraums bis zur Geschäftsveräußerung abstellen.[1000] Bei der Übertragung von Teilvermögen wird man die Verhältnisse in Bezug auf das jeweilige Teilvermögen bestimmen müssen.[1001] Beim Begünstigten ist maßgebend, welche Verwen-

---

997 In der Entscheidung, in der es um die Vorsteuerabzugsberechtigung einer Vorgründungsgesellschaft, deren einziger Ausgangsumsatz die Übertragung ihres Vermögens auf die (nachfolgende) Gründungsgesellschaft war, ging, war bereits die Steuerpflichtigen-Eigenschaft nach Art. 4 der 6. EG-RL (jetzt Art. 9 MwStSystRL) streitig. Der EuGH sieht aber die Steuerpflichtigen-Eigenschaft und damit den Anwendungsbereich der 6. EG-RL nicht dadurch eingeschränkt, dass ein Mitgliedstaat von der Möglichkeit Gebrauch gemacht hat, die Übertragung des Gesamt- oder eines Teilvermögens nicht als Lieferung von Gegenständen [oder als Dienstleistung] einzuordnen.

998 Vellen, UStB 2001, 106 (107).

999 EuGH, Urteil v. 29.4.2004, Rs. C-137/02 [Faxworld Vorgründungsgesellschaft], UR 2004, 362, Rn. 42f.

1000 Ebenso Reiß in Schaumburg, Unternehmenskauf, 243 (257).

1001 Insoweit zutreffend: OFD Karlsruhe, Vfg. v. 25.3.2002 – S 7300, UStK Karte 2 zu § 15/1/1 im Hinblick auf Grundstücksveräußerungen.

dung bzw. Verwendungsabsicht in Bezug auf das übernommene Vermögen vorliegt.

Unerheblich für den Vorsteuerabzug ist, wie der Übertragungsvorgang – wäre er steuerbar – zu beurteilen wäre. Darum ist der Vorsteuerabzug nicht etwa ausgeschlossen, weil die Übertragung, wäre sie keine Geschäftsveräußerung im Ganzen, beispielsweise als steuerbefreite Anteilsveräußerung (nach § 4 Nr. 8 Buchstabe e oder f UStG) oder Grundstücksumsatz (nach § 4 Nr. 9 Buchstabe a UStG) zu beurteilen wäre.

Der generelle Blick auf die Ausgangsumsätze beim Begünstigten wäre aufgrund der Rechtsnachfolgeanordnung in § 1 Abs. 1a Satz 3 UStG im ersten Moment zutreffender.[1002] Art. 168 MwStSystRL fordert aber für den Vorsteuerabzug, dass die Gegenstände und Dienstleistungen für Zwecke der besteuerten Umsätze des Unternehmers verwendet werden. Eine „Unternehmereinheit" (zwischen Übertragenden und Begünstigten) aufgrund der Rechtsnachfolge bei der Geschäftsveräußerung liegt nicht vor.

Der Vorsteuerabzug richtet sich immer nach dem Zweck des Leistungsbezugs, welcher sich an der Frage, wo die Kosten für die Eingangsleistungen zu Kostenbestandteilen der unternehmerischen Betätigung werden, orientiert. Der Übertragende überträgt regelmäßig um seine allgemeine wirtschaftliche Tätigkeit mit neuer Liquidität auszustatten. Daher ist auf die Gesamtumsätze des Übertragenden abzustellen. Der Begünstigte beabsichtigt, dies erfordert bereits die Fortführungsabsicht, mit dem übernommenen Vermögen unternehmerisch tätig zu werden. Daher ist bei ihm die Verwendungsabsicht für die Beurteilung heranzuziehen.

Der Begünstigte kann aus der Geschäftsveräußerung im Ganzen selbst keinen Vorsteuerabzug geltend machen, da dieser Vorgang nicht der Umsatzsteuer unterliegt.[1003] Dies gilt auch, wenn fälschlicherweise eine Rechnung über den Übertragungsvorgang, die Geschäftsveräußerung im Ganzen, mit gesondertem Umsatzsteuerausweis erteilt wurde. Die ausgewiesene Umsatzsteuer würde zwar nach § 14c Abs. 1 UStG[1004] vom Rechungsaussteller geschuldet. Die fälschli-

---

1002 So auch Reiß, UR 1996, 357 (364); ders. in Tipke/Lang, Steuerrecht, § 14 Rn. 85; ders. in Schaumburg, Unternehmenskauf, 243 (258).

1003 BFH, Urteil v. 1.8.2002 – V R 17/01, BStBl. II 2004, 626 (627).

1004 Ein unzutreffender Steuerausweis wegen Nichtsteuerbarkeit nach § 1 Abs. 1a UStG fällt nach bisheriger Rechtsprechung und überwiegender Literaturauffassung unter § 14c Abs. 1 UStG. Hierdurch wird nochmals deutlich, dass der Übertragende auch im Rahmen einer Geschäftsveräußerung Unternehmer ist und Umsätze ausführt. Diese sind lediglich nicht steuerbar. Für eine Korrektur eines unrichtigen Steuerausweises

cherweise ausgewiesene Umsatzsteuer berechtigt aber nicht zum Vorsteuerabzug, da sie nicht die „gesetzlich geschuldete Steuer für Lieferungen und sonstige Leistungen" im Sinne des § 15 Abs. 1 UStG ist, sondern die gesetzlich geschuldete Steuer aufgrund unberechtigtem Steuerausweis.

8. Rechtsnachfolge im Rahmen der Geschäftsveräußerung im Ganzen

§ 1 Abs. 1a Satz 3 UStG ordnet die Rechtsnachfolge des Übernehmenden in die Position des Übertragenden an. Dies entspricht Art. 19 Abs. 1 MwStSystRL, der besagt, dass der Begünstigte der Übertragung „als Rechtsnachfolger des Übertragenden" angesehen werden kann. Streitig ist der Umfang der Rechtsnachfolge. Während eine Ansicht den vollständigen Eintritt des Begünstigten in das vom Übertragenden begründete Steuerschuldverhältnis aus § 1 Abs. 1a Satz 3 UStG ableiten,[1005] ist nach herrschender Ansicht die Rechtsnachfolge auf die Vorsteuer(abzugs)berechtigung begrenzt.[1006] Die Geschäftsveräußerung im Ganzen bewirkt, dass Gesamt- oder Teilvermögen nichtsteuerbar übertragen wird. Dadurch tritt der Begünstigte nicht in ein vom Übertragenden begründetes Steuer(schuld)verhältnis ein, sondern er übernimmt Vermögen, mit welchem er eine unternehmerische Betätigung nachfolgend ausführt/weiterführt.[1007] Daher ist der herrschenden Ansicht, wonach lediglich eine Rechtsnachfolge in die vom Übertragenden begründeten Vorsteuerabzugsverhältnisse des Gesamt- oder Teilvermögen eintritt, zuzustimmen.

Umgesetzt ist dieses Prinzip der Rechtsnachfolge in § 15a Abs. 10 UStG. Nach § 15a UStG sind (anteilige) Vorsteuerkorrekturen bezogen auf ein Berichtigungsobjekt (Wirtschaftsgut, aktivierungspflichtige Dienstleistungen) durchzuführen, wenn innerhalb eines Berichtigungszeitraums[1008] sich die im Zeitpunkt des Vorsteuerabzugs maßgeblichen Verwendungsumstände verändert haben. Nach § 15a Abs. 10 UStG wird der Berichtigungszeitraum durch eine Geschäftsveräußerung im Ganzen nicht unterbrochen und der Übertragende ist verpflichtet, dem Übernehmenden, die für die Durchführung einer Vorsteuerberich-

---

gelten nach § 14c Abs. 1 Satz 3 UStG § 14 Abs. 2 Sätze 2 bis 5 UStG entsprechend, so dass insbesondere die Gefährdung des Steueraufkommens vorher beseitigt sein muss.

1005 Klenk in Sölch/Ringleb, UStG, § 1 Rn. 483.

1006 FG Köln, Urteil v. 1.10.2010 – 5 K 2567/06, Rev. BFH XI R 38/10, EFG 2011, 193; Birkenfeld, Umsatzsteuer-Handbuch, § 34 Rn. 291; Stadie, UStG, § 1 Rn. 152; Husmann in Rau/Dürrwächter, UStG, § 1 Rn. 1126; Probst in Hartmann/Metzenmacher, UStG, § 1 Abs. 1a Rn. 167f.

1007 Ebenso FG Rheinland-Pfalz, Urteil v. 27.11.2009 – 6 K 2159/06, DStRE 2009, 949; Wagnert/Gallert, DStR 2010, 2017 (2017/2018).

1008 10 Jahre bei Gebäuden/Grundstücken; ansonsten 5 Jahre.

tigung nach § 15a UStG erforderlichen Angaben zu machen. Der Übertragende verwirklicht durch die Geschäftsveräußerung im Ganzen keine Verwendungsänderung im Sinne des § 15a UStG.[1009] Der Begünstigte führt seine Berichtigungszeiträume fort. Aus § 15a Abs. 10 UStG ergibt sich, dass die Rechtsnachfolge auf die Vorsteuerberichtigung begrenzt ist.[1010] Durch diese Rechtsnachfolge ergibt sich, dass die Geschäftsveräußerung im Ganzen wirklich zu einer umsatzsteuerneutralen Übertragung des (Teil-)Vermögens führt, da anderenfalls Vorsteuerberichtigungen ausgelöst werden könnten.[1011] Der Begünstigte muss sich die für den Vorsteuerabzug maßgebende Verwendung des Übertragenden zurechnen lassen.[1012] Die Rechtsnachfolge betrifft allerdings nicht Eingangsleistungen im Zusammenhang mit der Geschäftsveräußerung selbst.[1013]

V. Zusammenfassung

1. Ergebnisse

Die Geschäftsveräußerung im Ganzen soll nach dem erklärten Ziel des Gesetzgebers Unternehmensnachfolge und Unternehmensverkäufe vereinfachen. Die Entwicklung dieses Rechtsinstituts hat gezeigt, dass der ursprüngliche, am Wortlaut der Vorgängervorschriften und der Haftungsnorm des § 75 AO orientierte, Ansatz mehr und mehr durch eine weite unionsrechtskonforme Auslegung anhand der Art. 19 bzw. 29 MwStSystRL verdrängt wurde.[1014] Auch die Rechtsprechung des BFH hat sich von den ertragsteuerrechtlichen Begriffen des Betriebs und Teilbetriebs losgesagt und bereits 2004 entschieden, dass nicht das Ertragsteuerrecht, sondern eine richtlinienkonforme Auslegung maßgebend sei. Notwendig ist allerdings, dass entsprechend der Belastungskonzeption der Umsatzsteuer kein unversteuerter Endverbrauch entsteht.

So wurden die Tatbestandsvoraussetzungen durch die Rechtsprechung in der Auslegung weiterentwickelt. Als Unternehmen oder als in der Gliederung des Unternehmens gesondert geführter Betrieb i.S.d. § 1 Abs. 1a UStG werden zunehmend auch einzelne materielle und immaterielle Wirtschaftsgüter (z.B. Immobilienobjekte, Taxikonzessionen, Lizenzen etc.) erfasst. Der Teilvermögensbegriff ist ein Typusbegriff und durch Näherung an das Urbild, der Unterneh-

---

1009 Wagner in Sölch/Ringleb, UStG, § 15a Rn. 476.

1010 Birkenfeld, Umsatzsteuer-Handbuch, § 34 Rn. 291; a.A. Probst in Hartmann/Metzenmacher, UStG, § 1a Abs. 1a Rn. 166; Klenk in Sölch/Ringleb, UStG, § 1 Rn. 483.

1011 Wagner/Gallert, DStR 2010, 2017 (2017).

1012 Birkenfeld, Umsatzsteuer-Handbuch, § 34 Rn. 441.

1013 Siehe hierzu Kapitel 2 B IV. 8.

1014 Zustimmend Meyer/Ball, StBp 2008, 249 (249).

mensübertragung, zu bestimmen. Das derzeit noch geforderte Merkmal eines gesondert geführten Betriebs kann nur dahingehend ausgelegt werden, dass unternehmerische Außenumsätze mit dem Wirtschaftsgut ausgeführt werden. Bei vermieteten Immobilien wird für jedes Objekt ein gesondert geführter Betrieb unterstellt. Bei anderen Wirtschaftsgütern, wie z.B. bei Taxikonzessionen, wird von der Finanzverwaltung eine administrative und räumliche Trennung für die Annahme eines gesondert geführten Betriebs gefordert. Dies ist aber mit dem Neutralitätsgrundsatz, der fordert, dass objektiv ähnliche Umsätze auch gleich besteuert werden, nicht in Einklang zu bringen, da es kein Sonderrecht für Grundstücke bei einer Geschäftsveräußerung im Ganzen gibt. Auch spricht Art. 19 MwStSystRL nur von Gesamt- oder Teilvermögen. Eine Einschränkung erfolgt auf der Grundlage der Rechtsprechung des EuGH nur dahingehend, dass es erforderlich ist, dass diese Einheit eine eigenständige wirtschaftliche Tätigkeit ausführen kann.

Mithin kann jedes Wirtschaftsgut, welches nicht nur einmalig zur Ausführung von Umsätzen verwendet wird, ein Teilvermögen sein. Die Verwendungsabsicht für unternehmerische (Außen-)Umsätze ist ausreichend. Maßgeblich ist, dass diese unternehmerische Betätigung bzw. Betätigungsabsicht mit übertragen wird. Die reine Übertragung von Umlaufvermögen i.S.d. Handelsrechts, also Wirtschaftsgütern, die beim Übertragenden nur einmalig zur Ausführung von Umsätzen verwendet werden, ist allerdings nicht als Geschäftsveräußerung im Ganzen möglich.

Übertragender und Begünstigter müssen Unternehmer sein, damit kein unversteuerter Endverbrauch entsteht.

Dem gleichen Anliegen dient auch das Erfordernis der Fortführung(sabsicht). Im Verlauf der Rechtsprechungsentwicklung ist aber deutlich geworden, dass auch hier maßgebend ist, dass das Vermögen unternehmerisch gebunden bleibt. Somit ist man davon abgerückt, die Fortführung der konkreten wirtschaftlichen Tätigkeit zu fordern. Änderung, Modernisierung und neuer Zuschnitt sind auch als Fortführung anerkannt. Ausreichend ist auch eine Integration in die bisherigen unternehmerischen Aktivitäten des Begünstigten oder gar eine Umstrukturierung des übernommenen Vermögens. Das Vermögen muss aber zwingend für unternehmerische Aktivitäten genutzt werden. Daher ist auch – in Übereinstimmung mit der Rechtsprechung des EuGH – die Weiterübertragung im Wege der Geschäftsveräußerung im Ganzen als Fortführung des Unternehmens anzusehen. Übertragungen in Kette oder mehrere Verschmelzungen nacheinander sind somit als Geschäftsveräußerung im Ganzen zu beurteilen. Gleiches gilt für bereits beim Übertragenden missglückte Unternehmensaktivitäten. Sofern der Übertragende zwar unternehmerisch tätig, aber mit dieser Tätigkeiten nicht erfolgreich war, ist dennoch die Übertragung des Unternehmens als Geschäftsveräußerung im Ganzen möglich. Maßgeblich ist, dass die unternehmerische Verwendungsabsicht vorliegt und diese vom Begünstigten übernommen wird.

Die zivilrechtliche Ausgestaltung des Übertragungsaktes ist unerheblich. Relevanz hat das wirtschaftliche Ergebnis in Form des Übergangs eines Gesamt- oder Teilvermögens. Die Übertragung eines Gesamt- oder Teilvermögens kann daher sowohl im Wege des „Asset Deals" als auch des „Share Deals" erfolgen. Unbestritten war die Übertragung im Wege des „Asset Deals". Die Übertragung im Wege des „Share Deals" kommt nur dann zum Tragen, wenn die Anteilsübertragung selbst in den Anwendungsbereich der Umsatzsteuer fällt. Anteilsübertragungen fallen in den Anwendungsbereich der Umsatzsteuer, wenn die Beteiligung Teil der unternehmerischen Betätigung, des die gesellschaftsrechtliche Beteiligung haltenden Rechtssubjekts (Anteilseigners) ist. Dies wiederum verdeutlicht sich durch eine konkrete Einbindung in die unternehmerische Betätigung des Übertragenden, beispielsweise durch entgeltliche Umsätze mit der Beteiligungsgesellschaft. Integriert der Anteilseigner die Beteiligungsgesellschaft durch entgeltliche Ausgangsumsätze oder Eingangsumsätze in den Bereich seiner unternehmerischen Tätigkeit, so werden diese gesellschaftsrechtlichen Anteile in einen direkten und unmittelbaren Zusammenhang mit seiner unternehmerischen Betätigung gestellt. Die Übertragung derartiger Gesellschaftsanteile ist dann wiederum eine unternehmerische (nach der Diktion des Umsatzsteuergesetzes: steuerbare) Tätigkeit. Wird durch eine derartige Anteilsübertragung ein Gesamt- oder Teilvermögen eines Unternehmens übertragen, so ist die Anteilsübertragung funktional der Übertragung des Gesamt- oder Teilvermögens dieses Unternehmens im Wege des Asset Deals (Unternehmenskaufs) gleichgestellt und eine Geschäftsveräußerung im Ganzen. Diese Gleichstellung bewirkt, dass allein die wirtschaftliche Veränderung der Übertragung betrachtet wird, die zivilrechtliche Gestaltung der Übertragung und die rechtliche Verfasstheit des Unternehmens (z.B. Personengesellschaft, Kapitalgesellschaft) sind irrelevant. Die Gleichstellungsfälle bewirken, dass die Übertragung eines Unternehmens oder Unternehmensteils unabhängig von der zivilrechtlichen Ausgestaltung (Anteilskauf oder Unternehmenskauf) umsatzsteuerrechtlich gleich beurteilt wird. Dies fordert das unionsrechtliche Neutralitätsprinzip und verdeutlicht, dass das harmonisierte Mehrwertsteuer-/Umsatzsteuerrecht sich nicht nach dem jeweils nationalen Zivilrecht orientiert, sondern das Zivilrecht lediglich den Rahmen bildet bzw. die Möglichkeit schafft die wirtschaftlichen Gegebenheiten zu gestalten.

Des Weiteren kann eine Anteilsveräußerung auch Teil einer Geschäftsveräußerung im Ganzen sein, sofern die Anteile Bestandteil eines Teilvermögens sind und die gesellschaftsrechtliche Beteiligung zusammen mit den sonstigen immateriellen und materiellen Vermögen des Teilvermögens übertragen werden.

Maßgeblich ist allein, dass ein Gesamt- oder Teilvermögen von einem Unternehmer auf einen anderen Unternehmer übergeht.

Eine Rechtsnachfolge des Begünstigten tritt hinsichtlich der Vorsteuerberichtigung ein. Er tritt nur hinsichtlich der vom Übertragenden im Hinblick auf den Vorsteuerabzug getroffenen Entscheidungen in die Rechtsnachfolge ein und muss bei Verwendungsänderungen Vorsteuerkorrekturen nach § 15a UStG durchführen.

2. Richtlinienkonforme Auslegung oder Neufassung des Gesetzes?

Nach alledem stellt sich die Frage, ob diese Auslegung noch im Wege der Rechtsfortbildung bzw. richtlinienkonformen Auslegung erfolgen kann, oder ob nicht die Grenzen dieser Rechtsentwicklung bzw. Auslegung des derzeitigen Wortlauts des § 1 Abs. 1a UStG erreicht sind und der Gesetzgeber eine Neunormierung des in den Art. 19 und 29 MwStSystRL angebotenen Wahlrechts an die Mitgliedstaaten vornehmen muss.

Zwar erfordert – nach der Rechtsprechung des EuGH – die Umsetzung einer Richtlinie in innerstaatliches Recht nicht notwendigerweise eine förmliche und wörtliche Übernahme ihrer Bestimmungen in eine ausdrückliche und spezifische Rechtsnorm, sondern sie kann sich auf einen allgemeinen rechtlichen Kontext beschränken, wenn dieser die vollständige Anwendung der Richtlinie tatsächlich hinreichend klar und bestimmt gewährleistet.[1015] Die Mitgliedstaaten sind aber gehalten, die Richtlinien im Interesse der Betroffenen in einer Weise umzusetzen, die den vom Unionsgesetzgeber vorgegebenen Erfordernissen der Klarheit und Sicherheit der Rechtslage in vollem Umfang gerecht wird.[1016] Dazu sind die Bestimmungen einer Richtlinie mit unbestreitbarer Verbindlichkeit sowie mit der erforderlichen Konkretheit, Bestimmtheit und Klarheit umzusetzen.[1017] Für die erforderliche Rechtssicherheit ist daher notwendig, dass die Begünstigten einer Regelung – wie die in den Art. 19 und 29 MwStSystRL – von allen ihren

---

1015 EuGH, Urteil v. 28.2.1991, Rs. C-131/88 [Kommission/Deutschland], NJW 1992, 167, Rn. 6; EuGH, Urteil v. 15.11.2001, Rs. C-49/00 [Kommission/Italien], Slg. 2001, I-8575, Rn. 21; EuGH, Urteil v. 28.4.2005, Rs. C-410/03 [Kommission/Italien], Slg. 2005, I-3507, Rn. 60; EuGH, Urteil v. 4.6.2009, Rs. C-102/08 [SALIX], DStR 2009, 1196 Rn. 40.

1016 EuGH, Urteil v. 4.6.2009, Rs. C-102/08 [SALIX], DStR 2009, 1196, Rn. 42.

1017 EuGH, Urteil v. 18.10.2001, Rs. C-354/99 [Kommission/Irland], Slg, 2001, I-7657, Rn. 27 m.w.N.; sowie EuGH, Urteil v. 4.6.2009, Rs. C-102/08 [SALIX], DStR 2009, 1196, Rn. 42.

Rechten Kenntnis erlangen und sie gegebenenfalls vor den nationalen Gerichten geltend machen können.[1018]

Das Ziel des § 1 Abs. 1a UStG ist die Vereinfachung der umsatzsteuerrechtlichen Beurteilung bei Umstrukturierungen oder Unternehmensübertragungen. Dieses Ziel wird durch die aktuelle Regelung aufgrund der Abgrenzungsprobleme nicht erreicht.[1019] In der Literatur ist man sich einig, dass aufgrund dieser Probleme eine erhebliche Gefahr der Fehlbeurteilung mit weitreichenden wirtschaftlichen und steuerlichen Konsequenzen besteht und verweist auf die Vereinbarung sog. Steuerklauseln[1020] oder die Beantragung einer (gebührenpflichtigen) verbindlichen Auskunft (nach § 89 Abs. 2 AO[1021]).[1022] Die Möglichkeit Auffangklauseln in Vertragswerke aufzunehmen ist aber keine Lösung des Problems der unsicheren Rechtsanwendung, welches aufgrund eines zu engen Wortlauts und einer ständig sich erweiternden Auslegung durch die Rechtsprechung hervorgerufen wird. Verstärkt wird das Risiko eines finanziellen Schadens aufgrund einer steuerlichen Fehleinschätzung auch durch die Einschränkung der Ausübungsmöglichkeiten eines Verzichts auf Steuerbefreiungen.[1023] Auch ist der Komplexität des Steuerrechts nicht mit gebührenpflichtigen verbindlichen Auskünften zwecks Schaffung von Rechtssicherheit zu begegnen.[1024] Die Konse-

1018 EuGH, Urteil v. 28.2.1991, Rs. C-131/88 [Kommission/Deutschland], NJW 1992, 167, Rn. 6; EuGH, Urteil v. 15.11.2001, Rs. C-49/00 [Kommission/Italien], Slg. 2001, I-8575; Rn. 21; EuGH, Urteil v. 28.4.2005, Rs. C-410/03 [Kommission/Italien], Slg. 2005, I-3507, Rn. 60; EuGH, Urteil v. 4.6.2009, Rs. C-102/08 [SALIX], DStR 2009, 1196, Rn. 41.

1019 Ebenso Stöcker in Peter/Burhoff/Stöcker, UStG, § 1 Rn. 519.

1020 Knoll in Widmann/Mayer, Umwandlungssteuerrecht, Anh. 11, Rn. 25; Wagner, JbFStR 2008/2009, 605 (615); allgemein zur Bedeutung und Ausgestaltung der Steuerklauseln im Unternehmenskaufvertrag: Hülsmann, DStR 2008, 2402 (2402f.).

1021 Eine verbindliche Auskunft nach § 89 Abs. 2 AO kann ausschließlich für noch nicht verwirklichte Sachverhalte beantragt werden. Die Auskunft ist gebührenpflichtig (§ 89 Abs. 3 AO).

1022 Statt vieler: Heinrichshofen, UStB 2004, 260 (261); Eversloh, jurisPR-SteuerR 19/2004, Anm. 1; Nieskoven, GStB 2008, 117 (119).

1023 Abschnitt 9.1. Abs. 3 Satz 1 UStAE. Eine Option zur Steuerpflicht ist nur bis zur formellen Bestandskraft der Jahresfestsetzung möglich. Dadurch wird bei fehlerhafter Beurteilung eines Immobilienumsatzes (steuerfrei nach § 4 Nr. 9 Buchst. a UStG) oder einer Anteilsübertragung (steuerfrei nach § 4 Nr. 8 UStG) als Geschäftsveräußerung im Ganzen die Ausübung einer Option zeitlich sehr eingeschränkt.

1024 Mit Verständnis für die Kritik an der Gebührenpflicht der verbindlichen Auskunft: Drüen, DStR 2010, 2 (5). Es ist fraglich, ob gegenüber dem Unternehmer für Umsatzsteuerfragen eine Gebühr erhoben darf, da er selbst lediglich als „Steuereinsammler“ des Staates tätig wird.

quenzen einer Fehlbeurteilung sind vielseitig und sind im günstigsten Falle allein mit einer Rechnungskorrektur zu beseitigen. Bei zu Unrecht nicht abgeführter Umsatzsteuer beim Übertragenden oder einen zu Unrecht vorgenommenen Vorsteuerabzug bei fehlerhafter Beurteilung der Transaktion, wird, zumindest bei späterem Aufgreifen, ein Zinsschaden nach § 233a AO[1025] entstanden sein.[1026] Hinzutritt, dass fehlerhaft ausgestellte Rechnungen nur dann berichtigt werden können, wenn die Gefährdung des Steueraufkommens beseitigt oder nicht eingetreten ist.[1027] Fällt eine der Parteien zwischenzeitlich aufgrund von Liquidation, Insolvenz o.ä. aus, so ist eine Rückerstattung zuviel entrichteter Umsatzsteuer für den Rechnungsaussteller ausgeschlossen. In ungünstigen Konstellationen, sehen sich die Parteien auch steuerordnungswidrigkeitsrechtlichen oder steuerstrafrechtlichen Vorwürfen ausgesetzt.[1028]

Die teleologische Auslegung des § 1 Abs. 1a UStG stößt dort an ihre Grenzen, wo die überkommenden Formulierungen und Vorstellungen aus den Vorgängervorschriften nicht mit den Vorgaben in den Art. 19 und Art. 29 MwStSystRL übereinstimmen. Die teleologische Auslegung, als die Auslegung des Gesetzes, die dem in seinem Wortlaut und seinem Sinneszusammenhang ausgedrückten Gesetzeszweck entspricht,[1029] kann diesen Ansprüchen nicht genügen, wenn der Wortlaut und der Entstehungszusammenhang enger gefasst sind als der eigentliche Zweck und die unionsrechtlichen Vorgaben der Norm. Dies impliziert, dass der Anwendungsbereich – wie oben dargestellt – durch die Rechtsprechung weit ausgedehnt wurde. Über den möglichen Wortsinn des Gesetzes hinaus ist aller-

---

1025 Nach Ablauf der Karenzzeit von 15 Monaten werden Steuererstattungen oder Steuernachforderungen mit 0,5% pro vollendeten Monat verzinst; §§ 233a, 238 AO.

1026 Eine Ausnahme besteht dann, wenn nur Grundvermögen übertragen wird, da dann die Steuerschuld nach § 13b Abs. 1 Satz 1 Nr. 3 UStG auf den Übertragenden übergeht und dieser im gleichen Voranmeldungszeitraum nach § 15 Abs. 1 Satz 1 Nr. 4 UStG der Vorsteuerabzug zusteht, so dass die Gefahr zu Unrecht in einer Rechnung ausgewiesener Umsatzsteuer (§ 14c UStG) nicht vorliegen sollte.

1027 Abschnitt 14c.2. Abs. 5 Satz 6 UStAE (bislang Abschnitt 190d Abs. 4 S. 6 UStR 2008). Die Gefährdung des Steueraufkommens ist beseitigt, wenn das Finanzamt des Übernehmers erklärt, dass zu Unrecht abgezogene Vorsteuersteuer ausgeglichen wurde (§ 14c Abs. 1 Satz 3 i.V.m. § 14c Abs. 2 Sätze 3 bis 5 UStG) oder kein Vorsteuerabzug möglich ist.

1028 Dies kann dann der Fall sein, wenn unterstellt wird, dass die Annahme der Geschäftsveräußerung im Ganzen aufgrund einer fehlenden Vorsteuerabzugsberechtigung beim Übernehmenden (z.B. aufgrund steuerbefreiter Ausgangsumsätze) gewählt wurde und ein Liquiditätsvorteil durch Nichtversteuerung gegeben sei.

1029 BFH, Urteil v. 7.5.1987 – IV R 150/84, BStBl. II 1987, 670; BFH, Urteil v. 5.2.1992 – II R 185/87, BStBl. II 1993, 266 (268); Drüen in Tipke/Kruse, AO/FGO, § 4 AO Rn. 274.

dings keine Auslegung, sondern nur eine Rechtsfortbildung möglich (teleologische Extension).[1030] Das Recht der Europäischen Union ist nicht nach nationalen Grundsätzen des § 1 Abs. 1a UStG auszulegen,[1031] so dass deutlich wird, dass die derzeitige nationale Gesetzesfassung weitestgehend nicht der MwStSystRL entspricht.[1032]

Derartige Unsicherheiten zeugen davon, dass die Gebote der Rechtsklarheit und Rechtssicherheit nicht eingehalten sind. Es ist daher eine Ausweitung des Begriffs der Geschäftsveräußerung im Ganzen im o.g. Sinne durch Neuformulierung des § 1 Abs. 1a UStG erforderlich.[1033] Geboten ist ein Rechtsinstitut, welches auf der Grundlage der Art. 19 und 29 MwStSystRL die Übertragung von unternehmerisch verwendeten (bzw. dem Unternehmen zugeordneten) Vermögen nichtsteuerbar stellt und somit sowohl dem Vereinfachungszwecken der Richtlinienvorgabe und der Belastungskonzeption der Umsatzsteuer Rechnung trägt, aber zugleich auch sicherstellt, dass ein unversteuerter Endverbrauch ausgeschlossen ist. Die Neufassung könnte lauten:

> *„Vermögensübergang zwischen Unternehmern“*
>
> *„Der Übergang eines Gesamt- oder Teilvermögens, welches als Unternehmenseinheit nicht nur einmalig zur Ausführung von unternehmerischer Tätigkeit genutzt wird, auf einen Begünstigten, der das übernommene Vermögen für unternehmerische Betätigungen verwendet, unterliegt nicht der Umsatzsteuer. Teilvermögen sind bereits einzelne Wirtschaftsgüter oder Rechtspositionen, mit denen jeweils eine unternehmerische Tätigkeit betrieben werden kann. Die objektiv belegbare Verwendungsabsicht steht der Verwendung des Gesamt- und Teilvermögens gleich. Der Begünstige tritt hinsichtlich des Vorsteuerabzugs in die Rechtsstellung des Übertragenden.“*

Die Abgrenzung, ob Vermögensbestandteile als Geschäftsveräußerung im Ganzen übertragen werden oder nicht, erfolgt danach, ob das übertragene Vermögen, nicht nur einmalig zu Ausübung unternehmerischer Tätigkeit verwendet

---

1030 So Drüen in Tipke/Kruse, AO/FGO, § 4 AO Rn. 276, Rn. 340 ff., Rn. 381f.; krit. Herzberg, NJW 1990, 2525 (2526).

1031 Ebenso Widmann in Plückebaum/Malitzky, UStG, § 1 Abs. 1a Rn. 21.

1032 Mit Bedenken, ob der Begriff des „gesondert geführten Betriebs“ dem des „Teilvermögens“ richtlinienkonform umsetzt; Schlosser-Zeuner in Bunjes/Geist, UStG, § 1 Rn. 100; kritisch bereits Benkert/Menner, DB 1994, 1996 (1999) – mit dem Hinweis, dass die Frage, ob die nationale Umsetzung nicht im Widerspruch zum Gesamt- und Teilvermögensbegriff steht „letztlich v. EuGH zu beantworten“ sei.

1033 So auch Hidien, UVR 2009, 11 (18).

wird oder nicht. In der Diktion des § 15a UStG gesprochen ist dies die Unterscheidung zwischen § 15a Abs. 1 UStG und § 15a Abs. 2 UStG. Nachhaltig wirtschaftlich genutzte Gegenstände und Rechtspositionen (dies entspricht dem Anlagevermögen, Investitionsgüter) können nichtsteuerbar übertragen werden, wohingegen lediglich einmalig wirtschaftlich genutzte Gegenstände und Rechtspositionen (dies entspräche dem Umlaufvermögen) nach den allgemeinen Regelungen zu versteuern sind. Hierdurch wird dem All-Phasen-Netto-Prinzip genügt, welches auch die (Regel-)Umsätze zwischen Unternehmern mit Umsatzsteuer belastet und zugleich über den Vorsteuerabzug eine Entlastung herstellt.

Die Übertragung kann somit ganze Unternehmen als „Zusammenfassung der unternehmerisch genutzten Wirtschaftsgüter" umfassen oder sich auf Teilbereiche beschränken, die zur Ausführung unternehmerischer Tätigkeit verwendet werden. Die Übertragung von Warenbestand ist grundsätzlich ausgeschlossen, da nur ein einmaliger Abverkauf erfolgt. Eine Ausnahme bildet allerdings die Konstellation, in welcher der Warenbestand Bestandteil des Gesamt- oder Teilvermögens ist, welche als solches nicht nur einmalig zur Ausführung von Umsätzen verwendet wird. Daher ist die Übertragung eines Unternehmens mit Warenlager sowohl eine Geschäftsveräußerung im Ganzen als auch ein „Vermögensübergang zwischen Unternehmern".

Eine dem § 6a GrEStG vergleichbare Regelung für die Umsatzsteuer zu schaffen, ist unionsrechtlich nicht zulässig. § 6a GrEStG beschränkt sich auf Umwandlungsvorgänge nach dem UmwG. Die Art. 19 und 29 MwStSystRL hingegen beurteilen jegliche Gesamt- und Teilvermögensübertragungen als nichtsteuerbar. Eine Neuformulierung darf sich daher nicht auf Vorgänge nach dem UmwG beschränken.

Die Neuformulierung entspricht auch den Richtlinienvorgaben in den Art. 19 und 29 MwStSystRL sowie der dazu ergangenen Rechtsprechung des EuGH, wie zuvor bereits dargestellt wurde. Die Verwendung des Wortes „Übergang" an Stelle von „Übertragung" dient der Aufnahme einer Geschäftsveräußerung im Ganzen mit „negativen Entgelt" in den Anwendungsbereich der Norm. Die Nichtsteuerbarkeit soll nicht daran scheitern, dass dem Begünstigten für die Übernahme eines Gesamt- oder Teilbetriebs noch zusätzlich Finanzmittel übertragen werden, so dass die Leistung in der Übernahme des Vermögens, nicht in der Übertragung liegt.

Kapitel 3 Nichtsteuerbarkeit im Rahmen von Umstrukturierungen

A. Allgemeines

Der „Vermögensgang zwischen Unternehmern“ in oben dargestellter Ausprägung ist die Verwirklichung einer rechtssystemkonformen und praxisnahen Anwendung des Umsatzsteuerrechts im Rahmen der Umstrukturierungen von Unternehmen. Dies soll anhand einiger ausgewählter Beispiele verdeutlicht werden.[1034] Dabei beschränkt sich die Betrachtung nicht allein auf Umstrukturierungen in Unternehmens-, Konzern-[1035] und Holdingstrukturen nach dem UmwG 1995[1036], sondern geht auch allgemein auf umsatzsteuerrechtliche Probleme bei Einlagen in Gesellschaften ein.

1034 Die Auswahl beschränkt sich auf einige Problemfelder, die aktuell häufig in der Diskussion sind.

1035 Ein herrschendes und ein oder mehrere abhängige Unternehmen bilden nach § 18 Abs. 1 Satz 1 AktG einen Konzern, wenn sie unter der einheitlichen Leitung des herrschenden Unternehmens zusammengefasst sind. Abzugrenzen davon ist der aktienrechtliche Begriff des verbundenen Unternehmens. Er ist viel weiter und schließt nach § 15 AktG selbständige Unternehmen, die im Verhältnis zueinander in Mehrheitsbesitz stehende Unternehmen und mit Mehrheit beteiligte Unternehmen (§ 16 AktG), abhängige und herrschende Unternehmen (§ 17 AktG), Konzernunternehmen (§ 18 AktG), wechselseitige beteiligte Unternehmer (§ 19 AktG) oder Vertragsteile eines Unternehmensvertrags (i.S.d. §§ 291, 292 AktG) mit ein. Das Konzernsteuerrecht hingegen wird mangels eines eigenständigen steuerlichen Begriffs als das Steuerrecht der verbundenen Unternehmen definiert; Schaumburg, Grundzüge des Konzernsteuerrechts, 4. Das Umsatzsteuerrecht kennt keinen eigenständigen Konzernbegriff. Da allerdings eigenständige Rechtssubjekte und somit auch die Gesellschaften in einem Konzernverbund unter den Voraussetzungen des § 2 Abs. 1 UStG selbständige Unternehmen sind, ist eine Auseinandersetzung mit dem Konzernbegriff – anders als im Ertragsteuerrecht – nicht notwendig.

1036 UmwG 1995 v. 28.10.1994, BGBl. I 1994, 3210 und BGBl. I 1995, 428, zuletzt geändert durch Gesetz zur Modernisierung des GmbH-Rechts und zur Bekämpfung von Missbräuchen (MoMiG) v. 23.10. 2008, BGBl. I 2008, 2026. Das UmwG 1995 ermöglicht vorhandenen Rechtsträgern zivilrechtlich erleichterte Umstrukturierungen gegen den allgemeinen zivilrechtlichen Vorschriften über die Gründung, Auflösung und Abwicklung von Rechtsträgern und für die Übertragung von Vermögensgegenständen zwischen derartigen Rechtsträgern.

B. Einlagen in Gesellschaften

I. Bareinlage

Das Begriffspaar Bareinlage und Sacheinlage wird für Geldeinlagen und sonstige Einlagen verwendet. Eine Bareinlage ist zunächst die Einlage von barem Geld. Die Bareinlage umfasst aber auch unbare Einlagen, die – wie in der Praxis üblich – durch Übertragung von Buchgeld geleistet werden.[1037] Die Hingabe von Geld ist grds. keine Lieferung und kein Gegenstand einer Dienstleistung, sondern bloße Entgeltzahlung.[1038] Die Bareinlage zur Gründung oder Beteiligung an einer Gesellschaft oder zur Kapitalerhöhung ist kein Fall einer Geschäftsveräußerung im Ganzen. Sie ist nicht steuerbar, weil der die Einlage erbringende Gesellschafter – auch wenn er (Geld-)Vermögen einlegt – keine Leistung im umsatzsteuerrechtlichen Sinne erbringt.[1039] Auch, wenn der Einlegende Unternehmereigenschaft besitzt und die Einlage aus dem Unternehmensvermögen erfolgt, ist die Einlage kein steuerbarer Vorgang. Bareinlagen gegen Gewährung von Gesellschaftsrechten (z.B. im Zusammenhang mit der Gründung einer Personengesellschaft) begründen weder aus der Sicht des Gesellschafters noch aus der Sicht der Gesellschaft unternehmerische Aktivität.[1040] Vorgänge auf der privaten Vermögensebene werden vom Umsatzsteuerrecht bereits nicht erfasst.[1041]

II. Sacheinlage

Dagegen sollen Sacheinlagen nach der Rechtsprechung des BFH dann einen steuerbaren Umsatz begründen, wenn die eingebrachten Vermögensteile bisher dem Unternehmen des Gesellschafters zugeordnet waren. Die Sacheinlage erfasst nicht nur die Übertragung von Gegenständen (§ 90 BGB), sondern auch von sonstigen einlagefähigen Wirtschaftsgütern, wie z.B. den Firmenwert, Software, Rechte, Wertpapiere. Aber auch die Einlage (in Form der Erbringung) von Dienstleistungen kann aus Sicht der Umsatzsteuer eine Sacheinlage sein.[1042] Die Einbringung von Wirtschaftsgütern aus einem Unternehmensvermögen unter-

---

1037 Statt vieler: Burgmaier, UStKongrBer. 2007, 109 (110 ff.).

1038 EuGH, Urteil v. 09.10.2001, Rs. C-108/99 [Cantor Fitzgerald International], UR 2001, 494, Rn. 23; EuGH, Urteil v. 09.10.2001, Rs. C-409/89 [Mirror Group plc], UR 2001, 490, Rn. 26, 27; Klenk in Sölch/Ringleb, UStG, § 1 Rn. 6; Tehler in Reiß/Kraeusel/Langer, UStG, § 1 Rn. 199.

1039 Reiß, UR 1988, 298 (299); Buttenhauser/Steinhauser, UR 2005, 415 (418); Tehler in Reiß/Kraeusel/Langer, UStG, § 1 Rn. 317.

1040 EuGH, Urteil v. 26.6.2003, Rs. C-442/01 [Kap Hag Renditefonds], UR 2003, 443.

1041 Tehler in Reiß/Kraeusel/Langer, UStG, § 1 Rn. 199.

1042 Burgmaier, USt-KongrBer. 2007, 109 (110 ff.).

liegt der Umsatzsteuer, sofern nicht die Voraussetzungen der Geschäftsveräußerung im Ganzen nach § 1 Abs. 1a UStG vorliegen.[1043]

Die Sacheinlage aus einem Unternehmensvermögen eines Gesellschafters gegen Gewährung von Gesellschaftsanteilen wird nach nicht unumstrittener Ansicht im Rahmen eines Leistungsaustauschs erbracht.[1044] Erbringt hingegen der Gesellschafter die Einlage nicht als Unternehmer, so ist dies mangels Unternehmereigenschaft kein steuerbarer Vorgang.[1045] Waren die Wirtschaftsgüter Privatvermögen, so werden sie nicht „im Rahmen des Unternehmens“ (§ 1 Abs. 1 Nr. 1 Satz 1 UStG) des Gesellschafters eingebracht. Es fehlt bereits dieses Tatbestandsmerkmal des § 1 Abs. 1 Nr. 1 Satz 1 UStG.[1046] Ein Gesellschafter ist nicht aufgrund seiner Gesellschafterstellung Unternehmer, sondern nur, wenn er ad personam die Voraussetzungen dafür erfüllt.[1047] Die einmalige oder gelegentliche Übertragung von Gegenständen auf die Gesellschaft macht den Gesellschafter nicht zum Unternehmer.[1048] Es fehlt die Nachhaltigkeit.[1049] Gleiches gilt, wenn er zwar Unternehmer, aber der Einbringungsgegenstand nicht Bestandteil seiner unternehmerischen Tätigkeit ist.[1050]

1. Anwendung des „Vermögensgangs zwischen Unternehmern“

Der Anwendungsbereich der Geschäftsveräußerung im Ganzen nach § 1 Abs. 1a UStG ist durch die Rechtsprechung immer weiter ausgedehnt worden. Dennoch sind nicht sämtliche Übertragungsvorgänge umfasst, wie nachfolgend näher erläutert wird. Viele Fälle der Sacheinlage könnten nunmehr unter der Regelung des „Vermögensübergangs zwischen Unternehmern“ in oben ausgeführter Neu-

---

1043 BFH, Urteil v. 8.11.1995 – XI R 63/94, BStBl. II 1996,114; BFH, Urteil v. 13.11.2003 – V R 79/01, BStBl. II 2004, 375.

1044 BFH, Urteil v. 30.09.1999 – V R 9/97, BFH/NV 2000, 607; a.A. Wäger, UR 2008, 69 (72f.). Meyer in Offerhaus/Söhn/Lange, UStG, § 1 Rn. 197ff; Tehler in Reiß/Kraeusel/Langer, UStG, § 1 Rn. 319; wohl auch Klenk in Sölch/Ringleb, UStG, § 1 Rn. 195.

1045 Reiß, UR 1988, 298 (303), ders. UR 2003, 428 (433 ff.); Buttenhauser/Steinhauser, UR 2005, 415 (417f.); Tehler in Reiß/Kraeusel/Langer, UStG, §1 Rn. 317; Schlosser-Zeuner in Bunjes/Geist, UStG, § 1 Rn. 48.

1046 Tehler in Reiß/Kraeusel/Langer, UStG, § 1 Rn. 317; Schlosser-Zeuner in Bunjes/Geist, UStG, § 1 Rn. 48.

1047 Siehe Kapitel 2 B IV. 2.; BFH v. 10.5.1990 – V R 47/86, UR 1991, 13; Jakob, Umsatzsteuer, Rn. 909.

1048 RFH, Urteil v. 28.9.1928 – V A 617/28, RFHE 24, 114; RFH, Urteil v. 17.10.1941 – V 121/41, RStBl. II 1942, 13; BFH, Urteil v. 10.5.1961 – V 50/59, HFR 1962, 45; Tehler in Reiß/Kraeusel/Langer, UStG, § 1 Rn. 313.

1049 Jakob, Umsatzsteuer, Rn. 908.

1050 Korf, DB 2003, 1705 (1708).

fassung subsumiert werden. Damit wären viele Problemfelder und Risiken, die nicht selten Hemmnis bei der Umstrukturierung sind, beseitigt, wie nachfolgend näher dargestellt wird. Derzeit ist es vielfach das Ziel der beteiligten Parteien, die Sacheinlage als Geschäftsveräußerung im Ganzen nach § 1 Abs. 1a UStG zu gestalten. Dadurch werden Risiken im Hinblick auf die Steuerbarkeit des Einlagevorgangs, die Ermittlung der Bemessungsgrundlage und die zutreffende Rechnungserstellung vermieden.

Zunächst ist notwendige Voraussetzung der Nichtsteuerbarkeit nach § 1 Abs. 1a UStG, dass sich Übertragender/Veräußerer und Übernehmender/Erwerber im Anwendungsbereich des Umsatzsteuerrechts bewegen.[1051] Ohne das Rechtsinstitut der Geschäftsveräußerung im Ganzen müsste daher ein steuerbarer Übertragungsvorgang vorliegen. Eine Geschäftsveräußerung nach § 1 Abs. 1a UStG ist entgeltlich, unentgeltlich oder durch Einbringung in eine Gesellschaft möglich. Liegt keine Geschäftsveräußerung im Ganzen vor, so ist grundsätzlich ein Leistungsaustausch (§ 1 Abs. 1 Nr. 1 UStG) erforderlich. Würde die Sacheinlage nicht im Leistungsaustausch erfolgen, so läge bzw. lägen unentgeltliche Wertabgaben nach § 3 Abs. 1b bzw. Abs. 9a UStG vor, wenn Vermögen des Unternehmens eingelegt wird. Dies würde dazu führen, dass Umsatzsteuer aufgrund der unentgeltlichen Wertabgabe entsteht, welche vom übernehmenden Rechtsträger nicht als Vorsteuer abzugsfähig wäre. Ein derartiges Ergebnis ist mit der Belastungskonzeption der Umsatzsteuer nicht vereinbar.[1052]

2. Problemfeld „Sacheinlage im Leistungsaustausch?“

Eine Leistung i.S. des § 1 Abs. 1 Nr. 1 UStG ist nur steuerbar, wenn sie gegen Entgelt bewirkt wird.[1053] Der BFH hat in seiner früheren Rechtsprechung aus den Tatbestandsmerkmalen Lieferung oder sonstige Leistung gegen Entgelt den Begriff Leistungsaustausch definiert.[1054] Ein Leistungsaustausch setzt voraus, dass Leistender und Leistungsempfänger vorhanden sind und der Leistung eine Gegenleistung (Entgelt) gegenübersteht.[1055] Für die Annahme eines Leistungsaustauschs müssen Leistung und Gegenleistung in einem wechselseitigen Zusammenhang stehen.[1056] Auch nach der MwStSystRL unterliegen Lieferungen von Gegenständen oder Dienstleistungen, die ein Steuerpflichtiger als solcher im

---

1051 Birkenfeld, Umsatzsteuer-Handbuch, § 34 Rn. 92 ff.

1052 Siehe Kapitel 1 A.

1053 Tehler in Reiß/Kraeusel/Langer, UStG, § 1 Rn. 196.

1054 BFH, Urteil v. 7.5.1981 – V R 47/76, BStBl. II 1981, 495.

1055 Klenk in Sölch/Ringleb, UStG, § 1 Rn. 36.

1056 EuGH, Urteil v. 05.02.1981, Rs. C-154/80 [Coöperatieve Aardappelenbewaartsplaats] Slg. 1981, I-00455; EuGH, Urteil v. 08.03.1988, Rs. C-102/86 [Apple and Pear Development Council], EuGHE 1988, 1443.

Gebiet eines Mitgliedstaates gegen Entgelt erbringt, der Mehrwertsteuer (Art. 2 Abs. 1 Buchstabe a und c MwStSystRL). Für den EuGH ist zwingend, dass ein unmittelbarer Zusammenhang zwischen der erbrachten Lieferung oder Dienstleistung und dem erhaltenen Entgelt bestehen muss.[1057] Es wird – nach Auffassung des EuGH – nur dann eine Leistung im Sinne des Art. 2 Abs. 1 Buchstabe a und c MwStSystRL[1058] erbracht, wenn zwischen dem Leistenden und dem Leistungsempfänger ein Rechtsverhältnis besteht, in dessen Rahmen gegenseitige Leistungen ausgetauscht werden.[1059] Wobei er in späterer Rechtsprechung auch eine „unvollkommene Verbindlichkeit" anstelle eines Rechtsverhältnisses ausreichen ließ.[1060] Ebenso genügt es, wenn der Unternehmer gegen Aufwendungsersatz tätig wird.[1061] Der BFH betrachtet es für einen steuerbaren Leistungsaustausch als ausreichend, wenn die Übertragung eines Grundstücks gegen Übernahme der auf dem Grundstück lastenden Schulden erfolgt.[1062] Eine Verrechnung der übernommenen Verbindlichkeiten mit dem Wert des Grundstücks wurde zurückgewiesen. Bei tauschähnlichen Umsätzen sind die wechselseitigen Umsätze jeweils nach Leistung und Entgelt für sich zu beurteilen und nicht zu saldieren.[1063] Das Entgelt kann außer in Geld auch in einer Lieferung (Tausch) oder in einer sonstigen Leistung (tauschähnlicher Umsatz) bestehen.[1064] Streitig ist, ob die Ausgabe von Gesellschaftsrechten eine Gegenleistung i.S. des Umsatzsteuerrechts ist.[1065] Daher ist umstritten, worin die Gegenleistung bei Einbringung von Sacheinlagen gegen Gewährung von Gesellschaftsrechten besteht.[1066]

1057 EuGH, Urteil v. 5.2.1981, Rs. C-154/80 [Genossenschaft Coöperatieve Aardapelenbewaarplaats], Slg. 1981, I-00445 Rn. 12; EuGH, Urteil v. 8.3.1988, Rs. C-102/86 [Apple and Pear Development Council], Slg. 1988, I-01443 Rn. 11.

1058 Die Entscheidung bezieht sich auf Art. 2 Nr. 1 der 6. EG-RL.

1059 EuGH, Urteil v. 3.3.1994, Rs. C-16/93 [Tolsma], UVR 1994, 152.

1060 EuGH, Urteil v. 17.9.2002, Rs. C-498/99, [Town & County Factors Ltd.], UR 2002, 510 Rn. 24.

1061 BFH, Urteil v. 18.3.2004 – V R 101/01, BStBl. II 2004, 798; BFH, Urteil v. 11.4.2002 – V R 65/00, BStBl. II 2002, 782; BFH, Urteil v. 1.3.1990 – V B 141/89, BFH/NV 1990, 465.

1062 BFH v. 29.2.1996 – V R 28/91, BFH/NV 1996, 857; BFH v. 2.10.1986 – V R 91/78, BStBl. II 1987, 44.

1063 BFH, Urteil v. 29.1.1996 – V R 28/91, BFH/NV 1996, 857; Tehler, UVR 1992, 231 (233f.).

1064 Tehler in Reiß/Kraeusel/Langer, UStG, § 1 Rn. 199.

1065 Meyer in Offerhaus/Söhn/Lange, UStG, § 1 Rn. 197 ff.

1066 Tehler in Reiß/Kraeusel/Langer, UStG, § 1 Rn. 319. Ebenfalls mit Zweifeln an der Steuerbarkeit („dürfte"): Klenk in Sölch/Ringleb, UStG, § 1 Rn. 195.

a) Erbringen einer Leistung

Die Übertragung der Vermögensgegenstände auf die übernehmende Gesellschaft im Wege der Einlage müsste eine Leistung sein. Die Leistung muss einem identifizierbaren Leistungsempfänger einen Vorteil verschaffen.[1067] Bei der Sacheinlage, also der Einlage von materiellen oder immateriellen Wirtschaftsgütern eines Unternehmensvermögens in eine Gesellschaft, handelt es sich regelmäßig um ein Bündel von Lieferungen und sonstigen Leistungen. Aus Art. 2 der MwStSystRL[1068] ergibt sich, dass jede Leistung grundsätzlich als selbstständige Leistung zu betrachten ist. Eine wirtschaftlich einheitliche Leistung darf allerdings im Interesse eines funktionierenden Mehrwertsteuersystems nicht künstlich aufgespalten werden. Daher ist das Wesen des fraglichen Umsatzes zu ermitteln, um festzustellen, ob der Steuerpflichtige dem Leistungsempfänger (als dem jeweiligen Verbraucher) mehrere selbständige Hauptleistungen oder eine einheitliche Leistung erbringt, wobei auf die Sicht des Durchschnittsverbrauchers abzustellen ist.[1069] Die Übertragung eines Einzelunternehmens kann beispielsweise auch als Sachgesamtheit erfolgen. Eine Sachgesamtheit ist eine Zusammenstellung von mehreren, zunächst selbständigen Gegenständen zu einer Einheit, die wirtschaftlich ein neues Wirtschaftsgut darstellt.[1070] Sie ist mehr als die Summe der einzelnen Gegenstände. Die Sachgesamtheit bildet einen einheitlichen Liefergegenstand; dieser ist weder identisch mit den einzelnen Gegenständen, aus denen sich die Sachgesamtheit zusammensetzt, noch mit der Summe der Gegenstände.[1071]

Die Einlage von materiellen oder immateriellen Wirtschaftsgütern in eine Gesellschaft ist demnach eine Leistung, da verbrauchbare Vorteile übertragen werden. Fraglich ist, ob die Einlage, als Leistung im Leistungsaustausch, also gegen Entgelt erbracht wird.

1067 Statt vieler: Klenk in Sölch/Ringleb, UStG, § 1 Rn. 5; Schüler-Täsch, Leistung, S. 50, Hummel, Gebäude auf fremden Grund und Boden, 50 mit Ausführungen zum Leistungswillen.

1068 Bis zum 1.1.2006: Art. 2 der 6. EG-RL.

1069 EuGH, Urteil v. 25.2.1999, Rs. C-349/96 [Card Protection Plan Ltd.], DStRE 1999, 271 Rn. 27ff insb. Rn. 29; EuGH, Urteil v. 15.5.2001, Rs. C-34/99 [Primback Ltd.], DStRE 2001, 661 Rn. 45; EuGH, Urteil v. 27.10.2005, Rs. C-41/04 [Levob Verzekeringen BV], DStRE 2006, 41 Rn. 20 ff.; BFH, Urteil v. 31.5.2001 – V R 97/98, BStBl. II 2001, 658; BFH, Urteil v. 9.6.2005 – V R 50/02, DStR 2005, 1567.

1070 BFH, Urteil v. 18.12.1997 – V R 44/95, BFH/NV 1998, 628; Tehler in Reiß/Kraeusel/Langer, UStG, § 1 Rn. 261; Martin in Sölch/Ringleb, UStG, § 3 Rn. 47.

1071 Siehe auch BMF-Schreiben v. 5.8.2004 – IV B 7 – S 7220 – 46/04, BStBl. I 2004, 638; BMF-Schreiben v. 21.3.2005 – IOV A 5 – S 7220 – 27/05, DB 2006, 698, Binder, UR 2005, 369 (370).

b) *Steuerbarkeit und Leistungsaustausch*

Die Ansicht des BFH, dass die Sacheinlage im Leistungsaustausch erfolge,[1072] wird in der Literatur häufig kritisch hinterfragt, denn der Leistungsaustausch erfordert regelmäßig die Erbringung einer Leistung um der Gegenleistung Willen.[1073] Die Frage fokussiert sich daher auf die Suche nach einer Gegenleistung für das eingebrachte Vermögen. Dies zwingt zu einer Auseinandersetzung mit der Fragestellung, worin konkret das Entgelt für die Sacheinlage bestehen soll. Unproblematisch sind Sacheinlagen, denen ein Entgelt in Form von Geld oder Sachwerten oder durch Übernahme von Verbindlichkeiten gegenübersteht. Erfolgt die Sacheinlage gegen Gewährung von Gesellschaftsrechten, so ist zu hinterfragen, ob in diesen erhaltenen Anteilen das Entgelt für das eingebrachte Vermögen zu sehen ist.

aa) Gesellschafterstellung bzw. Gesellschaftsrechte als Gegenleistung?

Regelmäßig erfolgt die Einlage „gegen Gewährung von Gesellschaftsrechten" und ohne sonstige Gegenleistung. Der Erhalt der gesellschaftsrechtlichen Beteiligung bzw. Mitgliedschaftsrechte müsste dann, um zu einem Leistungsaustausch zu gelangen, als Gegenleistung für die Sacheinlage zu beurteilen sein.

Die Gesellschafterstellung und der aufgrund der Beteiligung an einer Gesellschaft (zukünftig) erwartbare Gewinnanteil, als Anteil am erwirtschafteten Ergebnis der Gesellschaft, ist nach allseitiger Ansicht kein Entgelt.[1074] Dies gilt unabhängig davon, in welcher Form und mit welcher Bezeichnung (Gewinnvorab, Dividende, etc.) die Ausschüttung erfolgt. Auch die Möglichkeit, zukünftig Gewinnanteile zu erhalten, ist kein Entgelt für die Einlage.

In der Literatur wird nicht einheitlich betrachtet, ob die Einlage gegen Gewährung von Gesellschaftsrechten ein Leistungsaustausch ist. In der älteren Literatur wird vertreten, dass es sich bei der Sacheinlage in eine neu gegründete Personengesellschaft um eine nichtsteuerbare Leistungsvereinigung handele[1075] und daher keine Leistung gegen Entgelt vorliegen könne. Problematisch erscheint

1072 BFH, Urteil v. 30.9.1999 – V R 9/97, BFH/NV 2000, 607; BFH, Urteil v. 6.10.2005 – V R 7/04, BFH/NV 2006, 834; auch BFH, Urteil v. 18.12.2008 – V R 73/07, n.v.

1073 Schlosser-Zeuner in Bunjes/Geist, UStG, § 1 Rn. 9ff; Stadie, UStG, § 1 Rn. 8; Stöcker in Peter/Burhoff/Stöcker, UStG, § 1 Rn. 26; Husmann in Rau/Dürrwächter, UStG, § 1 Rn. 60 ff.

1074 Statt vieler: Jakob, Umsatzsteuer, Rn. 940.

1075 Mößlang, UR 1974, 85 (87), Wagner, USt-KongrBer 1991/92, 63 (73f.); Walden, USt-KongrBer 1991/92, 79 (85); Köhler, UVR 1993, 168 (169); Blanke, Gesellschafterbeiträge bei Personengesellschaften, S. 77f. m.w.N.; Weiß, UR 1995, 98 (99); Seer, DStR 1988, 367 (367f.); offengelassen BFH, Urteil v. 15.1.1987 – V R 3/77, BStBl. II 1987, 512.

auch, dass die Änderung der Anteilsverhältnisse nicht im Verhältnis des übertragenden zum übernehmenden Rechtsträger erfolgt, sondern die Anteilseigner des übernehmenden Rechtsträgers (die Anteilseigner der aufnehmenden Gesellschaft) die neuen Anteile ausgeben. Auch ist fraglich, wie es zu beurteilen ist, wenn der die Einlage erbringende Rechtsträger bereits alleiniger Anteilseigner der Gesellschaft ist.[1076]

Während *Reiß,*[1077] *Stadie*[1078] und *Buttenhauser*[1079] in diesen Fällen bereits in der Wertsteigerung des Anteils das Entgelt erblicken, ist dies für *Wäger*[1080] noch nicht abschließend geklärt. Letzterer sieht grundsätzlich Entgeltlichkeit in Form der Gewährung von Gesellschaftsrechten bei offenen Einlagen;[1081] Unentgeltlichkeit hingegen bei verdeckten Einlagen[1082] und äußert große Zweifel an der Entgeltlichkeit dann, wenn z.B. ein Alleingesellschafter einer Personengesellschaft eine offene Sacheinlage tätigt. Wenn der Einlegende bereits alleiniger Anteilseigner sei, könne er keine weiteren Gesellschaftsanteile erhalten und die Erhöhung des Kapitalkontos sei als Gegenleistung nicht ausreichend.[1083] An dieser Stelle wiederum greift die Ansicht von *Reiß* und *Buttenhauser*, wonach das vordergründige Ziel der Sacheinlage im Rahmen der Gründung einer Gesellschaft die Mehrung des Gesellschaftsvermögens sei.[1084] Daher sei es auch zu kurz gedacht, lediglich die Befreiung von einer Einlageverpflichtung als Gegenleistung für die Sacheinlage zu betrachten.[1085] Nach *Schön* besteht die Gegen-

---

1076 Wäger, UR 2008, 69 (72f.).

1077 Reiß, BB 1986, 1407 (1409); ders., StuW 1992, 25 (29); ders., UR 1996, 357 (363).

1078 Stadie, DStJG 13 (1990), 179 (188f.); ders. UStG, § 1 Rn. 88.

1079 Buttenhauser, Die umsatzsteuerrechtliche Beurteilung von Gesellschaftsakten bei Personen- und Kapitalgesellschaften, 168.

1080 Wäger, UR 2008, 69 (72f.) – zur Personengesellschaft, aber mit Verweis auf die Gleichbehandlung aufgrund der Rechtsformneutralität. Bei einem Alleingesellschafter sei es beispielsweise nicht vorstellbar, dass er durch eine Sacheinlage weitere Gesellschaftsrechte als Gegenleistung erhalte.

1081 Offene Einlagen sind Einlagen aufgrund des gesellschaftsrechtlichen Verhältnisses (statt vieler: Glanegger in Schmidt, EStG, § 6 Rn. 441). Das Kapitalkonto des Einlegenden erhöht sich regelmäßig buchhalterisch.

1082 Verdeckte Einlagen liegen vor, wenn ein Gesellschafter oder eine ihm nahestehende Person der Körperschaft außerhalb der gesellschaftsrechtlichen Einlagen einen einlagefähigen Vermögensvorteil zuwendet und diese Zuwendung durch das Gesellschaftsverhältnis veranlasst ist (R 40 Abs. 1 KStR 2004).

1083 Wäger, UR 2008, 69 (72f.).

1084 Buttenhauser, Die umsatzsteuerrechtliche Beurteilung von Gesellschaftsakten bei Personen- und Kapitalgesellschaften, 108

1085 Buttenhauser, Die umsatzsteuerrechtliche Beurteilung von Gesellschaftsakten bei Personen- und Kapitalgesellschaften,110.

leistung in der „Befreiung des Gesellschafters von seiner gesellschaftsvertraglichen Einlageverpflichtung“.[1086] Nach Ansicht von *Tehler* liegt auch dann eine Gegenleistung vor, wenn das eingebrachte Betriebsvermögen mit dem Buchwert oder einem Zwischenwert angesetzt wird.[1087] Die praxisbezogenen Ansichten in der Literatur sehen ohne Zweifel einen umsatzsteuerrechtlichen Leistungsaustausch in der Vermögensübertragung gegen Gewährung von Anteilen oder Mitgliedschaften am übernehmenden bzw. neuen Rechtsträger.[1088] Dem stünde auch nicht entgegen, dass der Gründungsgesellschafter seine Anteile grundsätzlich mit Abschluss des Gesellschaftsvertrags und damit zeitlich vor seiner Einlageleistung erlange.[1089] Allerdings stütze letztere Aussage die Ansicht, dass der Gründungsgesellschafter, welcher seine Gesellschaftsrechte bereits mit Abschluss des Gesellschaftsvertrags erlangt, durch die Einbringung von Wirtschaftsgütern in die Gesellschaft von seiner gesellschaftsrechtlichen Einlageverpflichtung befreit wird und darin die Gegenleistung zu erblicken sei.[1090]

Überwiegend wird daher der Schluss gezogen, dass die Einlage gegen die ggf. zuvor vorgenommene Übertragung von Gesellschaftsrechten erfolgt.[1091] Der BFH hatte sich bereits mit Urteil vom 8.11.1995[1092] dieser Ansicht angeschlossen. Die Einbringung von Wirtschaftsgütern durch den bisherigen Einzelunternehmer in die neugegründete Personengesellschaft sei auf die Verschaffung der gesamthänderischen Beteiligung an dieser Gesellschaft gerichtet. Der Umstand, dass der Gesellschafter die Mitgliedschaft und die Teilhabe am Gesellschaftsvermögen bereits vorab von den Mitgesellschaftern, mit denen er den Gesellschaftsvertrag geschlossen hat, erhalten habe, stünde dem nicht entgegen.[1093] Um seine Gesamthandsbeteiligung zu begründen und um diese mit wirtschaftlichem Wert zu versehen, leiste der Gesellschafter an die Gesellschaft, so der BFH. Auch aus der Sicht der übrigen Gesellschafter zur gesamten Hand ergebe

---

1086 Schön, DStJG 1990, 81 (109).

1087 Tehler in Reiß/Kraeusel/Langer, UStG, § 1 Rn. 324.

1088 Schmitt in Schmitt/Hörtnagl/Stratz, UmwG/UmwStG, Anh. E, Rn. 8; Stöcker in Peter/Burhoff/Stöcker, UStG, § 1 Rn. 552.

1089 Buttenhauser, Die umsatzsteuerrechtliche Beurteilung von Gesellschaftsakten bei Personen- und Kapitalgesellschaften, 110.

1090 Schön, DStJG 1990, 81 (109); Buttenhauser, Die umsatzsteuerrechtliche Beurteilung von Gesellschaftsakten bei Personen- und Kapitalgesellschaften, 112.

1091 BFH, Urteil v. 13.3.1986 – V R 155/75, BFH/NV 1986, 500; Birkenfeld, UR 1992, 29 (32; Fußnote 39); Walden, UStKongrBer 1991/92, 79 (84f.).

1092 BFH, Urteil v. 8.11.1995 – XI R 63/94, BStBl. II 1996, 114; siehe auch BFH, Urteil v. 18.121997 – V R 44/95, BFH/NV 1998, 628; BFH, Urteil v. 30.9.1999 – V R 9/97, UVR 2000, 226.

1093 Ebenso Reiß, UR 1996, 357 (359).

sich die wechselseitige Beziehung zwischen der Gewährung der Mitgliedschaft und der Sacheinlage. Die Sacheinlage bedinge die Gesellschaftsrechte und erfolge wegen ihnen, so dass beides im unmittelbaren Zusammenhang zueinander stünde.[1094]

Nachdem der EuGH durch das Urteil in der Rechtssache „KapHag Renditefonds“[1095] entschieden hatte, dass eine Personengesellschaft bei der Aufnahme eines Gesellschafters gegen Zahlung einer Bareinlage an diesen keine Dienstleistung gegen Entgelt im Sinne des Art. 2 Abs. 1 Buchstabe a und c MwStSystRL[1096] erbringt, und dies nachfolgend auch in der Rechtssache „Kretztechnik“[1097] für Kapitalgesellschaften bestätigt wurde, ist der Streit über die Richtigkeit dieser Rechtsansichten erneut entbrannt.

Die Befürworter der Ansicht, dass die Gewährung von Gesellschaftsrechten die Gegenleistung für die Einlage sei, berufen sich darauf, dass diese Rechtsprechung lediglich die Frage des Leistungsaustauschs aus der Sicht der Gesellschaft betrifft und ihr nicht entnommen werden könne, dass ein Einzelunternehmer, der Wirtschaftsgüter seines Unternehmens in eine Gesellschaft gegen Gewährung von Gesellschaftsrechten einbringe, seinerseits keine Leistung gegen Entgelt erbringe.[1098] Einige vertreten weiterhin, dass die Einlage im tauschähnlichen Umsatz (§ 3 Abs. 12 Satz 2 UStG) erfolge.[1099] *Burgmaier*[1100] verweist darauf, dass der Tausch bzw. tauschähnliche Umsatz wie er in § 3 Abs. 12 UStG normiert ist, in der MwStSystRL keine Grundlage hat. Lege man § 3 Abs. 12 UStG zugrunde, so wäre tatsächlich kein Leistungsaustausch gegeben, da nach dieser nationalen Vorschrift Voraussetzung für einen tauschähnlichen Vorgang sei, dass die Gegenleistung für eine Lieferung oder sonstige Leistung in einer Lieferung oder sonstigen Leistung bestünde. Dies aber wiederum sei bei Nichtsteuerbarkeit der Ausgabe von Gesellschaftsrechten nicht gegeben. Da § 3 Abs. 12 UStG in der MwStSystRL keine Entsprechung finde, sei dies in richtlinienkonformer Anwendung des Gesetzes nicht zu berücksichtigen. Unter Berufung auf

---

1094 Ebenso Tehler in Reiß/Kraeusel/Langer, UStG, § 1 Rn. 322.

1095 EuGH, Urteil v. 26.6.2003, Rs. C-442/01 [KapHag Renditefonds], UR 2003, 443.

1096 Bis zum 1.1.2006: Art. 2 Nr. 1 der 6. EG-RL.

1097 EuGH, Urteil v. 26.5.2005, Rs. C-465/03 [Kretztechnik], Slg. 2005, I-04357.

1098 BFH, Urteil v. 13.11.2003 – V R 79/01, UR 2004, 312; BFH, Urteil v. 6.10.2005 – V R 7/04, BFH/NV 2006, 834; ebenso Reiß, UR 2003, 428 (436); Buttenhauser/Steinhauser, UR 2005, 415 (418); Becker/Robisch, UVR 2003, 395 (398), Lippross, Umsatzsteuer, 111; Knoll in Widmann/Mayer, Umwandlungsrecht, Anh. 11, Rn. 1.

1099 So Knoll in Widmann/Mayer, Umwandlungsrecht, Anh. 11, Rn. 1, der allerdings die Transaktion noch als Tausch (§ 3 Abs. 12 Satz 1 UStG) bezeichnet.

1100 Burgmaier, USt-KongrBer. 2007, 109 (114f.).

den Wortlaut von Art. 2 Abs. 1 Buchst. a und c sowie Art. 73 MwStSystRL sei das Ergebnis, dass mangels Lieferung oder sonstiger Leistung in Form der Gewährung von Gesellschaftsrechten kein Tausch bzw. tauschähnlicher Umsatz vorliege, unzutreffend. „Entgelt“ und „Gegenleistung“ seien synonyme Begriffe. Aus der englischen Sprachfassung ergäbe sich, dass in beiden Art. das Wort „consideration“ verwendet werde und auch der EuGH neben dem Begriff „Gegenleistung“, den des „Gegenwerts“ verwendet. Dies sei ein Indiz dafür, dass die Gegenleistung keine Leistung im Sinne des Art. 2 Abs. 1 Buchst. c MwStSystRL sein müsse.[1101] Der Nichtumsatz „Gewährung von Gesellschaftsrechten“ könne daher Gegenleistung sein.[1102]

Auch wenn kein tauschähnlicher Umsatz vorliege, da die Gewährung von Gesellschaftsrechten keine sonstige Leistung ist oder weil ein Tausch oder tauschähnlicher Vorgang aus systemimmanenten Gründen nicht steuerbar sein darf,[1103] so sehen viele Stimmen in der Literatur weiterhin in der Gewährung von Gesellschaftsrechten einen Gegenwert bzw. eine Gegenleistung für die übertragenen Wirtschaftsgüter. Es könne eine Gegenleistung im Sinne von Entgelt durch die Gesellschaft auch dann vorliegen, wenn die Aktivität der Gesellschaft nicht als umsatzsteuerrechtliche Leistung zu qualifizieren sei.[1104] Demzufolge sei zwar zutreffend, dass die Gewährung von Gesellschaftsrechten für die aufnehmende Gesellschaft keine steuerbare Leistung sei.[1105] Hieraus zu folgern, dass die Sacheinlage nicht im Leistungsaustausch erfolge, sei insoweit kritisch, als dass der einlegende Unternehmer tatsächlich an dem Wertzuwachs der Gesellschaft teilhabe. Weder der Wortlaut noch der Telos des § 1 Abs. 1 Nr. 1 UStG und des § 10 UStG in richtlinienkonformer Auslegung unter Berücksichtigung von Art. 2 Abs. 1 und Art. 73 MwStSystRL verlangten den Entgeltbegriff dahingehend einzuengen, dass auch der Leistungsempfänger – hier die übernehmende Gesellschaft – eine Leistung im umsatzsteuerrechtlichen Sinne erbringen müsse. Dies sei lediglich Voraussetzung, um ein tauschähnliches Verhältnis (nach § 3 Abs. 12 UStG) zu begründen. Entgelt ist nach § 10 Abs. 1 Satz 2 UStG „alles, was der Leistungsempfänger aufwendet, um die Leistung zu erhalten, jedoch abzüglich der Umsatzsteuer“. § 10 Abs. 1 Satz 3 UStG schließt auch jene Zuwendungen mit ein, die ein anderer als der Leistungsempfänger für die Leistung auf-

1101 Burgmaier, USt-KongrBer. 2007, 109 (114f.).

1102 Burgmaier, USt-KongrBer. 2007, 109 (114f.).

1103 Stadie, UR 2009, 745 (746 ff.).

1104 Ulrich/Teiche, DStR 2005, 92 (97).

1105 Auch eine ggf. im Rahmen der Sacheinlage ausgeführte Schuldübernahme ist keine Leistung, da sie lediglich Entgeltcharakter einnimmt.

wendet (sogenanntes Entgelt von Dritter Seite). Er fordert jedoch auch, dass der Leistende diese Zuwendung erhält.

Nach Art. 2 Abs. 1 Buchstabe a und c MwStSystRL muss die Leistung gegen Entgelt ausgeführt werden. Auch die englische Sprachfassung „for consideration“ oder die französische Fassung „à titre onéreux“ geben keine weiteren Anhaltspunkte zur Bestimmung des Begriffs gegen Entgelt.

Derzeit überwiegen die Ansichten, die in der Gewährung von Gesellschaftsrechten eine Gegenleistung für die Sacheinlage sehen. Weitere Literaturstimmen sehen zumindest eine Wertsteigerung des Anteils des Einlegenden, so dass hierin ein Entgelt gesehen wird. Verwiesen wird auch auf die Bedeutung des Art. 19 MwStSystRL. Dessen Existenz sei zu entnehmen, dass die Sacheinlage grundsätzlich steuerbar sei, da die Einlage eines Gesamt- und Teilvermögens nach dieser Norm nur dann nicht steuerbar sei, wenn der jeweilige Mitgliedstaat dieses Wahlrecht in nationales Rechts transformiert habe.[1106]

bb) Sacheinlage erfolgt ohne Gegenleistung?

Die Gegenansichten berufen sich hingegen insbesondere auf die o.g. Rechtsprechung des EuGH.[1107] Sofern die Vergabe eines Gesellschaftsanteils keine steuerbare Tätigkeit sei, so könne der Sacheinlage auch keine derartige Leistung gegenüberstehen,[1108] so dass kein tauschähnlicher Vorgang vorliege. Für Sacheinlagen im Rahmen von Gründungsvorgängen wird zudem vertreten, die Gesellschaft könne keine Gegenleistung an den Gesellschafter erbringen, da sie zum Zeitpunkt der Gründung noch nicht existent sei.[1109] Des Weiteren sei in der Gewährung der Gesellschaftsrechte keine Gegenleistung zu sehen, da diese als Bündel von Rechtspositionen nur von den übrigen Gesellschaftern eingeräumt werden können.[1110]

Nach Ansicht von *Korf*[1111] erfolgt die Hingabe des Gegenstands bei der Einlage nicht im Leistungsaustausch, da die Gesellschaft mit der Übertragung der neuen Anteile nicht wirtschaftlich (unternehmerisch) tätig ist und sie daher keine Leis-

---

1106 Reiß, UR 2003, 428 (450); Dobratz, Leistung und Entgelt im Europäischen Umsatzsteuerrecht, 205.

1107 EuGH, Urteil v. 26.6.2003, Rs. C-442/01 [KapHag Renditefonds], UR 2003, 443; EuGH, Urteil v. 26.5.2005, Rs. C-465/03 [Kretztechnik], Slg. 2005, I-04357.

1108 Huschens, INF 2003, 700 (703); Husmann in Rau/Dürrwächter, UStG, § 1 Rn. 250.

1109 Seer, DStR 1988, 367 (367f.); Dobratz, Leistung und Entgelt im Europäischen Umsatzsteuerrecht, 202.

1110 Stadie, UStG, § 1 Rn. 88; ders,. DStJG 13 (1990), 179 (188f.); Philipowski in Rau/Dürrwächter, UStG, § 4 Nr. 8 Rn. 377 ff.

1111 Korf, DB 2003, 1705 (1708).

tung erbringe. Wenn es zuträfe, dass bei einem Unternehmer (der nicht gewerbsmäßiger Wertpapierhändler ist) der Erwerb von Beteiligungen selbst dann keine wirtschaftliche Tätigkeit darstellt, wenn die Beteiligung dem Unternehmen zugeordnet wird, dann liege in der Hingabe des Gegenstands (Sacheinlage) eine Verwendung für Nicht-Umsätze, die nicht der Besteuerung unterliegen.[1112] Es wäre aber auch keine Verwendung für Zwecke außerhalb des Unternehmens, die zu einer Besteuerung als unentgeltlichen Wertabgabe (§ 3 Abs. 1b bzw. Abs. 9a UStG) führe.[1113] Gegen die Heranziehung von § 10 UStG bzw. Art. 73 MwStSystRL spreche auch, dass § 10 Abs. 1 Sätze 2 bis 4 UStG nur die Legaldefinition des Entgeltsbegriffs in seiner Funktion für die Bemessungsgrundlage enthielten.[1114] Die Frage, ob eine Leistung gegen Entgelt und damit steuerbar ausgeführt wird, sei nicht umfasst, sondern letztlich nur der Umfang der Bemessungsgrundlage.[1115]

Gegen den tauschähnlichen Umsatz, und damit gegen den Leistungsaustausch bei Einlagen gegen Gewährung von Gesellschaftsrechten, werden auch systemimmanente Grundsätze der Umsatzsteuer als Verbrauchsteuer angeführt.[1116] Dies spräche bereits gegen die Richtigkeit der Ansichten, welche weiterhin einen tauschähnlichen Umsatz in der Einlage gegen Gewährung von Gesellschaftsrechten sehen. Es sei nicht mit dem Normzweck vereinbar, wenn aufgrund eines Tausches oder tauschähnlichen Vorgangs die jeweiligen Parteien die Umsatzsteuer aus eigenen Mitteln entrichten müssen, aber diese nicht als Gegenleistung vom jeweils anderen erhalten.[1117] Sind an einen Tausch oder tauschähnlichen Vorgang Unternehmer beteiligt, so müssen diese die Umsatzsteuer auf der Grundlage des Wertes der empfangenen Leistung berechnen und als Geldmittel an die Finanzbehörden abführen. Tatsächlich vereinnahmen sie aber keine in Geld erbrachte Gegenleistung. Betrachtet man nun die Belastungskonzeption der Umsatzsteuer, welche beinhaltet, dass die Unternehmer nicht diejenigen sind, die durch die Umsatzsteuer belastet werden sollen, sondern lediglich diejenigen, welche als „Zwangsverpflichtete des Staates“[1118] bzw. als „Steuereinnehmer für

1112 Korf, DB 2003, 1705 (1708).

1113 Korf, DB 2003, 1705 (1708); ähnlich Huschens, INF 2003, 700 (703).

1114 BFH, Urteil v. 28.1.1988 – V R 112/86, BStBl. II 1988, 473.

1115 Klenk in Sölch/Ringleb, UStG, § 10 Rn. 30; a.A. wohl Reiß in FS Schaumburg, 1165 (1176ff).

1116 Stadie, UR 2009, 745 (746 ff.).

1117 Stadie, UR 2009, 745 (746 ff.).

1118 Stadie in Rau/Dürrwächter, UStG, Einf. Rn. 107.

Rechnung des Staates“[1119] die Umsatzsteuer für Rechnung des Staates einziehen und abführen, so ist die Verwerfung im Besteuerungssystem offenkundig. Der Unternehmer erlangt im Rahmen des Tauschs bzw. tauschähnlichen Vorgangs keine Liquidität, muss aber die Umsatzsteuer aus liquiden Geldmitteln an das Finanzamt entrichten.[1120] *Stadie* wendet hiergegen ein, dass eine derartige Definitivbelastung des Unternehmers gegen den Neutralitätsgrundsatz verstoße.[1121] Gegenseitige Vorsteueransprüche könnten zwar (theoretisch) eine Zahlung vermeiden, da der Steueranspruch beim Besitz einer ordnungsgemäßen Rechnung jeweils mit dem Vorsteueranspruch aufgerechnet werden kann. Die steuersystematische Verwerfung sei dadurch nicht gelöst.[1122] Bei einer Sacheinlage, deren Entgelt in der Gewährung von Gesellschaftsrechten bestünde, wäre die Gewährung von Gesellschaftsrechten kein steuerbarer und steuerpflichtiger Vorgang, so dass auch keine Abtretung von Vorsteueransprüchen erfolgen könnte. Eine Lösung wäre lediglich durch die Nichtsteuerbarkeit des Tauschvorgangs erreichbar. Die Annahme eines tauschähnlichen Umsatzes wäre mithin ausgeschlossen.

Nach Ansicht von *Widmann* geht jeder Einbringung von Unternehmensvermögen in eine Gesellschaft dessen Entnahme und Überführung in den nichtunternehmerischen Bereich voraus. Diese sei als unentgeltliche Wertabgabe zu besteuern.[1123] Er beruft sich darauf, dass wenn der EuGH das Halten, Erwerben

---

1119 EuGH, Urteil v. 20.10.1993, Rs. C-10/92 [Balocchi], EuGHE 1993, I-5105; EuGH, Urteil v. 21.2.2008, Rs. C-271/06 [Netto Supermarkt], UR 2008, 508, Rn. 21; Stadie, UR 2009, 745 (746).

1120 Die Steuer ist nach § 3 Abs. 1 AO eine Geldleistung. Auch spricht Art. 63 Abs. 2 MwStSystRL davon, dass der Fiskus kraft Gesetzes einen Anspruch auf Zahlung der Steuern erhält. Die Begleichung von Steuern ist grundsätzlich mit Geldmitteln vorzunehmen. Die Hingabe von anderen Gegenständen (wie Kunstgegenstände) ist nur auf die Fälle des § 224a AO beschränkt (Erbschaftsteuer). Auch spricht Art. 2 Abs. 1 MwStSystRL davon, dass die Steuer „auf den Preis“ errechnet wird und an vielen Stellen in der MwStSystRL bezieht sich die Steuer bzw. Steuerbemessungsgrundlage auf den „Preis“ und spricht von „Zahlungen“ (Art. 64 Abs. 1, 65, 73, 79, 185 Abs. 2, 220 Nr. 4 und 5 und 226 Nr. 8 MwStSystRL).

1121 Stadie, UR 2009, 745 (746).

1122 Auch die EuGH, Urteile v. 23.11.1988, Rs. C-230/87 [Naturally Yours Cosmetics], UR 1990, 307, Rn. 11 und12; Anm. Weiß, UR 1990, 308; EuGH, Urteil v. 2.6.1994, Rs- C-33/93 [Empire Stores], UR 1995, 64, Rn. 12, Anm. Rothenberger, UR 1995, 65; EuGH, Urteil v. 3.7.2001, Rs. C-380/99 [Bertelsmann], UR 2001, 346, Rn. 17 stehen dieser These nicht entgegen, da der EuGH nicht über die Existenz eines Tauschs bzw. tauschähnlichen Vorgangs zu entscheiden hatte.

1123 Widmann, ZSteu 2005, 317 (318f.); ders. in Plückebaum/Malitzky, UStG, § 1 Abs. 1a Rn. 19/2.

und Veräußern von gesellschaftsrechtlichen Beteiligungen als nichtunternehmerisch ansieht, der Einlegende mit der nichtsteuerbaren Hingabe der Einlage die Rolle als Gesellschafter außerhalb eines Leistungsaustauschs erwerbe. Mithin müsse die Sacheinlage bei der Einbringung aus dem bisherigen unternehmerischen Bereich entnommen werden, um in der privaten Sphäre des Unternehmers zum Erwerb der Gesellschafterstellung eingesetzt werden zu können.[1124]

cc) Nichtsteuerbarkeit der Einbringung

Für die hier zu beurteilende Sacheinlage ist daher auch die Ansicht, dass jede Einlage grundsätzlich ein nichtsteuerbarer Vorgang ist, wesentlich. *Korf/Schneider*[1125] weisen das Argument, aufgrund der Existenz von Art. 19 MwStSystRL sei immer von der Steuerbarkeit der Einlage auszugehen, [1126] zurück. Sie begründen dies damit, dass nach Art. 19 MwStSystRL die Einbringung entgeltlich und unentgeltlich und in Form der Einbringung in eine Gesellschaft, als dritte Form der Übertragung eines Gesamt- und Teilvermögens, erfolgen könne. Dies sei auch nicht der deutschen Sprachfassung geschuldet, da diese Struktur gleichwertiger Leistungsarten in Art. 19 MwStSystRL sich in allen gängigen Sprachfassungen finde.[1127] Art. 19 MwStSystRL regele den Ausnahmetatbestand der „Nicht-Lieferung"[1128] mit dem eine Übertragung auf ein anderes Rechtssubjekt als nicht erfolgt behandelt werden könne.[1129] Aus diesem Grundsatz und der EuGH-Rechtsprechung – die besagt, dass aus der Sicht des Anteilseigners die Zahlung der zur Kapitalerhöhung erforderlichen Beträge keine Gegenleistung sei, sondern eine Investition oder Kapitalanlage[1130] – ließe sich ableiten, dass die Sacheinlage, wie die Bareinlage als Investition erbracht werde und nicht in den Anwendungsbereich des Mehrwertsteuerrechts falle.[1131] Daher handele eine Person, die einer Gesellschaft eine Lieferung oder sonstige Leistung als Investor erbringe, weder entgeltlich noch unentgeltlich. Es sei unerheb-

---

1124 Widmann, ZSteu 2005, 317 (318f.); ders. in Plückebaum/Malitzky, UStG, § 1 Abs. 1a Rn. 19/2.

1125 Korf/Schneider in FS Reiß, 213 (222).

1126 Burgmaier, USt-KongrBer. 2007, 109 (114f.).

1127 Korf/Schneider in FS Reiß, 213 (222, Fußnote 43).

1128 Korf/Schneider in FS Reiß, 213 (227), betrachten die Möglichkeit, dass bei der Übertragung von Gesamt- und Teilvermögen in den Mitgliedstaaten, die die Möglichkeit des Art. 19 MwStSystRL umgesetzt haben, die Lieferungen als nicht erfolgt gelten. Sonstige Leistungen seien wohl nicht erfasst. Dies ist angesichts der Regelung in Art. 29 MwStSystRL nicht nachzuvollziehen, da für Dienstleistungen Art. 19 MwStSystRL entsprechend anzuwenden ist; Art. 29 MwStSystRL.

1129 Korf/Schneider in FS Reiß, 213 (223).

1130 EuGH, Urteil v. 26.5.2005, Rs. C-465/03 [Kretztechnik], Slg. 2005, I-04357, Rn. 26.

1131 Korf/Schneider in FS Reiß, 213 (225).

lich, ob die Person an der Gesellschaft bereits beteiligt sei oder noch beteiligt werde. Ebenso sei die Rechtsform unbeachtlich. Diese eigentliche Investitionshandlung löse weder beim Investor Umsatzsteuer aus, noch bestünde beim aufnehmenden Investitionsobjekt ein Vorsteuerabzug.[1132] Vorsteuerbeträge aus Eingangsleistungen für die Durchführung der Transaktion hingegen seien nach den allgemeinen Grundsätzen abzugsfähig. Dies bedeutete, dass sie allgemeine Kosten der unternehmerischen Tätigkeit seien und soweit sie auf die den Vorsteuerabzug nicht ausschließenden Umsätzen entfielen abzugsfähig seien.[1133] Die Einlagehandlung unterliegt nach dieser Ansicht systematisch bereits nicht der Umsatzsteuer.

dd) Lösung durch Nichtsteuerbarkeit von Vermögensübertragungen

Angesichts der fortschreitenden Entwicklung des Mehrwertsteuerrechts u.a. durch die Rechtsprechung des EuGH ist es notwendig unter Berücksichtigung der o.g. Ansichten eine neue Lösung zu entwickeln. Die Gewährung von Gesellschaftsrechten erfolgt nicht von der aufnehmenden Gesellschaft und daher kann hierin lediglich ein Entgelt von Dritter Seite (§ 10 Abs. 1 Satz 3 UStG) gesehen werden. Die Zweifel an der Entgeltlichkeit, wenn keine neuen Gesellschaftsanteile ausgegeben werden, können aber nicht beseitigt werden. Diejenigen, die in der Wertsteigerung des Gesellschaftsanteils eine Gegenleistung erblicken, müssen sich fragen lassen, wie denn festgestellt werden kann, ob tatsächlich eine Wertsteigerung eintritt, und ob bei der Sacheinlage von verlustbringenden Unternehmen oder Unternehmensteilen ein Leistungsaustausch vorliegt oder evtl. eine Umkehrung der Leistungsrichtung erfolgt und in der Aufnahme von verlustträchtigen Unternehmen oder Unternehmensteilen eine Leistung der aufnehmenden Gesellschaft zu sehen ist. Viele Ansichten sind geprägt durch die Auseinandersetzung zwischen deutschem Zivil- und Umsatzsteuerrecht. Zum anderen ist das Mehrwertsteuerrecht wiederum dadurch geprägt, dass die Begriffe der MwStSystRL autonom und damit im Sinne einer einheitlichen europäischen Bedeutung, losgelöst von nationalen zivilrechtlichen Besonderheiten, auszulegen sind.[1134] Anders als bei den Doppelbesteuerungsabkommen, besteht bei der Mehrwertsteuer keine Regelung derart, dass bei fehlender Definition im Abkommen auf innerstaatliche Terminologie zurückgegriffen werden darf. Ein Rückgriff auf die innerstaatliche Terminologie ist nur möglich, wenn die MwStSystRL dies ausdrücklich gestattet.[1135] Die Rechtssicherheit erfordert aber, dass die Rechtsakte eindeutig und ihre Anwendung für den Betroffenen vorhersehbar

1132 Korf/Schneider in FS Reiß, 213 (227).

1133 Korf/Schneider in FS Reiß, 213 (227).

1134 In diesem Sinne aus Korf/Schneider in FS Reiß, 213 (220).

1135 Korf/Schneider in FS Reiß, 213 (220).

sind.[1136] Im Rahmen der umsatzsteuerrechtlichen Beurteilung von Einbringungen in Gesellschaften ist diese derzeit nicht gegeben. Blickt man auf die obigen Argumentationen, so wird deutlich, dass sie zu sehr in dem gegenwärtigen Denkmuster der Leistung und Gegenleistung bzw. der nationalen Regelungen über den Tausch und tauschähnlichen Umsatz verhaftet sind. Ein tauschähnlicher Umsatz nach der nationalen Regelung des § 3 Abs. 12 Satz 2 UStG ist aber bei der Sacheinlage gegen Gewährung von Gesellschaftsrechten – wie oben dargelegt – keinesfalls gegeben. Das Risiko jeglicher Sacheinlage ist daher in einem fehlenden Entgelt/fehlender Gegenleistung und somit in dem Risiko der Besteuerung als unentgeltlichen Wertabgabe zu sehen. Obwohl die Einlage aus einem Unternehmensvermögen in eine unternehmerisch tätige Gesellschaft erfolgt, wäre bei wortlautgetreuer Auslegung des § 3 Abs. 1b bzw. Abs. 9a UStG eine Umsatzsteuer zu erheben, welche aber beim unternehmerischen Leistungsempfänger nicht als Vorsteuer abzugsfähig wäre. Diese definitive Besteuerung von Transaktionen zwischen Unternehmern ist nicht mit der Belastungskonzeption der Umsatzsteuer vereinbar. Hinzu treten Probleme, welche an praktische Unmöglichkeit angrenzen. Diejenigen, die in der Gewährung von Gesellschaftsrechten bzw. der Wertsteigerung des Anteils die Gegenleistung erblicken, müssten, sofern der Vorgang nicht nach § 1 Abs. 1a UStG von der Steuerbarkeit ausgenommen ist, die Bemessungsgrundlage für die zutreffende Rechnungslegung ermitteln. Dies wirft die Frage nach dem Wert der Anteile bzw. der (ggf. auch nur anteiligen) Wertsteigerung der gesellschaftsrechtlichen Beteiligung auf.

Die Lösung dieser Rechtsunsicherheit ist in den Regelungen zur Geschäftsveräußerung im Ganzen zu finden. Sowohl Art. 19 MwStSystRL als auch § 1 Abs. 1a UStG in der derzeitigen Fassung sehen die „Einbringung" in eine Gesellschaft als eine Form der Geschäftsveräußerung im Ganzen an. Die Ansicht, dass die Einlage generell nicht steuerbar sei, da sie die dritte Form der Vermögensübertragung in Art. 19 MwStSystRL sei, trägt damit die systemgerechte Lösung in sich, weil die nichtsteuerbare Übertragung unmittelbar aus dem Unternehmen (ohne vorherige Entnahme) erfolgt und dennoch nichtsteuerbar ist. Sofern sich derartige Einbringungen auf die Einlage eines Gesamt- oder Teilvermögens beziehen, sind sie nicht steuerbar. Daher kann es auch dahinstehen, ob die Sacheinlage im Leistungsaustausch erfolgt oder nicht, wenn die Regelungen zur Geschäftsveräußerung im Ganzen Anwendung finden. Die Geschäftsveräußerung im Ganzen nach § 1 Abs. 1a UStG nimmt jedoch lediglich die Einbringung von Unternehmen oder gesondert geführten Betrieben (im Sinne dieser Norm) von der Besteuerung aus. Demnach sind nur Einbringungen, die gesamte Unterneh-

1136 Statt vieler: EuGH, Urteil v. 29.10.2009, Rs. C-29/08 [AB SKF], DStR 2009, 2311, Rn. 77 m.w.N.

men oder Unternehmensteile (nach in Kapitel 2 dargestellter Einordnung) zum Einlagegegenstand haben, eingeschlossen. Viele Sacheinlagen würden dem dargestellten Risiko einer Definitivbelastung mit Umsatzsteuer ausgesetzt. Diejenigen, welche die Steuerbarkeit aufgrund der Gewährung von Gesellschaftsrechten sehen, sähen sich mit der Notwendigkeit der Ermittlung der Bemessungsgrundlage zwecks Rechnungslegung konfrontiert. Des Weiteren erlauben § 54 Abs. 1 Satz 3 UmwG bzw. § 68 Abs. 1 Satz 3 UmwG (für Verschmelzungsvorgänge und über § 125 UmwG auch für Spaltungsvorgänge) Transaktionen nach dem UmwG ohne Kapitalerhöhung (Ausgabe von Gesellschaftsrechten), welches noch nicht geklärte umsatzsteuerliche Probleme hervorruft.[1137]

Um zu einer Vereinfachung der Einbringungsvorgänge/Sacheinlagen zu gelangen, muss der Umfang der Transaktionen, welche nicht in den Anwendungsbereich des Umsatzsteuerrechts fallen, möglichst weit ausgedehnt werden. Diesem Anliegen wird die oben dargestellte Neuformulierung eines „Vermögensübergangs zwischen Unternehmern" gerecht, indem Investitionsgüter (also Wirtschaftsgüter, die nicht nur einmalig zur Ausführung von Umsätzen verwendet werden) nichtsteuerbar übertragen werden können. Vorratsvermögen hingegen ist regelmäßig nicht ausreichend.[1138] Dies vermeidet das Risiko einer Versteuerung als unentgeltliche Wertabgabe sowie die Problematik der zutreffenden Ermittlung der Bemessungsgrundlage und vor allem eine steuerliche und administrative Belastung von Unternehmern, welche – nach der Belastungskonzeption – selbst nicht Träger der Umsatzsteuer sein sollen.

Nur soweit kein Gesamt- oder Teilvermögen übertragen wird, ist der Übertragungsvorgang steuerbar. Neben der Frage, ob der Vorgang außerhalb des Leistungsaustauschs steht und die Regelungen zur unentgeltlichen Wertabgabe (§ 3 Abs. 1 b bzw. Abs. 9a UStG) Anwendung finden oder nicht, ist auch über die daran anknüpfenden Folgen nach § 15a UStG und den Vorsteuerabzug aus damit im Zusammenhang stehenden Eingangsleistungen zu entscheiden. Durch den Vorsteuerabzug ist es bei einer Einlage für das Unternehmen möglich, die Belastungswirkung der Umsatzsteuer zu neutralisieren. Lediglich diejenigen Verwendungsarten, die von der Belastung mit Umsatzsteuer betroffen sein sollen, werden definitiv mit Umsatzsteuer belastet.[1139] Bedauerlich ist lediglich, dass in letzteren Fällen bei einer Sacheinlage an einen Unternehmer die Vereinfachungseffekte der Geschäftsveräußerung im Ganzen nicht bestehen, weil eine

1137 Siehe dazu Kapitel 3 C.

1138 Meyer/Ball, StBp 2008, 249 (251); A.A. von Streit, BB 2003, 2657 (2661), welcher zutreffenderweise darauf verweist, dass das Umsatzsteuerrecht nicht zwischen Umlauf- und Anlagevermögen unterscheidet.

1139 Hinsichtlich der Belastungskonzeption der Umsatzsteuer siehe Kapitel 1 A.

aufwendige Ermittlung der zutreffenden Bemessungsgrundlage und damit einhergehende Probleme bei der Rechnungserstellung sowie keine zeitweilige Liquiditätsbelastung bei Auseinanderfallen von Fälligkeit des Entgelts und Erstattung der Vorsteuer, etc. die praktische Umsetzung erschweren.

Die oben dargestellte Neufassung des „Vermögensübergangs zwischen Unternehmern“ würde sicherstellen, dass der an der Belastungskonzeption der Umsatzsteuer orientierte Vereinfachungs- und Erleichterungseffekt dieser Regelung greift. Die Übertragung von Gesamt- oder Teilvermögen, welches nicht nur einmalig zur Ausführung von unternehmerischer Tätigkeit genutzt wird, wird (dann) als Geschäftsveräußerung im Ganzen nicht steuerbar sein. Die übrigen Einlagegegenstände hingegen sind regelmäßig hinsichtlich der Bemessungsgrundlage und Rechnungserstellung einfacher zu handhaben. Dies betrifft überwiegend Wirtschaftsgüter des Umlaufvermögens (Warenbestand, etc.). In den anderen Fällen ist entweder eine Vereinfachung nicht derart notwendig oder es ist nicht sichergestellt, dass die Entlastung der Unternehmen, entsprechend der Belastungskonzeption der Umsatzsteuer, zu keinem unbelasteten Endverbrauch führt.

3. Einbringung von Wirtschaftsgütern in eine Kapitalgesellschaft gegen Gewährung von Gesellschaftsrechten

Die Einbringung eines (Teil-)Betriebs in eine Kapitalgesellschaft gegen Gewährung von Gesellschaftsrechten ist i.d.R. ertragsteuerrechtlich als Sacheinlage nach § 20 Abs. 1 UmwStG zu behandeln.[1140] Umsatzsteuerrechtlich ist bereits die Nichtsteuerbarkeit durch § 1 Abs. 1a UStG gewährleistet, da ein ertragsteuerrechtlicher Betrieb oder Teilbetrieb grundsätzlich als Unternehmen oder gesondert geführter Betrieb im Umsatzsteuerrecht zu beurteilen ist.[1141]

Der Fall, dass die aufnehmende Kapitalgesellschaft nach § 20 Abs. 2 Satz 4 UmwStG dem Einbringenden neben den Gesellschaftsanteilen auch andere Wirtschaftsgüter überträgt, so dass es sich grds. teilweise um Tausch bzw. tauschähnliche Vorgänge nach § 3 Abs. 12 UStG handelt, löst nicht die Streitigkeit, ob eine Steuerbarkeit im Tausch bzw. tauschähnlichen Vorgang überhaupt möglich ist.[1142] Zudem werden neue Probleme hinsichtlich Teilentgeltlichkeit und zutreffender Ermittlung der Bemessungsgrundlage aufgeworfen. Durch die Nichtsteuerbarkeit nach § 1 Abs. 1a UStG wird die Übertragung eines Betriebs oder Teilbetriebs systemkonform von der Umsatzbesteuerung ausge-

---

1140 Ausnahmen sind Spaltung, Verschmelzung und der Formwechsel.

1141 Abschnitt 1.5. Abs. 6 Satz 4 UStAE (bislang Abschnitt 5 Abs. 3 Satz 4 UStR 2008); siehe auch Kapitel 2 B IV. 1.

1142 Stadie, UR 2009, 745 (746f.).

nommen, sofern das eingebrachte Vermögen weiterhin zur Ausführung von unternehmerischer Tätigkeit genutzt wird. § 1 Abs. 1a UStG erfordert in derzeitiger Auslegung allerdings, dass die bisher ausgeübte oder beabsichtigte Tätigkeit mit einem hinreichenden Grad an Ähnlichkeit fortgesetzt wird.[1143] Die Neuformulierung eines „Vermögensübergangs zwischen Unternehmern" ist aufgrund der Reichweite und der Ausweitung der Fortführung(sabsicht), welche sich auf die weitere Bindung des eingebrachten Vermögens im Unternehmen beschränkt, weiter im Anwendungsbereich und gewährleistet daher zutreffender als die bisherigen Regelungen, dass bei Einbringungsvorgängen nach § 20 UmwStG die Umsatzsteuer – konform mit der ihr zugrunde liegenden Besteuerungskonzeption – nicht zu einer finanziellen Belastung wird.

4. Einbringung von Anteilen an Gesellschaften in eine Kapitalgesellschaft gegen Gewährung von Gesellschaftsrechten

Die ertragsteuerrechtliche Sacheinlage eines Mitunternehmeranteils oder einer Beteiligung an einer juristischen Person sind für das Umsatzsteuerrecht zu unterscheiden.

a) Einbringung eines Mitunternehmeranteils

Es gilt die Besonderheit, dass das Rechtsinstitut der Mitunternehmerschaft dem Umsatzsteuerrecht fremd ist. Daher ist die ertragsteuerrechtliche Sacheinlage eines Mitunternehmeranteils nach § 20 Abs. 1 UmwStG zunächst in die umsatzsteuerrechtliche Lesart zu transferieren. Ertragsteuerrechtlich ist jeder Anteil an einer land- und forstwirtschaftlich, gewerblich oder freiberuflich tätigen Mitunternehmerschaft ein Mitunternehmeranteil. Dieser Mitunternehmeranteil ist daher ein Anteil an den zum Gesamthandsvermögen gehörenden Wirtschaftsgütern, dem Sonderbetriebsvermögen oder dem Anteil an einer Gemeinschaft.[1144] Der Mitunternehmer ist nicht per se Unternehmer i.S.d. § 2 Abs. 1 UStG, denn das Halten der Beteiligung ist keine unternehmerische Tätigkeit.[1145] Eine ertragsteuerrechtliche Zurechnung zum Privat- oder Betriebsvermögen ist irrelevant, da allein die wirtschaftliche/unternehmerische Tätigkeit des Anteilseigners maßgebend ist.[1146] Die Sacheinlage eines Mitunternehmeranteils in eine Kapitalgesellschaft ist somit nicht steuerbar, wenn der Mitunternehmer nicht ad personam Unternehmereigenschaft besitzt und der Mitunternehmeranteil Bestand-

1143 Siehe dazu Kapitel 2 B IV. 6.

1144 Wirtschaftsgüter, die dem Anteilseigner zivilrechtlich gehören oder zuzurechnen sind, aber der Personengesellschaft zur Nutzung überlassen werden; siehe auch § 15 Abs. 1 Nr. 2 EStG.

1145 Siehe Kapitel 2 B IV. 2.

1146 Rasche in Rödder/Herlinghaus/van Lishaut, UmwStG, Anh. 9, Rn. 58.

teil seiner unternehmerischen Tätigkeit ist.[1147] Wird dagegen der Mitunternehmer wirtschaftlich/unternehmerisch tätig, indem er z.B. sein ertragsteuerrechtliches Sonderbetriebsvermögen (z.B. ein Grundstück) gegen (Sonder-)Entgelt an seine Personengesellschaft überlässt, so besitzt er Unternehmereigenschaft.[1148]

Die Übertragung eines Mitunternehmeranteils, der Bestandteil der unternehmerischen Betätigung des Mitunternehmers ist, ist eine Geschäftsveräußerung im Ganzen, wenn die Grundlage der unternehmerischen Betätigung (regelmäßig das Sonderbetriebsvermögen) mit übertragen und fortgeführt wird.[1149] Es wird dann diese gesamte Unternehmenseinheit übertragen.

Ebenfalls eine Geschäftsveräußerung im Ganzen ist die Übertragung eines Mitunternehmeranteils, der das gesamte Vermögen der Personengesellschaft umfasst. Derartige Einbringungen sind umsatzsteuerrechtlich als Einbringung eines Gesamtvermögens (des Unternehmens Personengesellschaft) zu beurteilen.[1150] Wenn die Übertragung von Anteilen an Personengesellschaften – im Wege der Gleichstellung mit der Übertragung des Gesamt- oder Teilvermögens der Personengesellschaft[1151] – als Geschäftsveräußerung im Ganzen zu beurteilen ist, gilt selbiges auch für die Einbringung von Anteilen an Personengesellschaften.

Erfüllt die Einbringung des Mitunternehmeranteils nicht diese Voraussetzungen, so ist diese nach den allgemeinen Regelungen steuerbar, sofern ein inländischer Leistungsort besteht (§ 3a Abs. 2 UStG bzw. § 3a Abs. 4 Nr. 6 Buchstabe a i.V.m. Abs. 3 UStG[1152] bei einem unternehmerischen Leistungsempfänger oder einem im Drittland ansässigen Leistungsempfänger; ansonsten § 3a Abs. 1 UStG). Ob die Gegenleistung in der Gewährung von Gesellschaftsrechten besteht ist umstritten.[1153] Ist dies der Fall, so ist die Anteilsübertragung grundsätzlich nach § 4 Nr. 8 Buchstabe f UStG steuerbefreit. Unter den Voraussetzungen des § 9 UStG besteht die Möglichkeit des Verzichts auf die Steuerbefreiung. Ohne Leistungsaustausch erfolgt eine Besteuerung als unentgeltliche Wertabgabe (§ 3 Abs. 9a Nr. 2 UStG).

Zu beachten ist, dass ein Vorsteuerabzug aus mit der Übertragung im Zusammenhang stehenden Eingangsleistungen nach der derzeitigen Regelung in § 15 Abs. 2 Nr. 1 bzw. Nr. 2 UStG ausgeschlossen ist. Bei Leistungsempfängern im

---

1147 Siehe Kapitel 2 B IV. 2.

1148 Für die Unternehmereigenschaft ist es gleichgültig, ob die wirtschaftliche Tätigkeit von der Umsatzsteuer befreit ist (hier z.B. nach § 4 Nr. 12 UStG) oder nicht.

1149 Siehe dazu Kapitel 2 B IV. 4. b) cc) (4) (b).

1150 Siehe dazu Kapitel 2 B IV. 4. b) cc) (4) (b).

1151 Siehe Kapitel 2 B IV. 4. b) cc) (4) (b).

1152 Neuregelung der Dienstleistungsorte ab dem 1.1.2010.

1153 Siehe Kapitel 3 B II 2. b) aa).

Drittland ist dieser Ausschluss des Vorsteuerabzugs allerdings nach § 15 Abs. 3 Nr. 2 Buchstabe a UStG wieder ausgenommen. Eine Option zur Steuerpflicht nach § 9 UStG ist grundsätzlich möglich, wenn der Erwerb durch einen Unternehmer für sein Unternehmen erfolgt. Ist der Leistungsempfänger im übrigen Gemeinschaftsgebiet ansässig, geht die Steuerschuld im Wege des sog. reverse charge Verfahrens (im nationalen Recht § 13b UStG) auf ihn über.[1154] Die Möglichkeit auch bei einem Leistungsort in einem anderen Mitgliedstaat auf die Steuerbefreiung einer Leistung zu verzichten ist zwar streitig, aber sie besteht.[1155] Entgegen den Regelungen in § 15 UStG wird richtigerweise bei Eingangsleistungen auf den Zweck des Leistungsbezugs abzustellen sein.[1156] Sind die Aufwendungen für die Eingangsleistungen Kostenbestandteile von Ausgangsumsätzen der allgemeinen unternehmerischen Betätigung, für welche der Vorsteuerabzug nicht ausgeschlossen ist, so ist trotz des Zusammenhangs mit der Anteilsübertragung ein Vorsteuerabzug gegeben.[1157]

Die oben genannten Abgrenzungsprobleme und Besteuerungsrisiken werden durch den „Vermögensübergang zwischen Unternehmern“ mit mehr Rechtssicherheit ausgeschlossen, als dies aufgrund des § 1 Abs. 1a UStG möglich ist, da jegliche Übertragung von sog. Investitionsgütern (hier das Sonderbetriebsvermögen nebst Mitunternehmeranteil) nicht der Umsatzbesteuerung unterliegen würde. Die unternehmerische Bindung des Vermögens müsste allerdings von der aufnehmenden Gesellschaft durch Fortsetzung einer unternehmerischen Tätigkeit (regelmäßig durch Fortführung, der mit dem Sonderbetriebsvermögen ausgeübten Tätigkeiten) gewährleistet sein, damit kein unversteuerter Endverbrauch eintritt.

1154 Nach Art. 196 MwStSystRL kann grundsätzlich, bei Vorliegen eines Leistungsorts in einem anderen Mitgliedstaat, von einem Steuerschuldübergang auf einen unternehmerischen Leistungsempfänger ausgegangen werden, wenn nicht der Dienstleistende, sondern der Leistungsempfänger in dem Mitgliedstaat ansässig und/oder steuerlich registriert ist.

1155 Streitig ist dies, da die Rechtsprechung und Finanzverwaltungsansicht sich nur auf Grundstücksvermietungsumsätze beziehen. Siehe auch BFH, Urteil v. 6.5.2004 – V R 73/03, BStBl. II 2004, 856; Abschnitt 15.14. Abs. 1 UStAE (bislang Abschnitt 205 Abs. 1 UStR 2008). Richtigerweise wird aber die Option auch für andere Umsätze anerkannt werden müssen, wenn diese, in dem jeweiligen Mitgliedstaat in dem der Umsatz ausgeführt wird, möglich und tatsächlich ausgeübt wird. Dies gebietet der Neutralitätsgrundsatz.

1156 EuGH, Urteil v. 29.10.2009, Rs. C-29/08 [AB SKF], DStR 2009, 2311, Rn. 57 ff.

1157 EuGH, Urteil v. 29.10.2009, Rs. C-29/08 [AB SKF], DStR 2009, 2311, Rn. 57 ff.

b) *Einbringung eines Anteils an einer Kapitalgesellschaft*

Der ertragsteuerrechtliche Anteilstausch (§ 20 Abs. 1 Satz 2 bzw. § 23 Abs. 4 UmwStG a.F., § 21 UmwStG) ist gemeinhin die Einbringung eines Anteils an einer Kapitalgesellschaft in eine Kapitalgesellschaft.

Die Beurteilung wirft derzeit noch einige Fragen auf. Zum einen wird vertreten, dass die Einbringung von Anteilen an einer Kapitalgesellschaft genau wie jede andere entgeltliche Veräußerung von Beteiligungen nicht steuerbar sei, da keine unternehmerische Tätigkeit vorliege.[1158] Zum anderen ist aus Sicht der Finanzverwaltung die Veräußerung einer unternehmerisch gehaltenen Beteiligung ein steuerbarer aber grds. nach § 4 Nr. 8 Buchst. e und f UStG steuerbefreiter Vorgang,[1159] mit der Möglichkeit des Verzichts auf die Steuerbefreiung unter den Voraussetzungen des § 9 UStG. Dies ist insoweit zutreffend, als die Beteiligung Teil der unternehmerischen Aktivität des Anteilseigners ist.[1160] Sind die Anteile an der Kapitalgesellschaft durch Einbindung in die unternehmerische Tätigkeit im Rahmen von entgeltlichen Dienstleistungen Teil der unternehmerischen Aktivität des Anteilseigners, so ist die Veräußerung ein steuerbarer Vorgang. Die Regelungen über die Geschäftsveräußerung im Ganzen finden auf eine Anteilsübertragung Anwendung. Konkret bedeutet dies, dass die Übertragung einer 100-prozentigen Tochtergesellschaft gegen Entgelt oder unentgeltlich oder durch Einbringung sich im Wege der Geschäftsveräußerung im Ganzen nach § 1 Abs. 1a UStG und somit nicht steuerbar vollzieht.[1161] Die Übertragung von Beteiligungen, die weniger als das gesamte Nennkapital umfassen, ist dann eine Geschäftsveräußerung im Ganzen nach § 1 Abs. 1a UStG, wenn die unternehmerische Grundlage der Zuordnung der Beteiligung zu den unternehmerischen Aktivitäten (die Grundlage/Verträge der entgeltlichen Dienstleistungen ggf. nebst dazu verwendeter Wirtschaftsgüter an die Beteiligungsgesellschaft) mit eingebracht wird. Eine mehraktige Übertragung führt zu keiner abweichenden Beurteilung, da auf die objektiven Bestandteile des Umsatzes abzustellen ist.[1162] Es wird aber ein sachlicher und zeitlicher Zusammenhang zu fordern sein.

Daher ist sowohl bei der Einbringung von Mitunternehmeranteilen als auch bei der Einbringung von Kapitalgesellschaftsanteilen eine erhebliche Vereinfachung dieses Vorgangs durch die Nichtsteuerbarkeit aufgrund der Geschäftsveräuße-

---

1158 So Rasche in Rödder/Herlinghaus/van Lishaut; UmwStG, Anh. 9, Rn. 62.

1159 BMF-Schreiben v. 26.01.2007 – IV A – S 7300 – 10/07, BStBl. I 2007, 211; jetzt Abschnitt 2.3. UStAE (bislang Abschnitt 18) und Abschnitt 2.8. UStAE (bislang Abschnitt 21 UStR 2008).

1160 EuGH, Urteil v. 29.10.2009, Rs. C-29/08 [AB SKF], DStR 2009, 2311, Rn. 40 ff.

1161 Siehe dazu Kapitel 2 B IV. 4 b) cc) (4) (a).

1162 EuGH, Urteil v. 29.10.2009, Rs. C-29/08 [AB AKF], DStR 2009, 2311, Rn. 78 und 79.

rung im Ganzen nach § 1 Abs. 1a UStG gegeben. Aufgrund der aktuellen Rechtsprechung in der Rechtsache „AB SKF“[1163] ist es geboten, das Rechtsinstitut der Geschäftsveräußerung im Ganzen auch auf diese Einbringungsfälle anzuwenden und so den Normzweck der Art. 19 und 29 MwStSystRL zu erfüllen. Auch diese Transaktionen würden durch die Neuformulierung eines „Vermögensübergangs zwischen Unternehmern“ erfasst und der Nichtsteuerbarkeit zugeführt. Die Neuformulierung bietet aufgrund des weiten Anwendungsbereichs deutlich mehr Rechtssicherheit.

5. Einbringung eines (Teil-)Betriebs in eine Personengesellschaft

Ertragsteuerrechtlich sind Einbringung eines Betriebs oder Teilbetriebs Vorgänge, die in § 24 Abs. 1 UmwStG behandelt werden.[1164] Umsatzsteuerrechtlich ist es die Übertragung von Wirtschaftsgütern eines Unternehmensvermögens in das Unternehmensvermögen der Personengesellschaft. Die Frage, ob die Ausgabe von Gesellschaftsanteilen ein Entgelt bzw. eine Gegenleistung ist, ist hier nicht zu entscheiden, da die Übertragung im Wege der Einbringung von Gesamt- oder Teilvermögen eine Geschäftsveräußerung im Ganzen und somit nichtsteuerbar ist. Der ertragsteuerrechtliche Begriff des Betriebs bzw. Teilbetriebs erfüllt immer die Voraussetzungen des Gesamt- oder Teilvermögens.[1165] Die aufnehmende Personengesellschaft tritt umsatzsteuerrechtlich in die Position des Übertragenden (in der derzeitigen Gesetzesfassung: § 1 Abs. 1a Satz 3 UStG). Nach § 15a Abs. 10 UStG sind die Berichtigungszeiträume für Berichtigungsobjekte für eine Vorsteuerberichtigung fortzuführen. Werden Wirtschaftsgüter zurückbehalten und gegen Entgelt überlassen, ist dies eine von der Geschäftsveräußerung im Ganzen abzugrenzende eigene unternehmerische Tätigkeit des Übertragenden. Werden sie unentgeltlich überlassen, so ist zu prüfen, ob der Tatbestand der unentgeltlichen Wertabgabe (§ 3 Abs. 9a UStG bzw. bei Übertragung der Verfügungsmacht § 3 Abs. 1b UStG) erfüllt ist. Der „Vermögensübergang zwischen Unternehmern“ gewährleistet auch bei diesen Übertragungen die Nichtsteuerbarkeit, sofern die unternehmerische Bindung des Vermögens sichergestellt ist.

C. Verschmelzung

Die Verschmelzung ist die Übertragung des Vermögens eines Rechtsträgers als Ganzes auf einen anderen. Die unter Auflösung, ohne Abwicklung stattfindende

1163 EuGH, Urteil v. 29.10.2009, Rs. C-29/08 [AB AKF], DStR 2009, 2311.

1164 Ausgenommen Spaltung, Ausgliederung, Verschmelzung und Formwechsel.

1165 So die herrschende Auffassung der Finanzverwaltung in Abschnitt 1.5. Abs. 6 Satz 4 UStAE (bislang Abschnitt 5 Abs. 3 Satz 4 UStR 2008); ebenso die Literatur, statt vieler: Meyer/Ball, StBp 2008, 249 (249).

Übertragung des Vermögens eines Rechtsträgers oder mehrerer Rechtsträger (sog. übertragende Rechtsträger) als Ganzes auf einen anderen, bereits bestehenden Rechtsträger (sog. übernehmender Rechtsträger) ist eine Verschmelzung durch Aufnahme nach § 2 Nr. 1 UmwG. Wird das Vermögen zweier oder mehrerer Rechtsträger jeweils als Ganzes auf einen von ihnen gegründeten Rechtsträger übertragen, so ist eine Verschmelzung durch Neugründung nach § 2 Nr. 2 UmwG gegeben.

In wirtschaftlich tätigen Konzern- und Holdingstrukturen ist nicht immer davon auszugehen, dass der übertragende Rechtsträger Unternehmer (nach § 2 Abs. 1 UStG) ist und selbiger mit den Wirtschaftsgütern seine unternehmerische Tätigkeit betreibt, es sich folglich nach nationaler Diktion um Unternehmensvermögen handelt.[1166] Gelegentlich sind auch Gesellschaften beteiligt, deren einziger Zweck das Halten und Verwalten (und ggf. das Veräußern) von gesellschaftsrechtlichen Beteiligungen ist. Dies ist als Obergesellschaft aber auch in Form einer sog. Zwischenholding[1167] möglich. Derartige Gesellschaften sind per se Nichtunternehmer.[1168] Handlungen eines Nichtunternehmers unterliegen (insoweit) nicht der Umsatzsteuer. Die nachfolgenden Ausführungen befassen sich daher ausschließlich mit Verschmelzungen unternehmerisch tätiger Rechtsträger.

Die Übertragungsvorgänge sind dem Grunde nach Lieferungen nach § 3 Abs. 1 UStG (Verschaffung der Verfügungsmacht an den körperlichen Gegenständen) und sonstige Leistungen nach § 3 Abs. 9 UStG (Übertragung von Rechten,

---

1166 Die Zuordnung von Wirtschaftsgütern zum Unternehmensvermögen erfolgt regelmäßig durch die Verwendung und damit einhergehend durch (teilweise) Inanspruchnahme des Vorsteuerabzugs; siehe Abschnitt 15.2. UStAE (bislang Abschnitt 192 UStR 2008).

1167 Die Besonderheiten einer nichtunternehmerischen Zwischenholding bestehen darin, dass sie nach Ansicht der Finanzverwaltung, obwohl sie selbst keine Unternehmereigenschaft innehat, die Eingliederungsmerkmale für eine umsatzsteuerrechtliche Organschaft vermitteln kann. Sie nimmt eine Klammerfunktion ein. Um die Zwischenholding herum kann ein umsatzsteuerrechtlicher Organkreis bestehen, in dem die mittelbare finanzielle Eingliederung über eine nichtunternehmerische Zwischenholding zugelassen wird. Dies wird in der Literatur als Blasen- oder Klammertheorie bezeichnet; BMF-Schreiben v. 26.1.2007 – IV A 5 – S7300 – 10/07, BStBl. I 2007, 211; Rüth, UStB 2007, 77 (79); Eggers/Korf, DB 2007, 361 (361); von Streit, UStB 2006, 255 (257).

1168 EuGH, Urteil v. 14.11.2000, Rs. C-142/99 [Floridienne Berginvest], DStRE 2000, 1268; EuGH, Urteil v. 27.9.2001, Rs. C-16/00, [Cibo Participations], DStR 2001, 1795; EuGH, Urteil v. 21.10.2004, Rs. C-8/03 [Banque Bruxelles Lambert SA], DStRE 2005, 45 – Der Erwerb, das Halten und die Veräußerung von Beteiligungen sind nicht steuerbare Vorgänge.

etc.).[1169] Unproblematisch ist, dass der Vermögensübergang kraft Gesetzes (UmwG) eintritt, da nach § 1 Abs. 1 Nr. 1 Satz 2 UStG (entspricht Art. 14 Abs. 2 MwStSystRL) die Steuerbarkeit nicht deswegen entfällt.

Auch bei Transaktionen im Rahmen der Verschmelzung ist umstritten, ob die Verschmelzung an sich ein Vorgang ist, der im Leistungsaustausch erfolgt. Nach einigen Ansichten fehlt es am Leistungsaustausch, da diese die Gewährung von Gesellschaftsrechten nicht als Gegenleistung für die Vermögensübertragung betrachten.[1170] Andere vertreten, dass die Verschmelzung dem Grunde nach nicht der Umsatzbesteuerung unterliege.[1171]

Selbst diejenigen, die bislang die Ansicht vertraten, dass der umsatzsteuerrechtliche Leistungsaustausch in der Vermögensübertragung des übertragenden Rechtsträgers gegen Gewährung von Anteilen oder Mitgliedschaften bestünde,[1172] sind nun durch die Möglichkeit auch ohne Gewährung von Gesellschaftsanteilen eine Verschmelzung durchzuführen, mit der Frage nach der Entgeltlichkeit konfrontiert. Die aktuellen Fassungen des § 54 Abs. 1 Satz 3 UmwG bzw. des § 68 Abs. 1 Satz 3 UmwG rücken für Verschmelzungsvorgänge (und über § 125 UmwG auch für Spaltungsvorgänge) die Frage nach der Gegenleistung in den Fokus. Dies gilt losgelöst von der Frage der Anwendbarkeit der jeweiligen Normen des UmwStG, welche für den Buchwertansatz regelmäßig die Ausgabe von Gesellschaftsanteilen fordern. Nach § 54 Abs. 1 Satz 3 UmwG sowie § 68 Abs. 1 Satz 3 UmwG darf die übernehmende Gesellschaft von der Gewährung von Gesellschaftsanteilen zur Durchführung der Verschmelzung absehen, wenn alle Anteilsinhaber eines übertragenden Rechtsträgers darauf verzichten (Verschmelzung ohne Kapitalerhöhung). In diesen Fällen ist mangels Gewährung

---

1169 Ebenso Schmitt in Schmitt/Hörtnagl/Stratz, UmwG/UmwStG, Anh. E Rn. 1.

1170 Siehe ausführlich in Kapitel 3 B II. 2. b) bb).

1171 Stadie in Rau/Dürrwächter, UStG, § 2 Rn. 600 ff.; Schaumburg, StuW 1973, 15f.; ders. UR 1974, 269 (279f). Schaumburg vertritt die Ansicht, dass die Vermögensübertragungen im Rahmen von Verschmelzungen und Umwandlungen zwar zu Lieferungen und sonstigen Leistungen führen, jedoch mangels Gegenleistung kein Leistungsaustausch vorliege und eine Umsatzbesteuerung von Verschmelzung und Umwandlung auch teleologisch nicht geboten sei; Schaumburg, StuW 1973, 15f. ders. UR 1974, 269 (279f.). Zu beachten ist allerdings, dass die übertragenden Umwandlungen nach dem damaligen Rechtsstand heutzutage teilweise unter Verschmelzungen im Sinne des zweiten Buches und teilweise unter Formwechsel nach dem Vierten Buch einzuordnen sind.

1172 BFH, Urteil v. 8.11.1995 – XI R 63/94, BStBl. II 1996, 114; BFH, Urteil v. 13.11.2003 – V R 79/01, BStBl. II 2004, 375; Knoll in Widmann/Mayer, Umwandlungsteuerrecht, Anh. 11 Rn. 1; Rasche in Rödder/Herlinghaus/van Lishaut, Anh. 9 Rn. 11; Schmitt, in Schmitt/Hörtnagl/Stratz, UmwG/UmwStG, Anh. E Rn. 1.

von Gesellschaftsrechten keine Gegenleistung darin zu erblicken, so dass fraglich ist, ob die Verschmelzung im Leistungsaustausch erfolgt oder zu einer Besteuerung als unentgeltlichen Wertabgabe nach § 3 Abs. 1b bzw. Abs. 9a UStG führt. Daher ist zu untersuchen, ob eine Leistung ausgeführt wird und ob diese im Leistungsaustauschverhältnis erfolgt.

I. Nichtsteuerbarkeit der Vermögensübertragung

Stadie erblickt keinen Leistungsaustausch im Rahmen der Verschmelzung,[1173] da es sich um einen Fall der Gesamtrechtsnachfolge handele und das Vermögen kraft Gesetzes auf den anderen Rechtsträger übergehe.[1174] Nach seiner Ansicht fehlt es bereits am Leistenden und Leistungsempfänger soweit es aufgrund von Umwandlungen zu einer Gesamtrechtsnachfolge komme. *Schaumburg* zweifelt eine Gegenleistung an, da der (heute) nach § 20 Abs. 1 Nr. 1 UmwG stattfindende Schuldenübergang kraft Gesetzes erfolge und nicht auf Willenserklärungen beruhe. Seiner Ansicht nach könne weder die Gewährung von Gesellschaftsrechten am übernehmenden Rechtsträger nach § 20 Abs. 1 Nr. 3 UmwG an die Anteilseigner des übertragenden Rechtsträgers noch der Verlust der Anteile am übertragenden Rechtsträger als Entgelt angesehen werden, da dadurch keine Leistung des übernehmenden Rechtsträgers an den übertragenden Rechtsträger ausgeführt werde.[1175]

II. Leistungsaustausch durch Vermögensübertragung im Rahmen von Verschmelzungen

Hingegen betrachtet *Reiß* die Verschmelzung als einen grundsätzlich im Leistungsaustausch stattfindenden, aber häufig nach § 1 Abs. 1a UStG nichtsteuerbaren Vorgang.[1176] Zum einen beruhe die Vermögensübertragung auf willentlichen Handlungen, der für den Rechtsträger handelnden Organe. Die Willenserklärungen seien im Umwandlungsbeschluss nach § 13 UmwG und im Verschmelzungsvertrag nach § 4 UmwG zu erkennen.[1177] Auch sei unschädlich, dass das Entgelt für das übertragene Vermögen nicht dem Leistenden (also dem übertragenden Rechtsträger), sondern einem Dritten (dem Anteilseigner) gewährt wer-

---

1173 Gleiches gelte für Vermögensübertragungen nach §§ 174, 176 UmwG; Stadie in Rau/Dürrwächter, UStG, § 2 Rn. 600 ff.

1174 Stadie in Rau/Dürrwächter, UStG, § 2 Rn. 600 ff.

1175 Schaumburg, StuW 1973, 15 (15f);. ders. UR 1974, 269 (270).

1176 Reiß, UR 1996, 357 (366f.); ders. in FS Schaumburg, 1165 (1173).

1177 Insoweit besteht weitgehend Einigkeit darüber, dass die Vermögensübertragung willentlich erfolgt. Siehe dazu BFH, Urteil v. 22.4.1976 – V R 54/71, BStBl. II 1976, 518; Schaumburg, StuW 1973, 15f; ders. UR 1974, 269f.; Reiß in FS Schaumburg, 1165 (1175).

de, denn ein Leistungsaustausch liege auch dann vor, wenn die Gegenleistung für eine Leistung nicht dem Leistenden, sondern mit dessen Willen einem Dritten gewährt wird. Dies seien im Falle der Umwandlung der/die Gesellschafter des übertragenden Rechtsträgers. In der Gewährung von Gesellschaftsrechten bzw. im Untergang der Gesellschaftsrechte sei erkennbar, dass der Gesetzgeber einen entgeltlichen Übertragungsvorgang geschaffen habe.[1178] Daher seien – vorbehaltlich der Nichtsteuerbarkeit nach § 1 Abs. 1a UStG – steuerbare Umsätze im Rahmen der Verschmelzung verwirklicht.[1179] Diese Ansicht wird von der herrschenden Meinung im Schrifttum[1180] und von Teilen der Finanzverwaltung[1181] geteilt.

Die Anteilsinhaber des übertragenden Rechtsträgers erhalten regelmäßig in beiden Fällen als Gegenleistung im Wege des Anteilstausches eine gesellschaftsrechtliche Beteiligung an dem übernehmenden bzw. neuen Rechtsträger.[1182] Die Gewährung von Gesellschaftsrechten, auch wenn dieser Vorgang nicht in den Anwendungsbereich der Umsatzsteuer fällt, ist – nach den Vertretern dieser Ansicht – Gegenleistung für die Übertragung des Vermögens im Rahmen der Verschmelzung.[1183] Dem stünde auch nicht die Rechtsprechung des EuGH zur Nichtsteuerbarkeit der Ausgabe, des Erwerbs, Haltens und Veräußerns von gesellschaftsrechtlichen Beteiligungen entgegen.[1184]

Sofern zwischen übertragendem und übernehmendem Rechtsträger kein wechselseitiges Beteiligungsverhältnis besteht, erfolge die Übertragung des Vermögens nach § 2 UmwG „gegen Gewährung von Anteilen oder Mitgliedschaften des übernehmenden oder neuen Rechtsträgers an die Anteilsinhaber der übertra-

---

1178 Reiß, UR 1996, 357 (368); ders. in FS Schaumburg, 1165 (1177f.); Lippross, UR 2009, 118 (121).

1179 Reiß, UR 1996, 357 (375); Lippross, UR 2009, 118 (121).

1180 Klenk in Sölch/Ringleb, UStG, § 1, UStG, Rn. 232; Birkenfeld, Umsatzsteuer-Handbuch, § 34a Rn. 121 ff.; Schmitt in Schmitt/Hörtnagl/Stratz, UmwG/UmwStG, Anh. E, Rn. 1 und 2; Rasche in Rödder/Herlinghaus/van Lishaut, UmwStG, Anh. 9, Rn. 9; Knoll in Widmann/Mayer, Umwandlungsrecht, Anh. 11, Rn. 74.

1181 OFD Düsseldorf, Vfg. v. 19.7.2999 – S 7304A – St 1412, UR 1999, 426.

1182 BMF-Schreiben v. 25.3.1998, BStBl. I 1998, 268, Tz. 00.04.

1183 Siehe Kapitel 3 B II. 2.

1184 Die Rechtsprechung des EuGH ist in Kapitel 3 B IV. 4. b) bb) dargestellt. Der EuGH hat zutreffend verneint, dass sowohl Personengesellschaften als auch Kapitalgesellschaften eine Dienstleistung gegen Entgelt erbringen, wenn sie Neugesellschaftern gegen Zahlung einer Bareinlage „ein Eigentumsrecht an einem Teil des auf diese Weise erhöhten Kapitals“ einräumen, diesen mithin Gesellschaftsrechte gewährt werden; EuGH, Urteil v. 26.2.2003, Rs. C-442/01 [Kap Hag Renditefonds], IStR 2003, 601; EuGH, Urteil v. 26.5.2005, Rs. C-465/03 [Kretztechnik], Slg. 2005, I-04357.

genden Rechtsträger". Verkürzt ließe sich dies als Gewährung von Gesellschaftsrechten bezeichnen.[1185] Soweit der Gesellschafter bisher nicht an der übernehmenden Gesellschaft beteiligt war, erhält er erstmals neue Gesellschaftsrechte an der übernehmenden Gesellschaft. Dadurch werde er quasi für den Untergang der Anteile/Gesellschaftsrechte am übertragenden Rechtsträger entschädigt. War er bereits als Gesellschafter beteiligt, erhalte er weitere zusätzliche Gesellschaftsrechte, die zu den schon bisher bestehenden hinzutreten.[1186] Im Fall des Up-Stream-Mergers (die übernehmende Gesellschaft ist an der übertragenden Gesellschaft beteiligt) beschränke sich die Wirkung der Verschmelzung auf den Übergang der Vermögensgegenstände und Verbindlichkeiten nach § 2 UmwG i.V.m. § 20 Abs. 1 Nr. 3 UmwG und §§ 54, 68 UmwG und den Untergang der Gesellschaftsrechte an der erloschenen übertragenden (Tochter-)Gesellschaft. Beim Down-Stream-Merger (die übertragende Gesellschaft ist an der übernehmenden Gesellschaft beteiligt) hingegen erhielten die Gesellschafter der erlöschenden (Mutter-)Gesellschaft die bisher von der Muttergesellschaft an der übernehmenden Tochtergesellschaft gehaltenen Gesellschaftsanteile unmittelbar kraft Gesetzes.[1187] Ein Durchgangserwerb bei der übernehmenden Tochtergesellschaft finde nicht statt.[1188] *Reiß* sieht in der Formulierung des § 2 UmwG, wonach die „Übertragung des Vermögens […] gegen Gewährung von Anteilen…" erfolge, erkennbar einen Zusammenhang zwischen dem Vermögensübergang und der Gewährung der Gesellschaftsrechte. Anhand des Wortlauts und der Teleologie des UStG und nicht des UmwG sei zu entscheiden, ob ein Entgelt i.S.d. § 1 Abs. 1 Nr. 1 UStG für eine Leistung vorliegen könne, wenn der vermögenswerte Vorteil der Erlangung von Gesellschaftsrechten nicht beim Leistenden selbst, sondern bei einem Dritten eintritt, der allerdings dem Leistenden nahesteht.[1189]

1185 Reiß in FS Schaumburg, 1165 (1177f.).

1186 Das gilt auch dann, wenn der übernehmende Rechtsträger eine Personenhandelsgesellschaft ist. Zwar besteht hier für den jeweiligen Gesellschafter nur ein einheitliches Gesellschaftsrecht, in dem die gesamthänderische Beteiligung am Gesellschaftsvermögen zum Ausdruck kommt. Als „Gewährung von Gesellschaftsrechten" i.S.d. § 2 UmwG bei Verschmelzung auf eine Personengesellschaft ist aber sowohl die erstmalige Begründung, wie auch die Erhöhung eines Anteils am (gesamthänderisch) gebundenen Gesellschaftsvermögen anzusehen. Ist der übernehmende Rechtsträger eine Kapitalgesellschaft (z.B. AG, GmbH, SE), werden durch Kapitalerhöhung auch formal zusätzliche selbständige Anteilsrechte geschaffen. A.A. Wäger, UR 2008, 69 (72f.).

1187 Reiß in FS Schaumburg, 1165 (1177f.).

1188 Herrschende Meinung siehe Grunewald in Lutter, UmwG, § 20 Rn. 57; Kübler in Semler/Stengel, UmwG, § 20 Rn. 74 jeweils m.w.N.

1189 Reiß in FS Schaumburg, 1165 (1178).

Insoweit ist zunächst zu konstatieren, dass die Gewährung von Gesellschaftsrechten am übernehmenden Rechtsträger wie auch der Untergang der Gesellschaftsrechte am übertragenden Rechtsträger durch ein allen Beteiligten zuzurechnendes willentliches Verhalten (Verschmelzungsbeschluss) veranlasst ist. Es kann daher dahinstehen, ob das Entgelt des § 1 UStG ebenso wie die Leistung überhaupt ein willentliches Verhalten verlangt.[1190]

Das Entgelt hat die Funktion, die Aufwendungen bzw. Einkommensverwendung für den Verbrauch von Gütern und Dienstleistungen zu belasten. Daraus folgt, dass Aufwendungen im Sinne eines Einsatzes von Geld oder vermögenswerten Gütern vorliegen müssen.[1191] Ziel der Aufwendungen muss der Erwerb verbrauchsfähiger Leistungen sein, wobei auch ein Entgelt von Dritter Seite möglich ist (§ 10 Abs. 1 Satz 3 UStG und Art. 73 MwStSystRL).[1192] Der übertragende Rechtsträger, als Leistender, muss allerdings das Entgelt erhalten. Dies ist unter Umständen auch dann zu bejahen, wenn im Wege des abgekürzten Zahlungswegs ein Dritter das Entgelt erhält.[1193] Bei der Verschmelzung kommt es immer zu (willentlich herbeigeführten) Aufwendungen der Gesellschafter des übertragenden Rechtsträgers in Gestalt des Untergangs der vermögenswerten Gesellschaftsrechte an diesen. Dieser Aufwand werde bei der Verschmelzung auf die Muttergesellschaft von dieser selbst als Leistungsempfängerin getragen, in den anderen Konstellationen von den Gesellschaftern des übertragenden Rechtsträgers. Dabei bestünde, wie sich aus § 2 UmwG und § 20 UmwG ergebe, ein unmittelbarer Zusammenhang zwischen dem Untergang der Gesellschaftsrechte und dem Vermögensübergang auf die übernehmende Gesellschaft. In Gestalt des willentlich herbeigeführten Unterganges der Gesellschaftsrechte liegen daher Aufwendungen des Leistungsempfängers oder Dritter vor, die aufgrund des Vermögensüberganges umsatzsteuerrechtlich wegen der Leistungen der übertragenden Gesellschaft an die übernehmende Gesellschaft erbracht werden. Ob auch bejaht werden kann, dass die untergehende Gesellschaft (der leistende Unternehmer), aufgrund ihres Untergangs selbst noch eine Gegenleistung erhält, wie Art. 73 MwStSystRL fordert bzw., dass ihr selbst etwas als Entgelt gewährt wird, wie § 10 Abs. 1 Satz 3 UStG verlangt, ist fraglich. *Reiß* bejaht auch dies, denn der untergehenden Gesellschaft sei als ihr gewährtes Entgelt oder als von ihr empfangene Gegenleistung zuzurechnen, was mit ihrem Willen ihren Gesell-

1190 Nach Ansicht von Hummel, Bauten auf fremden Grund und Boden, 45 – 48 ist auch ohne Leistungswillen eine Leistung möglich.

1191 Reiß in FS Schaumburg 1165 (1179).

1192 Dieses entspricht Art. 11 Abs. 1 der 6. EG-RL, so dass nur auf die Art. der MwStSystRL verwiesen wird.

1193 Reiß in FS Schaumburg, 1165 (1179).

schaftern auf ihre Rechnung gewährt werde.[1194] Dies seien die ihren Gesellschaftern gewährten Gesellschaftsrechte am übernehmenden Rechtsträger und das übertragene Vermögen abzüglich Schulden, soweit Gesellschaftsrechte nicht zu gewähren sind, weil der übernehmende Rechtsträger selbst auch Gesellschafter des übertragenden Gesellschafters ist.

Es gelte das Deckungsverhältnis zwischen der übertragenden Gesellschaft und der übernehmenden Gesellschaft aus dem Verschmelzungsvertrag von dem Valutaverhältnis zwischen der übertragenden Gesellschaft und ihren Gesellschaftern durch das Gesellschaftsverhältnis zu unterscheiden.[1195] Die Gesellschaftsrechte würden im abgekürzten Übertragungswege unmittelbar an die Anteilseigner ausgegeben. Zunächst würden sie dem übertragenden Rechtsträger für den Vermögensübergang zugeordnet, der aufgrund des Gesellschaftsverhältnisses diese unmittelbar an die Anteilseigner ausgeben ließe. Soweit der Anteilseigner des übertragenden Rechtsträgers zugleich der übernehmende Rechtsträger ist, erhalte er stattdessen die Vermögensgegenstände selbst abzüglich der Verbindlichkeiten. Die Übertragung der Vermögensgegenstände stelle sich einerseits im Deckungsverhältnis immer als Leistung des übertragenden Rechtsträgers an den übernehmenden Rechtsträger dar. Entsprechend dem Umfang der Beteiligung des übernehmenden Rechtsträgers am übertragenden Rechtsträger stelle sie aber zugleich auch die im Valutaverhältnis erfolgende Zuteilung des Anteils am Gesellschaftsvermögen dar, der dem Gesellschafter gebührt, wenn die Gesellschaft ohne Abwicklung erlischt und ihm keine Gesellschaftsrechte an einer anderen Gesellschaft eingeräumt werden. Die Vermögensübertragung an den übernehmenden Rechtsträger als Gesellschafter der übertragenden Gesellschaft erfolge insoweit zugleich im Valutaverhältnis für Rechnung der übertragenden Gesellschaft, indem an den Gesellschafter der ihm gebührende Anteil am Gesellschaftsvermögen ausgekehrt wird.[1196] Regelmäßig ist dieser Argumentation aber die Grundlage entzogen, wenn nach § 54 Abs. 1 Satz 3 UmwG bzw. § 68 Abs. 1 Satz 3 UmwG auf die Gewährung von Gesellschaftsrechten verzichtet wird. Dann ist auch die Rechtsansicht, die zweifelsohne in den erlangten gesellschaftsrechtlichen Anteilen oder Mitgliedschaftsrechten eine Gegenleistung erblickt, ihrer Argumentationsgrundlage entzogen.

1194 Reiß in FS Schaumburg, 1165 (1179).
1195 Reiß in FS Schaumburg, 1165 (1180).
1196 Reiß in FS Schaumburg, 1165 (1180).

III. Nichtsteuerbarkeit aufgrund gesetzlicher Vereinfachungsregelungen

Die Probleme in der zutreffenden umsatzsteuerrechtlichen Beurteilung werden durch die Nichtsteuerbarkeit der Vermögensübertragung im Rahmen von Verschmelzungen gelöst. Die Verschmelzung ist als Einbringung eines Gesamt- oder Teilvermögens, welches nicht nur einmalig zur Ausführung von Umsätzen verwendet wird, in eine Gesellschaft ein nichtsteuerbarer Vorgang.[1197] Da nach der derzeitigen Vereinfachungsregelung der Geschäftsveräußerung im Ganzen nach § 1 Abs. 1a Satz 2 UStG (dem entspricht Art. 19 Abs. 1 MwStSystRL) selbige sowohl entgeltlich als auch unentgeltlich sowie durch Einbringung in eine Gesellschaft ausgeführt werden kann, ist auch bei Unentgeltlichkeit sichergestellt, dass keine Versteuerung als unentgeltliche Wertabgabe erfolgt und die administrativen Erleichterungen aufgrund der Geschäftsveräußerung im Ganzen in Anspruch genommen werden. Auch die Neuformulierung des „Vermögensübergangs zwischen Unternehmern“ verwendet lediglich den Begriff „Übergang“ und nimmt damit weder zu der Art noch zur Frage der Entgeltlichkeit oder Unentgeltlichkeit Voraussetzungen auf.

Da bei der Verschmelzung immer das gesamte Aktiv- und Passivvermögen des übertragenden Rechtsträgers nach § 20 UmwG i.V.m. § 2 UmwG auf den übernehmenden Rechtsträger übertragen wird, kann sich die Frage nach der Übertragung eines Gesamt- oder Teilvermögens oder der Auswirkung des Zurückbehaltens von Wirtschaftsgütern etc. nicht stellen.[1198] Auch wird der übernehmende Rechtsträger das übernommene Vermögen regelmäßig seinem Unternehmen zuordnen und wirtschaftliche Tätigkeiten ausüben. Daher ist auch häufig die Frage der Eigenschaft des Erwerbers und der Fortführung(sabsicht) positiv entschieden. Allerdings ist die unternehmerische Freiheit nach der derzeitigen Auslegung des § 1 Abs. 1a UStG dahingehend beschränkt, dass eine unternehmerische Betätigung oder zumindest die Verwendungsabsicht fortgesetzt und ausgeführt werden muss. Es wird ein gewisser Grad der Ähnlichkeit der Betätigung gefordert.[1199] Dies ist eine zu enge Auslegung, welche allerdings bereits in der Neuformulierung des Tatbestands des „Vermögensübergangs zwischen Unternehmern“ ihre Korrektur finden würde. Maßgeblich ist, dass das übernommene Vermögen weiterhin für unternehmerische Betätigung gebunden bleibt, so dass ein unversteuerter Endverbrauch durch die Übertragung ausgeschlossen wird.

1197 Siehe Kapitel 2 B IV. 1.

1198 Ebenso Reiß in FS Schaumburg, 1165 (1174).

1199 Siehe Kapitel 2 B IV. 6.; Reiß in FS Schaumburg, 1165 (1174).

Nachträgliche Verwendungsänderungen sind nach § 15a UStG im Wege der Vorsteuerberichtigung zu erfassen.

Lediglich eine Übertragung auf einen Nichtunternehmer oder die Übertragung auf einen Unternehmer, der aber das übernommene Vermögen nichtunternehmerisch verwendet, oder die Übertragung zur Abwicklung schließen eine Geschäftsveräußerung im Ganzen aus.[1200] Zivilrechtlich erfordert die Verschmelzung auf den übernehmenden Rechtsträger nicht, dass der übernehmende Rechtsträger beabsichtigt, mit den übergehenden Vermögensgegenständen noch eine wirtschaftliche (unternehmerische) Tätigkeit auszuüben. Daher sind Verschmelzungen auf einen nichtunternehmerischen Begünstigten oder zum Zwecke der Stilllegung möglich. In einem solchen Falle wird der Verschmelzungsvorgang allerdings zutreffend mit Umsatzsteuer belastet, um der Belastungskonzeption der Umsatzsteuer gerecht zu werden und daher einen unversteuerten Endverbrauch auszuschließen.[1201]

Mehrere Verschmelzungsvorgänge in Kette sind als Geschäftsveräußerung im Ganzen möglich, da das Merkmal der Fortführung bzw. Fortführungsabsicht im Wege der weiteren Verschmelzung und somit durch eine Geschäftsveräußerung im Ganzen erfüllt werden kann.[1202] Selbiges gilt für den „Vermögensübergang zwischen Unternehmern".

Da die Umsatzsteuer keine Rückwirkung auf den Umwandlungsstichtag kennt[1203] und stattdessen regelmäßig auf den Zeitpunkt der Eintragung im Handelsregister abgestellt wird,[1204] ist der maßgebende Zeitpunkt für die umsatzsteuerrechtliche Beurteilung der Eintragungszeitpunkt. Mit der Eintragung der Verschmelzung in das Handelsregister erlischt der übertragende Rechtsträger (§ 20 Abs. 1 Nr. 2 UmwG) und das Vermögen geht über. Hieran knüpft das Umsatzsteuerrecht den Zeitpunkt für die Geschäftsveräußerung im Ganzen an. Die Unternehmereigenschaft beim übertragenden Rechtsträger geht zu diesem Zeitpunkt unter und aufgrund der Übertragung des Unternehmensvermögens auf den übernehmenden Rechtsträger über. Im Fall der Geschäftsveräußerung im Ganzen führt der übernehmende Rechtsträger die Berichtigungszeiträume nach

1200 Siehe Kapitel 2 B IV. 3.

1201 Siehe dazu Kapitel 2 IV. B 6. Wird der übernehmende Rechtsträger allerdings ab dem Zeitpunkt der Übertragung (mit dem Vermögen) unternehmerisch tätig, so ist die nichtsteuerbare Übertragung möglich; ebenso Abschnitt 1.5. Abs. 1 Satz 1 UStAE (bislang Abschnitt 5 Abs. 1 Satz 3 UStR 2008).

1202 Siehe dazu ausführlich Kapitel 2 B IV. 6.

1203 So auch Schmitt in Schmitt/Hörtnagl/Stratz, UmwG, UmwStG, Anh. E, Rn. 2.

1204 BMF-Schreiben v. 25.4.2004, BStBl. I 2004, 549; Birkenfeld, Umsatzsteuer-Handbuch, § 34a Rn. 104.

§ 15a Abs. 10 UStG fort. Für den übertragenden Rechtsträger endet mit diesem Zeitpunkt die steuerliche Erklärungspflicht (§ 16 Abs. 1 i.V.m. Abs. 3 UStG). Ein deutlicher Vorteil ist, dass für den Vorsteuerabzug aus Eingangsleistungen Dritter im Rahmen der Geschäftsveräußerung im Ganzen die Voraussetzungen entschieden sind.[1205] Die nichtsteuerbare Geschäftsveräußerung im Ganzen schließt den Vorsteuerabzug nicht aus.[1206]

IV. Gesamtrechtsnachfolge

Zivilrechtlich vollzieht sich die Übertragung des gesamten Vermögens einer Körperschaft auf eine Personengesellschaft, eine natürliche Person oder eine andere Körperschaft durch Verschmelzung im Wege der Gesamtrechtsnachfolge, da der übertragende Rechtsträger mit Eintragung im Handelsregister erlischt (§ 20 Abs. 1 Nr. 1 UmwG, § 36 Abs. 1 UmwG). Demnach geht das Vermögen des übertragenden Rechtsträgers einschließlich der Verbindlichkeiten uno actu auf den übernehmenden Rechtsträger über. Die sich vollziehende Gesamtrechtsnachfolge nach § 45 AO hat zur Folge, dass die Anordnung der umsatzsteuerrechtlichen Einzel- oder Sonderrechtsnachfolge in § 1 Abs. 1a Satz 3 UStG und auch § 15a Abs. 10 UStG ins Leere laufen. Der übernehmende Rechtsträger tritt mit allen Rechten, Verbindlichkeiten und sonstigen Verpflichtungen, insb. den Berichtigungszeiträumen nach § 15a UStG die Rechtsnachfolge an. Beide Nachfolgeregelungen bestehen sozusagen nebeneinander.[1207]

V. Vorsteuerabzug

Der Vorsteuerabzug aufgrund von Leistungsbezügen im normalen Geschäftsverkehr richtet sich derzeit nach den allgemeinen Voraussetzungen des § 15

1205 Siehe Kapitel 2 IV. B. 7.

1206 Boochs, UVR 1997, 36 (37) vertrat noch die Ansicht, dass die Verschmelzung eine Gesamtrechtsnachfolge und daher ein Vorsteuerabzug ausgeschlossen sei. A.A. Klenk in Sölch/Ringleb, UStG, § 1 Rn. 480. Zur Vorsteuerabzugsmöglichkeit im Rahmen der Geschäftsveräußerung im Ganzen siehe Kapitel 2 B IV. 7.

1207 A.A. Stadie in Rau/Dürrwächter, UStG, § 2 Rn. 600f. Stadie hält es für unvereinbar § 1 Abs. 1a UStG bei Gesamtrechtsnachfolge anzuwenden und außerdem im Hinblick auf den Übergang von Verbindlichkeiten sowie den Eintritt in umsatzsteuerrechtliche Rechtslagen aus dem Eintritt einer Gesamtrechtsnachfolge weitere Rechtsfolgen abzuleiten. Dies ist jedoch nicht nachvollziehbar, da sofern in Umwandlungsfällen eine Gesamtrechtsnachfolge vorliegt (wie bei Verschmelzungen und Spaltung durch Aufspaltung) die über die Nachfolgeanordnung in § 1 Abs. 1a UStG hinausgehenden Rechtsfolgen aufgrund des Zivilrechts anzuwenden sind und nur in diesen Fälle die Nachfolge über den Anwendungsbereich des § 1 Abs. 1a UStG hinausgeht. Ähnlich Reiß in FS Schaumburg, 1165 (1176).

UStG. Maßgeblich ist demnach der Zweck des Leistungsbezugs.[1208] Auch insoweit tritt Rechtsnachfolge ein. Die Geschäftsveräußerung im Ganzen selbst ist kein besteuerter Umsatz und hat daher keine Auswirkung auf den Vorsteuerabzug für diese Eingangsleistungen.[1209]

Hinsichtlich der Leistungsbezüge im Zusammenhang und im Vorfeld der Verschmelzung wurde der Streit um den Vorsteuerabzug durch Entscheidung des EuGH beendet.[1210] Die Vorsteuerabzugsberechtigung ergibt sich aus dem Zweck des Leistungsbezugs. Die Aufwendungen im Rahmen der Verschmelzungstransaktionen (i.d.R. Beratungsleistungen) gehören regelmäßig zu den allgemeinen Kosten des Unternehmens, so dass Vorsteuerbeträge nach diesen Maßstäben (ggf. anteilig) abzugsfähig sind.[1211] Maßgebend sind demnach die Umsätze des übertragenden Rechtsträgers im Besteuerungszeitraum der Geschäftsveräußerung im Ganzen im Rahmen der Umwandlung.[1212] Dies gilt auch, wenn die Verschmelzung gegen Gewährung von Gesellschaftsrechten erfolgt, da, obwohl die Ausgabe von gesellschaftsrechtlichen Beteiligungen nichtsteuerbar ist,[1213] diese Aufwendungen den Zweckbezug zu der Gesamttätigkeit des Unternehmens aufweisen.[1214] Selbiges wird daher auch gelten müssen, wenn keine Gesellschaftsrechte gewährt werden, sondern lediglich Beteiligungen untergehen (z.B. die Aufgabe von Gesellschaftsanteilen an einer Kapitalgesellschaft durch den Alleingesellschafter auf den die Kapitalgesellschaft verschmolzen wird).

VI. Ergebnis

Die umsatzsteuerrechtliche Beurteilung der Verschmelzung ist mit vielfältigen Unsicherheiten belastet, da die Steuerbarkeit der Verschmelzung im Allgemeinen sowie die Frage, ob eine Verschmelzung im Leistungsaustausch stattfindet,

---

1208 Siehe dazu ausführlich Kapitel 2 B IV. 7.

1209 EuGH, Urteil v. 2.2.2001, Rs. C-408/98 [Abbey National], IStR 2001, 180; FG Rheinland-Pfalz, Urteil v. 118.3.2002 – 6 K 2217/99, EFG 2002, 1127.

1210 Siehe dazu ausführlich Kapitel 2 B IV. 7. Die Ansichten von Schlienkamp und Schwarz, welche vertraten, dass Eingangsleistungen im Zusammenhang mit derartigen Transaktionen den gesellschaftsrechtlichen und damit nichtunternehmerischen Bereich beträfen (Schlienkamp, UR 1994, 93 (96); Schwarz, UR 1994, 185 (187)), sind angesichts der EuGH-Rechtsprechung zum Vorsteuerabzug überholt.

1211 EuGH, Urteil v. 2.2.2001, Rs. C-408/98 [Abbey National], IStR 2001, 180; mit gleichem Ergebnis für den Vorsteuerabzug bei Anteilsübertragungen EuGH, Urteil v. 29.10.2009, Rs. C-29/08 [AB SKF], DStR 2009, 2311, Rn. 57 ff.

1212 Knoll in Widmann/Mayer, Umwandlungssteuerrecht, Anh. 11, Rn. 68.

1213 EuGH, Urteil v. 26.5.2005, Rs. C-465/03 [Kretztechnik], Slg. 2005, I-04357; EuGH, Urteil v. 26.6.2003, Rs. C-442/01 [KapHag Renditefonds], IStR 2003, 601.

1214 EuGH, Urteil v. 29.10.2009, Rs. C-29/08 [AB SKF], DStR 2009, 2311, Rn. 57 ff.

nicht abschließend geklärt sind. Die Tatbestände, welche zu einer Nichtsteuerbarkeit der Verschmelzungsvorgänge führen, sind daher die systemgerechte Lösung für die mit den Unsicherheiten einhergehenden Risiken. Eine Verschmelzung zwischen Unternehmern darf nicht zu einer definitiven Belastung mit Umsatzsteuer führen. Durch die Geschäftsveräußerung im Ganzen nach § 1 Abs. 1a UStG werden viele Transaktionen von den Risiken entlastet. Die Fortführung (-sabsicht) allerdings engt die Entwicklungsmöglichkeiten des übernehmenden Rechtsträgers vielfach ein, da ein gewisser Grad der Ähnlichkeit in der unternehmerischen Betätigung mit dem übernommenen Vermögen gefordert wird. Die Neuformulierung des „Vermögensübergangs zwischen Unternehmern" bietet aufgrund des weiten Wortlauts ein deutliches Mehr an Rechtssicherheit – dieser Tatbestand fordert nur eine unternehmerische Bindung des übernommenen Vermögens.

D. Spaltungsvorgänge (Aufspaltung, Abspaltung und Ausgliederung)

I. Allgemeines

In Fällen einer Aufspaltung teilt ein Rechtsträger sein Vermögen unter Auflösung ohne Abwicklung auf und überträgt die Teile jeweils als Gesamtheit im Wege der Sonderrechtsnachfolge (teilweise auch Gesamtrechtsnachfolge) auf mindestens zwei (bereits bestehende) Rechtsträger (Aufspaltung zur Aufnahme gem. § 123 Abs. 1 Nr. 1 UmwG) oder auf neugegründete Rechtsträger (Aufspaltung zur Neugründung, § 123 Abs. 1 Nr. 2 UmwG). Als Gegenleistung erhalten die Anteilsinhaber des aufspaltenden Rechtsträgers im Wege des Anteilstauschs eine Beteiligung an dem übernehmenden oder neuen Rechtsträger.

Bei der Abspaltung überträgt der übertragende, sich spaltende Rechtsträger nicht sein gesamtes Vermögen, sondern spaltet nur einen Teil oder mehrere Teile seines Vermögens jeweils als Gesamtheit ab und überträgt diese auf einen oder mehrere bereits existente oder neu gegründete Rechtsträger im Wege der Sonderrechtsnachfolge (§ 123 Abs. 2 Nr. 1 bzw. Nr. 2 UmwG). Der übertragende Rechtsträger bleibt bestehen. Nach dem Umwandlungsrecht ist es im Falle der Abspaltung sogar möglich, dass dieser Vorgang einen einzelnen Vermögensgegenstand umfasst (§ 123 Abs. 2 und 3 UmwG). Das Umwandlungssteuerrecht hingegen verlangt nach den §§ 15 und 16 UmwStG für eine ertragsteuerneutrale Spaltung, dass ein ertragsteuerrechtlicher Teilbetrieb auf den übernehmenden Rechtsträger übertragen wird. Nach § 15 Abs. 1 Satz 3 UmwStG gelten als Teilbetrieb im Sinne dieses Gesetzes auch ein Mitunternehmeranteil oder die Beteiligung an einer Kapitalgesellschaft, die das gesamte Nennkapital umfasst. Nach

§ 15 Abs. 1 Satz 2 UmwStG muss für die steuerneutrale Abspaltung oder Teilübertragung beim übertragenden Rechtsträger ein Teilbetrieb verbleiben.

Die Anteilseigner des übertragenden Rechtsträgers erhalten regelmäßig Anteile an den übernehmenden Rechtsträger(n). Werden die Anteile hingegen dem übertragenden (ausgliedernden) Rechtsträger selbst gewährt und nicht dessen Anteilseignern, so handelt es sich um eine Ausgliederung (§ 123 Abs. 3 UmwG). Ein Verzicht auf Anteilsgewährung ist nach §§ 54 Abs. 1 Satz 3 bzw. 68 Abs. 1 Satz 3 i.V.m. § 125 UmwG auch bei der Spaltung möglich. Daher ist auch bei der Spaltung der Streit um die Frage der Gegenleistung und damit die Frage, ob ggf. eine Besteuerung als unentgeltliche Wertabgabe (§ 3 Abs. 1b bzw. Abs. 9a UStG) zu erfolgen habe, relevant.

Gerade in den Fällen der Spaltung erweist sich nach der Rechtsansicht von *Reiß*, dass es teleologisch zutreffend ist, die übertragenden Umwandlungsarten Verschmelzung und Spaltung als umsatzsteuerrechtlichen Leistungsaustausch (Leistung gegen Entgelt) zu würdigen.[1215] Nur so könne übereinstimmend mit den Grundprinzipien der Umsatzsteuer gewährleistet werden, dass der übertragende Unternehmer von der Umsatzsteuer entlastet wird und die Übertragungsakte nicht zu einem unversteuerten Endverbrauch führen.[1216] Gleichzeitig zeigt sich aber auch, dass die oben dargestellte weitestgehende Anwendung der Geschäftsveräußerung im Ganzen notwendig ist, um die Belastungskonzeption der Umsatzsteuer wirklich zutreffend zu gewährleisten. Die Geschäftsveräußerung im Ganzen bietet die Rechtssicherheit, zwecks Vermeidung einer zu missbilligenden Besteuerung als unentgeltliche Wertabgabe. Die Vermeidung einer Definitivbelastung mit Umsatzsteuer durch den Vorsteuerabzug allein kann viele praktische Probleme und den administrativen Aufwand nicht entfallen lassen. Der Vorsteuerabzug ist regelmäßig nur die theoretische Umsetzung der Belastungskonzeption. Es bedarf der extensiven Anwendung der Geschäftsveräußerung im Ganzen, um die Belastungskonzeption der Umsatzsteuer auch praxisgerecht umzusetzen. Hierfür ist eine Neuformulierung des § 1 Abs. 1a UStG in Form des „Vermögensübergangs zwischen Unternehmern“ geboten. Zugleich wird durch die Neuformulierung den Geboten der Rechtssicherheit und Bestimmtheit Folge geleistet.

II. Spaltungsvorgänge als Geschäftsveräußerung

Übereinstimmend mit der Verschmelzung führt die Spaltung eines Rechtsträgers dazu, dass Vermögensgegenstände und Verbindlichkeiten des zu spaltenden

1215 Reiß in FS Schaumburg, 1165 (1185).
1216 Reiß in FS Schaumburg, 1165 (1185).

übertragenden Rechtsträgers auf den oder die übernehmenden Rechtsträger kraft Gesetzes mit der Eintragung als Gesamtheit übergehen und dass dafür regelmäßig gesellschaftsrechtliche Anteilsrechte an den übernehmenden Rechtsträgern gewährt werden (§§ 123, 131 UmwG). Nach §§ 54 Abs. 1 Satz 3 bzw. 68 Abs. 1 Satz 3 i.V.m. § 125 UmwG ist die Spaltung auch ohne Anteilsgewährung möglich. Die umsatzsteuerrechtliche Beurteilung der Aufspaltung, Abspaltung und Ausgliederung ist zudem – wie nachfolgend noch verdeutlicht wird – vielschichtiger.

Die Spaltungsvorgänge haben umsatzsteuerrechtlich die gleichen Risiken und Streitigkeiten hinsichtlich der Frage des Leistungsaustauschs, wie sie bei der Verschmelzung und Einlage bestehen. Des Weiteren treten Probleme im Rahmen der Anwendung der Geschäftsveräußerung im Ganzen nach dem derzeitigen Wortlaut der Vorschrift auf, welche aufgrund ihres Risikopotentials Hemmnisse für Spaltungsvorgänge sind. Nach den oben dargestellten Grundsätzen zur Geschäftsveräußerung im Ganzen ist nach derzeit herrschender Meinung für das Vorliegen der Nichtsteuerbarkeit nach § 1 Abs. 1a UStG ein „gesondert geführter Betrieb" erforderlich. Dieses Merkmal ist aufgrund aktueller Rechtsprechung und der unionsrechtlichen Vorgaben in Art. 19 und 29 MwStSystRL weit auszulegen.[1217] Die MwStSystRL spricht in Art. 19 lediglich von „Gesamt- oder Teilvermögen". Das in der Praxis seitens der Finanzverwaltung häufig geforderte Bestehen eines Teilbetriebs ist mit diesen Begriffen aber nicht immer gleichzusetzen. Grundsätzlich kann ein ertragsteuerrechtlicher Teilbetrieb auch als Geschäftsveräußerung im Ganzen übertragen werden.[1218] *Knoll* schließt die Annahme einer Geschäftsveräußerung im Ganzen dann aus, wenn eine wesentliche Grundlage des Unternehmens anderweitig veräußert oder für Zwecke entnommen wird, die außerhalb des Unternehmens liegen, so dass der übernehmende Rechtsträger das Unternehmen nicht ohne großen finanziellen Aufwand dauerhaft fortführen kann.[1219] Hierbei verkennt er aber, dass die „wesentliche Betriebsgrundlage" kein taugliches Kriterium für die Abgrenzung eines Teilvermögens ist, sowie, dass die dauerhafte Überlassung einiger wesentlicher Wirtschaftsgüter des Unternehmensvermögens (in Einzelfällen) für die Geschäftsveräußerung ausreichend ist und zudem dass die Fortführung allein erfordert, dass das übernommene Vermögen wirtschaftlich/unternehmerisch genutzt wird. Die derzeitige enge Auslegung des Begriffs des „gesondert geführten Betriebs"

1217 Hinsichtlich des weiten Anwendungsbereichs der Geschäftsveräußerung im Ganzen siehe Kapitel 2 B IV. 1.

1218 Abschnitt 1.5. Abs. 6 Satz 4 UStAE (bislang Abschnitt 5 Abs. 3 Satz 4 UStR 2008).

1219 Knoll in Widmann/Mayer, Umwandlungssteuerrecht, Anh. 11, Rn. 42.

birgt allerdings die Gefahr, dass Vermögensübertragungen im Rahmen von Spaltungen nicht nach § 1 Abs. 1a UStG als nichtsteuerbar behandelt werden.

Der „Vermögensübergang zwischen Unternehmern“ hingegen führt auch dann zur Nichtsteuerbarkeit, wenn die übertragene Restvermögensmasse nicht mehr eine wirtschaftliche Einheit bildet, da bereits der Umstand, dass dieses Vermögen nicht nur einmalig zur Ausführung von Umsätzen verwendet wird, ausreichend ist. Es ist ein Investitionsgut, mit welchem eine unternehmerische Betätigung übertragen wird. Solange mit dem übernommenen Vermögen unternehmerische/wirtschaftliche Außenumsätze getätigt werden können und sollen, ist der Anwendungsbereich des „Vermögensübergangs zwischen Unternehmern“ eröffnet. Dies entspricht auch der Belastungskonzeption der Umsatzsteuer, da die am Spaltungsvorgang beteiligten Unternehmer nicht mit Umsatzsteuer belastet werden sollen. Eine Entlastung mit administrativem Aufwand ist hiervon eingeschlossen. Die Neuformulierung wird der Belastungskonzeption der Umsatzsteuer gerecht, da ein unversteuerter Endverbrauch vermieden wird und das übernommene Vermögen unternehmerisch gebunden bleibt. Die Überwachung dieser Bindung wird durch § 15a UStG sichergestellt.

Übertragender und Begünstigter sind regelmäßig Unternehmer, so dass die Nichtsteuerbarkeit systemgerecht ist. Lediglich im Fall der Aufspaltung erlischt der übertragende Rechtsträger mit Eintragung der Spaltung im Handelsregister, welches aber der Anwendung der Geschäftsveräußerung im Ganzen bzw. des „Vermögensübergangs zwischen Unternehmern“ nicht im Wege steht, da bis zur Ausführung der Geschäftsveräußerung im Ganzen – dem Übertragungsvorgang – die Unternehmereigenschaft besteht. Die übernehmenden Rechtsträger erlangen mit Übernahme des Unternehmensvermögens (und wirtschaftlicher Betätigung) die Unternehmereigenschaft. In den übrigen Fällen bleibt der übertragende Rechtsträger existent und unter den Voraussetzungen des § 2 UStG als Unternehmer bestehen. Soweit einschlägig tritt/treten der/die übernehmende(n) Rechtsträger in die Berichtigungszeiträume für eine Vorsteuerkorrektur nach § 15a Abs. 10 UStG ein. Ist der übertragende Rechtsträger kein Unternehmer, so ist die Übertragung auch nicht im Anwendungsbereich der Umsatzsteuer. Mangels Steuerbarkeit bedarf es der Geschäftsveräußerung im Ganzen bzw. „nichtsteuerbaren Vermögensübertragung“ nicht.

Da in den Fällen der Verschmelzung und der Aufspaltung die umgewandelte Körperschaft mit der Eintragung ins Handelsregister untergeht und der übernehmende Rechtsnachfolger Gesamtrechtsnachfolger oder partieller Gesamtrechtsnachfolger wird, indem mit dem Vermögen oder mit dem Teil des Vermögens auch die Verbindlichkeiten uno actu übergehen, wird auch der übernehmende Rechtsträger hinsichtlich der Rechnungslegungspflichten in die Rechtsnachfolge treten. Rechnungsberichtigungen hat der Übernehmer unter Hinweis auf seine Stellung als Rechtsnachfolger auszustellen oder zu berichtigen.[1220] In diesen Fällen gehen auch etwaige Steuerschulden nach § 45 Abs. 1 AO auf den übernehmenden Rechtsträger über. Im Fall der Aufspaltung sind die übernehmenden Rechtsnachfolger Gesamtschuldner nach § 45 i.V.m. § 44 AO.

III. Spaltungen als Lieferungen und Dienstleistungen

Liegen die Voraussetzung einer Geschäftsveräußerung im Ganzen nach § 1 Abs. 1a UStG nicht vor, so stellen die Übertragungsvorgänge nach allgemeinen Grundsätzen steuerbare und steuerpflichtige, ggf. steuerbefreite Lieferungen und sonstige Leistungen dar.[1221] In diesen Fällen wird die Entscheidung über die Frage, ob die Spaltung im Leistungsaustausch erfolgt zur Grundsatzentscheidung. Die herrschende Ansicht nimmt die Entgeltlichkeit aufgrund der Gewährung der Gesellschaftsanteile an. Hinsichtlich der Bestimmung des Leistungsorts gelten die allgemeinen Regelungen nach den §§ 3, 3a UStG.[1222] Daher können derartige Umsätze auch außerhalb des deutschen Umsatzsteuerrechts vollzogen werden, sofern z.B. der Ort der Lieferung nach § 3 Abs. 5a, Abs. 6 UStG oder der Ansässigkeitsort des übernehmenden Rechtsträgers[1223] nach § 3a Abs. 2 UStG außerhalb des Inlands nach § 1 Abs. 2 UStG liegt. Die Besteuerung erfolgt nach den allgemeinen Regeln, so dass die Belastungskonzeption der Umsatzsteuer durch den Vorsteuerabzug sichergestellt wird. Allerdings findet eine Entlastung des Steuergehilfen des Staates, gemeint ist der Unternehmer, von dem mit diesen Transaktionen häufig verbundenen enormen administrativen und bewertungstechnischen Aufwendungen nicht statt, so dass für die verbliebenen Nichtanwendungsfälle der Geschäftsveräußerung im Ganzen die Belastungen bestehen bleiben. Dieses ist der Entscheidung für das Allphasen-Netto-Prinzip geschuldet.[1224] Erfolgt ein Verzicht auf die Ausgabe von Gesellschaftsrechten nach § 54 Abs. 1 Satz 3 UmwG bzw. § 68 Abs. 1 Satz 3 UmwG i.V.m. § 125

1220 In diesem Sinne auch Knoll in Widmann/Mayer, Umwandlungssteuerrecht, Anh. 11, Rn. 38.1.

1221 Knoll in Widmann/Mayer, Umwandlungssteuerrecht, Anhang 11, Rn. 14.

1222 Die Anwendung der §§ 3b bis 3g UStG ist nicht ausgeschlossen bei derartigen Übertragungen aber unwahrscheinlich.

1223 Seit dem Unternehmenssteuerreformgesetz 2008 v. 14.8.2007 (BGBl. I 1912) und dem Jahressteuergesetz 2008 v. 20.12.2007 (BGBl. I 3150) ist eine Spaltung auch auf einen übernehmenden Rechtsträger mit Sitz und Ort der Geschäftsleitung in einem anderen Mitgliedstaat der Europäischen Union möglich.

1224 Eine Vereinfachung wäre nur über eine vollständige Neuregelung der Besteuerung zwischen Unternehmern zu erreichen, wie dies vorbildhaft im Entwurf des Umsatzsteuergesetzbuches von Kirchhof, Heidelberg 2008, erfolgt.

UmwG, so ist regelmäßig mangels Entgeltlichkeit die Besteuerung als unentgeltliche Wertabgabe nach § 3 Abs. 1b bzw. Abs. 9a UStG vorzunehmen.[1225]

In diesen Fällen kann die Nichtsteuerbarkeit nur über den Tatbestand des „Vermögensübergangs zwischen Unternehmern" erreicht werden. Derartige Sachverhalte mit einer definitiven Umsatzsteuer aufgrund der unentgeltlichen Wertabgabe zu belasten, wäre nicht systemgerecht, so dass die Neuformulierung geboten ist. Wenn der aufnehmende Rechtsträger nicht Unternehmer ist oder auch nicht mit dem übernommenen Unternehmen unternehmerisch tätig wird, ist jedoch eine Besteuerung geboten, um einen unversteuerten Endverbrauch zu gewährleisten.

Ist der übertragende Rechtsträger kein Unternehmer, so ist die Übertragung bereits nicht im Anwendungsbereich des Umsatzsteuerrechts (keine Leistung eines Unternehmers nach § 1 Abs. 1 Nr. 1 UStG). Ist der übernehmende Rechtsträger zwar vor der Spaltung Nichtunternehmer aber übernimmt er das Vermögen und führt er die unternehmerische Tätigkeit fort, so erlangt er durch die Spaltung Unternehmereigenschaft aufgrund der Fortführung(-sabsicht). Die Konstellationen, in denen somit – zwecks Vermeidung eines unversteuerten Endverbrauchs – eine Besteuerung im Rahmen des Spaltungsvorgangs nach allgemeinen Regeln erfolgt, sind daher selten.

IV. Keine Rückwirkung

Während für die Ertragsteuern nach § 2 UmwStG eine Rückbeziehung des Vermögensübergangs auf einen zurückliegenden Umwandlungsstichtag (steuerlicher Übertragungsstichtag[1226]) möglich ist, ist für die Umsatzsteuer allein der Tag der Eintragung der Verschmelzung oder Spaltung ins Handelsregister maßgebend.[1227] Dies liegt darin begründet, dass die Umsatzsteuer auf die zivilrechtliche und wirtschaftliche Änderung der Verhältnisse abstellt und bereits aufgrund der unionsrechtlichen Vorgaben nicht nationale ertragsteuerrechtliche Fiktionen übernehmen kann. Art. 2 Abs. 1 i.V.m. Art. 14 MwStSystRL stellen für die Lieferung auf die „Übertragung der Befähigung wie ein Eigentümer über

1225 Der Leistungsort bestimmt sich nach § 3f UStG.

1226 Für die Ertragsteuern erlaubt § 2 UmwStG eine Rückbeziehung auf einen maximal 6 Monate in der Vergangenheit liegenden Übertragungsstichtag.

1227 So die herrschende Meinung in Rechtsprechung und Literatur siehe BFH, Urteil v. 13.3.1986 – V R 155/75, BFH/NV 1986, 500; BFH, Urteil v. 20.3.1964 – V 93/61 U, BStBl. III 1964, 293; Reiß in Schaumburg, Unternehmenskauf, 246; Husmann in Rau/Dürrwächter, UStG, § 1 Rn. 293; Stadie in Rau/Dürrwächter, UStG, § 2 Rn. 603; Schmitt in Schmitt/Hörtnagl/Stratz, UmwG/UmwStG, Anh. E, Rn. 2; Flückinger/Georgy in Plückebaum/Malitzky, UStG, § 1 Abs. 1 Nr. 1 Rn. 760.

einen körperlichen Gegenstand zu verfügen" ab. Fiktionen können daher keine Berücksichtigung finden. Die Verschmelzung wird nach §§ 19, 20 Abs. 1 UmwG mit der Eintragung in das für den übernehmenden Rechtsträger zuständige Handelsregister, die Spaltung nach §§ 130, 131 Abs. 1 UmwG mit der Eintragung in das Register des übertragenden Rechtsträgers wirksam. Folglich wird die Änderung der Verhältnisse auch erst mit Eintragung vollzogen. Dies ist für die Umsatzbesteuerung der maßgebende Vorgang. Die gegenteilige Auffassung von *Horn*,[1228] die auf den Zeitpunkt abstellt, ab welchem das neue Unternehmen am allgemeinen Verkehr teilnimmt, verdient Anerkennung dahingehend, dass klargestellt wird, dass das nationale Zivilrecht und damit der Handelsregistereintrag allein nicht maßgebend für die Umsatzsteuer sein kann. Seiner Ansicht nach ist ein Zeitpunkt zwischen der Anmeldung zum Handelsregister und der Eintragung (frei) zu wählen, da es für die Entstehung eines Unternehmens genügt, sich am allgemeinen wirtschaftlichen Verkehr zu beteiligen.[1229] Dennoch verkennt er, dass der neue Rechtsträger auch erst nach Handelsregistereintrag sich „wie ein Eigentümer" gerieren kann. Die Handelregistereintragung wirkt konstitutiv, wie er selbst eingesteht. Die Rückbeziehung auf den steuerlichen Umwandlungsstichtag führt zwangsläufig zu einem Auseinanderfallen der ertragsteuerrechtlichen und der umsatzsteuerrechtlichen Abwicklung. Dies bedeutet, dass Umsätze zwischen dem (rückbezogenen) steuerlichen Übertragungsstichtag und dem Tag der Handelsregistereintragung noch vom übertragenden Rechtsträger nach den allgemeinen Regelungen zu versteuern sind.[1230] Auch Umsätze zwischen den an der Umwandlung beteiligten Rechtsträgern zählen zu den Umsätzen, welche vom übertragenden Rechtsträger im allgemeinen Verfahren zu versteuern sind.[1231]

V. Rechtsnachfolge

In den Fällen der Spaltung gilt es hinsichtlich der Rechtsnachfolge zu unterscheiden. Bei der Aufspaltung ist wegen des Erlöschens des übertragenden Rechtsträgers partielle Gesamtrechtsnachfolge gegeben. Häufig werden in den Spaltungs- und Übernahmeverträgen entsprechende Regelungen dahingehend aufgenommen, dass der übernehmende Rechtsträger insoweit materiell- und verfahrensrechtlich in die Rechtsstellung des übertragenden Rechtsträgers eintritt, als erbrachte Dienstleistungen bzw. in Anspruch genommene Leistungsbezüge

---

1228 Horn, UR 1995, 472 (473, 474).

1229 Horn, UR 1995, 472, (473, 474).

1230 Knoll in Widmann/Mayer, Umwandlungssteuerrecht, Anh. 11, Rn. 21.

1231 Götz, GStB 1999, 239 (245); Knoll in Widmann/Mayer, Umwandlungssteuerrecht, Anh. 11, Rn. 21.

im Rahmen des jeweiligen Teilvermögens betroffen sind.[1232] § 131 Abs. 1 Nr. 1 UmwG bestimmt, dass das Vermögen des übertragenden Rechtsträgers einschließlich der Verbindlichkeiten entsprechend der im Spaltungs- und Übernahmevertrag vorgesehenen Aufteilung jeweils als Gesamtheit auf die übernehmenden Rechtsträger übergeht. Im Fall der Abspaltung bleibt ein Teil des übertragenden Rechtsträgers bestehen, so dass in diesen Fällen bei Anwendung des § 1 Abs. 1a UStG die umsatzsteuerrechtliche Einzel- und Sonderrechtsnachfolge (§ 1 Abs. 1a Satz 3 UStG) eintritt. Das heißt, dass nur eine auf das jeweilige Wirtschaftsgut beschränkte Einzelrechtsnachfolge stattfindet, die sich auf die materiell-rechtlichen Bindungen hinsichtlich des Vorsteuerabzugs der übertragenen Vermögensgegenstände, wie er beim Veräußerer bestanden hat, beschränkt.[1233]

Gerade in den Fällen der Spaltung erweist sich, dass eine Neuformulierung eines weitreichenden Tatbestands, des „Vermögensübergangs zwischen Unternehmern" für die Umsatzsteuer geboten ist. Nur so kann übereinstimmend mit den Grundprinzipien der Umsatzsteuer gewährleistet werden, dass der übertragende Unternehmer von der Umsatzsteuer entlastet wird und die Übertragungsakte nicht zu einem unversteuerten Endverbrauch führen.[1234] Die Vermeidung einer Definitivbelastung mit Umsatzsteuer durch den Vorsteuerabzug allein kann viele praktische Probleme und den administrativen Aufwand (z.B. die zutreffende Beurteilung, Ermittlung der Bemessungsgrundlage, Rechnungserstellung und Deklaration) nicht vermeiden. Der Vorsteuerabzug ist regelmäßig nur die theoretische Umsetzung der Belastungskonzeption.

E. Zusammenfassung

Die Geschäftsveräußerung im Ganzen ist in der in Kapitel 3 entwickelten Form für die Haupttransaktionen bei Umstrukturierungen und Umwandlungen, der Einbringung von Gesellschaften, Verschmelzung, Spaltung und Vermögensübertragung ein hilfreiches Rechtsinstitut zwecks Vermeidung unliebsamer Steuerfolgen aufgrund von Fehlbeurteilungen. Die Geschäftsveräußerung im Ganzen führt dazu, dass die Transaktionen nicht der Umsatzsteuer unterliegen. Durch die Voraussetzungen der Geschäftsveräußerung im Ganzen wird vermie-

---

1232 So auch Knoll in Widmann/Mayer, Umwandlungssteuerrecht, Anh. 11, Rn. 43.

1233 Knoll in Widmann/Mayer, Umwandlungssteuerrecht, Anh. 11, Rn. 44; Reiß, UR 1996, 357 (364); Stadie in Rau/Dürrwächter, UStG, § 2 Rn. 603 und Rn. 610ff; Menner/Broer, UStB 2003, 50 (52), 53); Lippross, Umsatzsteuer, 319 und 320; a.A. Klenk in Sölch/Ringleb, UStG, § 1 Rn. 483; Probst in Hartmann/Metzenmacher, UStG, § 1 Abs. 1a Rn. 166f.

1234 Ebenso Reiß in FS Schaumburg, 1165 (1185).

den, dass ein unversteuerter Endverbrauch stattfindet. Leider ist aber der derzeitige Anwendungsbereich des § 1 Abs. 1a UStG zu eng. Daher ist es sinnvoll die Neuformulierung des „Vermögensübergangs zwischen Unternehmern“ umzusetzen, um zu erreichen, dass die Umsatzsteuer den Unternehmer nicht unnötig mit Steuern und administrativem Aufwand belastet und zugleich eine Umsatzsteuerbindung des Vermögens gewahrt wird. Die Belastungskonzeption der Umsatzsteuer und die Vermeidung eines unversteuerten Endverbrauchs[1235] wird durch die Voraussetzung der unternehmerischen Fortführung durch den Begünstigten sichergestellt. Daher ist die Geschäftsveräußerung im Ganzen in der dargestellten weiten Neufassung das ideale Instrument Umstrukturierungsmaßnahmen einfach und rechtssicher und dabei systemkonform in der Umsatzsteuer zu behandeln.

1235 Auch Reiß in FS Schaumburg, 1168 (1169) hebt im Rahmen der Auslegungsmaximen hervor, dass Umstrukturierungsmaßnahmen beim Unternehmer nicht zu einer Definitivbelastung werden dürfen und zugleich ein unbelasteter Endverbrauch vermieden werden muss.

Kapitel 4 Zusammenfassung der Ergebnisse

A. Die wesentlichen Ergebnisse der Arbeit

Das Rechtsinstitut der Geschäftsveräußerung im Ganzen ist – obwohl es bereits auf eine lange rechtsgeschichtliche Entwicklung zurückblicken kann[1236] – nicht vollumfänglich ausjudiziert und die Auslegung der Tatbestandsmerkmale ist in stetiger Entwicklung.[1237] Die Auslegung der nationalen Norm (§ 1 Abs. 1a UStG) hat sich am unionsrechtlich verankerten Wahlrecht in den Art. 19 und 29 MwStSystRL sowie der gesetzgeberischen Intention den Übergang von Unternehmen(steilen) im Rahmen der vorweggenommenen Erbfolge, von Umstrukturierungen oder Unternehmenskäufen/-verkäufen nicht mit Umsatzsteuer zu belasten, welche beim übernehmenden Rechtssubjekt (lediglich zeitlich versetzt) wieder als Vorsteuer abzugsfähig wäre, da Letzterer die unternehmerische Aktivität weiterführt, zu orientieren. Privilegiert sind Unternehmen und Unternehmensteile gleich welcher Rechtsform. Die nationalen Begriffe des „Geschäfts" oder „gesondert geführten Betriebs" in § 1 Abs. 1a UStG sind anhand der unionsrechtlichen Vorgaben „Gesamt-" oder „Teilvermögen" des Art. 19 MwStSystRL zu bestimmen. Eine Orientierung am Ertragsteuerrecht ist verfehlt, da das harmonisierte Mehrwertsteuerrecht nicht nach nationalen ertragsteuerlichen Kriterien zu beurteilen ist. Die ursprüngliche Anlehnung der Tatbestandsmerkmale an die Übertragung „der wesentlichen Betriebsgrundlagen", welche auf die Begrifflichkeiten der §§ 16 EStG und 75 AO fußt, führt aufgrund der abweichenden gesetzgeberischen Intentionen dieser Vorschriften (§ 16 EStG (i.V.m. § 34 EStG) dient der Vermeidung der geballten Besteuerung stiller Reserven; § 75 AO ist eine Haftungsnorm bei Betriebsübergängen) zu fehlerhaften Ergebnissen. Daher kann auch die Heranziehung der zu den Paragraphen ergangenen Rechtsprechung sowie der Rechtsprechung zu den (nicht auf dem unionsrechtlichen Grundlagen beruhenden) Vorgängerfassungen der Geschäftsveräußerung im Ganzen nicht zielführend sein.

Notwendiges Gesamt- oder Teilvermögen sind die Grundlagen der wirtschaftlichen Betätigung des Übertragenden. Während der Übergang des Gesamtvermögens die Vermögensbestandteile umfasst, welche zum Übergang der gesamten

1236 Zur sog. „Ahnentafel des § 1 Abs. 1a UStG" siehe Kapitel 2 B I.

1237 Zuletzt EuGH-Vorlage Rs. C-651/11, ABl. EU Nr. C 73 v. 10.3.1012, siehe auch von Streit, UR 2012, 904; Ismer/Endres, UR 2012, 897; zuvor Rs. C-444/10 des BFH v. 14.7.2010 – XI R 27/08, BStBl. 2010, 1117; BFH/PR 12/2010, 483 mit Anm. Völlmeke, welche auf die Abgrenzungsprobleme der Geschäftsveräußerung im Ganzen zur Betriebsverpachtung hinweist – zwischenzeitlich entschieden durch EuGH, Urteil v. 1011.2011, Rs. C-444/10 [Schriever], UR 2011, 937.

unternehmerischen Betätigung erforderlich sind (wobei nicht sämtliche materiellen und immateriellen Wirtschaftsgüter übertragen werden müssen); ist der Übergang der für einen Teil der unternehmerischen Betätigung notwendigen materiellen und immateriellen Wirtschaftsgüter der Übergang eines Teilvermögens. Konstitutiv ist der Übergang der unternehmerischen Betätigung (bzw. Betätigungsabsicht). Der Übertragende muss selbst Unternehmer sein. Der Unternehmerbegriff ist ein gemischt-typologisch und abstrakter Rechtsbegriff, welcher sowohl vom Übertragenden als auch vom Begünstigten (Übernehmenden) erfüllt sein muss, damit (in Korrelation mit der Fortsetzung(sabsicht)) durch den Übergang des Gesamt- oder Teilvermögens kein unversteuerter Endverbrauch entsteht. Der Begünstigte selbst kann aufgrund der Vermögensübernahme und auch aufgrund einer Weitergabe des übernommenen Vermögens im Wege der Geschäftsveräußerung im Ganzen diese Unternehmereigenschaft erlangen. Die Geschäftsveräußerung im Ganzen erfordert einen Wechsel in der umsatzsteuerrechtlichen Verfügungsmacht bzw. der Verbrauchszuständigkeit. Dies kann sowohl im Wege eines „Asset Deals“ (Übertragung der Wirtschaftsgüter) als auch im Wege des „Share Deals“ (Übertragung der gesellschaftsrechtlichen Anteile an dem Rechtssubjekt, in welchem das Gesamt- oder Teilvermögen gebunden ist) erfolgen. Diesbezüglich erfolgt eine Gleichstellung von (zivil-)rechtlich unterschiedlichen Übertragungsvorgängen mit wirtschaftlich identischen Ergebnissen. Daneben sind gesellschaftsrechtliche Anteile – unter der Voraussetzung, dass sie ein Teilvermögen bilden – als Geschäftsveräußerung im Ganzen (mit)übertragbar. Voraussetzung für eine Geschäftsveräußerung im Ganzen im Wege des Share Deals ist allerdings, dass die gesellschaftsrechtlichen Beteiligungen zur unternehmerischen Betätigung des Anteilseigners gehören. Anderenfalls ist die Übertragung gesellschaftsrechtlicher Anteile nicht im Anwendungsbereich des Umsatzsteuerrechts. Vom Begünstigten müssen die Anteile wiederum für unternehmerische Zwecke eingesetzt werden.

Dem Ziel im Rahmen der Geschäftsveräußerung im Ganzen einen unversteuerten Endverbrauch auszuschließen, dient das Merkmal der Fortführung(sabsicht). Dieses weder im Wortlaut des § 1 Abs. 1a UStG noch der Art. 19 und 29 MwStSystRL zu findende Erfordernis, sichert die Bindung des Gesamt- und Teilvermögens für unternehmerische Betätigung ab. Spätere Verwendungsänderungen sind dann ggf. über die Korrekturvorschriften § 15a UStG oder § 3 Abs. 1b bzw. Abs. 9a UStG zu erfassen. Die Fortführung(sabsicht) ist kein höchstpersönliches Merkmal.

Der Vorsteuerabzug des Übertragenen sowie des Begünstigten richtet sich nach der unternehmerischen Betätigung des Unternehmers mit dem Gesamt- oder Teilvermögen jeweils vor bzw. nach dem Übergang. Der Begünstige/Übernehmende tritt nicht im Wege der Rechtsnachfolge in das Steuerschuldverhältnis des Übertragenden ein, sondern tritt nach § 1 Abs. 1a Satz 3 UStG die Rechtsnachfolge in die Vorsteuerabzugsverhältnisse des Vorgängers an und übernimmt die Berichtigungszeiträume nach § 15a Abs. 10 UStG.

Die derzeitige Fassung des § 1 Abs. 1a UStG bietet der dargestellten Entwicklung der Tatbestandsmerkmale nicht mehr eine ausreichende legislative Grundlage. Die unionsrechtskonforme Auslegung der Norm ist an ihre Grenzen gestoßen. Das Rechtsinstitut der Geschäftsveräußerung im Ganzen hat eine Ausprägung erlangt, in welcher der Wortlaut der Norm mit den Geboten der Rechtssicherheit und Rechtsklarheit nicht mehr zu vereinbaren ist. Eine Neufassung, welche sich an den Vorgaben in der MwStSystRL orientiert ist daher geboten. Dies könnte in Form eines Rechtsinstituts des „Vermögensübergangs zwischen Unternehmern“ geschehen.

Eine derartige Neuformulierung würde auch im Rahmen von Umstrukturierungen von Konzern- und Holdingsstrukturen mit den typischen Transaktionen der Sacheinlagen, Verschmelzungen sowie von Ab- bzw. Aufspaltungen zu dem Ziel der Art. 19 und 29 MwStSystRL entsprechenden Erleichterungen unter gleichzeitig gewährleisteter Rechtssicherheit und –klarheit führen.

Streitigkeiten über die Frage, ob Sacheinlagen gegen Gewährung von Gesellschaftsrechten steuerbar sind sowie über den Begriff des Anwendungsbereichs der Geschäftsveräußerung im Ganzen aufgrund der Begrifflichkeiten zum Teilvermögensbegriff (bzw. „gesondert geführten Betriebs“) kann durch die Neuformulierung des „Vermögensübergangs zwischen Unternehmern“ begegnet werden, da selbige die Übertragung jeglicher (materieller und immaterieller) Wirtschaftsgüter, welche nicht nur einmalig zur Ausführung von Umsätzen verwendet werden, als nichtsteuerbar erfasst. Die Voraussetzungen an den Übertragenden, Begünstigten sowie die Fortführung(sabsicht) – in Form einer Bindung für unternehmerische Aktivität – sind notwendig, um die Belastungskonzeption einzuhalten. Vergleichbares gilt für die Verschmelzung. Zumal nach § 54 Abs. 1 Satz 3 UmwG sowie § 68 Abs. 1 Satz 2 UmwG eine Verschmelzung ohne Kapitalerhöhung möglich ist. Über § 125 UmwG gilt selbiges auch für die Spaltung. Die Ab- oder Aufspaltung leidet des Weiteren unter dem Risiko der nicht zutreffenden Einordnung des Vermögensübergangs als Geschäftsveräußerung im Ganzen nach § 1 Abs. 1a UStG. Die Risiken wurzeln in den Auslegungsfragen zum Teilvermögensbegriff (bzw. „gesondert geführten Betriebs“). Die Neuformulierung des „Vermögensübergangs zwischen Unternehmern“ würde dem Ansinnen der Vereinfachung, Rechtsklarheit und Rechtssicherheit dienlich sein und zudem eine systemgerechte umsatzsteuerrechtliche Abwicklung ermöglichen, da jeglicher Übergang von Vermögen, welches nicht nur einmalig zur Ausführung von Umsätzen verwendet wird, nichtsteuerbar wäre. Auch Vorgänge mit negativem Entgelt oder die Übertragung von (verlustbringenden) Vermögen unter Zugabe von Geldmitteln wäre erfasst. Mithin ist die Neufassung eine für Umstrukturierungsvorgänge dienliche, unionsrechtlich konforme und der Umsatzsteuer als (End)Verbrauchsteuer gerechte Möglichkeit derartige Übertragsvorgänge zu beurteilen.

B. Resümee

„Die Umsatzsteuer steht […] abseits von allen anderen Steuern, sie ist problematischer als die anderen."[1238] Dieses Zitat sollte für die Umsatzsteuer im Rahmen von Vermögensübertragungen zwischen Unternehmern keine Geltung beanspruchen dürfen. Der Belastungskonzeption der Umsatzsteuer folgend müssen Übertragungen der Gesamtheit oder von Teilen der für die unternehmerische Tätigkeit genutzten Wirtschaftsgüter zwischen Unternehmern weitestgehend von der Umsatzsteuer ausgeschlossen sein. Die Umsatzsteuer beabsichtigt gerade diese Transaktionen nicht zu besteuern. Dies wird durch eine weitergeführte Fortentwicklung des Rechtsinstituts der Geschäftsveräußerung im Ganzen gewährleistet. Die bisherige nationale Regelung ist bereits an ihre Grenzen gestoßen und es bedarf einer Neuformulierung anhand der unionsrechtlichen Vorgaben durch den Gesetzgeber. Dass eine Übertragung eines Gesamt- und Teilvermögens an Voraussetzungen geknüpft werden muss, ist mehr als verständlich, denn schließlich gilt es einen unversteuerten Endverbrauch zu vermeiden. Somit muss sichergestellt werden, dass der Begünstigte die unternehmerische Bindung des übernommenen Vermögens gewährleistet. Die Art und Weise in der dies erfolgt ist allerdings unerheblich, so dass die bisherigen Anforderungen, dass zumindest ein Ansatz der bisherigen Tätigkeit in der fortgeführten Betätigung zu erkennen sein muss, verfehlt ist. Die Übernahme zum Zwecke der Weiterübertragung auf einen Unternehmer, der wiederum sicherstellt, dass das Vermögen unternehmerisch gebunden bleibt, ist ausreichend.

Die Zusammenfassung von Gesamt- oder Teilvermögen, welches nicht nur einmalig zur Ausführung von Umsätzen genutzt wird, ist die Einheit, welche im Rahmen der Geschäftsveräußerung im Ganzen nichtsteuerbar übertragen werden kann. Die Art der Übertragung als „Asset Deal" oder „Share Deal" oder die Frage, ob dies entgeltlich oder unentgeltlich geschieht, ist dabei irrelevant.

Die Neufassung des Rechtsinstituts der Geschäftsveräußerung im Ganzen in Form eines „Vermögensübergangs zwischen Unternehmern" könnte zukünftig dazu führen, dass Unternehmenskäufe/-verkäufe und Umstrukturierungen nicht

---

1238 Popitz, Umsatzsteuergesetz, 1928, 4.

mit Umsatzsteuer belastet werden und wird die notwenige Rechtssicherheit gewährleisten. Auch die Entlastung von administrativen Aufwendungen für die Ermittlung der Bemessungsgrundlage, Rechnungslegung und Deklaration ist nach dem Ziel der Umsatzsteuerbesteuerung bei Transaktionen zwischen Unternehmern unerwünscht. Die Neufassung würde zu einer unionsrechtskonformen Anwendung dieser Regelung und damit – unter Einhaltung der Belastungskonzeption der Umsatzsteuer – zu einer Entlastung der „Zwangsverpflichteten des Staates", der Unternehmer, führen.

C. Fortentwicklung und Ausblick

Die Umsatzsteuer als Verbrauchsteuer, dessen Steuerdestinatar der Endverbraucher ist, wirft auf Ebene des Steuereinsammlers, des Unternehmers, auch aktuell viele Fragen auf. Hingegen sollte die Umsatzsteuer aufgrund des Umstandes, dass der Unternehmer lediglich Steuergehilfe zum „einsammeln" der Steuer ist, geprägt sein von Rechtsklarheit und Rechtsicherheit und nicht im Falle der fehlerhaften Anwendung (regelmäßig aufgrund fehlender Weiterbelastungsmöglichkeit) auch noch finanziell definitiv belastet sein.[1239] Die Sorge um Missbrauch und Betrug führt regelmäßig zur Kritik am gegenwärtigen Umsatzsteuersystem. Folgen sind häufig die Ausweitung der Nachweis- und Dokumentationspflichten, wie beispielsweise die aktuelle Einführung der sog. „Gelangensbestätigung" als Nachweis einer der Voraussetzungen für die Inanspruchnahme der Steuerbefreiung für den innergemeinschaftlichen Warenverkehr (§ 6a Abs. 1, Abs. 3; § 4 Nr. 1 Buchst. b UStG) zeigt.[1240] Auch sind der Wechsel von der Soll-Versteuerung zur Ist-Versteuerung angedacht worden.[1241] Als weitere Alternative zur Sollversteuerung wurde das sog. (allgemeine) Reverse-Charge-Verfahren und das sog. Steuerbefreiungsmodell von *Mittler*[1242], nach dem die Umsatzsteuer in der Unternehmerkette nicht mehr erhoben wird, diskutiert. Alternativ werden daneben noch Varianten einer Ist-Besteuerung vorgeschlagen, entweder in

1239 Tipke in FS Reiß, 9 (17); zu den Problem Rechtssicherheit im Bereich der Umsatzsteuer durch eine verbindliche Auskunft zu erlangen siehe auch: von Streit, DStR 2012, 1897.

1240 Höink/Krebs, DB Heft 9/2012, M9; Höink/Krebs, DB Heft 51/52, 2011, M9.

1241 Der Koalitionsvertrag zwischen CDU, CSU und FDP v. 26. 10. 09 greift die Ist-Versteuerung auf und wünscht eine Prüfung der Machbarkeit einer Ausweitung in der 17. Legislaturperiode; siehe auch BMF v. 12. 11. 2003, UR 2004, 16 ff.; kritisch zur umfassenden Ist-Versteuerung Widmann, UR 2004, 177 ff.

1242 UR 2001, 385 und UR 2004, 1 ff.

Kombination mit der Abführung der Umsatzsteuer über ein Treuhandkonto[1243] oder unter Einbezug von Banken als Quellensteuer.[1244] Wirkliche Reformen sind aber in absehbarer Zeit nicht zu erwarten.

Anders ist die Entwicklung bei der Geschäftsveräußerung im Ganzen. Auch wenn am System des Allphasen-Netto-Umsatzsteuerrechts mit Vorsteuerabzug nichts grundlegend geändert wird, so hat die Geschäftsveräußerung im Ganzen, in der Funktion Unternehmensnachfolge und Umstrukturierungen in der Umsatzsteuer zu vereinfachen[1245], seit Einreichung dieser Arbeit in der Rechtsprechung und praktischen Anwendung (aufgrund erfolgter Anpassung der Verwaltungsauffassung) eine deutliche Ausweitung des Anwendungsbereichs im Sinne der vorstehend gefundenen Ergebnisse erfahren. Zugleich hat kaum ein Rechtsinstitut in der Umsatzsteuer mehr Aufmerksamkeit in den vergangenen Jahren auf sich gezogen, als die Geschäftsveräußerung im Ganzen.[1246]

Der durch die Entscheidung des EuGH in der Rechtssache „AB SKF“[1247] begonnene Paradigmentwechsel (siehe Kapitel B IV 4. b) cc) (5)) hat auch in der nationalen höchstrichterlichen Rechtsprechung[1248] und nachfolgend in der nationalen Verwaltungsauffassung zu erheblichen Veränderungen im Sinne der vorstehend gefundenen Ergebnisse geführt. Zunächst gab die Finanzverwaltung mit BMF-Schreiben vom 2.1.2012[1249] die sog. Zwei-Sphärentheorie auf und definierte den Vorsteuerabzug anhand der unionsrechtlichen Vorgaben neu, welches im Ergebnis den in Kapitel B IV 4. b) bb) (6) gefundenen Voraussetzungen der Zuordnung von gesellschaftsrechtlichen Beteiligungen zu wirtschaftlichen Tätigkeiten sehr nahe kommt. Mit BMF-Schreiben vom 3.1.2012[1250] hat die Finanzverwaltung zu dem o.g. EuGH-Urteil und ein die Aussagen des EuGH nachvollziehendes Urteil des BFH vom 27.1.2011[1251] Stellung genommen.

Nach den dadurch eingefügten Abschn. 1.5. Abs. 9 UStAE ist die Übertragung einer 100% des Nennkapitals umfassenden gesellschaftsrechtlichen Beteiligung sowie die Übertragung einer Organgesellschaft durch Anteilsübertragung als Geschäftsveräußerung im Ganzen zu beurteilen, sofern sie im Anwendungsbe-

---

1243 Ehlscheid/Büscher, BB 2006, 522; Kirchhof, DStR 2008, 1 (6 f.); Kirchhof, Bundessteuergesetzbuch 2011, 814.

1244 Lohse/Parsche/Gebauer, BB 2006, 1481

1245 Statt vieler: Jacob, Umsatzsteuer, Rn. 325.

1246 Ebenso von Streit, UR 2012, 910.

1247 EuGH, Urteil v. 29.10.2009, Rs. C-29/08 [AB SKF], DStR 2009, 2311.

1248 BFH, Urteil v. 27.1.2011 – V R 38/09, BStBl. II 2012, 68.

1249 BMF-Schreiben v. 2.1.2012 – IV 2 - S 7300/11/10002; BStBl. I 2012, 60.

1250 BMF-Schreiben v. 3.1.2012 – IV D 2 – 7100b/11/10001, BStBl. I 2012, 76.

1251 BFH, Urteil v. 27.1.2011 – V R 38/09, BStBl. II 2012, 68.

reich der Umsatzsteuer stattfinden. Letzteres gilt sogar dann, wenn der Erwerber mit der im Wege des Anteilskaufs erlangten Organgesellschaft keinen neuen Organkreis begründet.[1252] Die Nichtsteuerbarkeit des Übertragungsvorgangs aufgrund der Geschäftsveräußerung im Ganzen knüpft dabei auf der Ebene des Leistenden/Übertragenden an und fordert die weiteren Tatbestandsmerkmale, wie Fortführung(sabsicht).[1253] Die in dieser Arbeit diskutierten Fragen, ob Anteilsübertragungen im Wege der Gleichstellung von Asset Deal und Share Deal zur nichtsteuerbaren Geschäftsveräußerung im Ganzen führen oder ob eine Übertragung der Mehrheitsbeteiligung an einer Organgesellschaft im umsatzsteuerlichen Organkreis nach § 2 Abs. 2 Nr. 2 UStG nicht als Übertragung von (Teil-) Unternehmensvermögen wird derzeit nicht nur in der Literatur[1254] diskutiert. Diese Fragen sind auch Teil der aktuellen Vorlage an den EuGH in der Rs. C-651/11.[1255] Viele der in der Arbeit diskutierten und zu Ergebnissen geführten Fragen, welche nunmehr auch Teil des Diskurses[1256] sind, könnten durch die EuGH-Vorlage entschieden werden.

Daher bleibt Spannung bleibt abzuwarten, ob der EuGH sich der vorliegend vertretenen Auffassung (siehe Kapitel B IV 4. b) cc)), das auch die Übertragung einer Minderheitsbeteiligung an einer Gesellschaft, an welcher der Übertragende wirtschaftliche Leistungen erbringt, eine Geschäftsveräußerung im Ganzen ist[1257], anschließt. Die Gelegenheit findet sich dazu im aktuell anhängigen Vorlageverfahren Rs. C-651/11 aus den Niederlanden, da zu entscheiden ist, ob die Übertragung von 30% der Anteile an einer Gesellschaft, an welche der Veräußerer dieser Anteile mehrwertsteuerpflichtige Dienstleistungen erbringt, der unionsrechtlichen Teilvermögensübertragung[1258] gleichzustellen ist?

Eine weitere Fortentwicklung hat die Frage, ob eine Übereignung stattfinden muss, oder ob eine Überlassung ausreichend ist, sowie die Frage nach dem Umfang des übergehenden Vermögens erfahren (siehe dazu Kapitel B IV 1. c) cc) und B IV 4.). In der Entscheidung „Christel Schriever“ des EuGH vom 10.11.2011[1259] und nachfolgend in dem BFH-Urteil vom 18.1.2012 – XI R

1252 Abschn. 1.5. Abs. 9 S. 5 UStAE.

1253 Kritisch Zölch, UR 2012, 387 (392); wohl auch Grünwald, DStR 2012, 437 (438) .

1254 von Streit/Behrens, DStR 2012, 877 (879); von Streit/Duyfjes, DStR 2011, 1882.

1255 EuGH-Vorlageentscheidungsersuchen des Hoge Raad der Nederlanden v. 2.12.2011 – 42863, LJN BO3645 – X B.V., Rs. C-651/11, ABl. EU Nr. C73 v. 10.3.2012, 17.

1256 Ismer/Endres, UR 2012, 897; von Streit, UR 2012, 904; Englisch/Friedrich-Vache, IFSt-Schrift 477, 30 f.

1257 Ebenso nun auch Grünwald, DStR 2012, 437 (440).

1258 Art. 5 Abs. 8 bzw. Art. 6 Abs. 5 der 6. EG (77/388/EWG) ist jetzt Art. 19 bzw. 29 MwStSystRL.

1259 EuGH, Urteil v. 10.11.2011, Rs. C-444/10 [Schriever], UR 2011, 937.

27/08[1260] wurde judiziert, dass sofern die übertragenen Sachen hinreichend sind, damit der Erwerber eine selbständige wirtschaftliche Tätigkeit dauerhaft ausüben kann, daneben auch wesentlichen Vermögensgegenstände lediglich überlassen werden können. Konkret wurde der Warenbestand und die Geschäftsausstattung übertragen; das Ladenlokal hingegen lediglich an den Erwerber vermietet. Die Frage nach den Mindestumfang der Übertragung ist nunmehr im Sinne des in dieser Arbeit gefundenen Ergebnisses (siehe Kapitel B IV 1. c) cc) (6)) entschieden. Maßgebend ist nicht der Umfang der Vermögensübertragung. Ausschlagebend ist vielmehr, dass der Erwerber mit den übernommenen und überlassenen Gegenständen eine wirtschaftliche Tätigkeit fortführen kann. Die Gesamtwürdigung muss ergeben, dass eine wirtschaftliche Betätigung – ein Geschäft – übergeht.[1261]

Gleichwohl werden – solange die Gesamt- und Teilvermögensübertragung – als Wahlrecht an die Mitgliedstaaten ausgestaltet und nicht unionsweit gleichartig umgesetzt ist, trotz aller oben genannten begrüßenswerten Entwicklungen auch immer wieder neue Fragen aufgeworfen, wie beispielweise die Abwicklung bei grenzüberschreitenden Sachverhalten.[1262] Mithin sind alle gefundenen Ergebnisse immer ein Teil einer Lösung zur systemgerechten Umsetzung des Ziels der Nichtsteuerbarkeit der Gesamt- und Teilvermögensübertragung im Mehrwertsteuerrecht bei grundsätzlichem Festhalten am Allphasen-Netto-Umsatzsteuerprinzip (mit Vorsteuerabzug). Das nationale Umsatzsteuerrecht sollte allerdings den unionsrechtlichen Vorgaben gemäß und im Sinne einer rechtssichereren und systemkonformen Regelung adjustiert werden.

1260 BFH, Urteil v. 18.1.2012 – XI R 27/08, UR 2012, 393.

1261 EuGH, Urteil v. 10.11.2011, Rs. C-444/10 [Schriever], DStR 2011, 2196; Grünwald, DStR 2012, 437 (439).

1262 Siehe dazu Grünwald, DStR 2012, 437 (442).

Literaturverzeichnis

Achatz, Markus	Umsatzsteuer und Gemeinnützigkeit, Bericht über die 27. Jahrestagung der Deutschen Steuerjuristischen Gesellschaft e.V. zum Thema Gemeinnützigkeit, DStJG Band 26, Jachmann (Hrsg.), Köln 2003, DStJG 26 (2003), S. 305 (zit.: *Achatz*, DStJG 26 (2003), 305)
Achatz, Markus	Seminar B: Umsatzbesteuerung der öffentlichen Hand aus gemeinschaftsrechtlicher Sicht, IStR 2008, S. 541
Amman, Gunter	Zum Vorsteuerabzug bei nicht der Besteuerung unterliegenden Geschäftsveräußerungen, UR 1998, S. 98
Amman, Gunter	Die Geschäftsveräußerung nach § 1 Abs. 1a UStG ist ein Nichtumsatz – der erwerbende Unternehmer tritt an die Stelle des Veräußerers, UR 1998, S. 285
Arzberger, Werner K. /Püschner, Johannes	Mißbrauchsbekämpfungs- und Steuerbereinigungsgesetz: Die Änderung bei der Umsatzsteuer, DB 1994, S. 296
Bahns, Jochen /Wienands, Hans-Gerd	Vorsteuerabzug und Geschäftsveräußerung im Sinne von § 1 Abs. 1a UStG, UR 1999, S. 265
Ball, Jochen /Meyer, Berthold	Grundstücksübertragungen im Grenzbereich umsatzsteuerlicher Geschäftsveräußerung, – Die (v)erkannte Geschäftsveräußerung aus materiell- und verfahrensrechtlicher Sicht – Teil 1, StBp 2008, S. 249
Baumbach, Adolf/ Hopt, Klaus J.	Kommentar zum Handelsgesetzbuch mit GmbH & Co. KG, Handelsklauseln, Bank- und Börsenrecht, Transportrecht (ohne Seerecht), Hopt/Merkt (Hrsg.), 34. neubearbeitete und erweiterte Auflage, München 2010 (zit.: Hopt in Baumbach/Hopt, HGB, Paragraph, Randnummer)
Becker, Felix /Robisch, Martin	Die umsatzsteuerliche Behandlung von Einlagen nach dem EuGH-Urteil vom 26. Juni 2003, UVR 2003, S. 395

Behrens, Stefan /Schmitt, Rainer — Zur Anwendung von § 1 Abs. 1a UStG bei Immobilientransaktionen, UVR 2008, S. 220

Behrens, Stefan — Vorsteuerabzug durch Holdinggesellschaften, Das EuGH-Urteil SKF und erste daraus abzuleitende Folgerungen, EU-UStB 2009, S. 62

Behrens, Stefan — Vorsteuerabzug beim Beteiligungsverkauf, UVR 2010, S. 174

Benkert, Manfred /Menner, Stefan — Geschäftsveräußerung gem. § 1 Abs. 1a UStG bei Veräußerung von bebauten Grundstücken, DB 1994, S. 1996

Beuthien, Volker — Zur Mitgliedschaft als Grundbegriff des Gesellschaftsrechts, Subjektives Recht oder Stellung im pflichthaltigen Rechtsverhältnis?, Festschrift für Herbert Wiedemann zum 70. Geburtstag, Wank/Hirte/Frey/Fleischer/Thüsing (Hrsg.), München 2002, S. 755 (zit.: *Beuthien* in FS Wiedemann, S. 755)

Binder, Sandra — Sachgesamtheit versus Werklieferung im europäischen Anlagenbau, UR 2005, S. 369

Binz, Mark K. /Sorg, Martin H. — Die GmbH & Co. KG, Das Standardwerk für Familienunternehmen im Handels- und Steuerrecht, 9., überarbeitete und erweiterte Auflage, München 2003 (zit.: *Binz/Sorg*, Die GmbH & Co. KG, Paragraph Randnummer)

Birk, Dieter — Steuerrecht, Schwerpunkte-Reihe, 14., neu bearbeitete und erweiterte Auflage, Heidelberg 2011 (zit.: *Birk*, Steuerrecht, Randnummer)

Birkenfeld, Wolfram — Beginn, Abwicklung und Ende des Unternehmens, UR 1992, S. 29

Birkenfeld, Wolfram — Umsatzsteuerrechtliche Organschaft und Gemeinschaftsrecht, UR 2009, S. 2

Birkenfeld, Wolfram — Aufteilung von Vorsteuerbeträgen bei nichtunternehmerischer und unternehmerischer Tätigkeit, Die Securenta-Entscheidung und die Folgen, NWB Fach 7, S. 7041

Birkenfeld, Wolfram (Hrsg.)	Das große Umsatzsteuer-Handbuch, Loseblattsammlung, 54. Erg. Lief./Stand November 2010) (zit.: *Birkenfeld*, Umsatzsteuer-Handbuch, Paragraph Randnummer)
Blanke, Gernot	Umsatzsteuerrechtliche Behandlung von Gesellschafterbeiträgen bei Personengesellschaften, Schriften zum Umsatzsteuerrecht, Band 4, Univ. Diss., Köln 1991 (zit.: *Blanke*, Gesellschafterbeiträge bei Personengesellschaften, Seite)
Boochs, Wolfgang	Auswirkungen des Umwandlungssteuerrechtes 1995 auf die Umsatzsteuer und die Grunderwerbsteuer, UVR 1997, S. 37
Bork, Reinhard	Insolvenzfähigkeit der Bruchteilsgemeinschaft?, ZIP 2001, S. 545
Broer, Frank /Menner; Stefan	Rechtsnachfolge bei Geschäftsveräußerung, Rechtsfolgen und aktuelle Entwicklungen, UStB 2003, S. 50
Broer, Frank /Menner, Stefan	Begünstigte Betriebsteile im Ertrag- und Umsatzsteuerrecht, BB 2003, S. 229
Brune, Alfons	Der Erwerb eines vermieteten Grundstücks als zu Haftung nach § 75 AO führender Unternehmenskauf? – Kritische Anmerkung zum Urteil des Finanzgerichts Nürnberg vom 13. November 1999 (EFG 1991, 710), DStZ 1992, S. 135
Büchter-Hole, Claudia	Anmerkung zu FG Köln, Urteil vom 1. Oktober 2010 – 5 K 2567/06, EFG 2011, S. 195
Büchter-Hole, Claudia	Anmerkung zu FG Köln, Urteil vom 12. Dezember 2006 – 8 K 1130/05, EFG 2007, S. 456
Bunjes, Johann/ Geist, Reinhold (Begr.),	Kommentar zum Umsatzsteuergesetz, 9. völlig neubearbeitete Auflage, München 2009

Burgmaier, Bernd — Sacheinlagen des Gesellschafters, Eine Analyse aus umsatzsteuerrechtlicher Sicht nach der neuesten EuGH-Rechtsprechung, Umsatzsteuer-Kongress-Bericht, Herausgegeben vom UmsatzsteuerForum – Vereinigung zur wissenschaftlichen Pflege des Umsatzsteuerrechts e.V., Nieskens (Hrsg.), Köln 2007, S. 109 (zit.: Burgmaier, UStKongrBer. 2007, 109)

Burkhardt, Diana — Das Stichtagsprinzip im Schenkungsteuerrecht, Europäische Hochschulschriften, Univ. Diss, Frankfurt/Main 2004 (zit.: Burkhardt, Das Stichtagsprinzip, Seite)

Buttenhauser, Oliver R. /Steinhauser, Harald — Umsatzsteuerrechtliche Beurteilung des Börsengangs einer Aktiengesellschaft – Kretztechnik-Entscheidung des EuGH vom 26. Mai 2005, UR 2005, S. 415

Buttenhauser, Oliver R. — Die umsatzsteuerrechtliche Beurteilung von Gesellschaftsakten bei Personen- und Kapitalgesellschaften, Univ. Diss., Regensburg 2006 (zit.: Buttenhauser, Die umsatzsteuerrechtliche Beurteilung von Gesellschaftsakten bei Personen- und Kapitalgesellschaften, Seite)

Damas, Peter-Jens — Die öffentliche Hand und die 6. EG-Richtlinie – Überlegungen zum Begriff der größeren Wettbewerbsverzerrungen –, UR 2005, S. 303

Dengler, Michael H. /Elbert, Xandra — Geschäftsveräußerung eines Unternehmensteils oder Teilvermögens, UR 2011, S. 214

Derlien, Ulrich — Zu den Voraussetzungen bei einer Geschäftsveräußerung im Ganzen bei lediglich Vermietung wesentlicher Betriebsgrundlagen, BB-Kommentar, BB 2010, S. 2806

Dobratz, Lars — Leistung und Entgelt im Europäischen Umsatzsteuerrecht, Schriften zum Umsatzsteuerrecht, Univ.Diss., Köln 2005 (zit.: Dobratz, Leistung und Entgelt im Europäischen Umsatzsteuerrecht, Seite)

Drüen, Klaus-Dieter — 2010: Der Aufbruch zu einer neuen Steuerkultur?, DStR 2010, S. 2

Dziadkowski, Dieter	Zur Unternehmereigenschaft von Steuersubjekten, die nicht als „geborene Unternehmer" zu qualifizieren sind, UR 1989, S. 137
Ebenroth, Thomas/ Boujong, Karlheinz/ Joost, Detlev/ Strohn, Lutz	Joost/Strohn (Hrsg.), Kommentar zum Handelsgesetzbuch, Band 1, §§ 1-342e, München 2008 (zit.: Hillmann in Ebenroth/Boujong/Joost/ Strohn, HGB, Paragraph Randnummer)
Eggers, Joachim H. /Korf, Ralph	Umsatzsteuer und Holding – Neue Entwicklungen, DB 2001, S. 298
Eggers, Joachim H.	Umsatzsteuerliche Behandlung von gesellschaftsrechtlichen Beteiligungen und Holdinggesellschaften, WPg 2007, S. 616
Eggers, Joachim H. /Korf, Ralph	Umsatzsteuerliche Fragen im Zusammenhang mit dem Halten von Beteiligungen – Anmerkung zu dem BMF-Schreiben vom 26.1.2007 –, DB 2007, S. 361
Eggers, Joachim H.	Anmerkung zu EuGH, Urteil vom 13.3.2008, Rs. C-437/06 [Securenta], UR 2008, S. 348
Eggers, Joachim H. /Korf, Ralph	Vorsteuerabzug bei Kapitalbeschaffung und Beteiligungen, Was bringt die Securenta-Entscheidung des EuGH?, DB 2008, S. 719
Eggers, Joachim /Korf, Ralph	Vorsteuerabzug beim Share Deal – Anm. zum EuGH-Urteil vom 29.10.2009 – Rs. C-29/08, AB SKF, DB 2009, S. 2695 –, DB 2009, S. 2685
Englisch, Joachim	Umsatzsteuerrechtliche Behandlung gesellschaftsrechtlicher Beteiligungen – Anmerkung zum BMF-Schreiben vom 6.1.2007 –, UR 2007, S. 290
Englisch, Joachim/ Friedrich-Vache, Heidi	Umsatzsteuerrechtliche Apekte der Anteilsveräußerung, IFSt Schrift Nr. 477, Berlin 2011 (zit.: Autoren, IFSt Schrift Nr. 477, Seite)
Ernsthaler, Jürgen	Gemeinschaftskommentar zum Handelsgesetzbuch mit UN-Kaufrecht, ders. (Hrsg.), Bandasch (Begr.), 7. neu bearbeitete und erweiterte Auflage, Neuwied 2007 (zit.: Ernsthaler, HGB, Paragraph Randnummer)

Eversloh, Udo	Übertragung verpachteter/vermieteter (Gewerbe-) Immobilien unter Fortführung des Pacht-/Mietvertrags durch den Erwerber als nicht umsatzsteuerbare Geschäftsveräußerung im Ganzen, jurisPR-SteuerR 19/2004, Anm. 1
von Falkenhausen, Joachim/ Schneider, Henning C.	Münchener Handbuch des Gesellschaftsrechts, Band 2, Kommanditgesellschaft, GmbH & Co. KG, Publikums-KG, Stille Gesellschaft, Grummert/Weipert (Hrsg.), 3. neubearbeitete Auflage, München 2009 (zit.: H.C. Schneider/v.Falkenhausen, Münchener Handbuch des Gesellschaftsrechts, Paragraph Randnummer)
Feil, Kathrin /Roscher, Carolin	Vorsteuerabzug bei Holdinggesellschaften – Quo vadis?, Anmerkungen zum BMF-Schreiben vom 26.1.2007 – „Umsatzsteuerrechtliche Fragen im Zusammenhang mit dem Halten von Beteiligungen“, BB 2007, S. 1079
Feldt, Matthias	Vorsteuerabzug im Zusammenhang mit der Veräußerung von Beteiligungen und Geschäftsaktivitäten, UR 2007, S. 161
Fischer, Peter	Gewerbliche Betätigung am Grundstücksmarkt, Zu den rechtlichen Typen des Grundstückshändlers und des Bauunternehmers, FR 1995, S. 803
Flume, Werner	Allgemeiner Teil des Bürgerlichen Rechts, 4., unveränderte Auflage, Berlin/Heidelberg/New York/Tokio 1992 (zit.: Flume, Allgemeiner Teil des Bürgerlichen Rechts, Paragraph Kapitel)
Forster, Eduard	Die „Geschäftsveräußerung im Ganzen“ bzw. „Veräußerung eines gesondert geführten Betriebs“ gemäß § 1 Abs. 1a UStG im Lichte der jüngsten EuGH-Rechtsprechung, UVR 2004, S. 214
Franz, Einiko B.	Die umsatzsteuerliche Behandlung der Übertragung von Vertragsportfolio bzw. einzelner Verträge, BB 2010, S. 536
Friedl, Helmut	Abzug der Vorsteuern für unentgeltliche oder verbilligte Lieferungen und sonstige Leistungen an einen anderen Unternehmer, UR 1987, S. 346

Friedl, Helmut	Wertabgabentheorie und Abzug der Umsatzsteuer auf den Eigenverbrauch, UR 1988, S. 209
Gallert, Jan /Wagner, Johann	Die Rechtsstellung des Erwerbers nach einer Geschäftsveräußerung im Ganzen gemäß § 1 Abs. 1a Satz 3 UStG, DStR 2010, S. 2017
Gastl, Christian /Kessler, Wolfgang	Umsatzbesteuerung öffentlich-rechtlicher Hochschulen im Spannungsfeld zwischen nationalem und EG-Recht, UR 2002, S. 452
Giesberts, Franz J.	Die Qualifizierung des Unternehmerbegriffs als Typusbegriff, UR 1993, S. 279
Giesberts, Franz J.	Unternehmer: "Ein Händler am Markt?", UR 1989, S. 257
Glanegger, Peter	Schmidt, Kommentar zum Einkommensteuergesetz, 29., völlig neubearbeitete Auflage, München 2010
Götz, Hellmut	Umsatzsteuer bei Spaltung, Verschmelzung, Formwechsel und Einbringung, GStB 1999, S. 239
von Groll, Rüdiger	Zur mittelbaren Tatbestandsverwirklichung im Steuerrecht, StuW 1995, S. 326
Grube, Frederike	Geschäftsveräußerung gemäß § 1 Abs. 1a UStG bei Veräußerung verpachteter Immobilien unter Fortführung des Pachtvertrages, Anm. zu BFH, Urteil vom 11.10.2007 – V R 57/06, jurisPR-SteuerR 12/2008, Anm. 6
Grunewald, Barbara	Gesellschaftsrecht, 7. vollständig überarbeitete Auflage, Tübingen 2008 (zit.: Grunewald, Gesellschaftsrecht, Seite)
Grünwald, Ulrich	Umfang der Unternehmereigenschaft einer Holding, Die nichtunternehmerische Sphäre: Phantom oder Realität, DStR 2005, S. 1377
Grünwald, Ulrich	Die Veräußerung von Beteiligungen als nicht umsatzsteuerbare Geschäftsveräußerung, DStR 2012, S. 437

Habersack, Mathias	Die Mitgliedschaft – subjektives und „sonstiges“ Recht, Habilitationsschrift, Tübingen 1996 (Habersack, Die Mitgliedschaft – subjektives und „sonstiges“ Recht, Seite)
Hahne, Klaus D.	BB-Kommentar: „EuGH bestätigt die Koexistenz eines unternehmerischen und eines nicht-unternehmerischen Bereichs in einer Gesellschaft, die Abgrenzung bleibt aber offen“, BB 2008, S. 766
Hahne, Klaus D.	Umsatzsteuerliche Organschaft mit Personengesellschaften europarechtlich geboten?, Analyse der EuGH-Rechtsprechung zur wettbewerbsneutralen Umsetzung von Mitgliedstaatenwahlrechten, DStR 2008, S. 910
Hamacher, Rolfjosef	Anmerkung zu EuGH, Urteil vom 22.10.2009, Rs. C-242/08 [Swiss Re], UR 2009, S. 896
Hartmann, Alfred/ Metzenmacher (Begr.)	Kommentar zum Umsatzsteuergesetz mit Umsatzsteuer-Durchführungsverordnung, Umsatzsteuer-Richtlinien, Verwaltungsanweisungen, Nebengesetzen, Verordnungen sowie den einschlägigen internationalen Verträgen und Abkommen, Birkenfeld (Hrsg.) unter Mitwirkung von Hille, 7. Auflage, Loseblattsammlung, Stand 2/11, Februar 2011
Hasbach, Alexander	Die Holding als umsatzsteuerlicher Unternehmer, Ausführungen zur „Sphärentheorie“, Steuer und Studium 2008, S. 87
Hasselbach, Kai /Komp, Ralf	Die Bestandsübertragung als Maßnahme zur Restrukturierung von Versicherungsunternehmen, VersR 2005, S.1651
Hättich, Jörg /Renz, Matthias	Geschäftsveräußerung im Ganzen, NWB 33/2010, S. 2614
Hättich, Jörg /Renz, Matthias	Geschäftsveräußerung im Ganzen, NWB 4/2011, S. 268
Heidner, Hans-Hermann	Bunjes/Geist (Begr.), Kommentar zum Umsatzsteuergesetz, 9., völlig neubearbeitete Auflage, München 2009

Heinrichshofen, Stefan Geschäftsveräußerung im Ganzen bei verpachteter Gewerbeimmobilie, UStB 2004, S. 260

Heinrichshofen, Stefan Wie geht es weiter mit dem Vorsteuerabzug anlässlich des Erwerbs und der Ausgabe von Gesellschaftsanteilen?, Gleichzeitig eine Bestandsaufnahme zu den BMF-Schreiben v. 4.10.2006 und 26.1.2007 sowie einer Vorlage des FG Niedersachsens an den EuGH, EU-UStB 2007, S. 23

Heinrichshofen, Stefan Übertragung eines Versicherungsbestandes, Anm. zu EuGH, Urteil vom 22.10.2009, Rs. C-242/08 [Swiss Re], EU-UStB 2009, S. 56

Heizmann, Gerold /Schroeder, Kai Uwe /Heizmann, Elke Vorsteuerabzug aus vermögensverwaltender Tätigkeit juristischer Personen des öffentlichen Rechts, Konfliktpotential in der steuerlichen Beratungspraxis, DStR 2004, S. 705

Henkel, Jürgen Anmerkung zum EuGH, Urteil v. 6.10.2005, Rs. C-291/03 [My Travel plc], UR 2005, S. 692

Herbert, Ulrich Geschäftsveräußerung und Immobilien, UR 2004, S. 506

Hermann, Carl /Heuer, Gerhard/ Raupach, Arndt (Hrsg.) Kommentar zum Einkommensteuer- und Körperschaftsteuergesetz, Mrozek/Kennerknecht (Begr.), fortgeführt von Hermann/Heuer/Raupach, Hey/Wendt/Prinz (Hrsg.), Bergkemper/Clausen/ Kanzler/Kumpf/ Stapperfend/Stobbe/Tiedchen (Mithrsg.), Köln, Erg.Lief. 239/Stand Febr. 2010 (zit.: Autor in HHR, Paragraph Randnummer)

Herzberg, Rolf D. Kritik der teleologischen Gesetzesauslegung, NJW 1990, S. 2525

Hesselmann, Malte/ Tillmann, Bert/Mueller-Thuns, Thomas (Hrsg.), Handbuch der GmbH & Co. KG, 20. Auflage, Köln 2009 (zit.: Helde in Handbuch der GmbH & Co. KG, Paragraph, Randnummer)

Hidien, Jürgen W. Europäische Rechtsbegriffe und nationale Begriffspolitik im Mehrwertsteuerrecht, StuW 2005, S. 265

Hidien, Jürgen W.	Rechtssprache im Mehrwertsteuerrecht – Erwiderung zu W. Christian Lohse, Europäische Rechtsbegriffe und nationale Begriffspolitik im Mehrwertsteuerrecht –, UR 2006, S. 265
Hidien, Jürgen, W.	Die Geschäftsveräußerung im Ganzen (§ 1 Abs. 1a UStG) – Überblick über neue rechtsanhängige Revisionsverfahren, UVR 2009, S. 11
Hidien, Jürgen W. /Kirchner, Thomas	Umsatzsteuerrechtliche Folgen der ertragsteuerrechtlichen Realteilung eines Betriebs- und Unternehmensvermögens, StuB 2009, S. 96
Hoffsümmer, Phillip	Steuerbefreiungen für Inlandsumsätze (§ 4 Nrn. 8 bis 28 UStG), Eine systematische Betrachtung unter besonderer Berücksichtigung europäischer und nationaler Prüfungsmaßstäbe, Diss. 2008, Frankfurt/Main 2009, (zit.: Hoffsümmer, Steuerbefreiung für Inlandsumsätze, Seite)
Holzapfel, Hans-Joachim/ Pöllath, Reinhard	Unternehmenskauf in Recht und Praxis, 12., neu bearbeitete Auflage, Köln 2005 (Holzapfel/Pöllath, Unternehmenskauf, Seite)
Horn, Wilhelm	Umsatzbesteuerung von Umwandlungen nach dem neuen Umwandlungsrecht, UR 1995, S. 472
Höink, Carsten	Nochmals: Verzicht auf die Steuerbefreiung und Option zur Steuerpflicht, UR 2011, S. 851
Höink, Carsten/ Krebs, Eva	Neue Nachweispflichten im grenzüberschreitenden Warenverkehr – Handlungsbedarf zum 1.1.2012, DB 2011, Heft 51/52 M9
Höink, Carsten/ Krebs, Eva	Update zu den neuen Nachweispflichten im grenzüberschreitenden Warenverkehr, DB 2012, Heft 9, M9
Hötzel, Oliver/ Mueller-Thuns, Thomas/ Rödder, Thomas	Unternehmenskauf, Unternehmensverkauf, Zivil- und steuerrechtliche Gestaltungspraxis, München 2003 (zit.: Rödder/Hötzel/Mueller-Thuns, Unternehmenskauf/-verkauf, Seite)

Huber, Ulrich — Vermögensanteil, Kapitalanteil und Gesellschaftsanteil an Personalgesellschaften des Handelsrechts, Heidelberger rechtsvergleichende und wirtschaftsrechtliche Studien, Habilitationsschrift, Heidelberg 1970 (zit.: Huber, Vermögensanteil, Seite)

Hüllmann, Markus /Rüth, Henning H. — Neues zum umsatzsteuerlichen Beteiligungserwerb, Gleichzeitig Analyse des Vorlagebeschlusses FG Niedersachen – C-437/06 Securenta und der Schlussanträge des Generalanwalts Ján Mazák v. 11.12.2007, EU-UStB 2008, S. 9

Hüllmann, Markus — Die Unternehmereigenschaft der öffentlichen Hand im Umbruch?, Eine Bestandsaufnahme der jüngeren Rechtsprechung des EuGH, UStB 2009, S. 46

Hülsmann, Matthias — Die Steuerklausel im Unternehmenskaufvertrag, DStR 2008, S. 2402

Hummel, David — Bauten auf fremden Grund und Boden im Umsatzsteuerrecht, – Lieferung, Weiterlieferung und Vorsteuerabzug –, Dissertation, Berlin 2009 (zit.: Hummel, Bauten auf fremden Grund und Boden im Umsatzsteuerrecht, Seite)

Hundt-Eßwein, Hans. U. — Die Geschäftsveräußerung im Ganzen, Bestandsaufnahme eines relativ unbekannten Rechtsinstituts, UStB 2005, S. 205

Hundt-Eßwein, Hans U. — Die Zuordnung von Leistungen unter Berücksichtigung neuester Rechtsprechung, Tendenzen des EuGH, UStB 2010, S. 83

Hundt-Eßwein, Hans U. — Die nichtsteuerbare Geschäftsveräußerung im Ganzen, Neue Tendenzen in der Rechtsprechung, UStB 2008, S. 285

Hünnekens, Heinz — Änderungen des Umsatzsteuergesetzes durch das Mißbrauchsbekämpfungs- undSteuerbereinigungsgesetz, NWB Fach 7, S. 4309

Huschens, Ferdinand — Umsatzsteuerliche Aspekte der Aufnahme von Gesellschaftern in Personengesellschaften – Anmerkungen zum EuGH-Urteil vom 26.6.2003, C-442/01 –, INF 2003, S. 700

Husmann, Eberhard — Nichtsteuerbare Geschäftsveräußerungen, Zum Anwendungsbereich des § 1 Abs. 1a UStG, UR 1994, S. 333

Husmann, Eberhard — Rau/Dürrwächter, Flick/Geist (Hrsg.), Kommentar zum Umsatzsteuergesetz, 8. Auflage, Köln, Loseblattsammlung Erg.Lief. 144/Dez. 2010

Ismer, Roland/ Endres, Daniela — Anteilsveräußerung als Geschäftsveräußerung im Ganzen, UR 2012, S. 898

Jakob, Wolfgang — Umsatzsteuer, Lehrbuch, 4., völlig überarbeitete Auflage, München 2009 (zit.: Jakob, Umsatzsteuer, Randziffer)

Jarass, Hans D. — Grundfragen der innerstaatlichen Bedeutung des EG-Rechts, Die Vorgaben des Rechts der Europäischen Gemeinschaft für die nationale Rechtsanwendung und die nationale Rechtssetzung nach Maastricht, Völkerrecht – Europarecht – Staatsrecht, Schriftenreihe, Bleckmann (Hrsg.), Köln/Berlin/Bonn/München 1994 (zit.: Jarass, Grundfragen der innerstaatlichen Bedeutung des EG-Rechts, Seite)

Karg, Helmut /Völkel, Dieter — Vorsteuerabzug und Umsatzsteuerpflicht bei Ehegattengrundstücken nach dem UStG 1980 (I), UR 1982, S. 21

Karg, Helmut /Völkel, Dieter — Miteigentümergemeinschaft von Eheleuten und Vorsteuerabzug, UR 1985, S. 48

Karg, Helmut /Völkel, Dieter — Wege zur Vermeidung einer Vorsteuerberichtigung nach § 15a UStG bei der Übertragung eines Miteigentumsanteils an einem Grundstück durch den bisherigen Alleineigentümer, UR 1995, S. 256

Keller, Thomas — Unternehmensführung mit Holdingkonzepte, 2. überarbeitete Auflage, Köln 1993, S. 73 (zit.: Keller, Unternehmensführung mit Holdingkonzepten, S. 73)

Kellersmann, Dietrich — Umsatzsteuerbefreiung heilberuflicher Leistungen zwischen Grundrechten und Europarecht, UR 2000, S. 505

Kirchhof, Paul	Die freiheitliche Struktur der Steuerrechtsordnung, Ein Verfassungstest für Steuerreformen, StuW 2006, S. 3
Kirchhof, Paul	Steuervereinfachung, Festschrift für Dietrich Meyding zum 65. Geburtstag, Bühler/Kirchhof/Klein (Hrsg.), Heidelberg 1994, S. 3 (zit.: Kirchhof in FS Meyding, 3)
Kirchhof, Paul	40 Jahre Umsatzsteuergesetz – Eine Steuer im Umbruch, DStR 2008, S. 1
Kirchhof, Paul	Umsatzsteuer Gesetzbuch, Ein Vorschlag zur Reform der Umsatzsteuer und der Verkehrsteuern, Kommentierte Ausgabe mit Rechtsverordnung und Glossar, Heidelberg 2008 (zit.: Kirchhof, Umsatzsteuer Gesetzbuch)
Klenk, Friedrich	Die Geschäftsveräußerung im ganzen, UR 1982, S. 114
Klenk, Friedrich	Sölch/Ringleb, Wagner (Hrsg.), Kommentar zum Umsatzsteuergesetz, Loseblattsammlung, 64. Erg.-Lief./ Stand September 2010, München
Knoll, Walter	Widmann/Mayer (Hrsg.), Kommentar zum Umwandlungssteuerrecht (Loseblattsammlung), Anhang 11, 95. Erg.-Lief./ Stand Juni 2007 (zit.: Knoll, Widmann/Mayer, Umwandlungssteuerrecht, Anh. 11, Seite)
Köhler, Wolfgang	Vorsteuerabzug einer neugegründeten Gesellschaft bürgerlichen Rechts für Sacheinlagen eines Gesellschafters?, UVR 1993, S. 168
Koller, Ingo /Roth, Wulf-Henning/ Morck, Winfried (Hrsg.)	Kommentar zum Handelsgesetzbuch, , 6. Auflage, München 2007 (zit.: Autor in Koller/Roth/Morck, HGB, Paragraph Randnummer)
Korf, Ralph	Folgen des KapHag-Urteils des EuGH zur Umsatzsteuer bei Aufnahme von Gesellschaftern gegen Bareinlage, DB 2003, S. 1705

Korf, Ralph /Schneider	Festschrift Reiß, 4. Gesellschaftsbeziehungen in der Umsatzsteuer, Tertium datur – (Sach-)Einlage und Leistungsaustausch, Festschrift für Wolfram Reiß, Kirchhof/Nieskens (Hrsg.), Köln 2008, S. 213 (zit.: Korf/Schneider in FS Reiß, 213)
Korf, Ralph	Zuordnung, Verwendung und Vorsteuerabzug – Besprechung der EuGH-Entscheidung vom 19.2.2009 – Rs. C-515/07, DB 2009, S. 382 –, DB 2009, S. 758
Korf, Ralph	Anteilsveräußerung als Geschäftsveräußerung im Ganzen, UVR 2010, S. 74
Korf, Ralph /Kurtz, Diana-Catharina	Handeln als Steuerpflichtiger, UR 2010, S. 86
Korn, Christian	EuGH: Kein Vorsteuerabzug aus Beratungsleistungen bei Anteilsveräußerungen,SteuK 2000, S. 107
Korn, Christian	Trennung von Grundstück und Betrieb bei Geschäftsveräußerungen im Ganzen, SteuK 2011, S. 1
Korn, Klaus	Umsatzsteuer-Richtlinien 2008 und andere aktuelle Umsatzsteuerfragen, KÖSDI 2008, 15935
Körner, Andreas	Auf- und Umbau von Holdingstrukturen, IStR 2009, S. 1
Kraeusel, Jörg	Das neue Umsatzsteuerrecht 2007, Gesamtdarstellung mit Aufzeichnungs-, Erklärungs- und Meldepflichten, 15. Auflage, Bonn/Berlin 2007 (zit.: Kraeusel, Umsatzsteuerrecht 2007, Paragraph Randnummer)
Kronthaler, Ludwig	Feuerbestattung – die Spitze des Eisbergs, Wird die Besteuerung öffentlicher Einrichtungen künftig von deren Konkurrenten getrieben?, DStR 2007, S. 227
Kübler, Friedrich	Semler/Stengel (Hrsg.), Kommentar zum Umwandlungsgesetz mit Spruchverfahrensgesetz, 2. Auflage, München 2007 (zit.: Kübler in Semler/Stengel, UmwG, Paragraph Randnummer)
Küffner, Thomas	Wettbewerb entscheidet über Umsatzsteuerpflicht der öffentlichen Hand, DStR 2003, S. 1606

Lange, Hans-Friedrich	Steuerrechtsprechung, Steuergesetz, Steuerreform, Festschrift für Klaus Offerhaus zum 65. Geburtstag, Kirchhof/Jakob/Beermann (Hrsg.), Köln 1999, S. 701 (zit.: H.-F. Lang in FS Offerhaus, 701)
Langer, Ronny /Zugmaier, Oliver	Anmerkung zum EuGH, Urteil vom 13.3.2008, Rs. C-437/06 [Securenta], DStR 2008, S. 617
Larenz, Karl /Canaris, Claus-Wilhelm	Methodenlehre der Rechtswissenschaft, 3., neu bearbeitete Auflage, Berlin/Heidelberg/New York 1995 (zit.: Larenz/Canaris, Methodenlehre, Seite)
Lehr, Helmut	Aktuelle Umsatzsteuer-Brennpunkte beim Immobilien-Leasing, DStR 2001, S. 428
Leonard, Axel	Bunjes/Geist (Begr.), Kommentar zum Umsatzsteuergesetz, 9., völlig neubearbeitete Auflage, München 2009
Lippross, Otto-Gerd	Umsatzsteuer, 22. Auflage 2008, Bremen/Achim 2008 (zit.: Lippross, Umsatzsteuer, Seite)
Lippross, Otto-Gerd	Umsatzsteuerliche Behandlung der Vollübertragung eines privaten Entsorgungsunternehmens in Form einer GmbH auf einen öffentlich-rechtlichen Entsorgungsträger, UR 2009, S. 118
Lohse, Christian W.	Rechtsgeschäfte zwischen nahestehenden Personen, Umsatzsteuerkongreß-Bericht 1988/1989, Herausgegeben von der Vereinigung zur wissenschaftlichen Pflege des Umsatzsteuerrechts e.V., Soell (Hrsg.), Köln 1989, S. 167 (zit.: Lohse, USt-KongrBer. 1988/1989, 167)
Lohse, Christian W.	BB-Kommentar zu EuGH, Urteil vom 22.2.2001, Rs. C-408/98 [Abbey National], BB 2001, S. 923
Lohse, Christian W.	Europäische Rechtsbegriffe und nationale Begriffspolitik im Mehrwertsteuerrecht, UR 2005, S. 655
Lohse, Christian W./ Parsche, Rüdiger/ Gebauer, Andrea	Sicherung des MwSt-Aufkommens durch Ist-Versteuerung mit Quellensteuererhebung, BB 2006, S. 2137

Lutter, Marcus	Theorie der Mitgliedschaft, Prolegomena zu einem allgemeinen Teil des Kooperationsrechts, AcP 180 (1980), S. 84
Lutter, Marcus	Holding-Handbuch, ders. (Hrsg.), 4.; neu bearbeitete und erweiterte Auflage, Köln 2004 (zit.: Autor in Lutter, Holding-Handbuch, Paragraph Randnummer)
Lutter, Marcus/ Winter, Martin (Hrsg.)	Lutter, Kommentar zum Umwandlungsgesetz, 4. Auflage 2009, Köln 2009 (zit.: Grunewald in Lutter, UmwG)
Maier, Anette	Anmerkung zu EuGH, Urteil vom 22.10.2009, Rs. C-242/08 [Swiss Re], DStR 2009, S. 2248
Martin, Suse	Keine Geschäftsveräußerung bei Übertragung eines an eine Organgesellschaft vermieteten Grundstücks an den Organträger, BFH/PR 12/2010, S. 482
Martin, Suse	Umsatzsteuer der gemeinnützigen Sportvereine – Chancen und Grenzen – , UR 2008, S. 34
Maunz, Stefan	Anmerkung zum EuGH, Urteil v. 27.9.2007, Rs. C-146/05 [Collée], UR 2007, S. 813
Maunz, Stefan	Anmerkung zum EuGH, Urteil vom 28.6.2007, Rs. C-363/05 [JP Morgan Fleming Claverhouse Investment Trust plc], UR 2008, S. 733
Menner, Stefan	Geschäftsveräußerung durch Verkauf von Grundstücken?, Vertragsgestaltung aufgrund aktueller OFD-Verfügung, UStB 2000, S. 114
Mensching, Oliver /Tyarks, Marco	Grunderwerbsteuerrechtliche Einführung einer Konzernklausel durch das Wachstumsbeschleunigungsgesetz, BB 2010, S. 87
Meyer, Berthold	Offerhaus/Söhn/Lange (Hrsg.), Umsatzsteuer, Kommentar zum Umsatzsteuergesetz, Heidelberg, Loseblattsammlung, 228. ErgLief./ Stand Februar 2010
Michalski, Lutz	Der Gesellschafterwechsel bei Personengesellschaften, NZG 1998, S. 95

Michel, Frank P.	Die Einigung bei der Übertragung von Personengesellschaftsanteilen, ZGR 1991, S. 412
Möhlenkamp, Karen	Umsatzsteuer und Beteiligungen, Steuerberater-Jahrbuch 2007/2008 zugleich Bericht über den 59. Fachkongress der Steuerberater, Köln 23. und 24. Oktober 2007, Piltz/Günkel/Niemann (Hrsg.), Köln 2008, S. 263 (zit.: Möhlenkamp, StBJb 2007/2008, 263)
Mößlang, Gerhard	Vorsteuerabzug für Lieferungen und sonstige Leistungen an eine Kommanditgesellschaft im Rahmen der Ausgabe von Kommanditanteilen, UR 1974, S. 85
Mößlang, Gerhard	Unternehmerbegriff des deutschen Umsatzsteuergesetzes und Harmonisierung des Umsatzsteuerrechts, UR 1994, S. 10
Mueller-Thuns, Thomas /Rödder, Thomas /Hötzel, Oliver	Unternehmenskauf, Unternehmensverkauf, Zivil- und steuerrechtliche Gestaltungspraxis, München 2003 (zit.: Rödder/Hötzel/Mueller-Thuns, Unternehmenskauf/-verkauf, Seite)
Müller-Lee, Jens	Geschäftsveräußerung bei Projektentwicklern, Neues zur umsatzsteuerlichen Behandlung der Veräußerung vermieteter bzw. verpachteter Immobilien, UStB 2005, S. 312
Müller-Magdeburg, Thomas	Die Bestandsübertragung nach § 14 VAG, Inaugural-Dissertation, Berlin 1996 (zit.: Müller-Magdeburg, Die Bestandsübertragung nach § 14 VAG, Seite)
Nannt, Sarah /Reiff, Peter	Die Anteilsübertragung in der Personengesellschaft – Dogmatische Grundlagen, Voraussetzungen und Rechtsfolgen, DStR 2009, S. 2376
Nattkämper, Stefanie	Vorsteuerabzug beim Halten von Beteiligungen, Aufteilung von Vorsteuern auf den unternehmerischen und den nichtunternehmerischen Bereich – EuGH-Urteil in der Rechtssache „Securenta", EU-UStB 2008, S. 41

Neitz, Claudia /Lange, Carsten — Grunderwerbsteuer bei Umwandlungen – Neue Impulse durch das Wachstumsbeschleunigungsgesetz –, Ubg 2010, S. 17

Nickel, Jörg R. /Riepen, Johannes — Vorsteuerberichtigung nach § 15a UStG bei Grundstücksübertragung aus privaten Gründen, UR 1994, S. 253

Nieskens, Hans — Aktuelles zur EuGH-Rechtsprechung – Fünf Thesen zum besseren Missverständnis des EuGH –, UR 2004, S. 441

Nieskens, Hans — 2. Grundsatzfragen des Umsatzsteuerrechts, Wahlrechte in der Umsatzsteuer, Festschrift für Wolfram Reiß, Kirchhof/Nieskens (Hrsg.), Köln 2008, S. 45 (zit.: Nieskens in FS Reiß, S. 45)

Nieskens, Hans — Vorsteuerabzug einer Holding aus Dienstleistungen anlässlich d. Aktienveräußerung, Anm. zum EuGH, Urteil vom 29.10.2009, Rs. C-29/08 AB SKF, EU-UStB 2009, S. 57

Nieskoven, Georg — Übertragung des Miteigentumsanteils an einem Grundstück als Geschäftsveräußerung im Ganzen, GStB 2007, S. 424

Nieskoven, Georg — Geschäftsveräußerung im Ganzen: Betriebsmodifizierung des Erwerbers schädlich?, GStB 2008, S. 117

Nieskoven, Georg — Zur Einordnung von Grundstücksübertragungen als „Geschäftsveräußerung im Ganzen“, GStB 2009, S. 78

Nieskoven, Georg — Geschäftsveräußerung beim Verkauf von teils vermieteten und teils leerstehenden Gebäuden, GStB 2009, S. 379

Obenhaus, Nils — Ist der Unternehmenskaufvertrag im Wege der Anteilsveräußerung eine Geschäftsveräußerung im Ganzen gemäß § 1 Abs. 1a UStG?, Stbg 2010, S. 544

Oelmaier, Alexander — Anmerkung zu BFH, Urteil vom 3.7.2008 – V R 51/06, HFR 2009, S. 161

Pawlowski, Hans-Martin	Methodenlehre für Juristen, Theorie der Norm und des Gesetzes, 3. überarbeitete und erweiterte Auflage, Heidelberg 1999 (zit.: Pawlowski, Methodenlehre, Paragraph Randnummer)
Oetker, Hartmut (Hrsg.)	Kommentar zum Handelsgesetzbuch, München 2009 (zit.: Autor in Oetker, HGB, Paragraph Randnummer)
Peter, Karl/ Burhoff, Armin Stöcker/ Ernst Erhard (Hrsg.)	Kommentar zum Umsatzsteuergesetz, Loseblattsammlung Erg.Lief. 85/ Stand November 2009
Pflug, Rolf	Sacheinlagen bei Gründung einer Personengesellschaft als umsatzsteuerbarer und umsatzsteuerpflichtiger Leistungsaustausch, Anmerkung zum BFH-Urteil vom 8.11.1995, XI R 63/94, INF 1996, S. 203
Philipowski, Rüdiger	Rau/Dürrwächter, Flick/Geist (Hrsg.), Kommentar zum Umsatzsteuergesetz, 8. Auflage, Köln, Loseblattsammlung Erg.Lief. 144/ Stand Dez. 2010
Plückebaum, Konrad/ Malitzky, Heinz/ Widmann, Werner (Hrsg.)	Kommentar zum Umsatzsteuergesetz mit Nebengesetzen und Verordnungen, Loseblattsammlung, Erg.Lief. 78, Stand Febr. 2010, Freiburg
Popitz, Johannes	Kommentar zum Umsatzsteuergesetz in der Fassung vom 8. Mai 1926, 3. Auflage, nach dem Stande von Ende Juli 1928, völlig neubearbeitet unter Mitwirkung von Kloß/Grabower, Berlin 1928 (zit.: Popitz, Umsatzsteuergesetz, 1928, Seite)
Prätzler, Robert	Anmerkungen zur EuGH-Vorlage AB SKF (Rs. C-29/08) aus deutscher Sicht, UStB 2008, S. 200
Prätzler, Robert	Veräußerung einer Tochtergesellschaft und einer Beteiligung an einer beherrschten Gesellschaft durch eine Muttergesellschaft, jurisPR-SteuerR 6/2010, Anm. 5
Prätzler, Robert	EuGH-Vorlage zu den Voraussetzungen einer nicht steuerbaren Geschäftsveräußerung im Ganzen, jurisPR-SteuerR 48/2010, Anm. 5

Präve, Peter	Prölls (Begr.), Kommentar zum Versicherungsaufsichtsgesetz mit Europäischem Gemeinschaftsrecht und Recht der Bundesländer, Kollhosser (Hrsg.), 12. völlig neu bearbeitete Auflage, München 2005 (zit.: Präve in Prölls, VAG, Paragraph Randnummer)
Prinz, Ulrich	Holdinggesellschaften, Organisation – Recht – Steuern, I. Zur Typologie der Holdinggesellschaft, Jahrbuch der Fachanwälte für Steuerrecht 1992/93, Aktuelle steuerrechtliche Beiträge, Referate und Diskussionen der 43. Steuerrechtlichen Jahresarbeitstagung, Wiesbaden vom 25. bis 27. Mai 1992, Herne/Berlin 1993, S. 261 (zit.: Prinz, JbFStR 1992/1993, 261)
Probst, Ulrich	Unternehmensnachfolge im Spannungsverhältnis zwischen altem und neuem Recht – § 1 Abs. 1a UStG, UR 1995, S. 131
Rödder, Thomas /Herlinghaus, Andreas /van Lishaut, Ingo (Hrsg.)	Umwandlungssteuergesetz, Kommentar, Anhang 9, Köln 2009 (zit.: Autor in Rödder/Herlinghaus/van Lishaut, Anh. 9)
Röhricht, Volker/Graf von Westphalen, Friedrich (Hrsg.)	Kommentar zum Handelsstand, Handelsgesellschaften und besonderen Handelsverträgen (ohne Bilanz-, Transport- und Seerecht), 3. neu bearbeitete Auflage, Köln 2008 (zit.: Autor in Röhricht/Graf von Westphalen, HGB, Paragraph, Randnummer)
Reiß, Wolfram	Die Stille Gesellschaft im Umsatzsteuerrecht, BB 1986, S. 1407
Reiß, Wolfram	Gesellschafter und Gesellschafterbeitrag im Umsatzsteuerrecht, UR 1988, S. 298

Reiß, Wolfram — Der Belastungsgrund der Umsatzsteuer und seine Bedeutung für die Auslegung des Umsatzsteuergesetzes, Umsatzsteuer in nationaler und europäischer Sicht, Deutsche Steuerjuristische Gesellschaft e.V., Woerner (Hrsg.), DStJG 13, Köln 1990, (zit.: Reiß, DStJG 13, Köln 1990, Seite)

Reiß, Wolfram — Sacheinlagen, Geschäftseinbringungen, Umwandlungen von Unternehmensträgern und steuerfreie Umsätze von Gesellschaftsanteilen, UR 1996, S. 357

Reiß, Wolfram — Gesellschaftereinlagen und Unternehmensumstrukturierungen im Umsatzsteuerrecht, StuW 1992, S. 25

Reiß, Wolfram — Unternehmensumstrukturierungen und Umsatzsteuer, Steuerzentrierte Rechtsberatung, Festschrift für Harald Schaumburg zum 65. Geburtstag, Spindler/Tipke/Rödder (Hrsg.), Köln 2009, S. 1165 (zit.: Reiß in FS Schaumburg, Seite)

Reiß, Wolfram /Kraeusel, Jörg /Langer, Michael (Hrsg.) — Kommentar zum Umsatzsteuergesetz mit Nebenbestimmungen, Bonn/Berlin, Loseblattsammlung, 88. Erg.Lief./ Stand 12/2010

Robisch, Martin — Unternehmereigenschaft und Vorsteuerabzug von Holdinggesellschaften, UR 2001, S. 100

Röck, Arthur — Risiken und neuere Entwicklungen bei der umsatzsteuerlichen Behandlung der Geschäftsveräußerung im Ganzen, INF 2001, S. 298

Rödder, Thomas — Holding und umsatzsteuerliche Unternehmereigenschaft, DStR 1993, S. 635

Rödder, Thomas — Beck'sches Handbuch der AG, Gesellschaftsrecht – Steuerrecht – Börsengang, Müller/Rödder (Hrsg.), München 2009 (zit.: Rödder in Beck'sches Handbuch der AG, Seite)

Rödder, Thomas /Schönfeld, Jens — Zweifelsfragen im Zusammenhang mit der Vor- und Nachbehaltensfrist der grunderwerbsteuerlichen Konzernklausel des § 6a Abs. 4 GrEStG n.F., DStR 2010, S. 415

Rondorf, Hans-Dieter — Umsatzsteuerrechtliche Änderungen durch das Steuermißbrauchsbekämpfungs- und Steuerbereinigungsgesetz, DStZ 1994, S. 358

Rothenberger, Franz — Anmerkung zum EuGH, Urteil vom 2.6.1994, Rs. C-33/93 [Empire Stores], UR 1995, S. 65

Rüth, Henning H. — Die Holdingrechtsprechung des EuGH, Ist die bislang geltende Sphärentheorie am Ende?, EU-UStB 2006, S. 10

Rüth, Henning H. — Umsatzsteuerrechtliche Fragen im Zusammenhang mit dem Halten von Beteiligungen – BMF-Schreiben vom 26.1.2007 (IV A 5 – S7300 – 10/07), UStB 2007, S. 77

Rüttinger, Gerd — Der Vorsteuerabzug für (teil-)unentgeltliche, aber durchgängig unternehmerisch verwendete Leistungsbezüge, UR 1988, S. 143

Salder, Christian — Nutzungsüberlassungen von Grundstücken im Rahmen einer Geschäftsveräußerung, DStR 2011, S. 60

Schäfer, Carsten /Ulmer, Peter — Münchener Kommentar zum Bürgerlichen Gesetzbuch, Band 5, Schuldrecht, Besonderer Teil II, §§ 705-853 Partnerschaftsgesetz, Produkthaftungsgesetz, Habersack (Red.), 5. Auflage, München 2009 (zit.: Ulmer/Schäfer in MüKo-BGB, Paragraph Randnummer)

Schaumburg, Harald — Übertragende Umwandlung – ein steuerbarer Umsatz?, StuW 1973, S. 15

Schaumburg, Harald — Die Verschmelzung von Gesellschaften im Umsatzsteuerrecht, UR 1974, S. 269

Schaumburg, Harald — Grundzüge des Konzernsteuerrechts, in Steuerrecht und steuerorientierte Gestaltung im Konzern/ Kölner Konzernrechtstage 1998, S. 4 (zit.: Schaumburg, Grundzüge des Konzernsteuerrechts, Seite)

Schaumburg, Harald (Hrsg.)	Unternehmernehmenskauf im Steuerrecht, 3., überarbeitete und erweiterte Auflage, Stuttgart 2004 (zit.: Autor in Schaumburg, Unternehmenskauf, Seite)
Schaumburg, Harald	1. Prinzipien der Verkehr- und Verbrauchsteuern, Das Leistungsfähigkeitsprinzip im Verkehr- und Verbrauchsteuerrecht, Festschrift für Wolfram Reiß, Kirchhof/Nieskens (Hrsg.), Köln 2008, S. 25 (zit.: Schaumburg in FS Reiß, 25)
Schlienkamp, August /Wachweger, Dieter	Die 6. EG-Richtlinie zur Harmonisierung der Umsatzsteuer, Zweiter Teil: Artikel 1 bis 12, UR 1977, S. 121
Schlienkamp, August	Änderungen des Umsatzsteuergesetzes durch das Mißbrauchsbekämpfungs- und Steuerbereinigungsgesetz, UR 1994, S. 93
Schmidt, Karsten	Gesellschaftsrecht, ders. (Hrsg.), 4. völlig neu bearbeitete und erweiterte Auflage, Köln/Berlin/Bonn/München 2002 (zit.: K.Schmidt, Gesellschaftsrecht, Paragraph)
Schmidt, Karsten	Münchener Kommentar zum Handelsgesetzbuch, ders. (Hrsg.), Band 2, Zweites Buch. Handelsgesellschaften und stille Gesellschaft, Erster Abschnitt. Offene Handelsgesellschaft, §§ 105-160, 2. Auflage, München 2006 (zit.: K.Schmidt in MüKo, HGB, Paragraph Randnummer)
Schmidt, Karsten	Münchener Kommentar zum Bürgerlichen Gesetzbuch, Säcker/Rixecker (Hrsg.), Band 5, Schuldrecht, Besonderer Teil III, §§ 705-853, Partnerschaftsgesellschaftsgesetz, Produkthaftungsgesetz, München, 2009 (zit.: K.Schmidt in Müko, BGB, Paragraph Randnummer)
Schmidt-Liebig, Axel	Die natürliche Person als umsatzsteuerlicher Unternehmer, ein Versuch begrifflicher Präzisierung, StuW 1978, S. 137
Schmidt-Liebig, Axel	Die „neuere Rechtsprechung" des Bundesfinanzhofs zum umsatzsteuerlichen Unternehmer, BB 1994, Beil. 20, S. 1

Schmidt, Ludwig (Hrsg.)	Kommentar zum Einkommensteuergesetz, Drenseck (Hrsg.), 29. Auflage 2010, München (zit.: Autor in Schmidt, EStG, Pargraph Randnummer)
Schmitt, Joachim /Hörtnagel, Robert /Stratz, Rolf-Christian	Kommentar zum Umwandlungsgesetz, Umwandlungssteuergesetz, 5. Auflage, München 2009, Teil E Verkehrsteuern bei Umwandlungs- und Einbringungsvorgängen, S. 1891 (zit.: Schmitt in Schmitt/Hörtnagel/Stratz, UmwG, UmwStG, Anh. E)
Schön, Wolfgang	Personengesellschaften und Bruchteilsgemeinschaften im Umsatzsteuerrecht, Umsatzsteuer in nationaler und europäischer Sicht, Deutsche Steuerjuristische Gesellschaft e.V., Woerner (Hrsg.), DStJG 1990, S. 81 (zit.: Schön, DStJG 1990, 81)
Schön, Wolfgang	Die unentgeltliche Unternehmensübertragung – ein Eigenverbrauchstatbestand?, UR 1993, S. 291
Schönweiß, Rainer /Wischott, Frank	Wachstumsbeschleunigungsgesetz – Einführung einer Grunderwerbsteuerbefreiung für Umwandlungsvorgänge, DStR 2009, S. 2638
Schüler-Täsch, Sandy	Jede Leistung hat ihre Steuer, Der Leistungsbegriff im Umsatzsteuerrecht, Univ. Diss., Marburg 2007 (zit.: Schüler-Täsch, Leistung, Seite)
Schütze, Alexandra /Winter, Matthias	Organisatorische Eingliederung in der umsatzsteuerlichen Organschaft, UR 2009, S. 397
Schwarz, Bernhard	Geschäftsübertragungen im Wege vorweggenommener Erbfolge, UR 1988, S. 242
Schwarz, Bernhard	Nichtsteuerbare Umsätze im Rahmen von Geschäftsveräußerungen – ein Fortschritt?, UR 1994, S. 185
Schwerdtfeger, Armin	Gesellschaftsrecht, Kompaktkommentar, Neuwied 2007 (zit.: Schwerdtfeger, Gesellschaftsrecht, Kapitel Randnummer)

Seebold, Elmar	Kluge (Hrsg.), Etymologisches Wörterbuch der deutschen Sprache, 23., erweiterte Auflage, Berlin/New York 1995 (zit.: Seebold in Kluge, Etymologisches Wörterbuch der deutschen Sprache, Seite)
Seer, Roman	Die umsatzsteuerliche Behandlung der Umwandlung von Einzelunternehmen, Personen- und Kapitalgesellschaften, DStR 1988, S. 367
Seer, Roman	Inhalt und Funktion des Begriffs „Betrieb gewerblicher Art“ für die Besteuerung der öffentlichen Hand (Teil I), DStR 1992, S. 1751
Serafini, Jürgen	Neueste Entwicklungen zur Geschäftsveräußerung im Ganzen, GStB 2006, S. 26
Sinfield, Greg	Implications of the Advocate General's opinion in the case of Swiss Re Germany: are portfolio transfers exempt from VAT?, http//uk.practica-law.com/5-386- (zit.: Sinfield, http//uk.practica-law.com/5-386-)
Slotty-Harms, Ulrike	Umsatzsteuerfalle: Geschäftsveräußerung im Ganzen bei der Veräußerung von Immobilien, UVR 2008, S. 218
Söhn, Hartmut	Die Umsatzsteuer als Verkehrsteuer und/oder Verbrauchsteuer, StuW 1975, S. 1
Sprau, Hartwig	Palandt, Bürgerliches Gesetzbuch mit Nebengesetzen, Band 7, 69., neubearbeitete Auflage, München 2010 (zit.: Sprau in Palandt, BGB, Paragraph Randnummer)
Stadie, Holger,	Die unentgeltliche Veräußerung eines Wirtschaftsguts an einen anderen Unternehmer im Umsatzsteuerrecht, StuW 1987, S. 273
Stadie, Holger	Das Recht des Vorsteuerabzugs, Köln 1989 (zit.: Stadie, Vorsteuerabzug, Seite)

Stadie, Holger	Probleme der Vorsteuer, Umsatzsteuer in nationaler und europäischer Sicht, Veröffentlichungen der Deutschen Steuerjuristischen Gesellschaft e.V., Woerner (Hrsg), DStJG 13 (1990), Köln 1990 S. 179 (zit.: Stadie, DStJG 13 (1990), 179)
Stadie, Holger	Umsatzsteuerrecht, Lehrbuch, Köln 2005 (zit.: Stadie, Umsatzsteuerrecht, Randnummer)
Stadie, Holger	Modifizierung der Rechtsprechung des EuGH zur Unternehmereigenschaft der Holding im Umsatzsteuerrecht?, UR 2007, S. 1
Stadie, Holger	Tauschvorgänge und Umsatzsteuer, UR 2009, S. 745
Stadie, Holger	Rau/Dürrwächter, Flick/Geist (Hrsg.), Kommentar zum Umsatzsteuergesetz, Loseblattsammlung, Erg.Lief. 144/ Stand Dez. 2010
Stadie, Holger	Umsatzsteuergesetz, Kommentar zum Umsatzsteuergesetz, Köln 2009 (zit.: Stadie, UStG, Paragraph Randnummer)
Staub, Hermann (Begr.)	Großkommentar zum Handelsgesetzbuch, Canaris/Habersack/Schäfer (Hrsg.), Dritter Band, §§ 105-160, Berlin 2009 (zit.: Habersack, Staub, HGB, Paragraph Randnummer)
von Staudingers, Julius (Begr.)	Kommentar zum Bürgerlichen Gesetzbuch mit Einführungsgesetz und Nebengesetzen, Buch 2, Recht der Schuldverhältnisse, §§ 705-740 (Gesellschaftsrecht), 13. Bearbeitung 2003, Reuter (Red.), Berlin 2003 (zit.: Autor in Staudinger, BGB, Paragraph Randnummer)
Stein, Thomas	Umsatzsteuer in der Nachfolgeplanung: Risiken bei der Übertragung von Grundstücken, ZEV 2012, 534
Steinbarth, Sebastian	Unmittelbare Wirkung von EG-Richtlinien und richtlinienkonforme Auslegung des innerstaatlichen Rechts in der Rechtsprechung des EuGH, Jura 2005, S. 610

von Streit, Georg	Vorsteuerabzug bei Holdinggesellschaften, Ende der „Sphärentheorie“?, UR 2003, S. 1
von Streit, Georg	Die nicht steuerbare Übertragung eines Gesamt- und Teilvermögens am Beispiel der Veräußerung von Immobilien, BB 2003, S. 2657
von Streit, Georg	Organschaft bei Beteiligung nicht unternehmerisch tätiger Gesellschaften, Eine Darstellung am Beispiel der Zwischenholding, UStB 2006, S. 255
von Streit, Georg	Erosion des Lieferbegriffs, UR 2008, S. 410
von Streit, Georg/ Duyfjes, Nico	Verkauf von Gesellschaftsanteilen keine sonstige Leistung i.S.d. § 4 Nr. 8 UStG?, DStR 2011, S. 1802
von Streit, Georg	Anspruch auf einen bestimmten rechtmäßigen Inhalt einer verbindlichen Auskunft bei umsatzsteuerlichen Sachverhalten, Anm. zu dem Urteil des BFH vom 29.9.2012, IX R 11/11, DStR 2012, S. 1879
von Streit, Georg	Steuerbarkeit der Übertragung von Gesellschaftsanteilen, UR 2012, S. 904
Tehler, Hermann-Josef	Der Leistungsaustausch bei der vorweggenommenen Erbfolge, UVR 1992, S. 231
Teiche, Andreas /Ulrich, Dieter	Die Aufnahme von Gesellschaftern in eine (Publikums-) Personengesellschaft und ihre umsatzsteuerlichen Konsequenzen, DStR 2005, S. 92
Tiedke, Walter	Holding, Organschaft und nichtunternehmerische Bereiche – ein Einblick in höhere Sphären –, UR 2008, S. 373
Tipke, Klaus	Über Umsatzsteuer-Gerechtigkeit, StuW 1992, S. 103
Tipke, Klaus	Die Steuerrechtsordnung, Band II, Steuerrechtfertigungstheorie, Anwendung auf alle Steuerarten, sachgerechtes Steuersystem, Köln 1993 (zit.: Tipke, Steuerrechtsordnung, Bd. II, Seite)

Tipke, Klaus	1. Prinzipien der Verkehr- und Verbrauchsteuern, Das Folgerichtigkeitsgebot im Verbrauch- und Verkehrsteuerrecht, Festschrift für Wolfram Reiß zum 65. Geburtstag, Kirchhof/Nieskens (Hrsg.), Dürrschmidt/ Weggenmann (Mitarbeiter), Köln 2008, S. 9 (zit.: Tipke in FS Reiß, Seite)
Tipke, Klaus/ Lang, Joachim (Hrsg.)	Steuerrecht, 20. Auflage, Köln 2010 (zit.: Lang in Tipke/Lang, Paragraph Randnummer)
Tipke, Klaus/ Kruse, Heinrich Wilhelm (Hrsg.),	Kommentar zur Abgabenordnung und Finanzgerichtsordnung, Loseblattsammlung, Köln, Erg.Lief. 124/Stand Nov./Dez. 2010
Tipke, Klaus/Lang, Joachim (Hrsg.),	Steuerrecht, 20. Auflage, Köln 2010 (zit.: Autor in Tipke/Lang, Paragraph, Randnummer)
Trapp, Stephan /Mühleisen, Sonja	Holdinggesellschaften und Umsatzsteuer – Das Bundesfinanzministerium und seine Sphären – , UR 2007, S. 633
Trapp, Stephan /Muhlmann, Diana	Ist die Übertragung eines Rückversicherungsbestandes eine Dienstleistung?, UVR 2009, S. 317
Vellen, Michael	Anmerkung zum EuGH, Urteil vom 22.2.2001, Rs. C-408/98 [Abbey National], UStB 2001, S. 106
Völlmeke, Monika	EuGH-Vorlage zu den Voraussetzungen einer nichtsteuerbaren Geschäftsveräußerung im Ganzen, BFH/PR 12/2010, S. 483
Vogel, Alfred/ Schwarz, Bernhard (Hrsg.),	UStG, Kommentar zum Umsatzsteuergesetz, Praxis Kommentar, Erg.Lief. 154/ Stand Jan. 2011
Wäger, Christoph	Anmerkung zum EuGH, Urteil vom 27.11.2003, Rs. C-497/01 [Zita Modes Sárl], UR 2004, S. 24
Wäger, Christoph	Steuerbare Leistungen im Rahmen von Gesellschaftsverhältnissen, UR 2008, S. 69

Wäger, Christoph	Tätigkeitssphären und Vorsteuerabzug der Holding beim Beteiligungserwerb, Festschrift für Wolfram Reiß zum 65. Geburtstag, Kirchhof/Nieskens (Hrsg.), Dürrschmidt/Weggenmann (Mitarb.), Köln 2008, S. 229 (zit.: Wäger in FS Reiß, Seite)
Wäger, Christoph	Vorsteuerabzug aus Beratungsleistungen bei der entgeltlichen Übertragung von Gesellschaftsanteilen – Anmerkung zum EuGH-Urteil vom 29.10.2009, AB SKF, DStR 2009, 2311, DStR 2009, S. 2292
Wäger, Christoph	Sölch/Ringleb, Kommentar zum Umsatzsteuergesetz, Wagner (Hrsg.), Loseblattsammlung, München, 64. Erg.Lief./ Stand September 2010
Wagner, Wilfried	Umsatzsteuer und Gemeinschaften – Vorsteuerabzug bei Gesellschaftsgründung, Umsatzsteuerkongreß-Bericht 1991/92, Referate und Diskussionsprotokolle der Trierer Hochschultage für das Umsatzsteuerrecht in der Praxis vom 10. und 11.10.1991, Vereinigung zur wissenschaftlichen Pflege des Umsatzsteuerrechts e.V., Mößlang (Hrsg.), Köln 1992, Seite 63 (zit.: Wagner, USt-KongrBer 1991/92, Seite)
Wagner, Wilfried	Beginn, Ruhen und Ende eines Unternehmens, Neuere Umsatzsteuer-Rechtsprechung des BFH zum Unternehmerbegriff, StuW 1991, S. 61
Wagner, Wilfried	Neutralität und Gleichmäßigkeit als ökonomische und rechtliche Kriterien steuerlicher Normkritik, StuW 1992, S. 2
Wagner, Wilfried	Anmerkung zum EuGH, Urteil vom 22.2.2001, Rs. C-408/98 [Abbey National], UVR 2001, S. 232
Wagner, Wilfried	Anmerkung zum EuGH, Urteil vom 29.4.2004, Rs. C-77/01 [EDM], UVR 2004, S. 310

Wagner, Wilfried	III. Geschäftsveräußerung im Ganzen, Neue Gestaltungsmöglichkeiten bei der Umsatzsteuer, Jahrbuch der Fachanwälte für Steuerrecht 2008/2009, Drüen (Hrsg.), Herne 2009, S. 605 (Wagner, JbFStR 2008/2009, 605)
Wagner, Wilfried (Hrg.)	Sölch/Ringleb, Kommentar zum Umsatzsteuergesetz, München, Loseblattsammlung, 64. Erg.Lief./ Stand September 2010
Walden, Peter	Entgeltlichkeit bei Leistungen zwischen Personengesellschaften und ihren Mitgliedern – Versuch einer Neuorientierung, Umsatzsteuerkongreß-Bericht 1991/92, Referate und Diskussionsprotokolle der Trierer Hochschultage für das Umsatzsteuerrecht in der Praxis vom 10. und 11.10.1991, Vereinigung zur wissenschaftlichen Pflege des Umsatzsteuerrechts e.V., Mößlang (Hrsg.), Köln 1992, Seite 79 (zit.: Walden, USt-Kongr.Ber. 1991/92, Seite)
Walkenhorst, Ralf	Anmerkung zum BFH, Urteil vom 30.4.2009 – V R 4/07, UStB 2009, S. 251
von Wallis, Georg	Die Holding als Steuersubjekt nach deutschem und europäischem Umsatzsteuerrecht, Steuerrecht und Europäische Integration, Festschrift für Albert J. Rädler zum 65. Geburtstag, Breuninger/Müller/Strobl-Haarmann (Hrsg.), München 1999, S. 639 (zit.: v. Wallis, FS Rädler, Seite)
Wassermeyer, Franz/ Mayer, Dieter/ Rieger, Norbert (Hrsg.)	Umwandlungen im Zivil- und Steuerecht, Festschrift für Siegfried Widmann, Bonn 2000, S. 607 (zit.: Wagner in FS Widmann, Seite)
Weber-Grellet, Heinrich	Die Bedeutung der Rechtsnatur des Steuerrechts für dessen Anwendung, StuW 1993, S. 97
Weber-Grellet, Heinrich	Tendenzen in der BFH-Rechtsprechung, StuW 1993, S. 195
Weber-Grellet, Heinrich	Fairneß, Aufklärung und Transparenz, Wege zu einer leistungsgerechten Besteuerung, StuW 1999, S. 311

Weimann, Rüdiger	Vermögensübertragung und Unternehmensnachfolge: Umsatzsteuerliche Folgen, StB 2003, S. 50
Weiß, Eberhard	Anmerkung zum EuGH, Urteil vom 23.11.1988, Rs. C-230/87 [Naturally Yours Cosmetics], UR 1990, S. 308
Weiß, Eberhard	Anmerkung zum BFH, Urteil vom 24.8.1994 – XI R 74/93, UR 1995, S. 98
Weiß, Eberhard	Anmerkung zum EuGH, Urteil v. 24.10.1996, Rs. C-317/94 [Elida Gibbs], UR 1997, S. 268
Widmann, Werner	Fiktionstheorie hin. Realakttheorie her – der Eigenverbrauch bedarf der gesetzgeberischen Umgestaltung!, UR 1988, S. 10
Widmann, Werner	Umsatzsteuerrechtliche Änderungen zum 1. Januar 1990, BB 1990, S. 249
Widmann, Werner	Soll oder Ist – Das ist jetzt nicht die Frage, UR 2004, S. 177
Widmann, Werner	Umsatzsteuerliche Behandlung von Leistungen zwischen Gesellschaften und ihren Gesellschaftern, ZSteu 2005, S. 317
Widmann, Werner	Über den Umgang der Verwaltung mit der Rechtsprechung des EuGH zur Mehrwertsteuer, UR 2008, S. 77
Widmann, Werner	Aktuelles zur Umsatzsteuer aus Berlin, Brüssel, Luxemburg und München, DStR 2009, S. 1061
Widmann, Werner	Plückebaum/Malitzky/Widmann, ders. (Hrsg.), Kommentar zum Umsatzsteuergesetz mit Nebengesetzen und Verordnungen, Loseblattsammlung, Erg.Lief. 80/ Stand Dez. 2010, Freiburg
Wiedemann, Herbert	Die Übertragung und Vererbung von Mitgliedschaftsrechten bei Handelsgesellschaften, München 1965 (zit.: Wiedemann, Die Übertragung und Vererbung von Mitgliedschaftsrechten bei Handelsgesellschaften, Seite)

Winter, Matthias	Nichtsteuerbare Geschäftsveräußerung im Rahmen der vorweggenommenen Erbfolge, UR 2003, S. 278
Winter, Matthias	Umsatzsteuer: Nichtsteuerbare Vermögensübertragungen bei Fortführung der unternehmerischen Tätigkeit, Steuerzentrierte Rechtsberatung, Festschrift für Harald Schaumburg, Spindler/Tipke/Rödder (Hrsg.), Köln 2009 (zit.: Winter in FS Schaumburg, 1213)
Zölch, Sandra	Geschäftsveräußerung im Ganzen beim Beteiligungsverkauf, UR 2012, S. 387
Zugmaier, Oliver	Der Share Deal in der Umsatzsteuer, DStR 2009, S. 882

Finanz- und Steuerrecht in Deutschland und Europa

Herausgegeben von Klaus-Dieter Drüen, Hanno Kube
und Rainer Wernsmann

Band 1 Gordon Dreher: Das Alterseinkünftegesetz. Systematische Darstellung und verfassungsrechtliche Zweifelsfragen. 2007.

Band 2 Nils Meyer-Sandberg: Die Duale Einkommensteuer als Modell ungleicher Besteuerung von Arbeit und Kapital. 2008.

Band 3 Alexander Pfab: Die Behandlung von Bildungsaufwendungen im deutschen Einkommensteuerrecht. 2008.

Band 4 Christian Johannes Müller: Einnahmeverzicht im Einkommensteuerrecht – insbesondere durch verbilligte Wohnungsüberlassung an nahe Angehörige. 2009.

Band 5 Melanie Falkner: Die Einkunftserzielungsabsicht als subjektives Besteuerungsmerkmal. Eine Analyse subjektiver Tatbestandsmerkmale im Steuerrecht. Zugleich ein Beitrag zur Liebhaberei im Steuerrecht. 2009.

Band 6 Steffen Ott: Die Vertreterbetriebsstätte nach OECD-MA. 2009.

Band 7 Christoph Wagner: Steuergleichheit unter Standortvorbehalt? Verfassungsrechtliche Grenzen einer ungleichen Einkommensbesteuerung von Kapital und Arbeit. 2010.

Band 8 Andreas Goetze: Die Ersetzung der sieben Einkunftsarten des EStG durch eine einzige. Zur Gleichheit aller Erwerbsgrundlagen in einem vereinfachten Steuerrecht. 2010.

Band 9 Hanno Kube: Der bundesstaatliche Finanzausgleich. Verfassungsrechtlicher Rahmen, aktuelle Ausgestaltung, Entwicklungsperspektiven. 2011.

Band 10 Katharina Brauer: Abgrenzung der Lebensmittellieferung von der Restaurationsdienstleistung im Umsatzsteuerrecht. 2011.

Band 11 Marc Schubert: Die Verfassungswidrigkeit der Erbschaft- und Schenkungsteuer und die verfassungsrechtlichen Anforderungen an eine Neuregelung. 2011.

Band 12 Martin Rehberg: Der Zuzug und Wegzug von Kapitalgesellschaften in gesellschafts- und steuerrechtlicher Hinsicht. 2011.

Band 13 Dirk Wünschig: Perspektiven eines europarechtskonformen Gemeinnützigkeits- und Zuwendungsrechts. Eine Untersuchung nach „Stauffer" und „Persche" bei gleichzeitiger Kritik an der Neufassung des Gemeinnützigkeitsrechts nach dem Jahressteuergesetz 2009. 2011.

Band 14 Sebastian Grimm: Die negative Konkurrentenklage im Steuerrecht. 2011.

Band 15 Arne von Freeden: Minder- und Mehrabführungen nach § 14 Abs. 4, § 27 Abs. 6 KStG. Ausgleichspostenlösung und Einlagelösung. 2011.

Band 16 Anne Keller: Rechtsschutz gegen Maßnahmen der steuerlichen Außenprüfung. 2011.

Band 17 Larissa Maier-Bledjian: Sondervermögen des Bundes. 2011.

Band 18 Philipp Riedl: Die internationale Doppelbesteuerung im EU-Binnenmarkt. 2012.

Band 19 Anna Schwarz: Die Pensionszusage an den Mitunternehmer der Personengesellschaft im Einkommensteuerrecht. 2012.

Band 20 Carsten Höink: Nichtsteuerbare Vermögensübertragungen im Umsatzsteuerrecht. Eine rechtssystematische Analyse der Entwicklung des Rechtsinstituts der Geschäftsveräußerung im Ganzen. 2013.

www.peterlang.de

www.ingramcontent.com/pod-product-compliance
Ingram Content Group UK Ltd.
Pitfield, Milton Keynes, MK11 3LW, UK
UKHW021840290926
8980IPUK00005B/560

9 783631 638354